온전한 성장을 위한
독서문화교육 방법론

저자 최인자

교육학 박사, 신라대 국어교육과 교수, 현 한국 독서학회 회장을 역임하고 있다. 서울대 사범대 국어교육과를 졸업하고 동대학원의 석·박사 학위를 취득하였으며, 해암 학술상(2003)을 수상하였다. 저서로는『국어교육의 문화론적 지평』(2001),『서사문화와 문학교육론』(2001),『서사문화교육의 전망과 실천』(2008),『국어교육 연구의 문제와 방법들』(2008)이 있다. 공저로는『서사교육론』(2001),『문학 독서교육, 어떻게 할까?』(2005),『문학과 영상 예술』(2006),『TV 드라마와 한류』(2007),『상생화용, 새로운 의사소통 탐구』(2007),『문식성 교육 연구』(2008),『언어·문학 영재교육의 가능성 탐구』(2010),『근대, 삶 그리고 서사교육』(2013),『문학교육론개론 1』(2014)등이 있으며,『내러티브, 인문과학을 만나다』(2009)를 공역하였다.

온전한 성장을 위한
독서문화교육 방법론

초판 인쇄 2020년 1월 23일 | 초판 발행 2020년 1월 30일
저자 최인자 | 펴낸이 박찬익
펴낸곳 (주) 박이정 | 주소 서울시 동대문구 천호대로16가길 4
전화 02) 922-1192~3 | 팩스 02) 928-4683
홈페이지 www.pjbook.com | 이메일 pijbook@naver.com
등록 2014년 8월 22일 제305-2014-000028호
ISBN 979-11-5848-444-6 (93370)

* 책값은 뒤표지에 있습니다.

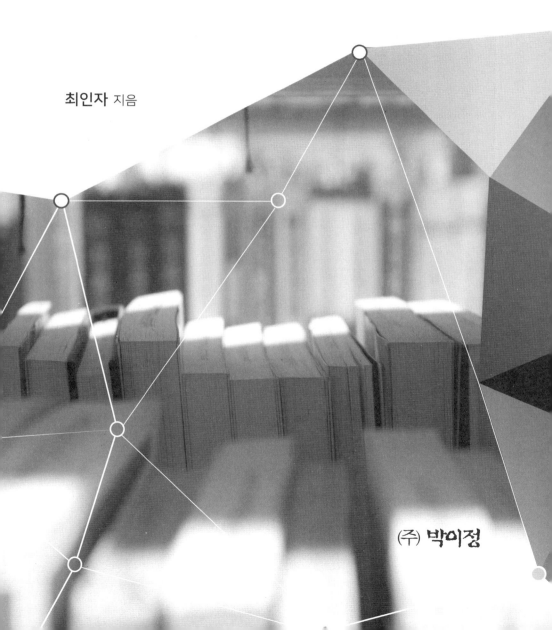

온전한 성장을 위한

독서문화교육 방법론

최인자 지음

㈜ 박이정

머리말

인간은 읽는 존재이다. 호모 레젠(Homo Lesen)의 인류는 읽기를 통해 문명을 일깨우고 이끌어 왔다. 그리고 무엇보다 인류 자신을 성장시켜 왔다. 이 책은 독서는 인간의 온전하고 조화로운 성장에 기여할 수 있는 최고의 활동임에 주목하고 그 구체적 방안을 모색해 보고자 한다. 사실, 지, 정, 의가 잘 발달된 조화로운 인간상은 모든 인류가 꿈꾸어 온 로망이다. 특히, 근대 사회는 그 초기부터 분업화의 부정성에 대응하기 위하여 전인의 상을 내세웠다. 하지만 우리는 여전히 사회화와 자기실현, 로고스와 에로스, 기능과 인성, 심미성과 윤리성의 대립과 균열, 갈등의 고통으로부터 여전히 자유롭지 못하다.

독서는 인간 존재의 분리를 통합으로 이끌 수 있는 최적의 문화 활동이다. 무엇보다 독서는 자신을 돌보고, 성장시키는 존재론적 가치가 있다. 다른 정보 습득 행위와 달리 독자의 내면의 불을 밝혀주기 때문이다. 그 불은 바깥 세상을 비추면서도 동시에 자기 내면의 숨은 능력을 활성화하고 자아를 확장하여, 주체가 새로운 힘을 얻어 도전의 삶을 살 수 있도록 하였다. 역사적으로도 독서는 망명자, 갇힌 자, 소외된 자가 자신을 주장하고 타자에 의해 왜곡되었던 내면의 가능성을 실현할 수 있는 힘을 주지 않았던가.

또한 독서는 독자의 개인과 사회의 문제 해결을 위한 중핵적 역량이자 리터러시로 기능해 왔다. 이제, 인공 지능 시대에는 기계도 독자가 되어 효율적으로 정보를 처리하고 분석하고 있다. 물론 그렇다고 해서 인간 독자의 자리가 없어지는 것은 아닐 터이다. 인간은 기계보다 더욱 정교하고 창의적으로 읽어 나갈 것이기 때문이다. 하지만 "우리, 인간에게 읽기란 과연 무엇인가?"라는 독서의 효용과 가치에 대한 근본적인 질문은 더욱 강력한 울림으로 다가온다.

이 시대는 완전함보다는 온전함에 주목할 때이다. 완전함이 객관적인 기준에 의한 성취의 빛남을 추구한다면, 온전함은 있는 그대로의 자기 내적인 조화의 안정을 추구한다. 독서는 오롯이 독자의 자발성과 능동성에 의해서만이 가능하기 때문에 온전함의 실현이 가능하다. 독서는 인간이 자신의 가능성을 넓히고, 탐색하는 모든 성장의 노력에 함께 할 수 있다. 그런 점에서 온전한 성장의 문제는 '읽는 존재'(Homo Lesen)로서 인간이 추구할 현재적인 동시에 미래적 사안이라 할만하다.

이 책은 전체 5부로 구성되어 있다. 1부에서 4부까지는 인간의 온전성을 위한 윤리, 인성·정서, 소통 능력, 상상력 등을 다루었고, 5부는 현실적 실천을 위한 정책적 담론을 담았다.

1부는 윤리성 발달을 위한 독서문화 교육 방법을 다루었다. 독서의 윤리성은 자기 자신에게는 책임성을 타자에게는 이해와 공감, 소통의 장면을 동시에 가지고 있다. 윤리성은 다양한 문화에 대한 포용력을 지닐 수밖에 없는데 이를 위해서는 공감과 비판이 동시에 작동해야 온전할 수 있다고 보았다. 상식이라는 이름의 관습적 편견을 비판할 수 있어야 세계상을 바로 볼 수 있다는 점에서 비판적 읽기가 필요하며 동시에 타인의 고통과 타자 지향성을 위해서는 공감적 읽기가 중요하다.

2부는 인성·정서발달을 위한 독서 문화 교육 방법이다. 인성 발달은 완전한 인격체로의 발전을 향하는 것이 아니라 온전하게 자기 자신을 이해하고 내적 조화를 이루어냄으로써 가능하다. 독서는 인지의 활성화와 함께 정서의 환기를 통해 독자가 겪는 사회적, 정서적 어려움을 해결할 수 있다. 사실 모든 독서는 인성과 정서의 발달을 이끌어 내기도 하지만 '치유적 읽기'라고 명명함으로써 독자의 정서적, 인지적 변화와 치유를 중심에 둘 수 있다. 특히 내러티브는 인간 마음의 심층 구조를 반영하기에 자기 이해와 수용에서 매우 중요한 역할을 한다는 점에 주목하였다.

3부는 소통 능력의 발달을 위한 대화적, 교섭적 읽기이다. 대화는 타자와의 역동적 상호작용 활동이다. 대화에서 인간은 타자(타자성)와의 관계를 재구축하여 자신의 온전성을 회복할 수 있다. 독서도 일종의 대화라는 점에서 독서교육은 다양한 맥락, 다양한 주체들과의 교섭이 가능한 독서를 기획할 수 있다. 제도적으로 권력화된 의미망을 해체하고 복원함으로써 다양한 맥락, 다양한 주체 간 교섭을 복원하고 새로운 문화 창조를 이끌 수 있는 독서 방법이다.

4부는 상상력 발달을 위한 추론과 해석 교육의 문제를 다루었다. 문학 독서의 가장 근간이 되는 것은 상상력 교육이라는 점은 두말할 필요도 없다. 그러나 그 막연함 때문에 실제 상상력 교육을 실천하기는 힘들다. 상상력 교육은 문학이 지니는 고유의 형식 속에서 실현될 필요가 있다. 플롯, 시공간, 내러티브 등의 미적 형식이 지닌 다층 세계와 불확정성의 의미망에서 독자는 자신의 해석적 가설을 탐구할 수 있다. 이러한 상상력을 현실에서 실천할 수 있는 방안으로 '서사 논술'에 대한 전망도 제공하였다.

5부는 인간의 조화로운 발달을 위한 독서 정책, 독서 교육의 제도 개선안에 대한 제안이다. 정책과 제도에 대한 일종의 비판적 읽기가 담겨 있다. 독서 정책이 국가적 계몽 기획에 갇혀 있다면 개개인의 자발적 활동을 지원하거나 시민들이 다양한 삶의 맥락에 다가서는 독서 정책의 지원은 멀어질 수밖에 없을 것이다. 또한 교과서와 평가, 제재 선정에 있어 아동, 청소년 학습 독자의 발달 종합적 특성을 고려할 수 있는 방안에 대해 다루었다.

사실, 이 책은 나 자신의 지적 발전 과정을 고스란히 담고 있다. 리터러시의 사회, 문화적 차원에 관심을 가지고 펼치다 보니, 정작 이는 개인 내면의 세계와 동시적인 영향 관계에 있음을 알게 되었다. 사회 문화적 리터러시가 한 공동체 구성원의 다양한 삶과 주체성을 포괄하여 균형, 조화를 모색하는 것이었다면, 개개인의 내면적 성장 역시 조화와 균형의 회복을 통해 완성될 수 있다.

이 책이 나오기까지 배움과 성찰을 주신 많은 분들이 있었다. 문학이 본래 지니는 자유로움과 상상력을 몸소 실천해 보여주시고, 부단한 작업으로 항상 나 자신의 게으름을 바라보게 해 주셨던 우한용 선생님과 독서 문화를 크게 거시적 시각에서 바라보면서도 구체적인 실천 장면을 놓치지 않는 학문적 사고와 함께 학문도 사랑에서 출발함을 알게 해 주셨던 박인기 선생님. 두 분은 나의 학문 인생에서 언제나 북극성의 자리에 계신다. 또한 학회 발표와 논문 심사장면에서 충실하고 진정성 있는 토론을 주신 많은 연구자들께 이 자리를 빌려 감사드린다. 학문은 결코 혼자 쌓는 성이 아니라 함께 만들어 가는 작업임을 깊이 느낄 수 있었다. 아울러 어려운 출판 상황에서도 흔쾌히 출판을 허락해 주신 박찬익 사장님과 어지러운 원고를 꼼꼼히 가다듬어 주신 권이준 상무님께 감사의 말씀을 올리고자 한다. 이 책은 사실, 체계적이고 구조적이지는 못하다. 다만 인간의 조화로운 발달이라는 문제 의식에 바탕을 두고, 텍스트를 다양한 방법으로 읽고, 제도와 정책을 성찰한 나의 지적 경험을 담고 있음을 함께 나누고자 한다. 출발을 위한 작은 매듭이라 생각하며 조심스럽게 마무리해 본다.

2019. 4
백양산 기슭에서

목 차

3부 소통 능력 발달을 위한 교섭적 읽기교육_ 145

4부 상상력 발달을 위한 추론 · 해석의 문학 독서교육_ 211

5부 독서문화 정책과 교육 제도에 대한 성찰_ 271

제1부

윤리성 발달을 위한
비판 · 공감적 읽기교육

01

타자 지향의
서사 윤리 형성을 위한 소설독서교육

1. 서 론

문학교육이 추구할 가치의 문제를 고민할 때 필연적으로 접하게 되는 것이 바로 '윤리'의 문제이다. 윤리가 인간 행위의 지향에 대한 질문을 담고 있다면, '인간의 잘 삶'을 목적으로 하는 교육[1]은 윤리적 가치를 내장하기 마련이다. 그럼에도 문학과 윤리의 만남이 다소 낯선 것은 근대의 지적 전통 때문이다. 근대의 지적 체계에서 미와 윤리는 분화되어 문학주의로 단절되거나 계몽주의적 훈계로 단순화되기도 하였다. 문학교육 내에서도 윤리 혹은 도덕의 문제는 문학의 자율성을 해치는 요소, 혹은 문학 내적인 것과 공존하기 어려운 계몽주의적 훈육의 요소로 이해되어 왔음을 완전히 부정하기는 힘들 듯하다. 이는 결과적으로 문학교육에서 윤리 문제에 대한 소극적 대응으로 이어지기도 하였다.

그러나 윤리성은 문학을 구성하는 근원적 자질이라 할 수 있다.[2] 일단 문학을 이루는 언어가 가치와 분리될 수 없을 뿐 아니라 문학이 추구하는 인간의 가치 있는 경험 자체가 윤리성을 내재하고 있다. 윤리의 두 축을 이루는 자아 발전과 공동체의 평화 구축은, 한 편의 소설을 읽는 행위에 고스란히 녹아

---

[1] 존 화이트, 이지헌, 김희봉 역(2002), 『교육목적론』, 학지사.
[2] 이에 대해서는 우한용 교수의 지적이 있었다. 그는 문학적 실천 자체가 도덕적 사유를 촉발하는 윤리적 과정이라는 점을 분명하게 함으로써, 윤리항목을 위한 문학교육, 문학 고유의 형상성과 분리된 채겉도는 윤리교육을 비판하였다.
   우한용(2004), "문학교육과 도덕성 발달의 의미망". 문학교육학 14호, 문학교육학회.

들어가 있다. 독자는 소설을 통해 자기를 이해할 수 있음과 동시에 그가 속한 공동체의 가치와 소통할 수 있어 유대감을 이어나갈 수 있다. 문학과 윤리는 상보적이어서 문학은 윤리를 통해 삶과의 연관을 풍요롭게 다져왔으며 윤리는 문학을 통해 스스로를 인간화 해 왔던 것이다. 이런 점에서 볼 때, 문학교육의 내용은 문학 활동의 윤리성에 대한 체계적 이해를 통해 확장, 재구성, 변형될 수 있을 것이다.

기존 연구사에서 문학교육에서 윤리 문제는, 주로 문학의 도덕적 본질과 기능을 중심으로 한 원론적 차원에서 이루어졌다. 문제를 가장 먼저 제기한 우한용은 문학 외적 요소로 도덕적 가치 접근하는 관점의 한계를 지적하면서 '인간 상상력의 도덕적 가치'의 측면에서 문학교육의 도덕 교육적 과제[3]가 논의 되어야 함을 강조하였다. 정재찬[4] 역시 문학 형상이 제공하는 도덕 감정에 주목하고 다원적 가치 갈등이 지니는 도덕 교육과 연결하여 통합교과의 상을 밝힌 바 있다. 교육 방법과 연관해서는 황희종이 소설 텍스트의 '윤리적 이해' 방법을 제시하였고, 임경순은 '담론 윤리' 층위에서 문학 교육의 윤리 문제를 다루었으며, 황혜진은 문학적 가치경험을 도덕성 발달과 접목하여 고전 소설에 적용한 바 있다.[5]

이 논의들은 문학교육에서 윤리의 문제를 성공적으로 제기하고 있지만, 이제는 소설의 이해와 해석, 평가와 같은 문학 활동과 통합적으로 운용할 수 있는 방법을 찾을 때라고 본다. 그래야 문학 활동의 가치 지향성을 선명하게 할 수 있을 뿐 아니라 윤리성을 문학교육의 내적 자질로 구체화할 수 있기 때문이다.

---

3) 우한용(1999), "문학교육의 윤리적 연관성", 사대논총 41호, 서울대 사범대학교.
4) 정재찬(2004), "문학교육과 도덕적 상상력", 문학교육학 14호, 한국문학교육학회.
5) 황희종(2000), "소설 텍스트의 윤리적 이해 방법에 대한 연구", 서울대 석사학위논문.
   임경순(2003), "소설의 담론 윤리적 특성", 『문학의 해석과 문학교육』, 역락.
   도홍찬(2004), "문학교육과 도덕교육의 연계방안", 문학교육학 14호, 한국문학교육학회.
   황혜진(2006), "가치 경험을 위한 소설교육 내용 연구", 서울대 박사학위논문.

이 글에서는 소설을 통해 '타자 지향'의 서사 윤리를 교육할 수 있는 방안을 모색하고자 한다. '타자 지향'이란 개념은 오랫동안 형성되어 왔던 '주체 중심'의 문학교육의 방향을 확장할 수 있을 것이라는 조심스러운 전망에서 시작한다. 그간 문학교육 목표는 '주체 형성'이라는 문제틀 속에서 진행되어 왔는데, 이때의 '주체'란 자신의 관점과 감성을 투사하여 주체적이고 능동적으로 문학 행위를 하는 인식적, 도덕적, 미적 존재로 인식되었다. 그러나 이젠, 문학교육에서 주체 중심의 발상에서 나아갈 필요가 있다. 주체의 동일성이 해체되고, 다양한 가치들이 쟁론하고 경쟁하는 현대 사회에서는 자신이 이해할 수 없는 외부의 타자성과 어떻게 소통하고 관계를 맺어 갈 수 있느냐 하는 문제가 윤리적 이슈로 부각되고 있다. 많은 연구자 들[6]이 '타자성'의 중요성에 대해 동감하였던 것도 이 때문이라 할 수 있겠다.

특히 소설교육에서 '타자성'은 소설의 장르적 본질로 주목을 받았고 연구도 꽤 축적된 상황이다. 주로 여성소설과 같은 개별 장르나 특정 작가 특정 텍스트를 중심으로 논의된 측면이 있다. 그러나 이제는 특정 유형의 텍스트 이해를 넘어 소설의 본질적 가치 실현을 위한 독법, 그리고 소설교육을 통해 길러야 할 주체상의 구체화라는 측면에서 가다듬을 필요가 있다고 본다.

이 글은 타자 지향의 서사 윤리를 실현할 수 있는 소설 이해 방법을 소설의 형식과 내용 수용의 전 층위에 살펴봄으로써, 서사윤리 교육의 구체상을 그려보고자 한다. 타자 윤리학은 배타적이고, 고립된 단일 주체 중심에서 벗어나 타자의 호소와 요구에 책임감 있게 응답하면서 공존과 평화를 지향하는 윤리

---

6) 한귀은(2002), "타자와 온몸으로 만나는 문학교육", 문학교육학 10호, 한국문학교육학회.
   강진호(2004), "소설교육과 타자의 지평", 문학교육학 13호, 한국문학교육학회.
   선주원(2005), "크로노토프를 활용한 타자 인식과 소설교육", 국어교육 116호, 한국어교육학회.
   선주원(2006), "'타자'의 서사적 기능과 서사교육의 내용", 국어교육학 연구 26집, 국어교육학회.
   김승환(2009), "한국문학교육의 타자성인식 방법론", 문학교육학 17호, 한국문학교육학회.

이다. 이는 소설의 다성성과 대화성의 본질에 부합하는 것이기도 하다. 이 글을 통해 문학 활동의 범주를 윤리적 차원으로 확장하고 소설 교육 내용 풍부화에 기여할 수 있기를 기대한다. 단, 이 글은 내용 체계화는 본격적으로 다루지 못하며 작품 예시를 통한 일반화 가능성 중심으로 논의하도록 하겠다.

2. 타자 지향의 서사 윤리는 왜 필요한가?

서사 윤리는 서사의 윤리적 기능, 윤리의 서사적 형식을 종합한 영역이다. 서사와 윤리는 서로 다른 영역이지만, 윤리는 서사를 통해 대안적 윤리를 모색하였고 서사 역시 윤리를 통해 삶과의 연관성을 돈독히 해 왔다. 기존의 논의를 살펴 볼 때, 서사성에 윤리를 부여하는 방식에는 크게 세 가지가 있었다.[7] 다소 원론적이지만 서사 윤리와 소설교육의 접점을 설정하기 위해 검토해 보겠다.[8]

먼저, 훌륭한 서사 작품 읽기가 공동체가 공유하는 의미와 보편적 윤리가치의 획득에 도움을 준다는 교양주의적 접근이 있다. 이 입장은 서사물이 인물의 의도와 행위라는 구체적 경험을 통해 좋은 사람으로 살 수 있는 방법을 구체적으로 제시하고, 바른 삶이란 무엇인가에 대한 도덕적 자각이나 유연성을 훈련할 수 있다고 보았다. 소설은 도덕적 가이드 혹은 모범적 예시의 역할을 하는 것으로 이해되었다. 따라서 서사 텍스트가 주는 가치 효과를 수사적으로 분석하거나 텍스트가 어떻게 독자들의 윤리적 개입을 이끌어 내고 있는가에 주된 관심을 두었다. 이 관점은 문학 작품에서 보편적 가치와 의미를 추구했던 전통적인 문학교육이 취했던 입장이기도 하다. 그러나 언어 내 존재하는 사회적 갈등과 가치의 사회 문화적 맥락성, 주체의 다중성 등과 같은

---

7) Andrew Hadfield.(1999), The Ethics in Literature. Macmilan Press. pp.1-14.
8) 이에 대해서는 다음 논의를 참조할 수 있다. Herman, David, Jahn, Manfred and Ryan, Marie-Laure Edt.(2005), "Ethical turn", Encyclopedia of Narrative Theory, Routledge.

현대 사회의 주요한 철학적 의제를 다루지 못한다는 한계를 지닌다.

반면, 다원주의적 입장에서는, 서사 내 갈등과 가치 경쟁을 중시하여 소설 읽기가 가치의 다원화에 기여할 수 있다고 보았다. 개인적 가치를 획일화하지 않는 소설은 폭력과 이데올로기적 권력에 의해 동일화된 세계를 다원화할 수 있다고 본 것이다. 대표적인 논자인 누스바움(Nussbaum)은 소설은 인간의 갈등과 충동들, 그리고 시간 속에서 이루어지는 선택을 통해 무엇이 윤리인가를 잘 보여주며, 또, 독자의 평가나 판단들을 유도한다고 주장한 바[9] 있다. 그러나 이 관점은 가치의 경쟁과 갈등을 넘어 이들이 어떻게 소통할 수 있는가에 대한 비전을 제공하고 있지는 않아 아쉽다.

그런데 포스트 모더니즘에서는 윤리를 미학 속에서 구하였다. 문학 형식의 양가성이나 복수성, '분열된 주체'의 양상, 그리고 작가의 의도가 끊임없이 지연되는 해석의 유희를 '타자성'의 윤리로 설명한다. 이 관점은 미학적 경험이 윤리적 경험을 수반하는 이른바, '윤리의 미학적 형식'을 통해 기존 윤리에 대한 급진적 대안을 제안하고 있다는 점에서는 의미가 있다. 그러나 이 경우에도 타자성 개념은 다소 추상적이고 형식적인 경향이 없지 않다. 본고의 관심은 세 번째 포스트모더니즘의 접근과 맥을 같이 한다. 그러나 소설의 형식에만 치우친 타자성의 이해가 지나치게 추상적이라고 보고 형식과 내용, 수용의 전 과정에 이르는 서사 윤리 교육 내용을 모색하고자 한다.

타자 지향의 윤리에서는 주체성이 타자의 응답에 대한 책임으로 촉발되어 존재[10]한다고 본다. 레비나스 Levinas에 따르면, 윤리는 고통 받는 타자의 얼굴을 직접 대면할 때 그의 고통에 응답해야 한다고 느끼는 책임감에서 온다. 이처럼 '타자'로부터 '나'에게로 오는 윤리를, '책임 윤리'라고 한다. 이는 합리적 준칙으로 움직이는 행동 윤리와는 다른 것이다. 행동 윤리가 어떤 행위를 보편적이고 합리적 규범으로 설명하고자 한다면, 책임 윤리는 타자와

---

9) Martha C. Nussbaum.(1992), Love's knowledge, Oxford University Press.
10) 강영안(2004), 『타인의 얼굴』, 문학과지성사, 46-47면.

맞대면하고 있는 도덕적 상황의 특이성과 수행적 참여에서 윤리성을 발견한다. 윤리는 고정된 도덕규범이 아니라 타자와 상호작용하는 드라마에서 생성되는 것이다.

바로 이 대목에서 타자 윤리학과 소설 형식의 대화성이 만나 타자 지향의 서사윤리를 도모함이 가능해진다. 소설의 장르적 본질로는 주체와 타자의 상호 작용성 혹은 대화성 등을 꼽을 수 있다. 소설의 형식은 작가, 화자, 인물, 독자들의 상호작용적 소통의 과정이자 결과로 존재한다. 따라서 서사상황은 일반적 합리성의 원리로 환원할 수 없으며 대신 화자와 청자, 작가와 인물 혹은 독자와 텍스트가 서로 엮이는 반응, 분노, 호소 등의 관계적 상호작용에 의해 윤리적 에토스를 형성한다고 할 수 있다. 이런 이유로 허구 서사는 "윤리학의 상호작용적 문제성을 문학 형식으로 번역[11]한 장르" 란 명제가 성립할 수 있는 것이다. 바흐찐도 지적하였듯이, 소설의 인물에게 '현실'은 주어져 있는 것이 아니라 '부과되어 있다.' 그들이 세계에 참여하고 도덕적 책임을 갖고 행동하는 결과에 따라 생성된다는 점에서 소설의 형식은 미적 가치와 윤리적 가치를 동시에 표현하는 것이다.[12] 리꾀르 역시 이야기는 논리나 기호학의 추상적인 관심이 아니라 사람들이 스스로 말한 것을 약속하고 책임지는 윤리적 의무를 근본적으로 포함한다고 하였다.[13] 약속은 이미 대화적 공동체 속의 존재로서 다른 사람과의 관계를 전제로하기 때문이다.

그렇다면, 소설교육에서는 이 타자 지향의 서사 윤리가 어떤 의미를 지닐까? 무엇보다 기존의 소설 읽기 방법을 확장할 수 있다는 점을 들 수 있겠다. 기존의 읽기는 작중 인물이 자신의 의도와 목적을 실현하는 과정에 중점을 둔 행위의 합목적성을 부각시킨 읽기였다. '찾는 자'인 주인공이 자신의 동기

---

11) Adam Zachary, Newton.(1995), Narrative Ethics, President and Fellows of Havard College. p.35.
12) Holquist, Michael.(2002), Bakhtin and His World, Taylor & Fraancis, pp.149-153.
13) 김선하(2007), 『리꾀르의 주체와 이야기』, 한국학술정보, 252면.

와 목적을 실현하는 과정을 중시하는 이러한 독법은 동기와 목적을 성취하는 주인공의 주체성을 강조한다. 이는 소설의 중심축을 확고하게 잡을 수 있는 이점에도 불구하고, 소설 내 자아와 타자의 역학, 그리고 서사 세계의 중층성과 복합성을 고려하지 못하는 측면이 있다.

또, 나름의 의도와 동기를 지니고 씩씩하게 행위하는 주인공과는 다른 인물의 이미지들, 가령, 지극히 수동적인 자세로 고통 받는 존재나 타자를 위해 희생하고 대속을 추구하는 인물이나 구체적인 행위로 드러나지는 못하지만 다양한 감정으로 이타성을 실현하는 인물은 충분히 파악하지 못하는 한계가 있다. 타자 지향 서사 윤리를 소설 독법으로 구체화한다면, 이제 작중 인물은 인물들 간의 중층적 관계 속에서 이해할 수 있음은 물론이고 다양한 소설 형식을 윤리적 차원에서 새롭게 조명할 수 있다. 정리한다면, 타자 지향의 서사 윤리를 소설의 대화적 본질을 실현할 수 있는 해석 방법과 접목시킴으로써 타자와의 공존과 소통을 도모하는 윤리적 주체를 형성할 수 있다.

3. 타자 지향의 서사 윤리를 위한 소설의 중층적 이해

타자 지향의 서사 윤리는 세계 보편의 진리, 언어의 투명성과 공동성에 대한 확실성의 붕괴에 당면하여 주체와 타자가 대화적 상호 작용을 통하여 새로운 가치를 모색하는 과정을 중시한다. 이 상호작용의 과정은 소설의 서술 층위, 재현 층위, 수용 층위에 이르는 전 과정에서 분석할 수 있다.[14) 자세한 내용은 각론에서 보다 자세하게 살피도록 하겠다. 구체적인 설명을 위해 분석할 작품은 이청준의 「겨울 광장」과 「당신들의 천국」이다.[15)

14) 이에 대해서는 다음의 논의를 참조할 수 있다. Adam Zachary, Newton.(1995), Narrative Ethics, President and Fellows of Havard College. pp.35-45.
15) 이청준은 획일적 전체주의에 대한 부단한 저항을 새로운 서사 형식으로 표현하였는바, 이를 '서사윤리'의 개념으로 재해석할 수 있다고 본다. 다양한 작품 세계를 보이고 있어 서사 윤리면에서도 자기 이해의 윤리와 타자 이해의 윤리를 모두 논할 수 있다고 본다.

1) 서술(화행)층위의 윤리적 이해 : '마주 보며' 이야기하기의 윤리

서사 형식은 윤리성을 가능케 하는 매개체이다. 소설은 '상호 작용의 문제성을 형식화'한 장르인만큼 소설 형식은 화자와 작중 인물, 청자가 상호 교섭해 나가는 역동적인 장으로 접근할 필요가 있다. 곧, 화자와 인물, 인물 간, 인물과 독자, 화자와 독자의 다양한 소통 방식 및 화행 양상을 타자 윤리의 관점에서 살필 수 있다. 이는 서술자와 그 서술자가 서술하는 대상으로서의 객체의 이분법을 해체한다. 이청준의 「겨울 광장」과 「당신들의 천국」은 등장인물 간의 대화가 서술의 중심을 이루는데, 이 작품에서는 '마주 보며 이야기하기'의 화행을 재현하면서 그것이 지닌 윤리적 의미를 보여주고 있다.

「겨울 광장」은 이청준 특유의 '격자 소설' 형식으로 이루어져 있다. 어떤 인물이 진술하는 이야기가 있고, 이 이야기에 대한 타자들의 이야기하기의 과정이 한 편의 소설을 이룬다. 그 줄거리를 소개하면 다음과 같다. 어느 소도시의 광장에 낯선 여인(완행댁)이 자기 딸을 찾아다니며 그 딸에 대한 이야기를 한다. 광장 사람들은 연민을 느끼기도 하지만 그녀의 이야기가 워낙 엉켜 있어 서로의 해석을 주고받으며 그녀의 정신 상태에 의심의 눈길을 보내게 된다. 마침내 아들이 나타나 그녀의 정신 이상 증세와 비극적 삶을 밝힘에 따라 사람들은 정황을 알게 된다. 그러나 정작 사람들은 사실을 알게 되었음에도 불구하고, 오히려 그녀의 거짓말을 믿어주며 함께 그녀의 딸이 돌아오길 바란다는 이야기다.

이 소설은 인물들의 이야기하기 자체가 내적 형식을 이루고 있는만큼 다양한 이야기 방식이 등장하는데, 특히, 두 유형의 소통 방식이 선명하게 대조되

이 두 작품은 내용과 형식면에서 타자 윤리의 문제를 반영하고 있어 선택하였다. 이청준 소설을 타자성 이해의 관점에서 논의한 논문으로는 다음이 있다.

정과리(1987). "용서, 그 타인됨의 세계", 『겨울 광장』, 한겨레.
정과리(2005). "모범적 통치에서 상호인정으로, 상호인정에서 하나 됨으로", 『당신들의 천국』, 문학과지성사.
우찬제(1996). "타자의 윤리학과 상호발견의 수사학", 『텍스트의 수사학』, 서강대 출판부.

어 있다. 하나는 이성적 논리에 기초한 합리적 소통 방식이고, 다른 하나는 타자를 수용하고 응답하는 윤리적 소통 방식이 그것이다. 전자에는 '검표원'이 '완행댁'의 과대망상을 지적하면서 정상과 비정상으로 나누고, 그녀를 타자화하는 소통방식이 속한다. 그는 분석과 비판을 통해, '완행댁' 이야기의 논리적 모순과 갭을 정확하게 파악하여 사실성에 기초하여 이야기를 재구성해 놓는다. 그러나 흥미롭게도, 광장 사람들은 이 '검표원'의 해석 이야기에 동의는 하지만 수용하지는 않는다. '완행댁'의 '얼굴' 때문이다. 비록 과대망상증을 보이고는 있지만, 정돈된 파마머리에 딸을 찾는 애탄 눈빛을 보는 순간 그들은 그녀 이야기의 사실성 여부와는 달리 그녀의 이야기에 깊은 공감을 느끼고, 오히려 그녀의 말을 '믿어 주고자'하는 것이다.

이러한 광장 사람들의 태도는 바로, 후자의 윤리적 소통의 특징을 보여주고 있다. 비록 언표상으로는 '신뢰할 수 없는' 화자이지만, 그녀의 '낯선 얼굴'이 주는 호소와 부름에 응답하여 거짓임이 너무나 분명한 완행댁의 말을 경청하고, 진실로 받아들이는 것이다. 여기서 화행 차원에서의 '마주 보며 이야기하기'가 지닌 윤리성이 드러난다.

그 완행댁으로 하여금 부질없는 방상에서 깨어나 더 이상 광장의 추위 속에서 헛소식을 기다리지 않게 해줘야 한다는 주장을 내세우고 있던 참이었다. 그런데 그 때 느닷없이 등 뒤에서 들려오는 소리가 있었다. "오냐. 이 내 아들놈아! 너 참 눈깔이 깨지게 똑똑한 놈이구나. 그래 니가 그런다고 내 딸년의 소식이 안 올 줄 알았더냐." 소리에 놀라 뒤를 돌아다보니 뜻밖에도 거기엔 그 검표원 녀석을 잡어 먹을 듯이 사납게 쏘아보고 있는 완행댁이 버티고 있었던 것이다. 완행댁은 이제 광장을 떠날 수는 없는 사람으로 되어 버렸다. 그리고 광장 주변 사람들은 이제 누구도 그 완행댁의 소망을 부질없어하지도 않았다. 완행댁에겐 이미 돌아와 줄 딸이 없음을 알고들 있었고, 그의 딸 아이의 소식을 만나게 된다는 것이 무엇을 뜻하게 될지를 짐작하고 있으면서도 마치도 멀리 떠나간 자신들의 딸자식을 기다리듯 완행댁과 함께 그녀의 딸의 소식을 기다리게 되곤 하였던 것이다. 그 딸 아이

의 소식을 기다리는 완행댁의 꿈을 빌어서 자신들도 자주 광장을 떠나가고
있었기 때문이었다.[16]

　광장 사람들은 완행댁과의 '마주 대함'에서 어떤 합리적 잣대로도 환원할
수 없는 그녀만의 고유한 진실을 발견한다. 이러한 소통은 언어적, 논리적
이해가 아니라 '마주 보기'라는 '타인의 얼굴'을 대면함에서 생겨나는 것이다.
'마주 보기'는 진실과 이해를 위한 언어적 소통의 전제이다. 여기서 우선적인
것은 타인의 실존[17]이다. 타인의 얼굴은 우리에게 말을 걸며 요청하고, 호출
한다. 어떤 훌륭한 주제라도 그것이 타인의 얼굴과의 '마주대함'을 전제로 하
지 않는다면 진정한 의미의 소통일 수 없다.
　이 '마주 대함'은 신체적 '가까움'을 전제로 한다. 이 대목에서 제목인 '광장'
의 시공성에 주목할 필요가 있다. 이 '광장'은 사람들이 '몸'의 '가까움'으로,
타자의 고통에 능동적으로 참여하며 상호이해의 장을 펼치는 장소로 등장하
고 있다. 이 상호이해를 통해 사람들은 마음 속에 모두 지니고 있는 '자아
찾기'라는 상위의 닮음 속에서, 타자의 차이를 용인하고 수용할 수 있는 것이
다. 그 결과 그들은 그녀가 "넉넉하고 긍정적인 자아상"을 지닌 존재였음을
이해하게 된다.
　「당신들의 천국」 역시, 유사한 내용을 발견할 수 있다. 이 소설은 알레고리
양식을 통해 '사랑과 자유'의 대립이라는 대주제 하에 자아가 타자를 어떻게
만날 수 있는지를 보여주고 있다. 이 작품 역시 인물들 간의 서로 다른 두
유형의 소통 방식을 대비하고 있다. 자신의 권력을 유지하기 위한 권력적 소
통 방식과 타자에 대한 책임있는 응답을 추구하는 윤리적 소통 방식이 그것이
다. 전자에는 '주원장'이나 초기의 '조백헌' 대령이 자신의 동상을 짓고 권력화
하기 위한 언어들이 속한다. '정정당당, 인화단결, 상호협조'의 관념적 보편성

---

16) 이청준(1986), 『겨울광장』, 한겨레, 390면.
17) 윤대선(2004), 『레비나스의 타자 철학』, 문예출판사, 152-156면.

의 언어들은, '주체의' 시각에서 타자를 주체화하는 폭력과 지배의 모습을 잘 드러낸다. 이 연설을 듣는 원생들은 아무런 답이 없고, '그저 늘 그런가 보다하는' 침묵의 답변만을 하고 있을 뿐이다. 또, '추궁'의 언어도 있다. '이상욱'과 '황장로'의 언어가 그것이다. 피지배자라는 주체만 다를 뿐 연설과 구조는 동일하다. 전제된 결론으로 몰아가고, 상대방의 말을 경청하지 않는다는 점이 그러하다. 이러한 소통 방식에는 지배자와 피지배자, 우리와 그들의 대립적 이분법이 전제되어 있으며 전달하는 자와 듣는 자로 나뉘어져 있어 정보 차이에 의해 권력 관계가 발생하고 있다.

이에 반해, 수용과 경청의 언어가 있다. '조원장'의 삶은 처음 섬에 오면서 기획했던 자신의 생각을 변화시켜 나가는 부단한 자기 쇄신 과정이라 할 수 있다. 그러한 과정에는 타자, 곧 소록도 주민들의 요구에 응답하는 수용의 언어가 기제에 놓여 있다. 이 '수용의 언어'는 '조원장'이 자기 자신을 넘어서 새로운 자아로의 여행을 이끄는 윤리적 소통의 모습이라 할 수 있다. 가령, '조원장'이 평범한 시민으로 다시 소록도에 들어가기로 결정한 것은, '이상욱'의 편지가 추궁한 '운명을 공동으로 함께하지 않음'에 대한 지적을 수용한 것이다. 또, 섬을 떠나라는, 이해할 수 없는 요구를 수용하게 되는 것 역시 '황장로'라는 타인의 얼굴을 마주 대하고서이다.

> 어머니의 죽음을 보고도 슬프거나 무서워할 줄을 몰랐다던 황장로가 추위에 얼어 죽은 땜장이 할아버지의 품에서 잠을 깨고 나서도 한 줌 보리쌀이 남아 있어 즐겁게 다시 길을 걸을 수 있었노라던 노인이, 문둥병이 몸에 옮은 것을 알고도 별로 대단스레 놀라워할 줄을 모르고 지내왔노라던 그 황희백 노인이, 이제 비로소 그의 앞에 어린애처럼 스스럼없는 눈물을 흘리고 있는 모양을 보자, 조원장은 우선 시이한 느낌부터 들었다. 노인은 본 모습을 찾을 수 없도록 병으로 일그러지고 나이로 쪼그라든 두 뺨을 지난날 그가 겪은 고난과 원한의 세월을 아프게 되쏟아 놓고 있는 듯 서서히 그리고 끊임없이 눈물로 적셔 내리고 있었다.

조원장은 먼발치로 물끄러미 바다만 내려다보고 있는 노인의 황량스러운 모습에서 그의 눈앞을 가리고 있던 장막이 활짝 걷혀지며 비로소 노인의 진짜 얼굴을 보고 있는 것 같았다. 문둥병 환자가 아닌 그의 깊은 인간의 얼굴을 보고 있는 것 같았다. 그리고 노인이 그에게 하고 있는 모든 말들을 비로소 똑똑히 알아들을 수가 있는 것 같았다.[18]

이 인용문에서 '조원장'은 주민들이 왜 자신을 받아들이지 않는지, 왜 용서하지 않는지를 이해할 수 없지만, '마주 대한' 그들의 얼굴이 말하는 소리에 귀 기울이고 이를 수용하는 모습으로 나타나 있다. 이 역시 '타자와의 마주보기'의 과정 속에서 생성되는 언어인 것이다. 이러한 타자의 수용을 통해 '조원장'은 이분법적 대립을 초월할 수 있었다. '건강인: 정상인', '섬 밖: 섬 안', '인간: 환자', '다스리는 자: 다스림을 받는 자', '자유: 사랑'의 구조는 그가 마련한 건강인과 환자의 결혼식에서 상징적으로 해체된다.

이처럼 두 소설은 격자 소설 양식을 인물과 인물의 대화적 소통을 내적 형식으로 삼고 있는바, 특히 자아와 타자의 분리를 전제한 합리적 소통과는 달리 타자의 얼굴을 '마주 대한' 책임에 따른 타자 윤리적 소통 양상이다. 물론 격자 소설 양식이기에 이러한 소통 양식이 전경화되고 있다고도 볼 수 있겠다. 그러나 소설의 형식을 서술자와 서술 대상의 주객 이분법이 아니라 인물과 인물, 인물과 화자, 화자와 독자가 어떤 소통의 방식으로 상호작용하고 있으며 이것이 주체의 변화와 가치 생성에 어떤 기능을 하고 있는지를 분석하는 일은 타자 지향의 서사 윤리를 서술 형식 차원에서 이해할 수 있는 방법이 된다.

2) 재현 층위의 윤리적 이해 : 상호 조망의 시선들

소설에서 재현은 인식의 문제이기도 하지만 윤리의 문제이기도 하다. 언어

---

18) 이청준(2005), 『당신들의 천국』, 문학과지성사, 344-345면.

적 재현은 마치 얼굴이 그러하듯이 대상을 노출시키기도 하지만 동시에 은폐하기도 한다. 재현의 문제를 '서사 윤리'의 시각에서 본다는 것은 재현의 진실성 그 자체보다는 재현 과정에서의 획득과 손실, 위험 등을 문제 삼는 것이다. 서사 세계는 다양한 인물들이 거주하는 중층적 가능 세계들로 되어 있다. 다만, 최종적으로 우리가 만나는 서사는 작가의 의도를 위해 초점화된 특정 화자의 시선들로 원근법적 조율을 거친 세계일 따름이다. 소설의 세계는 다른 서사에 비해 단일 주체에 의한 단일 세계의 재현보다는 주체가 '타자'와 만나는 대화적 '사건'을 주축으로 한 중층적 공간을 표면으로 등장시킨다. 그 결과 소설이 반영한 현실의 진실성 여부보다는 누구의 시각으로 초점화되었는가, 또 이 시각들이 어떻게 위계화 되었고 어떤 관계 속에 배치되어 있는가가 서사 윤리에서는 중요한 문제라 할 수 있다. 기존의 연구자들은 이청준 소설의 핵심적 특징으로, '겹의 시선', '중층의 구조' 등을 제시하였다.[19] 이 글도 이 연구 결과를 수용하면서 시작한다. 그러나 중요한 것은 이 시선들이 어떤 관계 속에서 있으며 어떻게 상호작용하느냐 하는 것이다. 구조가 아닌 상호작용의 구성으로 보아야 한다는 것이다. 이청준 소설의 복합 시선에서 '있음'은 명사가 아니라 '무엇과 어떤 관계 속에서 있다'이다. 작가는 인물 시선들의 교환을 통해 존재를 다원적 양태로 재현한다.

　「겨울 광장」의 주인공 '완행댁'이 어떤 시선들의 관계 속에서 재현되고 있는가를 중심으로 살펴보자. 이 소설에서 '완행댁'은 세 사람의 시선으로 재현된다. 완행댁 자신의 시선, 완행 댁 아들의 시선, 광장 사람들의 시선이 그것이다. 먼저, '완행' 자신의 자기 진술은 힘든 현실을 견디다 못해 현실을 포기한 광인의 시선으로 재현되어 있다. 그녀는 자신의 삶을 이야기하는 가운데

---

19) 대표적으로 다음의 논문이 있다.
　　김　현(2005), "자유와 사랑의 실천적 화해", 『당신들의 천국』, 문학과지성사.
　　정과리(2005), "모범적 통치에서 상호인정으로, 상호인정에서 하나 됨으로", 『당신들의 천국』, 문학과지성사.

고통 받는 딸을 찾아 책임지고 '돌보는 존재'로 변형된다. 이는 그녀의 소망에 자리잡은 욕망의 양태라고 할 수 있다. 그러나 이 시선은 매우 불안정하고 신뢰할 수 없다. 현실에 뿌리 내리지 못하고 있으며, 모순적이고 일관성 없는 파편적 정보로 가득 차 있기 때문이다. 이러한 시선에 아들의 현실적 시선이 대비된다. 아들은 그녀가 폭력으로 희생되고 가족으로부터 버림받은 가부장제 사회의 희생물이었음을 말해준다. 그 동안 제기되었던 그녀에 대한 의심을 풀어주고, 모순적인 정보를 제대로 바로 잡는 것이기에 신뢰감을 얻을 수 있다.

그러나 작가는 아들의 시선에 권한을 부여하지 않는다. 오히려 이 두 시선을 대립시켜 광장 사람들의 해석이 어떤 시선을 선택할 것인가를 문제화한 것이다. '이야기하는 과정'이 서사의 주축을 이루는 것은 이 때문이다. 마을 사람들은 최종적으로 '완행댁'의 광기의 시선을 소망의 시선으로 재평가하고, 나아가 자기 자신을 발견함으로써 동감한다. 작가는 여러 시선들의 복합적 배치를 통한, 잉여의 시선들로 하여 진실의 다면적이고, 양가적인 모순된 진실을 탐색하고 있다. 그리하여 광기와 현실의 경계, 타자와 자아, 우리와 그들의 경계는 쉽게 해체된다. '완행댁'은 광기 속에서 가장 진실된 자아의 내면을 만날 수 있으며, 광장 사람들은 타자인 '완행댁'에서 자신들이 찾고자 하는 자아의 모습을 발견할 수 있다.

「당신들의 천국」은 지배자와 피지배자, 사회와 개인의 관계방식을 알레고리 양식으로 탐색하고 있다. 원래 알레고리 양식이 주관적이고, 관념적 성격이 강하듯이, 이 소설 역시 등장인물들 사이에서 벌어지는 지적이고, 관념적인 대화를 중심으로 하고 있다. 사건이나 행위 그 자체보다는 인물들의 자기 관점에서의 해석과 논쟁의 긴장이 전경화되고 있다.

그 구체적 양상을 살펴보면 먼저, 복수의 시선들이 교차되고 있다. 전체를 총괄하는 화자가 존재하지만, 이 초점화자는 유연하게 이동하면서 한 인물들을 다른 인물의 시각으로 비추는 방식으로 '상호 조망'한다. 그 결과 독자들은 재현된 인물의 의도와 행위를 다양한 각도에서 평가하고 이해할 수 있어, 특화된 화자나 주인공 중심의 단일 시각에서 벗어날 수 있다. 이로써 한 인물의 이념으로 대변된 담론들의 진실성을 다양한 위치에서 성찰하고, 대화하는 열린 모색이 가능해진다.

부임 과정을 담고 있는 1부는 '이상욱'의 시선에 비춰진 '조원장'의 모습이다. 그의 시선으로 조원장은 평가되고, 문제시된다. 소록도를 나환자들의 천국으로 만들겠다는 '조원장'의 득의만만한 신념은, '이상욱'의 관점에서 보면, 오히려 폭력적, 가학적일 수 있다는 의견이다. 한 사람에게는 '낙원의 건설'이 다른 한 사람에게는 '동상의 건설'로 평가되는 두 시선의 교차는 '우리와 그들'의 이분법적 틀 속에서 대립되고 있다. 이러한 긴장은 계속된다.

2부에서는 '조원장'의 득량만 매립 공사가 속도감 있게 그려지는데, 섬 안의 사람들의 갈등, 섬 안의 사람들과 섬 밖 사람들의 시선들이 갈등하면서 '겹의 시선'은 더욱 입체화된다. '조원장'을 독단적으로 비판하였던 '이상욱'이 '황장로'에 의해 자유주의자의 불안으로 비판되기도 하고, 비판의 대상이었던 '주원장'은 사랑의 실천가로 부각되기도 한다. '황장로'의 시선과 '이상욱'의 시선이 대비적으로 교차되는 것이다. 그런가 하면, 섬 밖의 사람들의 이기적 탐욕과 '조원장'의 희생성을 대비시켜 진정성을 대조하기도 한다. 인물들의 시선을 상호조망하게 함으로써 서로의 인식을 변화시키고 있는 것이다. '조원장'은 '황장로'가 지닌 인간으로서의 면모를 발견하며, '황장로' 역시 '조원장'의 사랑을 깨닫는다. 그러나 이 변화는 '시선'의 변화일 뿐이다.

마지막 3부 역시, '조원장'의 시선을 다른 인물의 시선과 이를 위해 섬 밖의 존재인 기자 '이정태'가 주된 초점화자로 등장한다. 그는 '조원장'이 영웅으로 기사화했던 인물이다. 7년 전의 소록도와 현재의 소록도, '조원장'의 말과 현실을 대비하여 종합적으로 제시하면서 '조원장'의 말과 실제 소록도의 현실이 지닌 차이를 비교하여 '조원장' 자신의 시선을 넘어선다. '조원장'은 소록도 섬은 '이루어진 것이 하나도 없고', '자신과 원생은 실패했다'고 말했지만, 그의 시선에 비추어진 섬은 조금씩 변화해 나가고 있는 중이다. 역으로 '주원장'의 주례사에 담긴 희망의 메시지는, 그의 절절한 희망에도 불구하고 현실적 실현 여부가 미지수인 '예행연습'일 뿐 열린 가능성으로밖에는 존재할 수 없다. 결국, 시선의 대비를 통해 소록도에 존재하는 실패 속의 성공, 변함없음 속의 변화, 절망 속의 희망 등 현실의 중층적인 이미지가 드러나는 것이다.

이처럼 상호 조망의 시선으로 각각의 개별적 인물들은 알지 못한 시선의 잉여가 드러난다. 재현의 윤리는 현실 세계와 가능 세계들을 중층적, 다원적으로 복원할 수 있는 원동력이 되고 있는 것이다. 이와 같은 소설 이해는 소설에 재현된 세계를 주인공이나 초점화자의 단일한 시선으로만 파악하지 않고 대신, 서사 담론 표층의 이면에 존재하는 다양한 작중 인물들의 시선을 대비, 비교하게 함으로써 서사 세계의 중층성과 다양성이 드러날 수 있도록 한다. 이 때, 주체의 시선은 타자에 대한 응답적 활동으로 대화화하는 과정에서 새로운 의미로 재구성될 수 있다.

3) 수용 층위의 윤리적 이해 : 책임있게 응답하기

다음은, 독자의 작품 수용 활동에서 타자 지향의 윤리를 살펴보도록 한다. 소설의 수용 활동은 독자가 작품의 호소에 공감하고, 응답함으로써 자기 자신을 초월하여 새로운 깨달음을 얻는다는 점에서 윤리적이다. 이때 독자의 응답 행위는 작품에 공감하고 감정이입하는 차원을 넘어서 타자로서의 작중인물이 요구하는 윤리적 수행에 참여하는 수행적 성격을 갖는다고 할 수 있다. 이 때, 작중 인물의 타자성은 그가 비록 독자의 관심에 부합하지 않고 이해할 수 없는 특이성과 남다름을 지니고 있음에도 불구하고 독자는 그의 고통과 호소에 책임감 있게 응답해야 함을 의미한다.

물론 텍스트의 허구성은 실제 타인과의 면대면 상황처럼 친밀감을 유지하거나 직접적인 윤리적 과제를 부과하지는 않는다. 그러나 문학의 허구 세계를 읽는 과정은 자신의 세계를 그대로 노출하는 작중 인물을 만나는 과정이며, 이는 사르트르의 말처럼 '네가 이것을 읽었다면, 다른 한편으로는 책임을 져라.'라는 의무를 동시에 부여받는다고 할 수 있다.[20] 작가의 의도 파악에 중점을 두는 '작가적 청중'이 아니라 작품 세계를 마치 살아 있는 세계처럼 상상하고 모방하는 '서사적 청중'[21]의 입장이라면 충분히 가능한 경험이라고 할 수 있겠다. 이러한 경험에서는 감성과 감수성의 역할이 중요하다. 감수성은 타인의 고통에 열려 있는 유연한 감성으로, 주체로 하여금 타인의 생각, 느낌 등을 공유할 수 있는 계기를 마련해 준다. 특히, 타자성에 대한 느낌은 고난, 수고로움, 피로함 등과 같은 수동적인 상태나 '상처받기 쉬움'과 같은 다소 부정적인 형태의 느낌일 수 있다는 점이 이색적이다.

이러한 느낌은 타자에 응답하는 경험이 나와 타자 사이의 비대칭적 경험이기 때문에 생겨난다. 곧, 독자인 '나'의 관심과 흥미를 투사하는 것이 아니라 '타자'인 작중 인물의 요구와 부름을 우선시하는 과정에서 독자인 주체는 탈중심화되거나 해체되는 경험을 하는 것이다. 문학 수용에서 몰입, 공감, 동일시는 도덕적 상상력과 밀접한 관련이 있음은 여러 논자들에 의해 지적된 바 있다. 이는 분명 맞다. 작품을 읽고 타인의 고통과 문제에 공감할 수 있는 상상력은 도덕적, 윤리적 감각의 향상에 기여한다. 그러나 문학적 공감을 '책임성 있는 응답'으로, 확장한다는 것은, 작중 인물의 상황과 문제성을 수용하여 자신이 가지고 있던 기성의 가치를 해체하고, 작품 속의 세계를 이에 환원하지 않고 새로운 가치를 모색함을 의미한다.

「당신들의 천국」을 읽고, 김현이 쓴 평론에 이런 대목이 있다.

> "『당신들의 천국』에서 나를 가장 가슴 아프게 만드는 것은 황장로가 조백헌 앞에서 자기의 과거를 털어 놓는 대목이다. 이 글을 쓰기 위해 여러 번 그 소설을 다시 읽었지만 그에게는 언제나 그냥 넘기고 싶은 곳이었다. 그

---

20) Adam Zachary, Newton.(1995), Narrative Ethics, President and Fellows of Harvard College.
21) Peter J. Rainowitz & Michael W. Smith, Authorizing Readers, Teachers College Press.

의 비문화적 삶은 그런 삶을 살 수밖에 없는 상황에 내가 태어나지 않은 것을 내가 나에게 감사하지 않을 수 없게 만들었고, 동시에 그런 삶을 살게 만든 사람들에 대한 분노로 내 가슴을 가득 채웠다. 인간은 무엇보다 먼저 행복하게 살게 만들어져 있다. 그러나 실제로 행복하게 그의 삶을 영위하는 자는 정말 드물다. 그렇다면 인간은 불행하게 살게 만들어졌단 말인가? 천국에 대한 환상은 거기에서 싹트며, 거기에서 또한 천국을 그들의 천국으로 만들려는 원장들의 시도에 대한 배반이 싹트는 것이다.[22]"

이 글은 비평가가 작중 인물의 '다른' 삶의 '불편한 진실'을 받아들이며, 새로운 깨달음을 얻는 경험을 표현하고 있다. 그가 작품을 '그냥 넘기고 싶은' 불편함을 느끼는 것은 '황장로'의 처절한 삶의 비문화성이 비평가 자신의 경험이나 가치관과는 큰 차이가 있기 때문이다. 그럼에도 그를 그렇게 만든 세계에 분노를 느끼는 것은 '황장로'의 고통스러운 삶에 비평가 자신도 탈중심화되었기 때문이다. 비록 인물의 삶에 공감할 수는 없지만 그의 고통에 응답해야 할 책임을 느끼는 것이다. 그 결과, 모든 인간이 행복해야한다는 인식이 오히려 '천국'이라는 환상을 만들어내고 있다. 이는 비평가가 이 소설 고유의 상황 속에서 새롭게 이해한 '행복'의 가치라 하겠다.

이러한 읽기 과정은 레비나스의 개념으로 한다면 '말해진 것'(said)이 아닌 '말하기'(saying)의 과정으로 설명할 수 있겠다. '말해진 것'(said)이 기존의 도덕적 질서나 사유의 승인을 전제로 한다면, '말하기'(saying)하는 관계적이고, 구체적인 상황에서 새로운 가치를 생성하는 행위이다. 우리가 타인을 타자로 인정하고 대화한다는 것은, 그가 아직도 최종의 말을 하지 않았다고 보는 것이다. 따라서 이 부단한 응답의 '말하기'에서는 기성의 도덕적 위계가 해체되거나 변형된다.[23] 비록 살인 행위라고 하더라도, 서사적 상황의 특수성과 그

---

22) 김현(2005), "자유와 사랑의 실천적 화해", 『당신들의 천국』, 문학과지성사, 441-442면.
23) Jae-Seong Lee.(2005), "Reading as a Positive Reaction to the Other: Levinas and Literature", Studies in British and American Language and Literature Vol 77. pp.105-123.

상황에 대한 대화 과정에 따라 그것은 윤리적일 수 있다. 응답은 기존의 도덕적 질서를 문제시하고, 회의하며, 그것의 완고함과 편협함을 전복시키고 새로운 방향의 생성을 모색하는 행위라 할 수 있다.

특히, 현대의 다성적, 탈근대적 서사의 형식은, 열린 결말, 틈, 모호함, 지연 등으로 하여, 독자들이 '말해진 것'으로 환원되기보다는 '말하기'의 역동적 수행을 가능하게 한다. 「당신들의 천국」은 이러한 텍스트 조건에 부합한다. '조백헌' 원장 성격의 모순성, 가령, 강함과 약함, 능동성과 수동성이 공존하는 양상이나 복수 시선들의 상호작용에 의한 플롯 구성, 마지막 결말의 모호함과 열린 가능성 등은 독자가 얼마든지 개입하여 새로운 가치에 대해 이야기하도록 유도한다. 이 경우, 소설의 독서는 독자의 '전유'가 아니라, 일종의 '풀어내기'(undoing)라 할 수 있다. 곧, 독자는 자신의 관점과 요구로 텍스트를 파악하는 것이 아니라 오히려 타자로서의 작중 인물의 요청에 스스로를 상실시키고 동시에 이 과정에서 새로운 발견을 통해 새로운 쓰기에 돌입하는 것이다. 이는 일종의 '상실-재발견-깨달음 혹은 말해진 것에 대한 새로운 말하기'의 무한한 변증법적 운동이라고도 할 수 있겠다.

4. 타자 윤리의 경험을 위한 소설 독서 교육

소설은 타자 윤리의 감수성을 북돋울 수 있도록 도와주는 장르이다. 그러나 이 경험은 작품에 대한 깊이 있는 이해에 바탕을 두어야 한다. 타자지향의 서사 윤리는 소설 형식의 대화성, 역동적 상호 작용성을 바탕으로 하고 있다. 사실, 이 대화성의 원리는 구조적 '통일성'을 미적 원리의 구심으로 삼는 소설 교육의 '독서 관습'의 측면에서 본다면 다소 낯설 수 있다. 그런 점에서 '타자지향의 윤리' 경험은 소설 이해와 수용 방법의 확장을 요구한다.

이를 위한 해석 방법에서는 소설의 주인공, 혹은 인물의 행위, 감정, 의식,

언어를 '타자와의 관계성' 속에서 이해, 평가함으로써 학습자의 타자 윤리 적 경험을 형성할 수 있다. 해석은 해석자의 관심과 의지가 투사된 실천적 행위 라고 할 수 있다. 어떤 관점에서 해석하느냐 자체가 이미 의미론적 실천으로 서의 속성을 지니고 있다는 것이다. 전통적으로 소설교육은 작중 인물이 자신 의 의도나 동기를 어떻게 실현해 나가며 그 결과 어떤 성취나 의식의 성장 과정을 일구어내는가의 주체 중심, 목적 합리성의 행위 윤리를 중심으로 한 해석 관습에 충실했다.

교과서에 구현된 학습 활동은 주로, '주인공의 의도와 동기'나 '주인공의 변화 과정', '주인공의 자기 이해와 정체성 형성' 등을 기본 축으로 하고 있다. 작품 전체를 일관되게 이해를 도모하기에 도움이 되나 다른 한편으로는 서사 세계의 중층성, 다면성을 주인공 중심으로 일면화하고, 서사 세계에 존재하는 의미생성의 역동적 과정을 단순화할 우려가 있다. 소설 텍스트에서 타자 윤리 를 해석하기 위해, 서사 세계에 존재하는 중층적 세계를 전제로 인물의 행위, 의식, 감정, 화행을 타자와의 응답적 관계 속에서 파악하고, 그 관계 속에서 새로운 가치의 생성, 예상하지 못했던 변화 등을 이해할 필요가 있다. 곧, 인 물의 행위를 타자의 요청에 대한 응답의 관계 속에서 파악하며, 주인공의 변화 과정을 다른 인물의 이해 과정과 연관 짓고, 인물의 감정을 다른 인물에 대한 상호 이해와 관련지을 수 있다면, 소설 해석을 타자 윤리적 관심으로 연계할 수 있다. 특히 이 과정에서 '주체의 의도와 행위, 사고가 타자와의 조우 를 통해 어떻게 변화해 가고, 기성의 가치를 바꾸어 나가는지를 파악하는 것 이 핵심 내용이 된다. 윤리는 보편타당한 준칙이나 규범이 아니라 타자의 부 름과 호소에 응답하는 활동이다.

다음으로, 독자의 소설 행위가 지녀야 할 윤리의 문제를 생각해 볼 수 있다. 앞에서 언급한 내용이 소설 작품에 제시된 윤리를 해석한다는 '윤리의 해석'이 라고 한다면, 다른 한편으로는 독자의 해석 활동이 전제하는 윤리성, 곧 '해석 의 윤리성' 역시 중요한 문제라 할 수 있다. '해석의 윤리'는 독자가 허구 세계에 응답의 책임을 지는 문제와 관련된다. 이는 언어적 상호작용을 윤리적 층위에서 이해하는 것으로, '듣기의 윤리'가 자신에게 말을 건넨 사람에게 응답할 책임을 지니는 것이나 작품 속 인물이 타자의 부름에 응하는 책임을 지니는 것과 유사하다고 할 수 있다.

독자는 비록 면대면 소통 상황은 아니지만 작품을 접하면서 이 허구 세계에 응답하는 책임을 통해 윤리적 주체가 될 수 있다. 이 책임성은 작품 세계에 대한 공감을 넘어서 그 허구 세계에 대해 자신의 의견을 제시하는 수행적 활동의 전제이기도 하다. 이 활동은 독자 개인이 가지고 있던 관심이나 흥미를 강화하는 반응 중심과는 달리, 작중 인물의 타자성을 존중하면서도 자신의 참여적 수행을 중시하는 일종의 책임 중심이라 할 수 있겠다. 이 때 책임성은 이미 '말해진 것'을 반복하는 것이 아니라 작품의 상황적 특이성과 개별성에 바탕을 두고 독자가 새로운 '말하기'에 참여할 수 있는 가치 창조에 근간을 둔다.

5. 결 론

우리가 소설을 읽고 가르치는 것은 삶의 질적 가치를 높일 수 있기 때문이다. 소설의 미적 형식과 윤리적 수행에 주목해야 하는 이유도 여기에서 찾을 수 있을 것이다. 윤리는 자유, 평화, 자아 정체성, 생명 등의 삶의 근간이 되는 원리를 우리 삶의 구체적 연관 속에서 이해할 수 있도록 한다. 이 글은 현대 다문화 사회의 환경에서 요구되는 타자 지향의 서사 윤리를 소설 교육과 접목시켜 교육할 수 있는 방안을 모색하였다. 서사 윤리는 서사의 윤리적 기능을 서사의 형식과 내용, 수용에 이르는 전 과정에서 성찰할 수 있는 개념이다. 서사는 구체적인 삶의 정황에서 인간의 갈등과 선택, 행위를 다루고 있어 보편적인 도덕적 준칙이 포괄하지 못하는 인간 가치의 복합성과 다원성을 보여준다. 소설은 화자와 인물, 독자들의 대화와 소통의 과정과 결과가 한 편의 텍스트로 형식화된 것이다. 바로 소설에 나타난 상호작용 드라마야말로 타자 지향의 윤리와 만나는 대목이라 할 수 있다. 윤리의 타자 지향성은 주체성의 형식이 타자의 호소와 부름에 응답하는 과정에서 생기기 때문이다. 우리 삶이 다른 사람과 어울려 사는 신체적, 환경적 기초를 고려할 때, 윤리는 나의 선택 이전에 타자로부터 나에게로 온다는 명제는 타당하다. 이 경우, 윤리는 보편적, 합리적 규범의 적용에서 벗어나며, 개별적 정황 속에서 이루어지는 자아와 타자의 대화적 상호작용의 장 속에서 논의된다. 이 글에서는 서사 윤리를 서사의 서술 형식, 재현, 수용의 전 과정에 걸쳐 이해, 적용, 평가될 수 있도록 구안하였다. 이들은 각각 언어적, 인식적, 수행적 층위에 해당된다. 물론 이는 정교한 분석을 위한 범주화일 뿐 서로 연계되어 있다.

서술 형식 차원의 서사 윤리는 화자와 인물, 인물과 인물, 인물과 청자, 화자와 청자 사이의 소통 양상 및 화행 양상을 타자 윤리의 시각에서 분석한다. 특히, 소설은 이들 사이의 서사적 상황, 언어 외에 비언어적 요소들을 통해 소통의 종합적이고도 중층적인 양상을 살필 수 있다.

이청준 소설에서는, '마주 보고' 이야기 한다는 타인의 얼굴과의 마주침의 계기를 윤리적 소통의 중요한 기제로 제시하고 있다. 이 마주보기의 행위는 타인의 얼굴이 호소하는 바를 무엇보다 우선시함으로써 타자의 요구를 상황 초월의 보편적 규범으로 환원하지 않고 그 정황의 특이성 속에서 수용한다. 「겨울 광장」에서 광장 사람들이 '완행댁'과 마주 대함에서 그녀의 고통과 소망을 이해하고, 나아가 또 다른 자아의 모습으로 연대하고 있음을 보여준다. 「당신들의 천국」에서도, '조백헌' 원장은 원래 자신이 가지고 있는 꿈과 계획을, 소록도 주민들의 요청과 대화 속에서 지속적으로 쇄신시키는 수용의 언어로 보여주고 있다. 재현 층위에서의 윤리는 서사 세계를 투영하는 인식적 관점의 상호작용 및 관계를 분석할 수 있다. 타자의 시선과 자아의 시선이 어떻게 상호조망 되고 있는가를 살핌으로써 서사 세계의 중층성과 다층성이 '관계' 속에서 제시될 수 있다. 「겨울 광장」과 「당신들의 천국」은 모두, 복수의 시점이 복합 배치되며 서로 상호작용한다. 이 과정으로 작중 인물들은 상호 이해에 이르거나 서사 세계의 이면을 발견할 수 있게 된다. 수용 층위의 윤리에서는, 수용자가 자신의 관심이나 가치를 투영하여 전유하는 방식이 아닌, 타자로서의 작중 인물의 요청에 스스로를 상실시키고 동시에 이 과정에서 새로운 발견을 통해 새로운 쓰기에 돌입한다. 이 때 타자 이해의 계기로 '감수성'의 문제가 중요하다.

지금까지의 논의로 소설의 형식과 내용, 수용을 타자와의 소통과 공존 가능성의 추구라는 맥락에서 이해할 수 있음을 보여주고자 했다. 이는 소설 읽기를 통한 윤리적 주체의 형성으로 요약할 수도 있을 터이다.

02

대중 영상 서사물에 나타난
다문화 담론의 비판적 읽기

1. 서 론

외국인 110만 명 시대를 맞이한 한국 사회는 본격적인 다문화 사회로 급격히 접어들고 있다. 새터민, 이주 노동자, 결혼 이주민 등 다양한 이주민이 생기면서 이들 인종적, 국가적, 종교적 다른 배경의 존재들과 어떻게 공존, 상호 존중할 것인가라는 도전적 과제가 제기된 것이다. 이 과제는 사회 통합이라는 국가적 과제이기도 하지만 구성원들에게는 새로운 정체성과 삶의 방식 모색이라는 실존적 과제이다.

다문화 개념은 다인종, 다언어, 다종교 사회에서 출발한 서구 사회가 사회 문화적 갈등을 해소하려는 목적에서 비롯되었다. 정치적 철학자들은 다문화주의 다양한 문화와 사회에 속한 개인, 집단, 국가가 평등, 상호존중, 공존할 수 있다는 믿음의 보편적 가치를 대략 합의하기도 한다.[1] 그러나 다문화 담론은 그 사회의 특성을 반영하고 부단히 변화해 왔다는 점에서 맥락적 유연성을 지니고 있다. 국가를 세우는 시기부터 시작했던 미국을 비롯한 서구의 다문화 담론과 자본시장의 유연성에 힘입어 이제야 본격적인 사회 문제로 거론되기 시작한 한국의 상황을 동일시할 수는 없는 것이다. 따라서 다문화 담론은 그 사회의 문제점과 당면 과제를 해결하기 위한 실천 담론으로 접근할 필요가 있다. 이를 위해서는 다문화 준의가 표방하는 보편적 가치를 유지

---

1) 박홍순(2007), "다문화와 새로운 정체성", 『한국에서의 다문화주의』, 한울아카데미.

하면서도 해당 사회 고유의 사회적 문제로 구체화하는 방식이 적절하다고 본다. 이런 문제의식에서 '한국적 다문화주의'란 개념이 질문으로 논의를 시작한다.

한국에서 '다문화 담론'은 문제적 개념이면서도 동시에 문제 해결적 개념이라 할 수 있다. 한국의 다문화 담론은 관 주도로 이루어져[2] 위에서부터 아래로 내려온 계몽적 담론이라는 특성이 있고, 이주 노동자를 정착시키려는 정책적 배려로서의 동화주의적 면모가 강했다. 다인종, 다민족 문화 간의 상생과 공존을 지향한다고 하더라도 그 이면에는 문화 통합의 의도가 강하게 살아있다는 지적이다. 이것이 지닌 문제성은 무엇보다 한국에서의 다문화 담론이 일반 사람들의 삶과 현실에는 착근하지 못한 채 형식적이고, 관념적이며, 정책적인 담론으로서의 심리적 거리를 넓히고 있다는 점이다.

그러나 그렇다고 해도 한국의 다문화 담론이 다문화주의의 다양한 정치적, 철학적 지향에 대한 고찰 없이 '선택의 여지가 없는' 시대적 당위로만 존재한다는 비판에는 공감하기 어렵다. 다문화 담론이 정부 주도하의 정책적 담론이자 철학적, 이념적 지향의 학술적 담론으로, 사회 현상이자 교육적 지향으로 계속 경쟁중이고, 아직 뚜렷한 합의에 이르고 있지는 않지만 이 시대 현실 문제를 제기하는 핵심어로 부단히 모색을 거듭하고 있다고 생각하기 때문이다. 따라서 정부의 정책적 담론이나 학술적 담론 뿐 아니라 대중매체나 예술 작품 등 다양한 맥락과 영역, 다양한 주체들이 생산하는 당대적인 다문화 담론을 해석하고, 이해하는 작업이 우선적으로 이루어져야 한다. 이런 취지에서 이 글은 대중 영상 서사물을 중심으로 해석학적 접근을 한다.

---

2) 김희정(2007), "한국의 관주도형 다문화주의", 『한국에서의 다문화주의』, 한울아카데미, 57-80면.

2. 다문화 시대의 정체성과 소통 윤리: 차이의 윤리를 넘어서

기존 문학·예술에서 다문화 담론을 분석하는 주요 범주는 정체성 재현의 이미지였다. '우리'의 관점에서 '그들'(이주 노동자, 결혼 이주자, 탈북자)을 재현하는 과정에 어떠한 권력 관계나 편견, 선입견이 작동하고 있는가를 비판적으로 살피는 이와 같은 작업은, 다문화적 공존과 상호존중을 위해서는 타자를 그 자체로 존중하고 제대로 이해할 필요가 있다는 '차이의 윤리'를 전제로 한다. 그러나 문제는 타자의 '재현'이라는 인식론적 범주가 이미 정체성에 대한 본질론적, 실체론적 가정을 바탕으로 하고 있어, 정체성의 관계적, 수행적 구성을 충분히 고려하기 힘든 부분이 있다는 점이다.

다문화 시대의 정체성은 '우리'와 '그들', '나'와 '타자'를 가르는 본질주의적 시각으로는 충분하지 않다고 알려져 있다. 복합적이고, 다차원적이며, 부단히 변화해 나가는 특성 때문이다. 스튜어트 홀(Stuart Hall)의 말대로, 정체성은 "완성되지 않고 항상 진행 중이며, 외부에서가 아닌 재현되는 순간에 구성되는 산물"인 것이다. 이는 '정체성의 차이와 인정'을 바탕으로 한 다문화 담론의 한계에 대한 인식으로 이어질 수 있다.

다양한 문화의 인정은 표면적으로는 '상생과 공존, 이해' 등을 유도하지만 자신의 의도와는 달리 이면적으로는 또 다른 문화 상대주의를 낳으며, 나아가 '나'와 '그들'의 차이를 지속시켜 문화 갈등의 연장에 기여하는 측면이 있는 것이다. 문화적 차이란 개념은, 전적으로 폐쇄적인 경계를 갖는 상이한 문화 집단들을 설정하고 그 무한한 다양성 중의 어느 한 가지에 소속되는 것으로 인식함으로써, 문화 간의 경계를 강화할 수 있다. '나'와 '너', '우리'와 '그들'의 경계 속에서 위치지우는 순간, 타자는 용인하든 하지 않든 언제나 기성의 타자로 존재하기 때문이다. 따라서 관용의 원칙에 근거한 상징적 인정이란, 자기 자신에 대한 성찰과 비판을 괄호 친 채 특정 집단의 개인과 집단을 배제할 가능성을 내장하고 있는 것이다.

그 대안적 관점으로 탈신민주의론에서는 정주민과 이주민이 접촉과 상호 침투를 통해 새로운 정체성을 형성하고 있는 '있는 그대로'의 복잡다단한 연모, 곧, '정체성의 혼성성'과 '과정성'을 강조하고 있어 주목할 만하다. '우리'와 '그들' 사이에 가로놓여 있는 철통같은 경계를 무너뜨리고, 혼종성 속에서의 새로운 정체성 형성에 초점을 둔다. 이처럼 정체성을 관계적, 상호적, 복합적인 것으로 접근할 때, '소통'의 문제가 중요해진다. 정체성의 문제를 차이의 '인정'에서 나아가 차이의 소통을 통한 '공유와 변화를 더 중시할 때, 다문화 시대에서 요구하는 정체성의 역동성과 수행성에 응답할 수 있을 것이다. 이는 문화적 다양성과 차이성의 윤리를 넘어 공유와 성찰과 대안을 모색하는 비판적 다문화주의에서 중요시 되고 있는 범주이기도 하다.

이 글은 '차이의 윤리'에서 나아가 '상호 존중과 변화'를 위한 '소통의 윤리'로 이동하여 논의를 펼칠 것이다. '소통'은 자아와 타자의 교섭과 상호작용을 두루 아우르는 매우 광범위한 개념이다. 일반적으로 소통은 합의를 지향하는 의사소통으로 제한되기도 하지만, 소통 윤리에서 다루는 소통 개념은 차이나는 불일치를 그대로 온존시키면서도 가능한 소통, 또 힘이 대칭을 이루는 존재 사이의 소통 뿐 아니라 비대칭의 존재 사이에서 이루어지는 상호작용 전반을 의미한다. 그렇다고 재현의 윤리를 부정하는 것은 아니며 타자에 대한 재현의 윤리와 함께 주체와 타자의 상호작용의 윤리, 관계의 윤리가 중층적으로 자리 잡아야 함을 강조하고자 한다. 다문화 담론을 개인과 집단이 이질적 문화와의 공존과 소통을 통하여 잠재되어 있던 또 다른 가능성을 찾아 새로운 정체성으로 나아가는 방식을 이해해 보고자 하는 것이다.

소통의 윤리는 다음과 같은 문제의식을 내포할 수 있다. 차이나는 정체성들(타자들의) 사이에서 이루어지는 소통 중 어떠한 것이 바람직하고, 좋은가? 자아는 타자와의 차이, 불일치와 어떻게 소통하고 있는가, 그 소통을 통해 어떠한 공유와 변화가 생성되고 있는가? 그 소통이 이루어지는 기제와 방법, 지향은 무엇인가?

이러한 접근은 대중매체의 다문화 담론을 보다 구체적이고도 섬세하게 해석, 평가할 수 있다는 장점이 있다. 좋은 삶과 올바른 행위를 실천지로 탐색하는 윤리론의 감각은, 현실 경험과 유리된 채 관료적이고, 이론적인 형식적 담론으로 제한되는 기존 다문화 담론의 한계를 극복할 수 있는 방안을 마련해 줄 수 있을 것으로 기대한다.

이 글이 다룰 텍스트는 「반두비」(2009, 신동일 감독), 「로니를 찾아서」(2009, 심상국 감독)와 「깜근이 엄마」(2006, 윤류해 연출), 「의형제」(2010, 장훈 감독)이다. 이 세 작품을 선택한 이유는, 유통 방식에서도 각각 독립 영화, 대중 영화와 TV 드라마, 상업적 성공을 거둔 상업 영화로서의 특징을 지니며, 나아가 관점 면에서도 비판적, 자유주의적, 보수적 입장을 반영한다고 보고 있기 때문이다.

3. 대중 영상 서사물에 나타난 다문화 담론과 윤리의 비판적 읽기

1) 자발적 책임으로 타자와의 연대를 지향하는 우정의 윤리 : 「반두비」

영화 「반두비」는 '친구 사이의 우정'을 내세워 다문화 사회에서의 자아와 타자의 소통을 탐색하고 있는 작품이다. 다문화에서 '친구'란 개념은 상식적이고 흔한 말이다. 흔히, 친구라고 하면 아리스토텔레스처럼 서로 간에 사심 없는 마음으로, 타자의 있는 그대로의 모습을 좋아하는 대상을 가리킨다. 그러나 우정(philia)은 다른 사람들에 대한 애정이나 애착과 같은 감정이 아니라 대상인 친구와의 상호성을 유지하기 위해 숙고하고 실천하는 활동과 과정을 요구한다는 점에서 '윤리'의 문제에 해당된다. 폴 리꾀르에 따른다면, '우정'에서 추구하는 관계 윤리는 타자를 위한 자기도, 자기를 위한 타자도 아닌 타자 속에서 자기를 자기 속에서 타자를 발견함으로써, 자기 존중과 타자 존중의 정의 속에서 배려의 삶을 사는 모습이라 할 수 있다. 이 개념은 「반두비」에서 말하는 다문화적 배경의 주체들이 서로 소통할 수 있는 기제로서의 '우정'의 문제를 판단하는데 도움이 된다.

이 영화에서 주인공 '민서'는 가난한 집안의 여고생이다. 그녀는 다른 여학생들처럼 영어 원어민 강사가 나오는 학원에 다니고 싶어 하고, 이주 노동자라고 하면 버스 안에서조차 가까이 하기를 꺼려한다는 점에서 평범하다. 그러나 그녀는 어른 남성들의 육체적 가십거리의 대상이 되는 '성적 약자'라는 점에서 독특하기도 하다. 미성년임에도 불구하고 학교와 가정을 떠나면 성적 희롱의 대상이 되며, 스포츠 마사지의 '성적 노동'으로 영어 학원비를 버는 그녀는, 미성년이라는 보호 대상자가 아니라 사회적 주변인이자 약자이며, 일종의 내부 타자로 존재하는 것이다. 반면, '까림'은 결혼한 남성이며, 이슬람교도이고, 이주 노동자라는 인종적 문제를 지니고 있는 외부 타자이다. 그는 매우 정태적이고, 고정된 이미지로 등장하는데, 이는 이후 살펴 볼 우리 사회의 복제된 오리엔탈리즘이 아닐까 한다. 하여튼 이 영화는 인종적 코드와 성적 코드, 종교적 코드 등을 복합 배치하여, 타자와 자아가 맺는 상호 관계의 망을 넓히고 있다.

이들의 우정에서 주목할 것 중의 하나는 '언약'과 그것에 따른 '자발적 책임'의 문제이다. 길에서 우연히 만난 이 두 사람이 친구가 된 데에는 '언약'이 큰 역할을 한다. 원래 '언약'은 주체가 타자와의 약속에 책임을 지고 이행함으로써 자신의 연속성을 유지하도록 하는, 자기 정체성 속에 포함되어 있는 타자성과 관련된다. '까림'과 옆에 있는 걸 창피스럽게 생각한 그녀였지만 소원 하나 들어주겠다고 한 자신의 약속 때문에 그녀는 '까림'의 사장집으로 동행하게 되었다. 이후 그녀의 '독특한' 행동은 '까림'에 대한 자발적 책임으로 설명될 수 있다. 체불 임금을 받지 못한 안타까운 그의 처지에 함께 항의하고, 돌봐주며, 심지어 한국에 체류할 수 있도록 결혼하자고 제안하는 행동은, 타자의 고통과 요청에 대한 응답으로서의 책임(responsibility))이라는 성격을 갖는다. 그리고 이 책임이 레비나스가 말한 것처럼 타자가 명령하는 타자 우위의 일방적 요구가 아니라, '민서' 자신이 사회의 주변인으로서 느끼는 기득권층에 대한 반감의 공유에서 기인한다고 보면, 이는 주체 자신이 타자에 대한 책임에서 자반을 발견하는 일종의 자발적 책임이라 할 만하다.

이후, 민서는 자신의 현실 세계에 새로운 시각을 갖고 의문을 제기하며 자기 삶을 변화시켜 나간다. 그녀는 임금 체불 사장을 통하여 우리 사회 기득권층의 억압과 폭력성을 인식하며, 자신이 그토록 다니고 싶어 했던 원어민 미국인이 한국 여성을 폄하하는 시각이 있음을 알게 된다. 원래 이방인은 전혀 다른 세계 해석의 도식을 지니고 있어, 한 토박이 집단에서 당연시되는 통상적인 생각의 타당성을 뒤흔드는, '물음을 던지는 자[3]'라 할 수 있다. '까림'의 "한국인들아 너희들도 모두 노예다!"라는 외침은 우리 사회 전체에 강력한 물음을 제기한다.

'민서'는 이 물음을 던지는 존재로서의 '까림'을 받아들이며 변화한다. 정상 가족에서 벗어난 엄마의 욕망을 수용하고, 의붓 아빠와 함께 식사를 나누기도 하며, 제도권 학교에서 스스로 나와 자기의 길을 선택한다. 그녀가 선택한 길이 무엇인지 이 영화는 구체적으로 보여주고 있지 않다. 그러나 영화 마지막 장면은, 한우 장조림만 좋아하던 '민서'가 이제는 방글라데시 음식을 행복하게 먹고 있는 모습을 보여줌으로써 문화적 혼혈을 긍정한다. 이와 같은 자기 속의 타자를 이 영화에서는 영화식 자유간접화법으로 표현하고 있다. 화면상으로는 '민서'를 보여주면서도, 음향은 '까림'이 존재하고 있는 공간에서의 이슬람 음악을 동시적으로 표현함으로써 '민서'의 내면 의식과 '까림'의 실제 공간성을 동시적으로 결합하여 보여주는 것이다.

결론적으로 이 영화는 한국인 여학생과 방글라데시인 이주 노동자가 인종적 차이에도 불구하고 친구가 되며, 친구의 고통에 대한 자발적 책임을 통해 자기 이해의 지평을 넓히고 새로운 정체성을 모색하는 과정을 보여주고 있다.

---

3) 김애령(2008), "이방인과 환대의 윤리", 「철학과 현상학 연구」 39, 한국현상학회.

다시 말해서 국적 차이보다는 사회적 주변부적 존재로서의 유대감을 강조하여, 우정의 상호성이 사회의 주변부 존재들이 제기하는 사회 정의와 연대의 문제로 확장될 수 있음을 보여주고 있다고 하겠다.

그러나 다른 한편으로 이들의 우정과 유대는, 반대 급부의 배타시를 수반한다. 이 영화에서 '민서'는 '까림'을 또 다른 자기로 받아들이고 변화하지만, '까림'은 정태적이고, 변화하지 않는 인물로 등장한다. 그는 한국의 자본주의적 욕망에 대립하는 '행복'을 추구하는 자이고, 한국인의 이기주의 대신에 친구를 환대하는 전통을 가진 존재이며, '민서' 가족과 학교 선생님과의 대립선을 강화하는 것이다.

2) 타자의 발견과 '인간적인 것'을 지향하는 진정성의 윤리 : 「로니를 찾아서」, 「깜근이 엄마」

우리가 담론으로 만나는 소수자, 약자들은 추상적 인간이 아니다. 구체적 감성으로서의 인간을 만났을 때, 우리는 어떻게 타자를 이해하고, 환대할 수 있는가? 「로니를 찾아서」는 방글라데시 이주 노동자를 이해하고, 그들의 타자성을 용인하고 소통하기까지의 주체의 갈등과 변화 과정을 중심 서사 축으로 삼고 있다. 그러나 「반두비」처럼 이방인인 타자와의 마주침으로 자신의 정체성을 변화시키지는 않는다.

이 작품의 배경은 이주민 노동자가 많은 한국의 안산시이다. 태권도장을 하고 있는 주인공은 지역의 치안 유지를 위해 방범대원이 되어 달라는 부탁을 받고, 이주 노동자들을 관리하는 역할을 맞게 된다. 이들 주민들(마을 공동체)은 이주 노동자를 공포의 대상으로 이해하고 있는데, 그러니까 그들은 낯선 '이방인'으로 인식되고 있는 것이다. 마을 주민들은 실제로는 만난 경험도 없지만, 그들을 범죄자와 동일시하고 있다. 타자의 정체성에 대한 명명은 우리 자신의 정체감이 투사되는 것이라 할 때, 그들의 존재만으로도 위험을 느끼는 이들의 의식은 '우리와 그들'이라는 권력적 위계에서 자유롭지 못함을 알 수 있다.

마을 주민들이 이 경계를 유지하기 위해 선택한 것이 바로, '태권도'로 상징되는 '힘'이다. 이 영화에서 '태권도'는 자존감의 상징이면서도 한국인 자신을 지켜 주는 '완력'으로 등장한다. 곧, 태권도는 자기중심적 권력과 위압과 한국적 이미지를 결합함으로써, 한국 남성, 한국인, 가부장의 폭력적 이미지를 효과적으로 드러내고 있다.

이 영화의 미덕은, 주체에게 타자의 타자성이 얼마나 낯설고 괴물 같은 존재인가를 보여준다는 것이다. '로니'의 타자성은 '김관장'에게는 고통이며, 괴로움이며, 몰락이다. 그는 우연히 '로니'의 복수를 받았고, 그 때문에 태권도장에는 더 이상 사람들이 오지 않고, 모두 그를 창피스럽게 생각하여 내부 타자로 전락하게 한다. 이런 상황에 그가 선택한 대응 방식은, 주체의 강화이다. 자신을 무너뜨린 '로니'를 다시 추방하고, 힘이 우위를 보여줌으로써 자존감을 회복하는 일로 생각하는 것이다. 그는 "로니가 도대체 누구냐"라고 묻고 있지만, 정작 관심이 있는 것은 그가 지닌 고유한 정체성이 아니다. 자신의 자존감을 만족시킬 수 있는 대상화된 타자로서의 '그'인 것이다.

그러나 힘의 우위를 통해 타자를 제압하려는 복수는 결코 성공할 수 없다. 감독은 타자를 권력적으로 제압하려는 한계를, 주인공 자신의 의도와 배리되는 아이러니로, 또, 일종의 '실천의 상호성'[4]으로 보여준다. 그의 삶은 아이러니적이다. 안정적으로 잘 살기 위해 선택한 방범대원의 일때문에, 역으로 쫓겨나고 빼앗기고 몰락한다. 그가 '로니'를 폭행한 사건은, 다시 자기 자신에의 폭행으로 되돌아오고, 이웃과 가족과 함께 하기 위한 선택이 결과적으로는 가족도, 이웃도, 일자리도 모두 잃는 아이러니적 결과로 나타나는 것이다. 자기 자신의 자존심을 지키려는 노력은, 곧장 자신의 와해로 이어진다. '로니'라는 이름의 타자는 괴물적인 것, 이해할 수 없는 존재 도저히 용납할 수 없는

---

4) 이는 행위 역시 상호적임이라는 점에 주목하는 개념이다(김선하(2007), 『리꾀르의 주체와 이야기』, 한국학술정보원, 제10장 참조.

그런 존재인 것이다.

그렇다면 이물적인 타자와의 소통은 어떻게 가능한가? 이 영화가 제시하는 답은 '인간적인 것', '인권'이라는 느슨한 보편성 아래 다양한 문화적 차이들이 공존하는 일종의 '중첩적 합의'(overlapping consensus)이다. 도저히 용납할 수 없는 존재였어도, 그 역시 인간으로서의 권리가 있고, '좋은 삶'을 살기 위해 노력하는 인간인 한에서는 그와 친구가 될 수 있다는 것이다. 영화는 '뜨원'이라고 하는, 로니의 친구로 한국어를 완벽히 구사하는 방글라데시인을 '친밀한 타자'로 삼아 타자와의 거리감을 좁혀 간다.

> "너 왜 그렇게 사냐고 임마."(김관장)
> ---(뜨원)
> "그리고 임마, 좌판 벌려 놓고 게임이나 하러 가는 새끼가 어디 있니? 어, 너 도대체 뭐가 되려고 그래? 어, 뭐가 되려고 그래?"
> "그만해. 왜 그래. 갑자기."
> "왔으면 임마 부지런히 돈 벌어서 니네 나라 돌아갈 생각을 해야 할 것 아냐. 새끼야."
> "내가 미안하고 했지. 미안하다고 했잖아 이 새끼야. 넌 왜 그렇게 살어"
> -----
> "관장이란 새끼가 체육관은 신경도 안 쓰고 누굴 그렇게 찾아 다녀? 어디 한 번 물어나 보자. 로니를 찾아서 뭐 할려구? 죽여 버리기도 할 거야?"
> "이 새끼가?"
> (중략)
> "이거, 유리사 일급 자격증. 이거 멘사 회원증"
> "잘 났다. 이 새끼야. 그런 놈이 왜 이렇게 사냐?"
> "그러게. 그게 뜻대로 잘 안되네."
> "야, 멘사 회원증은 뭐냐?"
> "그것도 모르냐. 이 새끼야"

'뜨원'와 '김관장'의 대화이다. 두 사람 모두, 상대방이 사는 방식에 동의하기는 힘들다. '김관장'이 보기에 김현식의 노래에 매료되어 한국에 와서 뚜렷한 직업도 없이 빈둥거리는 '뜨원'이 이해되지 않으며, '뜨원' 역시 과거 일에 연연하여 복수를 다짐하고 있는 '김관장'이 용납되지 않는다. 그러나 모두 "좋은 삶"을 추구하는 '인간적인 것'으로서는 공통점을 지닌다. 그러기에 그들은 화해한다.

이러한 소통에 자리 잡고 있는 것은 '진정성'의 윤리이다. 진정성의 윤리는 자신을 솔직하게 이야기하는 것을 넘어서 타자에게 자신을 해명하고 검증받는 관계적 윤리이다. 그러나 이것이 뚜렷한 합의로 이어지는 것은 아니다. 각 개인의 문화적 특수성과 차이를 인정하면서도, 동시에 인간에게 적용되어야 하는 '인권'에서는 합의를 쉽게 깨지 않음으로써 공존을 유지하는 것이다.[5]

또, 타자와의 소통을 가능케 해 준 것으로, 고통 받는 타자의 얼굴과의 마주침의 장면이 있다. 의식면에서는 타자를 적대시하고 있더라도, '눈앞 보이는 타인의 얼굴, 그 벌거벗은 얼굴을 직접 바라보는 감성'은 주체가 지닌 이성과 의식의 분노를 여지없이 무너뜨리고 그를 도와줄 수밖에 없도록 한다. '김관장'은 방글라데시인을 불법 체류자로 신고하고 나서 공포에 떨며 신문지 아래에서 짐승처럼 울고 있는 '뜨원'의 얼굴을 발견한다. 이 얼굴은 의식 이전에 현상하며, '직접적'으로 고통을 호소하고 있다.[6] 두려움과 공포에 질린 그의 얼굴은 타자에 대한 온갖 편견을 넘어 고통을 가진 인간에 대한 보편적 예우를 앞세우게 된다. 때문에 '김관장'은 아무도 받아주지 않는 병원을 돌아다니며, "이 사람도 인간임"을 외친다.

이방인과의 갈등에서 소통으로 전환하게 된 주인공은, 이제 자기 자신에게

---

5) '진정성'의 윤리가 주체 자신의 문제를 넘어서 주체와 타자와의 관계적, 소통적 문 제임을 지적한 논의로는 다음이 있다. 최인자, "대화적 서사의 진정성 윤리와 서사 문화 교육", 『국어국문학』 114, 국어국문학회, 407-428면.

6) 강영안(2005), 『타인의 얼굴』, 문학과지성사, 146-150면.

도 새로운 변화를 가져온다. 완력을 행사하는 태권도장, 아내의 일을 반대하는 가부장적 남편, 이주 노동자를 쫓아 버리려 했던 한국인의 '권력적 자아'의 모습을 벗어 버리고, 이제는 태권도장을 스스로 결단하여 그만두고, 반대했던 아내에게로 되돌아오며, 친구를 찾아 외국 땅으로 나선 것이다. 이는 자기 자신에게도 되돌아옴이요, 자기의 회복이다.

그러나 여기서 놓치지 말아야 할 것이 있다. 이 영화는 「반두비」와 달리, 타자는 또 다른 자기가 아니라 나와는 다른 존재로서의 타자일 뿐이다. '김관장'은 강제로 추방된 '로니' 친구에서 우리 사회 혹은 자기 자신에 대한 문제의식을 느끼지 않는 것이다. 방글라데시와 한국이라는 공간의 거리는 여행으로 극복되지만 자아와 타자는 여전히 혼종적 일체가 아니라 또 다른 존재로 거리를 두고 있다. 그런 점에서 이 영화가 다루는 소통은 엄밀한 의미의 '환대'라기보다는 자신의 위치를 허물지 않고 타자의 차이를 수용하는 일종의 '관용'이 적합하다 하겠다.

이와 유사한 작품으로는 TV 드라마 「깜근이 엄마」가 있다. 이 드라마 역시, 혼혈아 '깜근이'라는 소년과 가족을 구려야 하는 여성의 내적 갈등과 극복을 통해, 타자의 차이와 어떻게 소통할 것인가의 문제를 제기하고 있다. '혼혈아' '깜근이'는 인종적 차이를 지닌 타자로, 주인공에게는 이물스럽고, 받아들이기 싫은 존재로 그려진다. 가족에 대한 순혈통주의 관념이 소년의 인종적 차이가 전면 배치되어 있는 것이다. 이러한 '도순이'가 소년을 받아들이게 된 것은, 무시 받는 인간의 삶에 대한 공감 때문이다. "나는 너의 친엄마가 될 수 없어. 그렇지만 네 편이 되어 줄게"라는 말은, 자신이 무시와 멸시를 받았던 어린 시절의 경험을 통해 '인간적 차원'에서 그를 이해하고, 그의 낯선 피부를 받아들인다. 그러나 이 역시 '관용'의 윤리인 것이다.

3) 타자 목소리의 거세와 연민 : 「의형제」

다문화 담론을 만들어내는 영화의 또 다른 흐름 중의 하나는 새터민과 북한 사람들이 등장하는 영화이다. 1995년 이후, 새터민은 TV 드라마와 영화 등에 폭발적으로 대거 등장인물로 등장하고 있다. 「의형제」는 국정원 요원과 탈북자가 된 남파 공작원 사이의 대치와 전격적인 화해 과정을 중심 플롯에 두면서, 새터민, 다문화 가정, 결혼 이주자의 문제를 엮고 있다. 특히, 이 영화는 '가족' 서사의 프레임을 통해 이들 문화적 차이의 존재들의 공존과 소통의 문제를 다루고 있다.[7]

먼저, 이 영화의 특징은 등장인물들이 남한과 북한의 차이 이전에 가족을 사랑하는 '가장'의 모습으로 그려진다. 영화의 첫 장면부터가 그러하다. 남파 간첩 '송지원'은 간첩 이전에 북에 있는 아내와 통화하며 태담을 들려주는 존재로, '이한규' 역시 국정원 직원이 아닌 육아 문제를 고민하는 아버지의 모습으로 그려진다. 두 사람 모두 국가적 업무 때문에 가족과 헤어졌으며, 그럼에도 가족을 삶의 중요한 가치로 삼고 있는 '가장들'이라는 공통점을 지니고 있다. 따라서 이후, 국정원과 북한 공작원의 이념적 차이, 쫓고 쫓기는 서사적 역할은 표면적인 것이고, 서사의 이면에는 가족에 대한 책임과 욕망이 동질적으로 자리잡고 있다고 할 수 있다.

그러나 문제는 바로 이 '가족'의 코드에 의해, 타자들과의 관계와 소통은 삭제되어 버린다는 점에 있다. 이 영화에는 여러 유형의 다문화 가족이 선보인다. 탈북자와 남한 여성 가족, 동남아 결혼 이주자와 한국인 남성가족, 외국인 남성과 한국인 여성 가족 등은 우리 사회에 존재하는 가족의 이완된 형태

---

7) 황영미는 이 드라마를 주제가 '환대하는 과정'으로 보았다. 그러나 '깜근이 엄마'는 타자의 일방적 요구를 수용하는 섬김의 주체라기보다는, 자신이 깜근이처럼 무시 당했던 인간적 경험을 상기하여 그를 수용한 것으로 봐야 한다(황영미, 2010).
황영미(2010), "한국 다문화 가족 TV 드라마의 특성 연구", 「한국문예비평연구」, 31, 한국문예비평학회, 295-318면.

를 보여준다. 그러나 이들 이방인은 더 이상 차이를 지닌 문제적 존재일 수 없다. 그들은 '가족'이라는 보편적 규범과 준칙이 요구하는 것만 말하고 있기 때문이다. 이방인이 아닌 것이다. 아이와 여자의 안전을 더 소중하게 여기고, 가족을 먼저 앞세우는 '송지원', 아니 배우 '강동원'의 얼굴은 그 어느 누구보다 친숙하며, 매력적이다. 결국, 이 영화는 다문화 가족과 이주 노동자, 탈북자 등 체제 주변인들의 문화적 차이를 '가족'과 '인간적인 것'의 명목으로 봉합한다고 할 수 있다.

특히, 이 영화에서 '가족'은 '돈'과 밀접한 연관을 지니고 있다는 점에서 자본주의적이다. 인력 관리 회사 사장으로서 '이한규'는 이렇게 말한다. "나는 내 하는 일에 자부심을 느끼고 살아가는 사람이야. 왜냐하면 나는 대한민국 가정을 지킨 사람이거든" 그에게 다문화 가정에서의 인권 문제는 이윤을 생산하는 사업 거리일 뿐이다. 물론 '송지원'은 '이한규'와는 달리 '인간적인 것'을 앞세워 '다문화 가족'의 구성원을 인권 속에서 보호하고자 한다. 그러나 이 역시 북에 두고 온 아내와 딸을 배려하는 가족애의 변형으로 볼 수 있는 여지가 더 많다. 왜냐하면 그 역시 가족을 탈출시키기 위한 자금 마련을 위해, 여전히 결혼 이주자들을 관리해야 하기 때문이다. 게다가 저항자였던 필리핀 이주 노동자가, 사업의 동업자가 되어 여전히 이탈 결혼 이주자들을 잡아들이게 한다는 발상은, 이 영화가 '가족'이라는 이름으로 문화적 동화주의를 옹호하고 있음을 분명히 한다.

한 걸음 더 나아가, 이 영화는 한국인과 북한인을 '형'과 '아우'라는 또 다른 가족의 틀 속에 묶음으로써, 가족의 위계 구조로, 자아와 타자의 관계를 위계화 한다. 의형제가 전제하는 '혈연 코드'는 생래적인 동질성이며, 타자에 대한 윤리적 모색이나 자기 변화 혹은 소통의 노력 없이도 의당 돌아가야 하는 선험적인 이데올로기일 뿐이다. 이미 당연한 것으로 고정되어 있기에 고민과 선택, 노력이 필요한 윤리와 무관하다. 실제로 영화에서 '이한규'는 타자의 문제로 고민하고, 갈등하는 모습이 그려지지 않는다. 윤리 대신에 그에게 있는 것은 연민이다. '송지원'을 간첩이라 오인하면서 '로또'로만 생각하던 그가, '송지원'에게 마음을 연 것은, '가족을 잃어버린 가장'라는 같은 처지에 연민을 느꼈기 때문이다. 이 연민은 자기 자신의 투사에 다름 아닌 것으로 결국은 자기 자신에 대한 연민인 것이다. 이러한 연민에는 타자가 들어설 자리는 없다.

이 영화는 연민의 영화적 형식을 잘 보여주고 있다. 작중인물 '송지원' 스스로가 자신의 이야기를 하는 대목은 없다. 결혼 이주자들이 자기 이야기를 직접하는 것과는 상반되는데, 그는 '이한규'의 요청에 대한 제한된 응답으로만 등장할 따름인 것이다. 숨겨진 그의 가족 이야기 역시, 두 사람이 얼굴을 마주 대하며 직접 이야기를 나누지 않는다. 그의 이야기는 목사가 대신 이야기해 준 내용을 '이한규'가 머릿 속에서 재매개하는 것으로 표현되고 있다. 영화는 '이한규'의 얼굴과 그에게 이야기를 들려 준 목사의 목소리가 겹치는 자유 간접 화법 형식을 취하고 있다. 송지원은 타자가 아니라 일종의 '자기화된 타자'인 셈이다. '이한규'에게 '송지원'은 한 번도 '타자'였던 적이 없다. '적'(간첩)이었다가 '로또'(신고 대상자)였다가 '나'(아우)로 되어 버리는 것이다.

이것은 일종의 타자를 동일화의 기제로 소화하는 방법이라 할 수 있다. 탈북자의 개별성, 차이성을 인정하는 다문화가 아니라, 폭력적 동일화, 자기화를 취하고 있다. 송지원을 동생으로 삼기로 결정하고, '이한규'는 추석날 차례를 함께 지낸다. 결국 혈통적 공감대로 가는 것이다. 이 때, 형님과 동생이라는 가부장적 위계 구도는, 탈북자와 한국인의 정체성에 대한 위계적 구도를 재생산하며 나아가 그 위계적 시선으로 북한과 남한, 한국과 다문화의 구도를 재차별화한다.

4. 대중매체에 나타난 한국 다문화 담론 비판

이제까지 살펴본 세 편의 영화는 생산과 배급 방식 자체에서 차이가 있다. 「반두비」가 독립영화로서 상업적 맥락으로부터 상대적으로 자유로운 점이 있다면, 「로니를 찾아서」와 「의형제」는 상업 영화로서 시장성의 문제를 강하게 의식할 수밖에 없는 처지에 있기도 하다. 이러한 차이는 이들이 생산하는 다문화 담론에서도 미세한 차이를 나타나고 있기도 하다. 이 차이까지 종합하여, 한국의 대중 영상물에서 모색하고 있는 한국 다문화 담론 양상을 살펴본다면 다음과 같다.

첫째, 이제 대중 서사물의 다문화 담론은 이주민 뿐 아니라 정주민까지 포함하는 한국 사회 구성원의 '정체성 변화'라는 문제를 본격적으로 다루고 있다. '타자는 누구인가?'라는 질문과 아울러 '타자를 바라보는 나는 누구인가?'라는 관계적 자아에 초점을 둔 이러한 질문은 다문화 사회의 정체성의 특징인, 혼성적 정체성을 제안하고 있다. 이 자아는 이주민과 정주민, 주변과 중심, 자아와 타자가 일방적인 영향이 아니라, 상호 침투하고 있음을 수용하며, 양자를 가르는 경계 허물기를 시도하는 대화적 존재상이다. 그러나 사회적 정체성보다는 주로 개인적 정체성을 중심으로 하여 자아의 변형, 확장, 이완을 성찰하고 있다. 작품에 나타난 양상을 살펴보면, 「반두비」는 '소수자의 고통'을 매개로 사회적 연대를 제안하며, 문화적 혼성의 자아로 변형되는 모습을 보여주고 있다. 상징적이지만 정주민의 문화적 이주를 다루고 있다. 「로니를 찾아서」는 이주민과의 문화적차이를 '인간적인 것', '좋은 삶'이라는 보편성을 매개로, 자아의 전이와 확장을 보여준다. 그러나 정주민의 중심성은 여전하며, 관용을 통한 영역 확장 정도라 할 수 있겠다. 「의형제」는 일종의 '느슨한 가족'의 형태로 타자와의 열린 관계를 모색하는 자아 모습을 보여주고 있으나, 자아 중심성은 오히려 강화되는 측면이 있다. 그러나 이 세 편 모두, 다른 인종, 국가, 종교와의 공존이 자아에게는 새로운 가능성을 열어준다는 것, 그 가능성은 자아의 또 다른 잠재력임을 호소함으로써 혼성적 정체성을 긍정한다. 대중매체에서는 한국 다문화주의가 이미 차이의 윤리학에서 벗어나 소통의 윤리로 나아가고 있는 것이다.

다만, 주목할 점은 이 자아의 모습이 정주민의 사회 내 정체성의 위치와 연관되어 있다는 것이다. 특히 변화를 요청받는 자아는 주로 미성년 여성이고, '확장'과 '이완'을 누릴 수 있는 존재는 남성 시민의 몫으로 맡겨져 있다는 점이 특징적이다. 이를 다른 식으로 말하면, 여성만 외부 타자를 환대하고 스스로 전이하는 존재로 등장하고 있는 것이다. 기존 연구에서도 데리다의 '환대'나 레비나스의 '타자의 고통에 응답하는 타자 윤리'가 '여성'에만 국한되어 있다는 점이 페미니즘 진영에서의 문제제기였음을 상기한다면, 한국사회에서의 다문화 정체성, 혹은 '혼성적 주제'란 시민권 일반의 차원에서 본격적으로 사유되고 있지는 않고 있다는 추정이 가능하다.

둘째, 타자의 재현에서 복제 오리엔탈리즘의 양상은 여전하다. 이 서사물에서 자아와 타자, 정주민과 이주민의 힘은 균등하다. 자아가 정주민으로서의 권력을 가지고 있다면 타자는 도덕적 우월감을 가지고 있기 때문이다. 이 우월감은 자본주의적 가치를 넘어선 특성에 의거한다. '까림'의 타자에 대한 배려와 이슬람교도적인 청빈함, '뜨원'의 순수함은 그러나 살아 있는 현실적 존재의 모습이 아니다. 그들은 내적으로 변화하지도, 복합적이지도 않은 것이다. 또, 이들은 살아 있는 인물로, 분명한 정체성으로도 나타나지 않는다. '로니'는 끝끝내 나타나지 않은 채 신비감을 유지하며, 한국말을 유창하게 하는 '뜨원'은 일종의 '친밀한 타자'일 뿐이다. 이는 한국이, 자신보다 경제적 후진국인 방글라데시 북한에 대해 서구의 오리엔탈리즘적 시각을 대신 투영한 결과라 하겠다.

그 결과 영상 서사물이 제기하는 다문화 담론의 문제의식은 현저히 순치된다. 이방인은 물음을 제기하는 자라고 할 때, '순수한' 그들이 제기하는 문제란 도덕적 성찰 정도로 한정될 뿐 문제의 원인이 되는 한국 내부의 폭력이나 자본주의적 모순 등에 대한 탐색은 부차적으로 다루어질 뿐이다. 그리하여 「의형제」에서 보듯이 현실적인 면에서는 자본주의적 힘의 과시를 강화하는 방향으로 나아가는 것이다. '다문화' 담론이 자본 이동과 다국적 기업의 상품 전략

등 자본주의적 운동을 강화한다는 비판적 시각이 있는데, 대형 상업 영화 「의형제」는 노골적으로 이를 드러낸다.

또한, '새터민'의 재현에는 타자의 차이에 대한 윤리가 지켜지지 않는다. 문제는 '새터민'의 얼굴이다. 인종적 타자의 경우, 이미 '얼굴'에서 그 타자성을 호소하고 있다면, '새터민'은 국민적 인기 배우를 앞세워 그 타자성을 제거한다. 「의형제」의 '강동원', 「태풍」의 '장동건', 「나의 결혼 원정기」의 '수애', 「크로싱」의 '차인표'는 국민 배우로 대중에게는 친숙하고 호의적인 인물들이기에, 극중 새터민의 타자적 낯설음은 원천적으로 탈색하고 만다. 특히 상업적 대중 영화일수록 이러한 경향은 강해진다.

물론 '친밀한 타자'를 내세워 관객들의 낯설음을 누그러뜨리고 있다고 보아 긍정적으로 평가할 수도 있겠지만 배우의 얼굴은 배우 자체의 특성으로하여 타자를 자아화하고 있는 측면이 더 강하다. 이는 다문화 담론이 아직 과도기적 상황임을 보여준다.

셋째, 소통 면에서는 정주민의 윤리적 책임감을 강조하는 쪽이 문화적 차이와의 소통 양상은 크게 다루어지지 않는다. 타자를 수용하고 이해하기 위해 강조하는 자발적 책임의 윤리, 진정성, 연민 등의 덕목은 모두, 자아가 자신의 중심성을 누그러뜨리기 위한 것이고, 타자와의 불일치, 이해할 수 없음, 차이 등의 문제를 해결하기 위한 것은 아니다. 아직, 이주민의 문제에 한국 정주민에게는 구체적인 현실에서의 문제로 다가오지 않고 있음을 알 수 있다. 또한 공적인 영역보다는 사적인 영역에서의 소통이 주를 이루고 있다. 서사 공간 역시, 공장, 학교, 사무실, 공적 공간은 부차적으로 기능한다.

5. 결 론

이제까지 분석한 세 작품은 각각, 친구, 인간, 형제임을 내세우며 타자와의 소통 혹은 상호작용을 시도한다. 표면적으로는 모두, 타자와 화해하고 상생하는 것으로 보이지만, 작품은 각각 비판적, 자유주의적, 보수적 관점을 대변하고 있다. 「반두비」는 친구인 타자의 고통을 책임지는 과정에서 타자로부터 자기를 발견하여 스스로의 변화를 유도함으로써, 기성세대의 폭력과 억압성을 비판한다. 「로니를 찾아서」는 타자의 타자성을 개인적 차원에서 발견하고 '인간적인 것'이란 이름으로 진정성의 윤리를 통하여 상호 교류하지만 사적 영역에서 크게 벗어나지 않는다. 반면, 「의형제」는 가족의 이름으로 타자적 차이를 거세하고 자신에 대한 연민을 타자에게 투사하며, 자기로 동일화한다. 이러한 분석을 통하여 한국적 다문화 주의에서 다소 포괄적으로 이해되었던 '차이의 윤리'의 이면에 담긴 시각을 다양하고 비판적인 시각에서 이해할 수 있게 되었다. 다문화 담론에서는 타자의 차이를 이해하는 윤리를 넘어서 그들의 차이와 교류하고 공유하여 새로운 대안을 모색할 수 있는 소통의 윤리가 지속적으로 강조될 필요가 있다.

03

타인의 고통을 재현하는 서사의 공감 전략 읽기

1. 서 론

우리는 일상생활에서 고통 받는 타인의 얼굴들을 자주 만난다. 텔레비전 화면 속 굶주림의 고통으로 일그러진 어린이들의 눈빛, 전쟁 참화로 절대적인 공포에 사로잡힌 이들, 재난 속에서 아우성치는 얼굴들. 그런데 이들은 TV 밖에서 보고 있는 우리들은 진정 공감을 하고 있을까? 우리는 한편으로는 이들의 고통에 공감하며 눈물을 흘리기도 하지만 혹, 자신은 화면 속의 그 사람이 아니라는 점에 안도하면서 무기력하게 그들의 고통을 즐기고 있는 것은 아닐까? 수잔 손탁이 전쟁 사진을 보면서 날카롭게 지적한 바 있는 "전형적인 근대적 체험"[1]이란 바로 이런 의문에 대한 답이 아닐까 한다. 실제로 자본주의 사회에서 타인의 고통은 인기 있는 문화 컨텐츠 소재이며 심지어는 은근한 관음적인 쾌락이나 상투적인 일상으로 자리잡고 있다. 이제 현대 대중 매체에서 '타인의 고통'은 윤리적 문제를 넘어서 상업적이고 이데올로기적인 요소가 되기도 하는 것이다.

공감 능력에 대한 현대 교육의 애정은 각별하다. 타인의 고통을 받아들이고 그들과 마음을 나누어 어려움을 함께하는 공감 능력은, 분명 성숙한 시민의 자질이며. 초·중·고등학교는 물론 대학 교양 교육에서 중요하게 다룰 핵심 역량이라는 의견[2]에 이의를 제기하기는 힘들 것이다. 또한 중·고등학교에서

---

1) Sontag, Regarding the Pain of Others, Straus Giroux.(2003), 이재연 역(2004), 『타인의 고통』, 이후.
2) 김화경(2014), "교양교육에서의 타인의 고통에 대한 감수성교육의 중요성", 『교양교육연구』

의 인성교육에서 공감은 협력, 소통과 함께 핵심적인 가치로 다루어지고 있으며,[3] 문학교육에서 역시 '공감적 읽기' '공감의 상상력'[4]은 공감을 독자의 독서활동, 텍스트적 요소 등과 연관지어 다양하게 접근되고 있다.

하지만 공감자의 내면에 담겨 있는 불편한 진실과 이중성을 고려한다면 공감의 기제에 대한 보다 엄밀한 접근이 필요하지 않을까 한다. 수잔 손탁의 말대로라면 고통 받는 타인에 대한 막연한 연민 정도를 공감으로 치부한다면 이는 오히려 그 타인을 대상화하고 자신의 이기적인 태도를 강화하게 될 것이기 때문이다. 그런 점에서 공감에 대한 윤리적 정당성을 강조하기 이전에 그 텍스트가 타인의 고통을 어떻게 다루고 재현하는지, 그리하여 어떠한 방향으로의 공감으로 유도하고 있는지를 읽고 해석할 수 있는 역량 역시 중요한 교육 대상이다.

이 글은 일단, 타인의 아픔에 공감하게 하는 힘은 텍스트의 내적 자질에 있다는 가정에서 출발한다. 아담 스미스 Adam Smith의 생각에 따르면, 공감은 고통스러운 사건 자체보다도 그 사건을 재현하는 방식에 의해서 가능하다고 한다.[5] 울부짖는 모습 그대로를 노출하는 고통의 형상보다는 자기를 바라보는 상대방을 고려하면서 고통을 가다듬고 절제하는 모습이 독자(상대방)을 더욱 쉽게 공감하게 한다는 견해이다.[6] 그런 점에서 공감은 사건 자체의 힘이라기보다 사건을 재현하는 미학의 문제와 결부된다.

이러한 문제의식에서 주목할 텍스트가 바로 소설과 영화 「도가니」이다. 소

제8권 2호, 한국교양교육학회.

3) 최인자(2015), "사회 정서 학습을 위한 내러티브 기반 교과 융합 인성교육", 『국어교육연구』 36집, 348-349면.

4) 염은열(2013), 『공감의 미학, 고려속요를 말하다』, 역락.
정재림(2013), 『공감과 치유의 언어, 문학』, 어문논집 69, 민족어문학회.

5) 애덤 스미스, 박세일·민경국 공역(2009), 『도덕감정론』, 비봉출판사, 19-20면.

6) Smith, Adam.(1979), The Theory of Moral Sentiments, Clarendon, p.24.
민은경(2008), "타인의 고통과 공감의 원리", 「철학사상사」 27권, 서울대학교 철학사상연구소, 67-90면 재인용.

설은 작가가 신문 기사에 실린 실화 사건에 강한 공감을 얻어 창작한 것으로 알려졌으며 이후 영화화되었다.[7] 이들 작품은 '도가니 현상'을 이끌어 단순한 대중적 인기를 넘어 예술이 공동체 구성원의 유대와 참여를 통해 사회적 치유에 적극적으로 개입할 수 있다는 가능성을 보여준 바 있다. 장애아 폭행이나 학원 비리는 결코 새로운 사건이 아니었음에도 불구하고, 이 소설과 영화는 거의 전 국민의 실제적 공감을 이끌어 내면서 영화가 사회 고발 매체이고, 문화적 공공의 장으로서의 감성적 커뮤니케이션 장이라는 새로운 인식을 이끌어 내었던 것이다.[8] 그 결과 실제로, 영화 상영 이후, 장애인 인권에 관한 법령이 개정되었고, 관련 단체와 제도 등이 대폭 개정되었다는 점에서 사회 문화적 실천의 대표적 사례로 제시되고 있다. 이는 「도가니」가 지닌 공감적 재현의 힘을 보여주는 것으로[9], 진정한 공감의 텍스트적 기제를 탐구하는 이 글의 문제 의식에 좋은 자료임을 보여주고 있다. 따라서 두 서사가 타인의 고통을 재현하는 독특한 전략이 무엇인지 살피며, 특히 그것을 재현하는 문자와 영상의 독특한 매체적 특성을 비교하여 분석하고자 한다. 논의 절차로는 타인의 고통의 의미, 공감의 소통적 의미를 2장에서 먼저 살피고, 이를 바탕으

---

7) 소설 「도가니」는 2009년도에 창작(공지영)되었고 영화 「도가니」는 2011년도에 각색(황동혁)되었다.

8) 조흡, 오승현(2012), "문화적 공론장으로서 「도가니」", 『문학과영상』 13집, 문학과 영상학회. 유강하(2012), "'도가니 신드롬'을 통해 본 문학의 치유적 의미에 대하여", 아시아문화연구소, 27면.

9) 기존 연구에서도 「도가니」의 사회적 성취가 SNS나 영화의 시각적 재현에 있다고 설명하고 있다(조흡, 오승현, "문화적 공론장으로서 「도가니」", 『문학과영상』 13집, 2012). 김경민은 소설 「도가니」와 「무진기행」과의 상호텍스트성을 기반으로 '수치심'의 공감적 의미를 제시하였고(김경민, "『도가니』에 나타난 "부끄러움"의 미학 - "인권"에 대한 문학적 접근", 『現代文學理論研究』 Vol.51. 2012.) 한금윤은 시간적 요소를 중심으로 텍스트와 독자를 통합하여 연구하였다(한금윤, "글쓰기의 윤리적 탐색과 서사적 효과 글쓰기의 윤리적 탐색과 서사적 효과", 『우리말 글 9』, Vol.50, 우리말글학회, 2010). 물론 이 작품의 사회적 이슈화는 전체 사회적 분위기도 작용하고 있어 텍스트 자체의 힘으로만 설명하기는 어려운 부분이 있다. 하지만 「도가니」의 성공 이후, 성폭행, 유괴 등의 실화를 바탕으로 한 영화가 많이 등장하였음에도 불구하고 「도가니」만큼의 성공은 거두지 못했다는 점에 비추어 본다면, 텍스트 고유의 자질에서 참여와 유대의 근거를 찾는 것도 가능하리라 본다.

로 소설과 영화 「도가니」의 서사에 나타난 공감 전략을 스토리와 서사 담론을 중심으로 분석함으로써 공감의 기제를 분석할 것이다. 마지막 결론에서는 양자의 특성을 비교하기로 한다.

2. 상호 소통으로서의 공감과 서사 전략

공감은 타인의 고통과 슬픔에 대한 동포 감정이며 그것과 소통하는 방식이다. 공감자와 공감 대상자가 서로 간의 차이를 인정하는 가운데 이루어진다는 점에서 동일시와 구분되며, 상대방의 고통에 대한 일방적인 전달인 연민과도 구분된다. 공감은 다가갈 수 없는 타자에게 다가가는 법칙이자 타인 뿐 아니라 자기 자신과의 관계 방식 중의 하나인 것이다. 그런 점에서 공감은 "나와 타자간의 서로를 의식한 응시의 만남"에서 이루어진다. 아담 스미스(Adam Smith)에 따르면, 공감은 우리를 쳐다보다는 타인의 응시를 우리가 받아들일 때 그리고 저 타인을 바라보는 나를 스스로 응시하고 나의 반응에 대해 스스로 생각할 수 있을 때, 우리는 불완전하게나마 이루어질 수 있다고 하였다.[10] 내가 타인을 바라볼 때에도 나 자신을 되돌아보는 방법이고 나 스스로를 생각함에 있어서도 타인의 응시를 배려하는 방법이 공감이라는 것이다.[11] 그런 점에서 공감은 두 사람이 모두 같은 감정을 느끼는 상태가 아니라 다양한 가치와 생각들이 서로 맞물려 조화롭게 상생하는 소통의 지속이 있을 때 발생한다. 감정과 감정이 서로 톱니처럼 맞물려 상대방의 더하고 덜함을 나의 덜함과 더함으로 감싸 안을 수 있을 때 가능한 것이다.[12]

이런 이유로 공감하는 자는 자기 "마음의 근육"을 움직이는 수고로움을 감

---

10) 애덤 스미스, 박세일 · 민경국 공역(2009), 『도덕감정론』, 비봉출판사, 19-20면.
11) 민은경(2008), "타인의 고통과 공감의 원리", 「철학사상」 27권, 서울대학교 철학사상연구소.
12) 소영현 외(2013), 『감정의 인문학』, 봄아필.

당해야 한다. 프로이트도 말했듯이 "지금 발생하고 있는 정신적 상태를 고려하고, 그 안으로 집어넣고, 우리 자신의 것과 그것을 비교함으로써 그것을 이해"[13]하기 위한 노력이 필요한 것이다. 공감 과정에는 타인의 감정이나 생각 그 자체보다도 그러한 감정을 느끼게 된 상황, 그 상황에 대한 타인의 태도를 이해하고 그 '타당성'(propriety)에 동의하는 일련의 '판단'(judgment)이 요구된다.[14] 바레트 네나드 Barrett-Lennard 역시 공감을 과정적 개념으로 설명하고, 우선은 다른 사람의 전 존재와 변화하는 인식에 대해 알고 그 사람이 전달하는 의미를 받아들이고 접근해 다가가며 나아가 그의 말과 신호를 경험적 의미로 번역해 내는 능동적 과정이라고 설명한 바 있다.[15]이런 대목에서 공감은 서사를 필요로 한다. 서사는 타인의 감정과 태도를 이해할 수 있는 타당한 맥락을 제공하며, '마치— 처럼'의 상상력을 비교적 용이하게 하여 타인의 아픔, 낯설움을 수용할 수 있도록 하기 때문이다. 또, 서사는 공감에 필요한 시간적이고 과정적 요소를 제공한다. 서사는 공감적 참여에 이르는 일련의 인지적, 정서적 과정을 경험하게 하는 매체 역할을 한다.

3. 소설 「도가니」의 공감 전략: 타인의 고통과 대화하는 자기 성찰

1) 관망자의 인지적 매개 기능

소설 「도가니」는 작가 자신이 밝혔듯이 신문 기사에 제시된 한 구절에 대한 작가의 깊은 공감으로부터 창작되었다. 작가는 신문을 읽은 뒤 "한 번도 경험해 보지 못한 그들의 비명 소리를 들은 듯했고 가시에 찔린 듯 아파오기 시작했다."[16]라고 하여 타인의 고통에 대한 공감이 창작의 주요 동기가 되고 있음

---

13) 김영란(2006), 『공감과 체험』, 한국학술정보원, 22면.
14) 박세일 · 민경국 공역(2009), 『도덕감정론』, 비봉출판사, 19-20면.
   민은경(2008), "타인의 고통과 공감의 원리", 「철학사상」, 74면.
15) 김영란(2006), 『공감과 체험』, 한국학술정보원, 22면.

을 밝혔다. 나아가 작가는 창작 이후 "정의를 위해 일한다는 것이 불의와 맞서 싸운다는 것 이상을 의미한다는 것"을 알았으며, 쓰는 내내 실제 사건의 피해자들과 그 가해자들을 위해서도 함께 기도하였다는 것을 밝히고 있다. 사회적 약자의 권리 옹호를 외치는 갈등의 서사보다는 약자와 강자의 이분법 자체를 무너뜨린 공감의 서사로 기획되었음을 보여주는 것이다.

공감의 서사에서 가장 두드러지는 존재는 '관망자'(spectator)이다. 이 관망자는 일종의 관찰자로서, 자신의 존재적 위치를 포기하거나 망각하지 않고, 타인의 고통을 관찰, 인식할 수 있는 존재이다.[17] 동일시나 연민의 주체와는 달리 관망자는 주체기 자기 위치를 가지고 타인에게 몰입한다는 점에서 공감 서사의 특징을 잘 보여준다. 소설과 영화 「도가니」 역시 '강인호'라는 인물로 '관망자'를 내세워 장애아들과 관련된 사건을 매개하고 있지만 그가 서사 전개와 주제 구현에서 미치는 기능은 상이하다.

소설 「도가니」에서 관망자 '강인호'는 주로 타인의 고통을 인식하고 그 고통의 사회적 원인을 이해하는 인지적 매개 기능에 주안점을 두고 있다. 그는 서울에 있다가 아내의 부채 해결을 위해 단기적으로 무진 자애 학원에 근무하게 된 미술 교사이다. 원래 무진행을 원하지는 않았기에 그는 자애 학원과 장애아들에게 관심을 쏟지 않는다. 이러한 무관심은 사실 소설 세계에 아직 깊이 관여하지 않은 독자의 반응 위치와 거의 동일하다고 할 것이다. 하지만 그는 차츰 자애 학원의 폭행 사건을 관찰하며, 시간이 지날수록 그들의 아픔을 이해하고 자애 학원과 무진시의 총체적 부조리를 인식하며, 나아가 그들의 인권을 함께 투쟁하고 노력해 나가는 모습으로 변화되어 나간다. 주목할 점은 그렇다고 해서 그가 장애인 학생들을 위한 희생적 삶으로 존재 변신을 하는 것은 아니라는 점이다. 여전히 그는 이쪽과 저쪽의 경계 속에 있으면서 한편으로는 소시민으로서의 자기 생활을 가지고 있지만 다른 한 편으로는 고통

---

16) 공지영(2009), 『도가니』, 창작과비평사, 293면. 이후는 면수만 제시함.
17) 애덤 스미스, 박세일, 민경국 공역(2009), 『도덕감정론』, 비봉출판사, 19-20면.

받는 타인에 대한 책임감을 느끼며 망설임을 계속 해 나가는 존재다. 그렇기에 독자들은 '타인의 고통'을 받아들이는 부담감과 계몽적 책임감에서 벗어나 보다 그 관망자처럼 자신의 처지를 잃지 않을 수 있기에 보다 쉽게 공감적 자세를 유지을 수용할 수 있다.

특히 이 소설에서 '관망자' 강인호는 독자들이 장애 아동의 고통과 그 사회적 문제를 공감적으로 인식할 수 있는 인지적 매개 역할이 강화되어 있다. 소설은 인물 초점화자로 설정하여, 외부자로서의 그가 이 낯설고 이질적인 장애인들의 극단적인 감정을 이해하고 익숙해지며, 나아가 사회적 부조리와 권력의 문제를 심층적으로 인식하는 과정으로 진행하고 있다. 이는 외면하고 싶었던 자애 학원 아동의 감정과 태도를 이해할 수 있는 맥락을 제공받는 과정이며, 그들의 감정을 살아보고, 또 공통점을 찾아 '마치-처럼'으로 공감하는 은유적인 확장을 경험하는 과정이다. 이러한 양상은 소설이 문자 매체가 지니는 성찰성에 충실하여, 주된 공감의 대상으로 장애인 폭행과 관련된 사회 제도적 부조리에 주안점을 삼고 있음을 보여준다.

2) 타인의 고통과 자기 치유가 대화하는 역동적 플롯

이러한 성찰성을 강화하기 위해 소설「도가니」는 매우 복합적이고 역동적인 플롯으로 구성되고 있다. 관망자인 '강인호'의 관찰을 통해 장애인 아등들의 피해 사건을 다루고 있지만, 전경화되어 있는 것은 장애인 사건이 아니라 오히려 이들과의 만남을 통해 자신의 삶을 성찰하고 변화해 나가는 성찰과 치유의 플롯이다. 장애아들의 고통과 관망자의 자기 성찰이 서로 대화하면서, 관망자의 변화와 치유를 이끌어내는 방식이다. 이로써 관망자의 변화 과정은 독자들의 반응적 모델 역할을 하고 있는 것이다.

소설의 역동적 플롯은 관망자의 내적 갈등과 변화 과정을 내세우며 다음과 같은 변화의 흐름을 이끌고 있다. '거리두기와 관찰 → 내적 갈등 → 수치심

→ 공유 → 자기 발견 → 기쁨과 치유'이 그것이다. 이는 독자들이 변화에 이르는 일련의 공감적 과정의 체험으로, 현실 독자들이 현실에서 보여주었던 공감과 유대, 실천의 과정과도 크게 다르지 않아 흥미롭다. 실제로 「도가니」는 독자들의 사회적 인식을 개선하고 여론을 형성하여, 실제적인 사회 제도 개선으로 이어지는 실천력을 보여주기도 하였다.

그렇다면, 독자의 반응 모델이 되는 관망자의 변화 과정을 단계별로 살피기로 하자. 먼저, 관망자가 자신의 제한적 시점을 배치하여 거리를 두면서 자애 학원의 풍경을 관찰, 탐색하는 과정이 있다. 그는 독자들과 마찬가지로 자애 학원의 내부 사정에 큰 관심도 없고 지식도 없지만 화장실에서의 울부짖음, 학생들의 맞은 얼굴들, 도망치는 아이들은 거대한 안개처럼 뭔가의 은폐된 부조리함을 느껴 그의 관심을 끌게 된다. 이후 그의 제한적인 정보와 관점으로 자애 학원의 폭행 사건은, 추리물의 '발견의 플롯'으로 폭로되는 방식을 취함으로써 독자들에게도 지적 충격을 제공한다.

그러나 소설은 단순히 자애 학원의 외부 사건 자체의 충격만 다루지는 않는다. 오히려 관망자가 이 사건을 수용하는 과정에서의 내면적 충격과 존재적 갈등을 중요한 플롯 라인으로 설정함으로써 자신은 물론이고 독자들의 변화도 요구하고 있다고 하겠다. 그의 존재적 갈등은 아내'로 대표되는 소시민적 생활 안정을 선택할 것인지 아니면 인권 유린의 현장에서 자존감을 선택할 것인지의 문제로 요약될 수 있다. 이기적 외면의 유혹을 받으면서도 그가 장애인들에게 공감하게 된 것은, 자신도 딸을 둔 아빠라는 자각 때문이다. 그는 생각한다. "새미가 연두와 같은 위치에 있다면[18] 자신도 그들과 함께 있을 것이라는 역지사지의 정신이다. '마치-처럼'의 공감적 사고는 외부에- 존재하던 그를 내부적 존재로 끌어 당겨 버리는 것이다.

그리하여 '강인호'는 순간 처음 만난 연두 아버지가 남같이 느껴지지 않았고

---

18) 공지영(2009), 『도가니』, 창작과비평, 11면. 이후는 페이지만 기록함.

그가 겪고 있는 아픔을 느꼈고 세상 모든 아버지의 이름으로 위로하고 싶어진다. 작가는 '아이'의 고통과 '부모'의 책임이라는 '가족 서사'의 마스터 플롯'(master plot)[19]을 끌어들임으로써 자애학원의 사건을 특정인의 범죄적 일탈 사건이 아니라 모든 사람들과 관련되는 보편적인 문제로 전환하고 있는 것이다. '부모'라는 위치는 독자가 누구라도 공감할 수밖에 없기에 이제 그들의 고통은 우리 모두의 문제가 된다.

이제 관망자는 장애아들의 고통을 바라보는 자기 자신 역시 응시한다. 아담 스미스(Adam Smith)가 말한 공감의 한 축인 "자기의 타자화"가 바로 이것이다. 타자의 눈으로 자기 자신을 볼 수 있게 된 것이다. [20]자기 자신도 교사로서의 품격, 인간으로서 당연히 누릴 권리의 품격으로부터 자신이 얼마나 멀리 떨어져 살고 있는가를 인지하기 시작하였다. 교사로서의 기본 인격을 무시당한 채 발전 기금을 강요당하고, 행정 실장이 눈앞에서 뱉는 욕설을 듣고 있는 자기 자신. 돈 때문에 손자의 억울함을 모른 체하는 할머니의 인간적 품격, 돈 때문에 자기 진실을 버리고 가해자의 주구가 되는 변호사의 품격, 돈 때문에 자애 학교 교장에게 굽신거리는 경찰의 자기 존중감, 또 권력 때문에 허위 진술을 하는 산부인과 의사의 품격. 돈과 권력에 의해 인간의 가치를 말살시키는 자본주의의 보이지 않는 폭력까지 일상의 생활 정치 전면에 모두 걸쳐 있음을 명료하게 인식하게 된 것이다.

그 결과 얻은 것은 자기 자신에 대한 수치감과 분노이다. 사회 심리학에 의하면, 사회적 수치심의 본질은 사회적 자긍심이나 인간적인 품격과 관련하는 일련의 자기 정체성에 대한 해석에 바탕을 두고 있다[21] 이 개념으로 보면,

---

19) 마스터 플롯은 모든 사람들이 공감하고 설득되는 보편적 플롯 패턴이다. H. 포터 애벗, 우찬제 역(2010), 『서사학 강의』, 문학과지성사.
20) 아담 스미스는 공감은 나의 죄를 스스로 깨닫는 법칙이라고 하였다. 그리고 그 죄를 깨닫게 해 주는 내 안의 관망자는 나의 사회적 타자라고 한다. 민은경(2008), "타인의 고통과 공감의 원리", 「철학사상사」 27권, 서울대학교 철학사상연구소, 74면.
21) 임홍빈(2013), 『수치심과 죄책감』, 바다출판사, 230-231면.

그가 느끼는 수치심은 인간으로서의 자기 존중감, 자긍심의 훼손에 대한 감정에서 나온 것이 된다. 또한 장애아들의 고통에 대한 공감은, 이제 학교의 위선적인 폭력에 혐오하고 법정의 불의와 거짓 또 침묵의 카르텔에 대한 분노로이어지고 있다.

그러나 이 분노는 가해자 처벌로만 한정되지는 않는다는 점이 특징적이다. 오히려 그는 투쟁을 통해 가장 '밝은 얼굴이 된다.'고 서술하고 있다.

> 강인호는 순간 어떤 뜨거운 것이 끝없이 자신의 내부로부터 올라오는 것을 느꼈다. 분노이지만 그것만은 아니었고, 이번 재판에서 꼭 이겨내야겠다는 결심이지만 꼭 그것만도 아니었으며, 이 아이들이 겪어야 하는 운명에 대한 연민이지만 역시 또 그것만도 아니었다. 이 아이들의 고통과 슬픔 뒤에 하나의 거대한 세계가 숨겨져 있다. 어둠의 세계, 공포의 세계, 위선과 가증과 폭력의 세계. 그는 자신이 이 아이들과 이미 하나가 되었으며 이들과 운명을 같이 하는 일이 하찮은 일이 아니라는 것을 깨닫게 되었다. 먹이를 찾아 무진으로 쫓기듯 왔던 그는 이제 스스로의 내부로부터 어떤 빛이 비치고 있다는 것을 깨달았다. 그것은 따스하고 밝았다. 그리고 그 빛은 그의 존재를 존엄하게 비추어주는 것 같았다. 너는 먹이를 찾는 짐승이 아니다라고 말해주는 것 같았다. (210면)

위 글에서 '강인호'는 청각 장애인의 고통을 함께 느끼는 과정에서 자기 내면의 빛을 얻게 되었으며, 스스로 자신의 존엄을 자각할 수 있었음을 밝히고 있다. [22] 공감은 단지 가해자를 척결하고, 피해자의 억울함을 풀기 위해서가 아니라 나 자신의 인간 존엄성을 되찾고, 후손을 위해 좋은 사회를 건설하기위해서임을 역설하는 것이다. 이처럼 소설은 관망자의 존재를 단순히 관찰적 공감에서 머무르지 않고, 성숙과 자기 치유로 확장하면서 다차원적이고 역동

---

22) 이는 스미스가 공감의 요건으로 말한 '행복론적 판단'과도 연관된다. 곧, 타인의 고통에 대한 공감이 자기 삶의 목표에 대한 판단 및 지향과 연결되는 행복론적 판단에 근거하고 있음을 보여준다. 박세일·민경국 공역(2009), 『도덕감정론』, 비봉출판사, 174-200면.

적인 공감의 서사를 구축하고 있다. 타인의 인권 회복이 결국 자신의 자존감 회복이 되며 타인의 고통은 '나'의 행복이나 존엄과 분리될 수 없으며, 사회 전체의 정의와도 무관하지 않는다는 복합적인 구도가 그것이다. 특히 이 성찰과 치유 과정은 독자들에게도 강한 존재론적 쇄신의 질문을 던지며 공감적 실천으로 이끌고 있다고 볼 수 있겠다.

3) 상호텍스트적 맥락을 통한 친숙함과 새로움의 변주

소설 「도가니」는 김승옥의 「무진기행」과 텍스트 상호적 연관성을 표면화하여 드러내고 있다. '무진', '편지', '하인숙' 등의 직접적인 언표가 그러하고, 서울에서 무진으로 무진에서 다시 서울로 돌아오는 여행 구조, 은폐를 통해 사람들을 죄책감과 의무 등으로부터 자유롭게 만드는 무진의 이미지의 공통점이 그러하다. 기존 연구에서는 주로 대중 소설적 특징이나 문학화의 장치라는 측면에서 논의되었지만,[23] 이 글에서는 독자들과 공감을 넓히려는 수사학적 차원으로 검토해 보고자 한다.[24]

상호텍스트성은 텍스트간의 공통점과 차이점을 통해 의미적 긴장을 유발한다. 먼저, 두 작품 간의 공통점은 「무진기행」의 독서에서 얻은 경험 맥락을 통해 소설 「도가니」의 주인공의 갈등과 귀경 선택을 수용할 수 있는 공감 맥락을 제공하고 있음을 알 수 있다. 특히 「무진기행」의 안개의 이미지는 소설 「도가니」에서 자애학원이 있는 무진을 상징하면서 단순 배경이 아니라 소설 전반부의 전체 분위기를 이끄는 데 중요한 자원이다. 이 때 '안개'는 경계를 모호하게 하고 혼돈을 만드는 '은폐'의 상징으로 기능하는데 이 상징을 통해 소설 「도가니」는 농아 학생들의 피해 사실 자체에 머무르지 않고 그들의 고통

---

23) 김경민(2012), "『도가니』에 나타난 "부끄러움"의 미학 - "인권"에 대한 문학적 접근", 『現代文學理論研究』 Vol.51.

24) 영화 「도가니」도 소설 「무진기행」의 기표인 '무진' 등을 활용하여 그 상호텍스트성을 표현하고 있다. 하지만 소설 「소설 도가니」에 비해 상대적으로 비중이 약하다.

을 은폐하는 거대한 사회적, 윤리적 부조리에 주목할 수 있는 맥락을 제공하고 있다.

한편, '부끄러움'의 문제에 대해서는 오히려 「무진기행」을 비판적으로 읽으며 차이의 긴장을 내세우고 있다. 소설 「무진기행」에서 주인공은 자기 자신과 타인에 대한 무책임성을 "'당신은 무진을 떠나고 있습니다. 나는 부끄러움을 느꼈다."로 압축한다. 소설 「도가니」 역시 '강인호'는 무진을 떠나 서울로 돌아오며 스스로도 무책임한 소시민으로의 삶에 수치심을 느낀다. 하지만 소설 「도가니」는 한 걸음 더 나아가 '무진에 남았던 하인숙은 어떻게 되었을까?'라는 비판적 질문을 던짐으로써, '무진'에 남은 타인들, 곧 '서유진'과 장애인 아이들, '최유찬' 목사의 고통과 저항에 대해 독자들이 쉽게 공감할 수 있도록 한다. 독자들은 이미 소설 「무진기행」을 통해 지식인 개인의 존재적, 내면적 책임과 부끄러움을 공감하고 있기에 소설 「도가니」가 새롭게 제시하고 있는 타인의 고통과 함께 하는 사회적 책임, 사회적 책임의 문제를 더 깊이 공감할 수 있는 것이다.

그런 점에서 '무진에 있는 '서유진'이 서울에 있는 '강인호'에게 보낸 편지에 나온 '홀더', 곧 '홀로 더불어'라는 말은 독자들에게도 해당된다. 즉 독자가 비록 자기 자신의 삶을 반납하지 않는다고 하더라도 타인의 고통과 함께 할 수 있음을 지각하며 공감의 비평을 넓히는 것이다. 이처럼 「도가니」는 상호텍스트적 맥락이 기반하는 공통점과 차이점을 잘 활용한다. 공통점은 독자의 친숙함에 기대어 공감도를 높이는 역할을 하며 차이점은 독자에게 새로운 인식을 통해 역동적 자기 쇄신을 요청하는 것이다.

4. 영화 「도가니」의 공감 전략: 분노를 통한 도덕적 공감

1) 관망자의 정서적 매개 기능

영화 「도가니」[25] 역시 관망자 '강인호'의 매개에 의해 자애 학원의 사건이 전개된다. 하지만 소설과 달리 장애 아동들의 고통과 학대 사건, 그리고 이후 실천 양상이 전면에 부각되고 있다. 소설에는 사건의 진실을 파헤치는 과정이 길게 제시됨에 반해 영화는 그 진실은 사회부 기자의 설명으로 단축해 버리고 이후 법정 공방이 부각된다. 여기에서 관망자는 피해자의 목소리와 증언을 중개하면서도 이 사건에 대한 자신의 정서적 반응을 표출하는 기능으로 관객의 공감을 이끌고 있다. 이는 일차적으로 영상 매체가 성찰과 치유와 같은 내면의식의 전달이 힘들기 때문에 나타난 현상이다.

영화에서 관망자는 소설과 달리 증언자의 역할이 강조되고 있다. 신문 기자들 앞에서 농아들이 자신의 피해 사실을 증언할 때 그는 화면으로 재현된 그들의 고통을 자신의 목소리로 전달하여 증언한다. 그는 사건 외부에 있음과 동시에 사건 내면에 참여하는 관망자 역할을 하는데, 특히 배우 '공유'의 대중적 친숙함은 이 낯설고 충격적인 사건에 대한 관객의 부담을 감소시키며 정서적인 공감과 수용의 여지를 넓히고 있다.

또한 관망자는 장애인들의 고통에 연민의 정서적 반응을 표출함으로써 관객들의 정서적 반응을 이끌기도 한다. 그가 겪는 정서의 흐름은 농아들의 경험이 자칫 호기심의 뉴스거리 소재를 넘어서 고통으로 의미화된다. 그 정서적 흐름은 '충격과 혼란 → 슬픔 → 분노 → 부끄러움'으로 요약해 볼 수 있다. 이는 타인의 고통에 대해 외부자의 시각에서 내부자의 시각으로 다시 자기 자신의 내부로 돌아오는 정서의 흐름이라 할 수 있는데, 이를 통해 관객들이 공감에 이르는 일련의 과정에 참여할 수 있다.

---

25) 황동혁 감독, 「도가니」, 삼거리 pictures, 2011.

영화 도입부에 드러난 그의 정서적 경험은 혼란과 충격, 두려움이다. 그것은 자애학원이 상식을 넘어서는 충격적이고도 이율배반적인 모순의 현실에 대한 반응이다. 쌍둥이로 상징된 교장의 이율 배반성은 겉으로는 점잖은 교육자이지만 실제로는 속물적이고, 폭력적인 이기주의자였고, 시민을 지키는 경찰은 오히려 사학 비리편이었으며, 교사는 학생의 보호자가 아니라 가해자였다. 또, 낯설고 이상했던 학생들의 반응은 오히려 자기 방어의 정상적인 반응이기도 하였다.

다음, '슬픔'은 그가 농아들의 수화를 자신의 목소리로 증언할 때 고통을 참지 못하고 머뭇거리며 울음을 참는 대목에서 잘 나타난다. 이는 관객들이 타인의 고통과 부조리한 상황에 대한 부담스러움을 덜고, 공감을 확대할 수 있는 장면이기도 하다. 그러나 소설과 달리 전망자 자신의 자기 성찰은 거의 나타나지 않는다. 따라서 그의 슬픔은 분노로 이어진다. 그는 교장과 폭행교사에 대해 강력하게 항의하고 이후 장애아동을 위해 투쟁에 동참하는 등의 실천적 행동을 표출하는 것이다.

이 과정에서 부조리함은 법, 교육, 경찰 제도 등에 만연한 사회적 부조리에 대한 인식으로 확대되기도 한다. 그러나 이 인식은 이미 선과 악의 이분법을 전제로한 것이기에 새로운 현실 인식보다는 이미 존재하는 악에 대한 비판에 가깝다. 따라서 이후 등장하는 부끄러움 역시 성찰과 같은 인식적 요소보다는 실천을 요구하는 성격이 강하다. "무진은 당신을 기다립니다"는 문구가 그것이다. 이는 이 영화가 관객들에게 던지는 질문이기도 하다. 이처럼 영화는 관망자의 중개와 증언으로 축소되는 가운데 특히 정서적 반응이 강하게 부각되면서 공감을 이끌고 있다.

2) 분노를 통한 도덕적 공감의 플롯

플롯 면에서 본다면 영화 「도가니」는 소설과 달리 선과 악, 불의와 정의의 이분법 맥락에서 장애아들의 고통을 재현하며 '분노'의 서사를 이끌고 있다. 고통의 원인이 된 가해자의 악행과 부당함이 분명해질수록 분노도 강해지며, 분노가 강해지면 상대적으로 반대편의 피해자의 고통에 대한 공감도 타당성을 얻게 되는 식이다. 선과 악의 판단은 기정 사실화 되어 있는 고정된 가치 규범이기에 이는 도덕적 공감의 서사라 할 수 있겠다.

일반적으로 분노는 상황이 불공정하거나 부당하다는 판단을 전제로 하는 감정이다. 영화는 이를 위해 가해자와 피해자를 선과 악의 이분법으로 배치하고, 모든 사건과 행위를 집중시킨다. 먼저, 선과 악, 가해자와 피해자의 이분법을 분석해 본다. 이 영화에서 모든 인물은 선과 악으로 나뉘어 있다. '선'에는 피해자(사회적 약자) 아이들과 사회부 기자 '서유진'이, '악'에는 교장, 감사, 교육청 사람들, 경찰, 변호사, 재판관이 배치된다. 특히, '아이 : 어른' = '순수 : 타락' = '피해자 : 가해자' = '선 : 악'의 이분법이 유지, 확장되고 있음은 흥미롭다. 영화에서 아이들은 모두, 고아이고, 장애인이며, 순수하고 선한 존재이다. 악인은 없다. 하지만 소설에서는 '연두'를 행한 '악한' 아이가 있었고, 또 '연두'를 돌봐주는 '착한 어른' 엄마도 있다. 반면, 영화에서 어른들은 관망자와 저항자를 제외하고는 모두 악의 편이다. 소설에서 '강인호'는 제자와 부적절한 관계를 맺는 등 악의 요소 또한 있는 현실적 인물로 그려지고 있으나 영화에는 교사로서의 사명감을 가지고 수화를 미리 배우는 등 선한 존재로만 그려지고 있다. 그만큼 선과 악에 대한 이분법적 도식이 강하게 작용하고 있는 것이다. 이런 이분법을 전제로 하여, 악의 축에 대한 분노의 서사가 가능해진다. 자애학원의 교장과 '박보현' 선생, 이를 두둔하는 경찰과 변호사는 일괄적으로 악과 불의의 존재로서 분노의 대상으로 선명해진다.

특히, 영화는 불의에 대한 분노를 강화하기 위해 '고통 받는 타인의 얼굴'을 직접 재현하는 방법을 쓰고 있다. '연두'의 짐승의 울음소리 같은 울부짖음, 온통 멍투성이의 '민수' 얼굴, 해맑지만 두려움에 이지러진 아이들의 화면 속 얼굴을 통해 관객들은 그들의 고통을 함께 '겪고 살아낸다'. 직접 체험으로 공감하는 것이다.

그러나 분노의 서사는 외부로만 뻗어 나가는 감정이기에 타인의 고통을 바라보는 자의식적인 감정은 약화된다. 타인에 대한 모멸은 정작 자기 자신에 대한 성찰을 제거하는 심리적 기제를 지니기 때문이다.[26] 사회적인 분노와 모멸 속에서, 정작, 자신의 약자의 고통에 대한 윤리적 감수성은 봉합한 채 분노로, 분노로만 치닫는 형국이다. 이를 가장 잘 보여주는 것이 영화에서 '민수'가 복수를 선택하는 장면이다. 그는 할머니의 합의로 '박보현' 교사를 벌 줄 수 없자 그를 살해하고 함께 자살함으로써 분노를 표출한다. 반면, 소설에서 '민수'는 할머니의 합의로 재판을 진행하지는 못하였지만 인권 단체의 돌봄 속에서 치유되며 성장하는 결말로 마무리되고 있어 서로 대조가 된다. 영화의 경우, 관객은 영화 속의 피해자와 약자에 자기 자신을 동일시하고, 상대적으로 강자에 대한 강한 분노감을 형성하는 가운데 현실 비판의 목소리는 내세울 수 있지만, 정작 현실 속에서 자신의 약자에 대한 윤리적 고통과 수치감을 정면으로 바라볼 수 있는 성찰의 기회는 약화되는 측면이 있다.

영화의 결말에서 관객들은 장애인들이 현실의 높은 벽에 부딪혀 좌절하고 마는 비극을 경험한다. 한편으로는 자기 자신이 겪었던 현실의 부조리 속에서의 고통을 떠 올리면서도, 또 다른 한편으로는 여기에 머물지 않고 한 걸음 비참한 사람들을 고려하는 사회에 대한 적극적인 소망을 품을 수 있게 된다. 이것이 분노의 서사가 타자에 대한 공감으로 이어질 수 있는 고리일 것이다. 하지만 이 비참한 사람들의 이미지, 즉 영화에 재현된 아이들은 선한 이미지에 가려 그들의 고통은 억울함이라는 다소 수동적인 이미지로 그려지고 있다. 소설에서는 장애아 연두가 교장의 폭행 사실을 스스로 교사와 부모에게 알리는 반면, 영화는 서유진의 보호 속에서 자신의 경험을 노출하는 보호받는 존재로 그려지고 있다. 심지어 '민수'의 복수와 자살 역시, 자신들의 마음을 알아

---

26) 김찬호(2014), 『모멸감』, 문학과지성사.

주지 않는 부모에 의한 피해자로 그려지는 것이다. 결국 이들은 보살핌이 필요한 피해자의 이미지가 주를 이루는 것이다. 정서적 공감의 성격이 강한 것이다. 이처럼 영화 「도가니」에 나타난 분노의 서사는 영상 매체 특유의 강렬한 전감각적 체험을 통해 감정을 자극하며 그들과 함께 살아보는 공감 경험을 제공하고 있다.

3) 자유 간접 화법에 의한 감각적 공명

서술 기법은 공감 효과를 유발하는 중요한 기제이다. 소설의 경우, 3인칭 전지적 작가 시점을 유지하여 독자들이 외부 관찰을 하거나 작중 인물의 초점화를 통해 그 인물의 내면을 공유하도록 한다. 이 때, 외부 관찰은 그 인물의 내면 맥락을 인지적으로 공감할 수 있는 맥락을 제공한다. 외부와 내부는 분리되어 있는 것이다. 그런데 영화는 영상 매체 특유의 자유 간접 화법[27])을 통해 스토리 외부에서 관찰함과 "동시에" 스토리 세계 고통의 세계에 직접 참여하는 방식을 취하고 있다. 이른바 자유 간접 화법이 그것이다.

영화에서 자유 간접화법은 카메라의 관찰자 시점과 인물 내면의 주인공 초점이 혼합되어, 외부자의 시각과 내부자의 시각이 동시적 공존과 소통을 유도하는 기법이다. 영화는 근본적으로 직접 화법이기에 카메라가 담론 공간에서 자신의 의도를 실현하는 과정에서 자유 간접 화법을 실현할 수 있는 가능성을 항시 갖고 있다. 그런데 영화 「도가니」에서는 장애인 피해자의 고통을 재현하는 장면에서, 그 고통이 인물의 것이기도 하고 동시에 3인칭 화자의 것이기도 하는 '자유 간접 화법'의 모호함을 취하여 여러 시선이 감각적으로 공존하고 공명하는 공감 효과를 이끌어 내고 있다.

---

27) 영화는 근본적으로 직접 화법이기에 카메라가 담론 공간에서 자신의 의도를 실현하는 과정에서 자유 간접 화법을 실현할 수 있는 가능성을 언제나 갖고 있다. 이 화법의 불연속성과 모호함을 이 글에서는 공감의 효과와 연관지어 이를 다룬다. 이병창(2004), "영화에서 자유간접화법의 철학", 『시대와 철학』 15.

실제 장면으로 분석해 보자. 먼저, 법정 장면이 있다. 이 장면은 '연두'가 성폭행 당시 흘러 나왔던 음악을 실제로 들을 수 있음을 입증하는 대목이다. '연두'가 실험용 헤드폰을 들자 「가시나무새」가 흘러 나온다. 이 음악은 '연두'라는 인물 초점화자의 귀에 들리는 것으로 그녀의 성폭행 당시의 체험을 관객들이 추체험하는 효과를 갖는다. 물론 관객들은 작중인물의 체험에 공감할 수 있다.

그러나 그 공감의 힘이 커지는 것은, 다음 장면 때문이다. 법적으로 확대된 장면에서 「가시나무새」의 음악 소리가 점차 커지고 있다. 이 때의 음악 소리는 인물의 귀에 들리는 소리를 넘어서 3인칭 내포 작가가 들려주는 「가시나무새」이다. 그가 인물 '연두'의 체험을 공유하고 함께 참여하는 의미를 담고 있는 음악인 것이다. 관객은 영화의 자유간접 화법으로 하여, 청각 장애인 '연두'가 들었다는 노래를 그녀의 위치에서만이 아니라 관객 자신의 위치에서 참여함으로써, 그 역시 우리와 다름없는 사람이라는 점을 음미할 수 있다. 소리 없는 세계를 함께 느끼며, 나아가 폭행의 고통을 공유할 수 있게 된다. 관객은 노래를 매개로 하여 청각 장애인 '연두'의 고통을 함께 느끼며 하나가 될 수 있다.

두 번째 장면은 피해자인 '민수'가 기자들에게 자신이 겪은 성폭력 피해를 인터뷰하는 대목이다. '연두'와 '유리', '민수'는 자신을 스스로 증언하는 인터뷰를 한다. 그런데 화면에 비추어진 '민수'는 누구의 눈에 비추어진 것인지는 매우 모호하다[28] 관객은 스토리 층위에서 무진의 인권단체에서 그를 취재하는 기자라고 생각하지만, 화자는 담론 층위로 확장해서 서울의 기차역에서 텔레비전을 보고 있는 시청자로 확대해 나간다. 결국 이 화면을 보는 사람은 대한민국의 모든 사람일 수 있다. 그 확장은 바로 이 사건을 바라보는 많은 사람들의 눈이자, 사회의 눈이며, 중첩되어 있는 관심이다. 이처럼 카메라 화

---

28) 카메라 시점의 객관성과 주관성의 혼합, 모호함에 대해서는 다음의 책을 참조하였음.
Edward, Narrative Comprehension and Film, Routledge. 1992.

자의 모호함은 오히려 여러 시선들이 참여하고 공명하고 있음을 감각적으로 경험하게 해 주는 기법적 효과를 만들고 있다.

타인의 고통은 있는 그대로 체험할 수 없다. 나는 그 타인이 될 수 없기 때문이다. 그래서 단지 상상력의 힘으로만이 타인의 고통을 느끼고 공감할 수 있다. 그러나 영화는 시각적, 청각적 재현의 다양한 결합 방식을 통해 구체적 감각을 매개로 하여 감각화된 공감을 가능케 함을 확인할 수 있다.[29]

5. 결론: 공감의 매체별 서사 전략 특징

이 글은 소설과 영화 「도가니」를 비교하여, 타인의 고통을 어떻게 재현하고 독자와 관객의 공감을 이끌어내는가를 텍스트 분석을 통하여 살펴보았다. 문학과 영화는 모두 공감적 상상력을 불러일으키지만 매체적 차이로 하여 그 방법과 효과는 다를 수 있다고 생각하였다. 「도가니」 작품을 중심으로 두 매체를 비교한 결과, 소설은 관망자의 내적 갈등과 반응을 풍부하게 기술함으로써 공감에 이르는 심리적 과정을 플롯으로 구성하고 있었으며, 그 과정에서 공감은 타인의 고통에 대한 것이기도 하지만 자신을 새롭게 이해하고 고통을 치유하는 일임을 보여 줌으로써 타당성을 높이고 있다. 문자 매체 특유의 성찰성을 잘 활용함으로써 입체적이고, 역동적인 공감 서사를 구축하고 있는 것이다. 타인의 고통은 '나'의 행복이나 존엄과 분리될 수 없으며, 사회 전체의 정의와도 무관하지 않다고 인식하고 있었다. 반면, 영화는 관망자가 등장하기는 하되 폭행 사건의 폭력성과 가해자의 부당함에 대한 분노에 집중하고 있다. 이처럼 영화 「도가니」에 나타난 분노의 서사는 영상 매체 특유의 강렬한 전감각적 체험을 통해 감정을 자극하며 그들과 함께 살아보는 공감 경험을 제공하고 있다. 이는 타인의 고통의 원인을 나와 연관짓기보다는 가해자 타자

---

29) 여기에는 이른바 감정 기계로서의 영화가 갖는 힘이 있다. 감정을 통하여 허구와 현실 경험은 만난다.

에게만 돌리는 것이다. 하지만 영화 특유의 시청각 매체 특성으로 하여, 한 화면 속에 다양한 관점의 화면과 소리를 중첩함으로써 관객들이 직접 타인과 소통하고 하나가 되는 감각적 경험을 제공하고 있었다. 특히 영화 특유의 자유 간접 화법'의 모호함을 취하여 그 고통이 인물의 것이기도 하고 동시에 3인칭 화자의 것이기도 하는 방식으로 재현하여 여러 시선이 감각적으로 공존하고 공명하는 공감 효과를 이끌어 내고 있다.

제2부

인성 · 정서 발달을 위한 치유적 읽기교육

01

인성교육을 위한
'자기이해와 수용'의 문학 독서

1. 서 론

'자아 성찰' 혹은 '자아 정체성 탐색'이라는 문제는 문학교육과 인성교육에서 오랫동안 꾸준히 탐구되었던 주제이다. 문학이 독자의 자기 탐색에 기여하고 또 인성의 중심에 자아 정체성이 있다는 사실은 상식적인 내용일 것이다. 하지만 여기에 학교 교육의 장과 개입하면서부터는 문제가 달라진다. 자아 훈육 혹은 정체성 계발과 관련된 정치적, 사회적 이슈가 생겨나기 때문이다.

전통적으로 인성교육에서는 '올바름'의 규범이나 '자아 성찰'의 교양적 이념을 중요시해 왔다. 현재의 자아보다는 보다 나은 이상적 자아, 올바른 인간으로 고양, 형성, 성장한다는 계몽적 발상은 학교 인성교육의 가장 깊은 곳에 자리하고 있는 기본 전제이다. 그러나 이러한 계몽적 성격은 인성교육이 자칫 권위적이고, 훈육적인 성격을 갖게 만들고 동시에 국가 주도하의 인성 계발의 문제를 더 강화할 소지가 다분히 있다. 이에 본고에서는 '자아 성찰'의 문제를 분석심리학의 '자기 이해와 수용'의 개념으로 재구성하여 검토하고 인성교육에서 '건강한 자아 형성'이라는 방향성에 대해 살펴보고자 한다.

분석심리학에 따르면 '자아(ego)'와 '자기(self)'는 확연히 구분된다. 자아(ego)는 의식적 요소이며 자기(self)는 의식과 무의식이 통합된 형태이다. 곧, '자기'는 그림자와 자아, 의식과 무의식을 통합하여 온전한 자아의 균형을 유지하고자 한다. 따라서 '자기 이해와 수용'의 상태는 외부에 만들어진 모범적 자아상을 추종하기보다는 마음의 중심인 '자기'로서의 조화와 균형을 유지하며, 있는 그대로의 자기에 충실한 상태라 하겠다. 열등하고, 부족한 자아의 그림자는 거부하거나 극복해야 하는 대상이 아니라 있는 그대로 이해하고 수용해야 할 대상인 것이다.

이러한 '자기 이해와 수용'의 문제는 청소년기[1] 특히 중요하다. 이 시기에는 아동기에 먼저 발달한 도덕의식과 사춘기 이후 발달하기 시작한 성적 관심과 욕망, 공격성 등으로 하여 내적 갈등과 불안이 강해지는 시기이다. 특히, 추상적 사고의 비약적 발달로 하여 자기 자신에 대한 객관적 평가가 가능해지면서 자신에 대한 열등감과 죄책감, 부정적 인식도 강해지는 시기이기도 하다. 이는 부모와 어른으로 대표되는 사회적 권위에 저항하는 이유가 되기도 하는데 미처 자신의 내면에 형성된 부정적 정서와 경험을 내적으로 수용하지 못한다면 안정된 자아감과 정체성을 획득함에 있어 장애가 되기 때문이다. 따라서 이 시기야말로 이상적이고 교훈적인 자아상만을 강조하는 인성교육은 그들의 심리적 현실과 어긋난다. 오히려 그들 자아의 내적 갈등을 이해하고 수용하며, 그로부터 대안을 모색하여 자존감과 자아 정체성을 추구할 수 있는 교육이 필요한 것이다.

자아 성찰 관련 교육은 주로 작문 교육에서 '자아 탐색' 혹은 '자기 발견의 글쓰기' 등으로 다루어 왔다. 소설 독서 교육에서[2] 자아 혹은 자기 이해의 교육은 독자의 능동적 역할을 중시하는 경향과 함께 지속적으로 강화되어 왔지만, 자아 성찰의 방향성과 개념이 모호하고 추상적이어서 현실에 뿌리 내리기 힘든 측면이 있었다. 이제 자아 성찰의 문제는 자아의 의식과 무의식, 인식과 감성의 복합적 속성을 모두 고려하는 입체적 접근이 필요하다고 본다.[3]

이 글의 논의 절차는 2장에서 '자기 이해와 수용'의 개념과 그것이 인성교육

---

1) 이 글에서 청소년기는 초기(13~17세)와 중기(17~19세), 후기(19~22세)를 모두 포함한다.
2) 안재란(2013), "자기 텍스트 구성을 통한 서사교육 방법 연구", 전북대학교 박사학위논문.
3) 진선희(2015), "아동문학과 인성교육의 방향", 『청람어문교육』 제55집, 청람어문학회.

에서 갖는 의미를 다루되 특히 문학 독서의 특질과 연관지어 검토하고, 3장과 4장에서는 텍스트 내용과 현실 독자의 경험에서 자기 이해와 수용 양상을 분석하고자 한다. 텍스트 내용 층위와 독자의 수용 경험 층위는 인성 독서교육에서 동시적으로 고려해야 한다는 것이 이 글의 입장이다. 이에 대해서는 2장에서 상론하도록 하겠다. 작품은 박경리의 『토지』이다.

이 글은 인성교육에 '자기 이해와 수용'의 개념을 도입할 수 있음을 점검하는 시론적 성격이 강하다. '자기 이해와 수용'의 인성 독서교육 방법 등의 구체적인 논의는 다음 연구 과제로 돌리기로 한다.

2. 인성교육과 '자기 이해와 수용'의 문제

인성교육은 2014년 기본법이 제정된 이후에도 여전히 그 개념과 방향성에 대한 논란이 거듭되고 있다. 인성이란 무엇이며 과연 교육될 수 있는 것인지 또 어떠한 방향이 의미 있는 교육이 될 수 있는지에 대한 합의가 쉽지 않다. 이론보다는 정책적 실천이 앞서 진행되면서, 현재 학교생활 기록부에서 활용되고 있는 인성교육의 하위 범주도 면밀히 검토할 필요가 있다. 특히 이 글에서는 현재 학교 인성교육의 항목인 배려, 나눔, 협력, 타인존중, 갈등 관리, 관계 지향성, 규칙 준수 등의 항목이 주로 대인 관계와 관련된 요소로 편중되어 있다는 점을 지적하고자 한다.

가드너에 따르면 대인 관계 기능은 독자적으로 기능하기보다는 자기 이해 지능과 연동될 때 더욱 효율적으로 활성화된다.[4] 곧, '자기 이해'의 지능은 자기 자신의 생각과 느낌과 감정 상태를 스스로 파악하고 자신의 충동을 통제하고 감정을 조절하는 능력인데, 타인의 이해는 결국 자기 자신에 대한 이해가 확장된 것이기에 때문에 양자는 밀접한 관련성을 갖는다는 것이다. 아울러

---

4) 김주환(2011), 『회복 탄력성』, 위즈덤하우스.

자기 이해의 인성은 모든 인성과 지능이 실현될 수 있는 가장 기본적이고 메타적인 요소라는 점에서 학교 인성교육에서 강화될 필요가 있다.

문학 독서 교육에서 이 '자기 이해' 문제는 주로 성찰적 독서로 논의된 바 있다. 기존 논의에서 문학 독서를 자아 성찰이나 자기 이해의 경험으로 설명하는 방식 중 가장 익숙한 모델은 르쾨르의 삼중 미메시스 이론이다. 이 이론은 독자가 문학적 성찰을 통해 '위대한 자기'로 거듭나는 과정을 텍스트와 독자의 상호작용으로 설명하고 있는데[5] 그 핵심 기제에는 의식적 자아의 성찰 능력이 잡고 있다. 하지만 의식적 자아의 성찰만으로는 본 논문이 관심을 갖고 있는 온전한 자아로의 통합에 이르기에는 부족하다.[6]

이에 분석 심리학과 독서치료학에서 '자기 이해'의 문제를 살펴본다. 분석 심리학에 따르면, 자아는 단일한 실체가 아니라, 일종의 콤플렉스(complex)[7]로서 의식과 무의식, 개인적 요소와 집단적 요소들 사이의 균열과 갈등에서 통합을 담당하는 존재이다. 이들 요소들은 다양한 방식으로 상호작용하여, 어떤 구조가 다른 구조의 약점을 보상하기도 하고, 대립하기도 하며 통합을 이루기도 한다. 이 때, 이들의 인격 구조가 전체 정신으로써 통합된 것이 바로 '자기(self)'이다. 이 '자기'는 여러 부분이 결합되어 만들어진 것이 아니라 애초부터 만들어진 통일과 조직의 원형으로서 모든 콤플렉스 및 의식 속의 원형들을 조화롭게 하여 인격을 통일하고, '하나됨(oneness)'의 감각을 부여함으로써 '자기다움(selfhood)'을 실현할 수 있도록 한다.

이 '자기다움'을 이루기 위해서는 무엇보다 자기이해와 수용이 필요하다. 자기 이해의 핵심은 무의식을 의식화하는 일, 자신의 본성을 수용하여 조화를 이루는 일이다. 자신의 무의식(그림자)을 알지 못하는 사람은 자각되지 못한

---

5) 안재란(2013), "자기 텍스트 구성을 통한 서사교육 방법 연구", 전북대학교 박사논문.
6) 이와 동일한 문제의식을 지닌 논의로 진선희 교수의 논문이 있다.
　　진선희(2015), "아동문학과 인성교육의 방향", 『청람어문교육』 제55집, 청람어문교육학회.
7) 이부영(2012), 『그림자』, 한길사.

자신의 결점 때문에 남을 공격하고 비난하며, 불안과 좌절 속에서 지내게 된다. 반면, '자기 이해'가 된 사람은 자신의 동물적 본성과의 조화 속에서 충만하고 활기차게 살 수 있다.

그런 점에서 '자기 이해와 수용'의 목적은 완전한 인간이 아니라 온전한 인간이 되어 자기 자신의 진솔한 모습으로, '진정한 나 자신'으로 살아가려는 데에 있다. 외부의 모범적 대상을 모방하는 것이 아니라 자기 자신의 본성과 위대한 조화를 이루어 내는 것이다. 융(C. G. Jung)에 따르면[8] 자기실현이 목표로 하는 성숙은, 모범 시민, 도덕 군자, 세계 구원자 혹은 원만한 사람, '보편적으로 교양 있는 사람'이 되는 것이 아니다. 오히려 "있는 그대로의 그 사람"이 되어, 자기 내면의 진정한 자기를 찾아 발견함으로써 얻는 평안과 안정을 일컫는다. 자기 이해와 수용이 자아의 성숙과 치유에 가장 중요한 역할을 하는 표지이자 그 결과인 이유도 이 때문이다.

이러한 자기 이해와 통합은 문학 독서를 통하여 효율적으로 이루어질 수 있다. 문학 독서는 문학이 지닌 허구성, 형상성으로 하여 독자가 안전한 공간에서 자신을 투사하고 객관화할 수 있다는 특징을 지닌다. '거울'로 은유되는 문학 작품은 상징적 형상의 힘을 빌어 무의식의 방어 기제를 쉽게 뚫고 자신의 그림자와 내면을 대상화할 수 있도록 한다. 나아가 독자의 감추어진 자아를 정상화시킴으로써 온전한 자아로의 통합을 일구어내는 촉진제가 되기도 한다. 문학이 지닌 위로와 자아 성숙은 바로 이 과정을 통해 가능하다.

문학 독서의 이러한 기능을 활용한다면, 인성교육에서도 '바른 인성으로의 고양'에서 나아가 '건강한 인성으로의 성숙'을 실천할 수 있다. 전통적인 교육이 인성에 대한 계몽적 고양을 중시해 왔지만 이제는 자기다움을 찾고 그 속에서 안정감과 온전성을 느끼는 존재론적 성숙을 꾀할 필요가 있다는 것이다.

이때 인성 문학 독서교육에서는 중요한 이슈가 생긴다. 문학 텍스트와 독자

---

8) 이부영(2002), 『자기와 자기실현』, 한길사.

의 관계 설정 방법이 그것이다. 이는 어떤 작품을 선택하여 읽으며 어떤 교육 내용을 마련할 것인가의 결정에서 매우 중요하다.

기존의 논의에 따르면, 크게 세 가지 방법[9]이 있다. 내용 접근법, 과정 접근법, 성찰 접근법이 그것이다. 그러나 이 세 가지는 배타적이라기보다는 통합적으로 고려[10]되어야 하는데, 그 이유는 이 층위들이 근원적으로 '서사'의 중층적, 다층적 구조를 이루기 때문이다. 텍스트의 내용에 대한 전제 없이 독자의 경험이 불가능하며 독자의 수행이 뒤따르지 않고는 텍스트의 활성화가 존재할 수 없다. 다만 인성교육의 목표에 따라 양자의 관계를 매개하는 다양한 방법이 존재할 수는 있을 것이며, 이러한 논의는 이후 작업을 기대한다.

3. 『토지』에 나타난 작중인물의 '자기 이해와 수용' 양상

인성 독서교육에서 일차적으로 중요한 것은 텍스트의 선정이다. 독자의 인성적 변화는 일차적으로 텍스트의 세계를 경험함으로써 비롯되기 때문이다. 이 글에서 다룰 박경리의 『토지』는 훌륭한 치유 텍스트이며 자기 이해의 성장 텍스트로 평가할 수 있다.

이 작품은 장구한 세월에 걸쳐 한 인간의 삶과 죽음, 그리고 사회·역사적 상황 속에서 '한의 극복'을 다루고 있다. 작가 박경리는 자신이 다루는 주제가 '사상'이 아니라 '사람'의 문제[11]라고 언급하였으며, '한'이란 자연에 따르는 욕

---

9) 내용 접근법은 문학 작품의 내용에서 인성적 모델링을 재경험하는 것이다. 작품의 내용을 본받고 따르는 다소 전통적인 방법이다. 과정 접근법은 도덕적 이야기를 수용하는 과정에 중심을 두고, 원래의 문학 작품을 다시 쓰거나 입장 바꾸어 보고, 후속 이야기를 다시 쓰는 방법이다. 다음, 성찰적 접근법은 문학작품과 자신의 도덕적 행동의 이야기를 성찰하여 '의미'를 찾고 나은 방향으로의 발전을 모색하는 방법이다.
심성보, 이미식, 최용성, 김남희(2004), 『도덕교육의 이론과 실제』, 원미사.
10) 이민용(2014), "내러티브와 서사학, 그리고 인성교육", 『인문언어』 제16집, 국제언어인문학회.
11) 김치수(1982), 『박경리와 이청준』, 민음사, 190쪽.

망과 기대가 무너짐으로써 삶의 균형 감각이 혼란을 일으키고, 생명의 온전한 발현이 가로막히거나 뒤틀릴 때 생겨나는 영혼의 어혈'12)이라고 하였다. 그렇다면 그 한을 극복하는 과정은 이 글의 관심대로 한다면 곧, '자기 이해와 수용'과 크게 다르지 않다. '자기 이해'는 인습에 의해 진정한 자기 자신이 될 수 없을 때 내면적 추구를 통해 온전한 자기 자신을 추구하려는 것이기 때문이다. 작중 인물 '홍이'의 말대로, "자기 자신에 열등감을 갖지 않고, 스스로 생긴 대로의 삶"의 추구와 연관된 문제인 것이다. 또한 작가는 육신과 영혼, 보이는 것과 보이지 않는 것의 '총체'로 볼 때라야 생명체 전체를 볼 수 있다고 설명한 바 있다. 필자의 관심으로 본다면, 이 총체의 의식 역시, 인간의 의식적 자아와 그것을 넘어선 자기 자신의 전일적인 이해와 무관하지 않을 것으로 추정해 볼 수 있다.

이런 맥락에서 본고에서는 『토지』의 작중 인물들의 '한'과 그 '해한'의 과정을 '자기 이해와 수용'의 성장 과정으로 살펴보고자 한다. 특히 『토지』는 총체소설로 다양한 사회적 집단들이 저마다의 위치에서 역사적 조건과 인간적 본질을 드러낸다고 평가13)되는 작품으로 다양한 사회적 위치의 인물들이 일구어내는 다양한 자기 이해의 양상이 나타난다. 작중 인물의 사회적 정체성을 기준으로 유형화한다면, 이후 현실 독자의 사회적 위치와 접목하기에도 용이할 수 있을 것이다. 이 글에서 특히 가장 선명하게 드러나는 세 집단을 중심으로 보여주고자 한다.14)

---

12) 정호웅(1995), 「『토지』의 주제: 한, 생명, 대자대비」, 편집부, 『토지 비평집』 2, 솔.
13) 천이두(1995), "한의 여러 궤적들", 편집부, 『토지 비평집』 2, 솔.
14) 기존 연구에서 자신에게 주어진 태생적 열등의식을 극복하고, 자신의 개성과 자존감을 실현한 대표적 인물로 김길상·김한복 등이 지적된 바 있다(정호웅(1995), "『토지』의 주제: 한, 생명, 대자대비", 편집부, 『토지 비평집』 2, 솔; 이상진(1997), 『토지』 연구, 월인). 이들이 본고의 관심인 '자기 이해'면에서도 가장 강렬한 모습을 보여주고 있음에는 이견의 여지가 없다. 그럼에도 본고에서 다루지 않은 이유는 '자기 이해'가 비단, 한의 극복과 개성 성취라는 근대적 주체의 행위 드라마에만 국한되지 않는다고 보기 때문이다. 오히려 운명의 사슬을 극복하지는 못하더라도 자기의 있는 모습 그대로를 수용하고 이해함으로써 확장, 성장해 나가는 인물들도 자기 이해의 전범을 보여주고 있다고 판단하였다.

1) 감정 수용과 타자 보살핌으로 열리는 개성

먼저, 여성 집단의 자기 이해와 수용의 과정을 '최서희'의 궤적을 통해 살펴보도록 하겠다. 『토지』에서 '최서희'와 신여성의 작중 인물들은 식민지 근대 사회에서 여성들이 처했던 정체성의 갈등 속에서도 자기를 모색한다. 이들은 가문과 가족 중심의 집단적 체면, 신념, 가치관 등의 외적 인격을 수용하고 헌신하다가 깊은 심혼의 상실과 고통을 겪으면서 중년 이후, 자기 자신의 그림자를 수용하여 삶에서의 새로운 변화를 모색하는 존재들이다.

어린 시절 어머니로부터 버림받고 아버지 최치수와 할머니의 죽음을 직접 겪은 '최서희'는 마음 속 깊은 트라우마를 지니고 있다. 그 상처로 하여 그녀는 유년기의 기억과 추억을 지우고 가문 재건의 집념으로만 점철된 강인한 삶을 살아 낸다. 최씨 가문의 대주라는 가부장 역할이 부여한 삶, 곧 강한 주체의 집념과 성취의 삶을 선택한 것이다. 그런데 이는 사회적 페르조나에만 집중하고, 자신의 내적 감정과 인격은 전혀 돌보지 않는 '냉냉하고 굳어진' 얼굴로 살아감을 의미한다. 이후 그녀는 '이상현'에 대한 자기 감정을 묵살했으며, '김길상'과 애정 없는 결혼을 하여 자신의 아들들을 최씨로 만들어 버렸고, 친일을 내세운 이해 타산적 관계 속에서 타자와의 진정한 소통이 없는 고립된 삶을 살아갔던 것이다.

이러한 그녀가 내적 인격을 만나게 되는 계기는 무엇인가? 그것은 성취를 위해 외면했던 자신의 진솔한 '감정'을 직면하게 됨으로써이다. 그녀는 그토록 원하던 평사리 집에 돌아온 후, 슬픔과 허망함, 그리고 "뭔지 모르지만 두려움 낯섦"과 마주친다. 성취의 정점에서 만난 감정이 행복이나 기쁨이 아니라 두려움이었다는 사실은 매우 특기할 만하다.

그런데 자세히 보면, 그 감정은 내적 인격의 목소리라 할 수 있다. 어머니로부터 버림받았던 어린 시절의 기억, 할머니의 죽음을 앞두고 공포에 떨었던 약한 자신의 모습 등 강한 자아가 애써 외면해 왔던 자신의 그림자와의 대면이 불러들인 감정인 것이다. 그녀는 슬픔, 허망함, 두려움이란 감정을 통하여 자신의 사회적 페르소나에 숨어서 애써 외면하였던 자신의 내적 인격의 요구를 성찰할 수 있게 된 것이다.

이는 자신의 사랑을 깨닫는 장면에서도 계속된다. 최서희는 자신이 진정으로 누구를 사랑하는지를 알지 못한 채 꼿꼿한 안방마님으로만 살고 있었다. 그러다가 박 의사의 자살 소식을 듣고 난 뒤에라야 그녀는 감정적 충격과 격정으로, 자신이 억압했던 사랑의 욕망을 깨닫는다. 지나치게 억압되었던 감정은 원시적 격정으로 표현된다고 한다.[15] 그녀의 격한 울음은 사회적 특권으로 억압당하고 있던 내적 인격과 그림자가 돌출하는 모습인 셈이다.

> 서희는 흐느껴 울었다. 소매 속에서 손수건을 꺼내어 눈물을 닦았으나 흐르는 눈물은 멎지 않았다. 그가 잊은 별당, 어머니 별당 아씨가 거처하던 곳. 비로소 서희는 어머니와 구천이의 사랑을 이해할 수 있었다. 과연 어머니는 불행한 여인이었던가. 나는 행복한 여인인가 서희는 자문한다. 어쨌거나 별당 아씨는 사랑을 성취했다. 불행했지만 사랑을 성취했다. 구천이도, 자신에게는 배다른 숙부였지만 벼랑 끝에서 그토록 치열하게 살다간 사람, 서희는 또 다시 흐느껴 운다. 일생 동안 거의 흘리지 않았던 눈물의 둑이 터진 것처럼[16]

이제 최서희는 터져 나온 울음과 사랑의 감정을 충실히 수용한다. 그 둑이 터진 이후, 그녀는 자신의 있는 그대로의 모습을 수용하고 자아의 확장과 전환을 이루어 낼 수 있게 되었다. 애써 모른 척해 왔던 어머니 별당 아씨의 사랑을 이해할 수 있게 되었고, 구천이의 인간적 삶을 살펴 볼 수 있게 되었으며, 자신의 과거와 화해할 수 있게 된다. 또 영혼 없는 삶을 살아가는 자신의 현실에 깊은 의문을 제기할 수 있게 된 것이다. 여기에서 우리는 어떤 감정에

---

15) 이부영(2012), 『그림자』, 한길사, 107쪽.
16) 박경리(2004), 『토지』 5부 1권, 나남출판, 348면.

충실하고 표현하는 일은 자신의 정체성을 선택하는 일이기도 하다는 점[17]을 알 수 있다. 최서희는 이제는 더 이상 영혼 없는 안방마님의 삶에 안주하지 않기로 한다.

또, '꿈'도 내적 인격을 의식화하는 계기가 되고 있다. '서희'는 '양현'을 자신의 며느리로 맞으려고 일방적인 결혼을 강행하던 중, 내적 갈등을 느끼며 꿈을 꾼다. 그 꿈에는 길상이 나타나 결국 이 결혼이 '이상현'과의 이루어지 못한 연분을 대신 해결하려고 한다고 지적하며, 이제까지의 인생은 "내 인생이 아니었다"라고 선언한다. 그 동안 누르기만 했던 자신의 정체성을 당당히 선언하고, 이별을 선언하는 것이다. 그리고는 갑자기 '길상'의 얼굴이 '구천'의 얼굴로 바뀐다.

이 꿈은 '서희'가 애써 외면하려 했던 자신의 무의식을 드러내며 자아의 허위를 벗기고 있다. '양현'과 '윤국'의 억지 결혼은 실은 자신의 한 풀이에 불과하다는 점, 강행하게 되면 남편을 비롯해 친밀한 타인을 모두 잃고 홀로 남게 될 것임을 깨닫게 해 주는 마음의 경고이다. 특히, '길상'의 얼굴이 구천의 얼굴로 바뀌는 장면은, 자기 원형과의 마주침으로 엄청난 충격과 두려움을 불러일으키는 것으로 되어 있다. 그만큼 자기감정을 소외시키고 가문이라는 페르소나로만 살았음에 대한 무의식의 강력한 비판이라 할 수 있다. 다행히 최서희는 꿈으로 나타난 무의식의 경고를 받아들인다. 그래서 '양현'의 결혼을 강행하지 않으며, 그 결과 '딸과 어머니'라는 친밀한 관계를 유지할 수 있게 되었다.

이처럼 우리의 내적 인격은 외적 인격이 미쳐 깨닫지 못하는 통찰과 창조성을 지니고 있는바, '서희'는 꿈이나 감정을 통해 이것을 이해하고 수용하게 된다. 내적 인격과의 조화를 통해 온전한 자아로 통합을 이룬 결과, 그녀는 보살피는 존재로 거듭나고 있다. 그녀는 가문을 억지로 유지하려는 존재가 아닌 보살피는 존재, 사랑을 지닌 존재로 새롭게 태어난다.[18] 보살피는 존재

---

17) 소영현, 이하나, 최기숙(2013), 『감정의 인문학』, 봄아필, 17면.
18) Ruddick, Sara, Maternal thinking; 이혜정 역(2002), 『모성적 사유』, 철학과현실사.

는 타자를 존중하고, 수용하는 존재이다. 그녀는 '양현'과 모정의 친밀한 관계를 유지할 수 있음에 기뻐하며 "성공한 삶이란 누구에게나 그것은 덧없는 소망일 뿐"이며 "자식도 머리가 커지면 부모가 져주어야 한다"는 인식의 전환을 보여준다.

이러한 생각은 이전의 외적 인격으로만 살았던 최서희의 모습에서는 찾아볼 수 없는 것이다. 이제 그녀는 권위가 아니라 사랑으로 주어진 현실을 수용하고 받아들이면서 자아의 전환과 확장을 꾀하고 있다. 그리하여 그녀의 사랑은 가족으로부터 마을 사람들에게로 민족으로 확장된다. 아들에 대한 사랑을 산에 있는 독립 운동가들에 대한 보살핌으로 확장하며, 위엄 있는 '최씨' 가문 대주에서 '평사리' 마을 사람들을 돌보는 존재로 내려앉는 것이다.

작가는 '서희'의 성숙해진 자아를 직접 서술하기보다는 다른 사람과의 관계 속에서 드러낸다. '명희'가 본 '서희'의 모습이 그러하다. 소박하게 한 가정의 주부가 된 '서희'를 그녀는 "오히려 거대한 산같이" 느낀다. 이제 '서희'는 가부장적 인습과 봉건적 가족 제도의 구속과 굴레에서 벗어나 자신의 개성 속에서 사랑을 알게 된다. 서슬퍼런 '최참판댁' 어른에서 남편과 아이, 민족을 걱정하는 평범한 어머니 '최서희'가 되어 진정한 자기됨에 이르고 있는 것이다.

2) 인간의 도리와 책임 윤리로의 승화

이제, 농민 집단의 구성원인 작중 인물 '이용'의 경험을 따라가 보자. 그는 봉건적 신분 제도의 한계로 인하여 자신이 소망하는 것을 얻지 못해 한을 갖지만 그 한을 외부로 돌려 '원망하지 않고' 수용하며 나아가 '인간의 도리'로 승화시킴으로써 외적 인격과 내적 인격의 통합을 이룬다.

'이용'은 어린 시절 최 참판 댁에서 기거하면서 '최치수'의 멸시를 받아도 상것은 양반을 때리면 안 된다는 봉건적인 신분 제도의 억압 속에서 자랐다. 이 말은 그가 죽을 때까지 기억하는 상처의 말로 '한'의 뿌리가 된다. 또한 자신이 사랑했던 '월선'을 무당 출신이라는 이유로 결혼을 하지 못하고 평생을 옆에서 바라보기만 해야 하는 것도, 신분제도가 그에게 준 상처이다. 이처럼 '섧디 섧은 땅'에서 그는 서금돌이나 '윤보'처럼 자유롭게 떠돌 수도 없기에 농민으로 적응하여 살되, 자신의 열등한 신분적 그림자를 오히려 그는 '인간의 도리'로 승화시켜 인습과 욕망, 내적 인격과 외적 인격 사이의 균형을 유지할 수 있었던 것이다.

그에게 '인간의 도리'는 인습의 편견에서 벗어나 당당하게 자기의식으로 살아갈 수 있는 힘을 주는 기반이다. '최 참판 댁'의 땅을 부치고, '최 서희'의 지원을 받아 살아가지만, '용이'는 "상놈은 사람 아니가. 사람의 도리는 상놈 양반 다 마찬가지다." 라고 당당하며, 또 마을 사람들의 일방적인 비난에도 주눅 들지 않는다.

그런데 자세히 살펴보면, 그의 이 '인간의 도리'는 형이상학적인 도덕이 아니라 인간이 서로 간의 존엄을 유지하면서 살 수 있는 공동체의 '관계 윤리'적 성격이 강하다. 마을 사람들이 '임이네'를 살인자로 취급하였지만 '용이'만은 그녀를 도와주는 것도 이 인간의 도리 때문이다. 그는 "남정네가 죄를 졌으면 남정네가 받을 것이요, 이미 벌을 받아 죽은 사람인데 어째 계집이 그 죄를 또 받아 짊어져야 하겠느냐"고 항변하면서, 마을 사람들이 집단적인 그림자를 투사하면서 보여주는 공격성[19]을 오히려 비판하는 품격을 보여주는 것이다.

또, 비록 아내 '강 청댁'을 사랑하지는 않았지만 함께 가족생활을 유지했던 것은 어머니(타자)의 요청에 응답의 책임[20]을 지는 것이 '인간의 도리'이기 때문이다. 그가 선택한 '인간의 도리'에 의해 그의 내적 인격과 외적 인격은 조화와 균형을 유지한다.

---

19) 이부영(2012), 『그림자』, 한길사.
20) 책임성(responsibility) 혹은 응답성은 바흐찐의 대화주의의 핵심이다. 이는 타자의 요청에 의당 응답함으로써 대화를 유지한다는 점에서 관계 윤리이다.
   University of Sheffield Bakhtin Centre.(1998), Dialogism. Sheffield Academic Press.

여기서 흥미로운 점은 자기 이해와 공간의 상호 관련성이다. '용이'의 자기 이해와 수용 과정에는 공간적 요소가 중요하게 관여한다. 그의 자기 이해는 '간도'라는 평사리에 비해서는 상대적으로 인습으로부터 자유로운 공간에서 이루어지고 있다. 간도에서 소작인의 신분으로부터 자유롭게 되자 '최서희'의 경제적 지원을 거절하고, 벌목일을 스스로 선택하여 자립을 선택한다. 이곳에서라야 '용이'는 "생활에 순응하던 구역질나는 자기 자신과 작별"하고, "치욕스러운 생활로부터 해방"되고 비록 희망이 없다고 하더라도, "내 자리에 내가 돌아 왔다는 안도"를 가지고, "사내로서의 자부심이 풍요로운 사랑의 물길"을 수 있게 된다. '간도'라는 공간은 자기 이해와 성장을 도모하는 장소인 것이다.

그의 성숙은 어린 시절부터의 상처로 가지고 있었던 신분적 "자격지심"을 다른 사람에 대한 원망으로 돌리고, 자기 방어하는 방식이 아니라, 오히려 '인간의 도리'라는 나름의 의식으로 승화시켜 내적 인격과 외적 인격을 통합함으로써 가능했던 것이다. 그는 자신의 고향에서 어린 시절의 기억 속에서, 자연스럽고도 행복하게 죽는다. 그에게 죽음은 편안하다. 특히 평사리에서 만큼은 죽음이 "맥박치듯 실감되고 희열이 전신을 감도는 것"[21]을 느낀다. 그리하여 자연과 하나가 되는 스스럼없는 삶을 사는 것이다.

한편 그가 자신과 마을 사람들, 민족의 운명이 상호 연관되어 있음을 인식하고 있다는 점도 주목할 만하다. '이용'은 생각한다. '최치수'의 죽음이 아니라면 '임이네'와 결혼하였을 이유가 없고, 또, '월선'과의 만남이 아니었더라면 자신 간도에 있지 않았을 것이다. 이러한 점은 그의 자기 이해 과정이 곧, 세계와 공동체의 이해 과정이기도 하다는 점을 보여주고 있다.

---

21) 박경리(2007), 『토지』 5부 2권, 나남출판, 346면.

3) 자기됨과 사회적 역할의 통합

다음 인물은 일본 군국주의 절정기에 청년기를 보내는 '영광'과 '양현'이다. 그들은 일제말기 민족 전체가 회의와 좌절, 의심에 방황하는 시기에 청년 시절을 보낸다. 혹독한 식민 정치하에서 강제적인 창씨 가명, 징집 등의 공포가 지속되는 전체주의적 분위기는 '홍'이 말대로, "우리는 아직도 그 열등감을 극복하지 못했다. 우리들의 마음은 항상 자연스럽지가 않았어."의 상태라 하겠다. 이들의 공통점은 자기 자신의 신분적 배경에 의해 사회적 소외와 상처를 경험하지만, 자신의 정체성의 뿌리를 당당하게 찾아 나서면서도 동시에 사회적 역할도 조화롭게 모색하고 있다는 점이다.

두 사람은 모두 신분제도 유지를 위해 타 집단을 배척하는 집단적 그림자의 희생양들이다. '양현'은 기생의 딸, '영광'은 백정의 아들이라는 신분적 제약은 타인으로부터 끊임없이 배척시키는 트라우마와 상처의 삶을 살게 되는 원인이 된다. 이들은 의사, 음악 연주자라는 근대적 직업을 가지고 개성적인 삶을 살고 있음에도 불구하고 이들을 배타시하는 집단의 횡포는 폭력적이고, 비이성적인 광기조차 지닌 것으로 그려진다. '영광'이 한국인이라고 하여 다리를 절게 만들어 고향에서 강제적으로 쫓아 낸 일본인, 백정의 아들이라는 이유만으로 사랑하는 여학생과 강제 이별시키고 학교로부터 퇴학조치를 취한 기득권층, 또 '양현'이 의사이고 집안의 '꽃'으로 사랑받고 있음에도 기생의 딸이라는 이유로 무시하는 '덕희', 이들은 모두 심리적, 육체적인 폭력을 통해 자신의 권력을 유지하고 지배욕을 만족시키는 존재들이다.

그 결과 두 사람은 공히, 집단으로부터 '분리'된 존재로, 마음의 깊은 상처와 트라우마를 가지고 살아간다. '영광'은 지식인지만 학교를 더 이상 다니지 않으며 '최씨' 집안에서 주는 학자금도 거부하고 경음악단 트럼펫 연주자가 되어 간도를 떠돌아다닌다. 그의 트라우마가 주는 압박감은, "쇳덩이 같은 물체, 쇳가루 같은 안개비, 쇳소리 같은 울림, 비정의 지옥 밑바닥"으로, "집요하게 달려드는 저주"[22]로 표현되어 있다. 그것은 그가 세상과 조우하는 것을 가로 막고, 자기 내부로 깊이 침잠하게 만드는 원인이 된다. '양현' 역시, 가족적 친밀감에서 분리된 슬픔과 무기력을 느낀다.

그러나 두 사람에게 이 분리는 오히려 성숙을 위한 의미 있는 고통이기도 하다. 그 분리의 고통 속에서 자기에 대한 성찰, 그리고 자기의 역사와 기억에 대한 의식을 키울 수 있었기 때문이다. '양현'은 과연 나는 누구인가, 어떻게 살아야 하는가에 대한 질문으로 자신의 정체성에 대해 성찰할 수 있었으며, '영광'은 과거의 자기 역사를 되돌아보며 할아버지와 아버지에 대한 인정과 존중을 확인할 수 있었다. "여태 할아버지를 까맣게 잊고 있었습니다." "저한 테는 할아버지가 아버지 같았지요." "제가 우리 가족한테 무슨 원망이 있었겠 습니까."[23]라는 말이 그것이다.

두 사람의 사랑은 자기됨의 확인이자 서로를 지지해 주며 '분리'된 마음을 결합해 주는 사건이다. 사랑이 없었다면, '양현'도 '영광'도 자신들의 내적 그림 자를 수용하고 사회적 주체로서 나아가는 성장의 계기를 마련하지 못했을 것 이다. 물론 두 사람의 사랑은 미숙하고, 앞의 '별당 아씨'와 '구천', '서희'의 사랑에 비해 강렬한 이미지를 만들어 내고 있지 못하는 점도 있다. 하지만 자기 이해의 과정에서는 매우 중요한 역할을 한다. 두 사람의 사랑은 부모의 깊은 한을 슬퍼하는 제의적 공간에서 출발하였고 백정의 아들과 기생의 딸이 서로의 자기됨을 지지해 주었다는 점에서 자기 이해와 정체성 확신의 기능을 하고 있기 때문이다. 특히 '양현'의 경우, '영광'을 사랑한다는 선언은 곧, 최씨 집안의 딸이 아니라는 자기 정체성에 대한 선언이 되기도 하다는 점에서 사랑 은 곧 자기 이해의 핵심 통로가 되어 버린다. 또한 '영광'의 경우도, '양현'과의 사랑 감정을 통해 사회적 현실과 연결된 자신을 발견하고, 사회적 주체로서 활동할 것을 결정한다.

---

22) 박경리(2007), 『토지』 5부 2권, 나남출판, 255면.
23) 박경리(2007), 『토지』 5부 2권, 나남출판, 74면.

이제, 두 사람은 자기됨의 바탕 하에서 사회적 주체로 지향한다는 점에서 근대적 존재로서의 면모를 보여준다. '양현'은 여전히 기생의 딸로 여의사가 되며, '영광'은 백정의 아들이자 한민족 의식을 가진 존재로 간도에서 트럼펫 연주자가 된다. 그들은 직업을 통해 당당한 사회적 주체로 자리잡음으로써 부모의 신분적 한계를 넘어서고자 한다. 이는 사회적 페르조나와 자아를 구별하고, 그 구별의 바탕 하에 주체적인 사회화 과정을 보여준다 하겠다. 특히, '영광'의 성장 과정은 인상적이다. '영광'은 어린 시절 가졌던 아버지에 대한 미움과 신분에 대한 분노가 아직도 자기 마음 속에 있음을 통찰함으로써, 자신의 그림자로 만들어진 내적 타자를 극복한다. "남이 바라보는 자신이 있는 모습이 결코 진실이 아니"[24]라는 인식이 그것이다. 이러한 인식을 통해 그는 아버지가 자신의 뿌리임을 인정하지만 동시에 "그렇게는 살지 않을 것"이라는 다름을 선언하면서, 자기됨을 지향하면서도 사회적 주체로 당당하게 자리잡을 것을 결심한다.

주목할 점은 두 사람이 사회적 주체로서의 활동을 위해 이중적 자아 경영을 하지 않는다는 점이다. 앞 세대인 '최서희'나 '임명희'가 자기를 숨기고 살아야 성공할 수 있는 사회에서 자기를 숨기고 자아의 이중경영으로 하다가 심리적 곤경을 느끼다가 자기 자신을 이해하였다. 반면, 이들은 자신의 신분적 정체성을 부정하지 않고 오롯하게 그 바탕 하에서 당당하게 사회적 주체로 거듭나는 것이다. 따라서 두 사람은 공히 혼성적인 정체성을 지닌 존재가 된다. 근대적 요소와 전근대적 요소의 동시성은, 이들의 이중성이라기보다는 전일성이라고 할 만하다.

---

24) 박경리(2007), 『토지』 5부 2권, 앞의 책, 304면.

4. 『토지』의 독자가 경험한 '자기 이해와 수용' 양상

이제까지 작중 인물들의 경험을 살펴보았다. 그렇다면, 실제 현실 독자들이 작품 『토지』를 읽고 경험하는 '자기 이해와 수용'의 경험은 어떠할까? 이 글에서는 현실 문학 독자의 경험을 실증적 차원에서 다루기보다는 작품 텍스트의 내용과 독자의 독서 경험의 연계적 측면에서 다루기로 한다. 다음은 대학생이 『토지』를 읽고 난 뒤 쓴 감상문이다. 이 텍스트를 독자의 자기 이해와 수용의 경험으로 분절하여 살펴보자.[25)]

> 토지를 읽고서 '최서희'라는 인물에 대해서 다시 생각해 보게 되었다. 그녀에 대해 생각한다면 떠오르는 것은 한마디로 '연민'이었다. (…중략…). "그 순간 서희는 자신을 휘감은 쇠사슬이 요란한 소리를 내며 땅에 떨어지는 것을 느낀다. …"라는 구절에서 그녀가 일생동안 보이지 않는 쇠사슬에 묶여서 자신의 개인적 감정, 욕망 보다는 자신의 자아를 돌보기보다는 그녀의 아버지의 죽음에 대한 복수, 조준구에 대한 원한, 가문의 유지를 위한, 자신의 자손들을 위한 <u>인생을 살았다는 것을 느낄 수가 있었다.</u> (…중략…)

학생의 글에는 작중 인물 '최서희'의 삶에 연민의 감정을 느끼며, 대리 체험하는 대목이 나와 있다. 이 연민의 감정은 감정이 지닌 고유의 '평가'적 기능[26)]을 고려할 때 독자의 인물에 대한 판단을 함축하고 있는 것이다. 독자는 작중 인물과의 공감을 통해 자신의 긍정적, 부정적 감정을 분출하고 있다.

흥미로운 점은 이 인물에 대한 감정이 작품 속의 세계와 자기 현실의 세계를 은유적으로 결합하는 매개체가 되고 있다는 점이다. 이 학생은 '최서희'에 대한 연민을 '자기 자신'에 대한 안타까움의 감정으로 연결하고 있다. '최서희'

---

25) 대학교 1학년생 6명을 대상으로 '자기 이해와 수용'의 개념을 설명하고, 감상문을 받았다. 그 중 완성도가 높은 텍스트 1편을 골랐다.
26) 감정은 사유와 분리된 것이 아니라 이성적 판단과 평가를 내재하고 있으며, 주체의 행동을 예측한다고 한다.

와 유사하게 부모님에 대한 기대만을 생각했고 정작 자기 자신에 대한 성찰은 하지 않았던 부정적 감정을 표출하는 것이기도 하다. 등장인물과의 동일시를 통해 과거에 쌓인 독자의 내면에 있는 욕구불만, 부정적 감정, 심리적 갈등을 표출시키고, 충동적 정서나 소극적인 감정을 발산시키고 있는 것이다. 문학 독서에서 경험하는 미적 '감정'이 문학 독서의 자아 변화와 성장에 크게 기여하고 있음을 발견할 수 있는 것이다. 다음, 지문을 보자.

> 나는 최서희의 그러한 안타까운 일생에서 <u>가슴 한부분이 답답해 오는 것을 느꼈다. 그 속에서 나는 낯설지만 익숙한 누군가가 떠올랐기 때문이었다. 바로 나 자신이었다.</u> 너무 오래전부터 그래왔던지라 과연 내 진정한 자아와 욕구가 있었나 싶을 정도로 까마득히 잊은 채, 부모님의 만족과 꿈을 위해서 살아온 나의 모습이 서희를 통해서 비추어졌던 것이었다.
> 어릴 적부터 나는 부모님의 기대를 한 몸에 받으면서 자라왔다. '아버지의 분신이 곧 나 자신이겠구나!' 하는 것을 아주 어릴 적부터 느낄 정도로 이것 저것 부모님의 지시대로 배우며 따르며 성장하였다. 사범대에 진학하게 된 이유 역시 교사이신 부모님의 지시에 따라, 또한 특별히 하고 싶었던 것이 떠오르지 않은 나로 인해 오게 된 것이었다.

독자는 작중 인물 '최서희'와 유사하게, 자기 자신도 타인의 시선과 욕구에 의해 수동적으로 살아온 자기 자신의 모습을 이끌어낸다. 독자는 자신을 들여다보며 두려움, 회의감, 불안 등의 부정적 감정을 자유롭게 분출하고 있는 것이다. 다음, 독자는 이렇게 드러난 자기를 마치(as if) '최서희'처럼, 공감적으로 대화하고 수용하여 내적 갈등을 줄이고 온전한 자기됨을 추구해 나가고 있다.

이처럼 이 과정은 인물에 대한 공감이 독자의 자기 자신과의 공감적 대화로 전환되어 자기 이해와 수용에 이르는 양상이다. 독자는 작중 세계에 참여하여 인물의 의식과 정서에 밀착되어 있다가 이와는 거리를 유지하면서 작중 세계와 유사한 자기 자신의 과거 삶의 문제를 대상화하게 된다. 이는 그 동안 독자가 외면하거나 거리를 두었던 자기 자신의 또 다른 모습이다.

> 그렇게 생각하였지만 이내 깨달았다. 비록 내가 내 자신의 자아를 누르고
> 살아왔을지라도 그것은 결국 또 다른 나일뿐이었다. 내가 쇠사슬이라고 느
> 끼면 쇠사슬이 되겠지만 '부모님의 기대와 만족이 곧 나의 만족이 되어,
> 그 속에서 나의 자아가 숨겨두었던 또 다른 나를 찾아 애정을 가지게 되고,
> 두 만족이 서로 일치하게 된다면 그 보다 더 좋은 것이 있을까?'라는 생각이
> 들었던 것이다. 그래서 나는 이제부터라도 좀 더 나를 찾는 시간을 가지며
> 내가 잘하는 것에 대해 애정을 가지고서 매순간을 치열하게 살아가겠노라
> 마음을 먹게 되었다. 최서희처럼 어느 순간의 허무함을 느끼지 않도록, 그
> 렇게 나는 좀 더 나를 사랑하기로 마음먹게 되었다.

이제 이 독자는 자아와 자신의 삶에 대한 새로운 계획과 변화를 서술한다. 예시 학생의 글은 부모님의 기대와 나 자신의 기대를 균형 있게 종합할 수 있는 방향으로의 변화를 꾀하고 있다.

문학 독서에서 '자기 이해와 수용'의 독서는 텍스트 해석과 자기 해석을 통하여 억압된 자기의식을 회복하고 통합하여 유기적이고 조화로운 자아 통합체를 운용할 수 있도록 할 수 있다. 특히, 소설은 사회적 자아로는 드러내지 못했던 개인적 억압과 상처를 표출, 환기하고, 나아가 정상화시킬 수 있다. 그리고 소설 세계가 보여주는 전체적인 연관과 문제를 명료하게 의식하는 가운데 새로운 인식과 감정으로 나아가, 변화시킬 수 있는 소설 이해가 진정한 '자기 이해와 수용'의 독서라고 할 수 있다.

5. 결론: 인성 문학독서교육을 위하여

이제까지 인성교육의 주요 범주에서 '자기 이해와 수용' 개념의 의미를 논하고, 이 개념이 박경리 『토지』의 작중 인물 경험과 현실 독자의 독서 경험에

어떻게 나타나는가를 분석해 보았다. 이러한 분석은 인성교육에서 '자기 이해와 수용'의 범주가 중요하며, 문학독서를 통해 도달할 수 있음을 보여주기 위한 과정이라고 할 수 있었다.

물론 '자기 이해와 수용'의 독서가 비단 박경리『토지』에만 가능한 것은 아니다. 모든 문학 작품은 비록 그 내용과 양상은 다르지만, 자기의 자신의 온전한 통합을 위한 탐색을 다루고 있기 때문이다. 다만 이 분석을 통하여 박경리『토지』가 치유 텍스트로서의 장점이 드러나게 되었으리라 생각된다.『토지』는 자신이 처한 운명 속에서도 자기 이해와 수용을 통해 부단한 성숙 과정을 보여주고 있어 다양한 독자의 심리적, 정서적 갈등 해결을 지원하는 작품으로 활용할 수 있다. 특히,『토지』는 총체소설로 다양한 사회적 집단들이 저마다의 위치에서 역사적 조건과 인간적 본질을 드러낸다고 평가된 바 있었는데, 이 글에서도 여성집단인 '최서희', 농민집단인 '이용', 하위 집단에 속한 청소년인 '송영광과 이양현'의 세 부류로 나누어 볼 수 있었다.

한편, 인성 문학교육에서는 현실 독자의 수용 경험을 텍스트 내용과 연계하는 접근이 매우 중요하다. 현실 독자의 활동을 검토한 결과, 독자는 등장인물을 통하여 그들이 지닌 삶의 문제와 부정적 감정을 공감하면서 '안전하게' 자기 자신의 심리적 갈등, 상처, 문제 등을 표현하고 대안적 이야기를 모색해 나간다는 점을 알 수 있었다. 또한 이 과정에서 '감정은' 그 단계마다 매우 중요하게 작동된다는 점을 발견하였다. 인성 문학교육은 텍스트나 독자 어느 한 쪽만을 강조하는 것으로는 이루어질 수 없다. 텍스트가 제공하는 인성적 모델링을 철저히 분석하고, 독자의 독서 경험에서 이것이 어떻게 연계되는가를 동시에 고려하는 방식이 필요하다.

다만 인성 문학 독서교육은 기존의 분명한 분과적 의미의 문학 독서교육과는 다소 다를 수 있을 것이다. 하지만 문학을 통한 교육의 관점에서 본다면, 도덕교육과 문학교육의 경계는 분명하게 내세워야 하기보다는 그 경계의 해체를 통해 융합적 시너지를 살릴 필요가 있겠다. 인성교육이란 개별 교과의 분과적 특성보다는 인간의 이해와 성장을 위해 전면적으로 융합 배치하는 것이 더욱 효율적일 것이기 때문이다. 다만, 이 연구에서는 독자의 '자기 이해' 경험과 구체적인 교육 방법을 충분히 다루지 못한 한계를 갖는다.

02

사회·정서 학습을 위한
내러티브 기반 교과 융합 인성교육

1. 서 론

최근 융·복합 교육에 대한 사회적·학문적 관심이 높아가고 있다. 아직 융·복합 교육의 개념에 대한 사회적 합의가 완전히 이루어진 것은 아니지만 적어도 교육 방법의 하나가 아니라 교육 혁신의 일환으로 진행되고 있는 점은 눈여겨 볼 필요가 있다. 그것은 급변하는 '초복잡'의 시대에서는 분과 학문에 국한된 지식으로는 현실의 과제를 해결하기 힘들다는 시대적 요청과 함께 교육과 실제 삶의 유기적 연관성, 세계에 대한 포괄적이고 종합적인 관점, 학습자의 개별적이고도 자기 주도적인 지식 창조를 중시하려는 교육적 경향을 반영하고 있다. 물론 이러한 경향이 학습자 중심주의나 구성주의 교육 전통에서 꾸준히 강조되던 내용이긴 하나, 교육이 복잡다단한 실제 삶의 문제에 적극 개입해야한다는 점을 강조하며 교육의 혁신을 이끌고 있는 모습이다.

교육현장에서는 "창의·융합교육은 STEAM 교육"이라고 이해될 만큼 수학·과학 중심으로 이루어져 왔다. 그러나 이러한 현상은 국가경쟁력 강화라는 제도적 지지에 의해 만들어진 것일 뿐, 융·복합교육의 가능성은 무궁무진하다. 삶의 실제적 문제들이 그만큼 다양하고 변화무쌍하기 때문이다. 한 보고서1) 따르면, 요즘 새로운 경향으로 예술, 인문·사회 융합교육의 중요성이

---

1) 인성교육에 대한 학문적 담론의 현안은 개념의 확장, 혹은 재개념화이다. 이는 '인성' 교육이 기존의 덕목 중심이나 사회적 관습의 내면화라는 협의의 개념에서 벗어나 교과 학습과 학습자의 삶을 연결짓는 핵심 이슈로 등장하고 있음을 의미한다.

부각되고 있다고 한다. 삶의 질 향상이나 사회 복지 실현 등의 추세를 보면 인문사회 예술 융합교육의 성장이 충분히 탄력을 받을 수 있다. 이런 흐름 속에서 인성 발달(함양)의 문제에 접근하여 융복합 교육의 다양성을 높이고, 인성교육의 방향을 풍부히 하고자 한다.

1990년대 이후 인성교육에 대한 사회적 관심은 지대하다. 급기야 2015년 7월 인성교육 진흥법이 전면 시행되면서, 이제 인성교육은 문제 유발 행동에 대한 보완적 교육을 넘어서 모든 교과목에서 실천되어야 할 기본 소양 교육으로 그 입지를 넓히고 있다. 이에 따라 인성의 개념 역시 특별한 도덕적 덕목으로부터 인간이 인간다움을 유지할 수 있는 태도와 자세의 교육에 이르기까지 폭넓은 스펙트럼을 가지고 있고, 삶의 가장 기본적이고 근본적인 문제로 이동하고 있다.

전통적으로 도덕성을 중심을 다루어졌던 인성 개념은 사회성, 감성과 같은 삶의 다양한 측면으로 확장하여 인간다움을 유지할 수 있는 태도를 다양하게 규정하고 있다. 특히, 이 글에서 관심을 가지고 있는 사회 · 정서학습은 인성 교육의 가장 최신적인 관점[2]으로 인성교육을 개인적으로 의미 있고 사회 구성원으로서도 바람직하고 '건강한' 삶을 살아갈 수 있는 역량과 성품을 길러주는 교육으로 인식하고 있다.

이렇게 확장된 인성 개념은 교과 융합적 접근이 유의미하다. 물론 기존 연구에서도 개별 교과와 인성교육의 관련성에 대한 논의가 있었고 나아가 이 교과 간 연계 교육이 되어야한다는 지적[2]은 있었지만 체계적이고 통합적인

김수진(2015), "인성교육의 주요 접근 및 쟁점 분석", 이화여자대학교, 박사학위논문.
차경명(2013), "인성교육 개념의 재구조화 방안 연구", 서울대 대학원, 석사학위논문.
2) 대표적인 논의는 다음과 같다.
윤영돈(2009), "효과적인 학교 인성교육의 방향: 범교과 학습과 도덕과 학습의 관계를 중심으로", 도덕 윤리과 교육연구, 29, 한국도덕윤리와 교육학회, 127-150.
양정실, 조난심, 박소영, 장근주, 은지용(2013), "교과교육을 통한 인성교육 구현 방안". 한국교육과정평가원 연구보고 RRC 2013-6.

교과 융합 교육은 아직 자리 잡고 있지 못하고 있다.[3]그 이유는 아직 개별 교과의 인성교육의 내용 요소를 통합, 연계할 체계가 정립되어 있지 못한 채 교과의 핵심 내용 요소에 창의 인성적 요소가 첨가되는 다소 형식적인 방법으로 진행되고 있기 때문이다. 그러나 인성의 핵심이 조화와 전일성에 있다고 한다면[4], 이러한 방식은 교과 내용에 인성적 요소가 형식적으로 부가되었다는 비판에서 자유롭기 힘들다. 이 글은 인성교육의 주제를 전면에 내세우고, 교과 간 융합을 통해 인성 역량의 요소를 상호연관지어, 종합적이고, 체계적으로 교육할 수 있는 방안을 탐색하고자 하며, 특히 이 융합의 매개로 내러티브가 기능적이라는 점에 주목한다.

이 글에서 다룰 핵심 문제는 크게 세 가지로 정리해 볼 수 있다. 첫째는 사회・정서 학습에 왜 교과융합적 접근이 필요한지를 검토하고, 둘째, 그 융합의 기반으로 내러티브에 주목하고, 다양한 차원의 내러티브를 통합적으로 고려하는 방향을 살피며, 셋째, 이를 실현할 수 있는 교수학습 절차를 '공감'을 주제로 하여 확인해 보고자 한다. 사실, 융합적 인성교육이 제대로 이루어지기 위해서는 싱가포르 교육이 잘 보여주고 있듯이, 먼저 교과를 총괄할 수 있는 상위의 인성교육 내용 요소가 학년별, 학교급별로 상세하게 수립되어야 한다.[5] 그러나 이는 지면상 불가능하고 이 글은 내러티브에 기반한 교과융합의 사회・정서 학습 교육의 가능성을 확인하고 학습 절차로 구체화 하고자 한다.

기존 연구와 차별성은, 사회・정서 학습이라는 인성교육의 최신 경향을 내러티브적으로 접근하여 교과 융합교육적인 시도를 하고 있다는 점이다. 기존 연구[6]가 주로 개별 교과와 인성교육을 통합하는 방식에 관심을 두었다면, 이

---

3) 양정실(2013)에서도 종국에는 국어과, 사회과, 도덕과 등 개별적인 교과 인성교육을 제안하고 있다.
4) 우한용, 박인기 외(2013), 「국어과 창의 인성교육」, 사회평론.
5) 싱가포르는 인성교육적 내용 요소를 상위 항목으로 하고, 교과 내용 요소를 하위로 배치하고 있다. 자세한 내용은 김수진(2013), 인성교육의 주요 접근 및 쟁점 분석, 이화여자대학교, 박사학 참조.

글은 사회 · 정서적 역량을 중심으로 개별 교과 간 융합을 시도한다. 특히 이를 위해 '내러티브'를 사고와 상호작용, 정체성의 다양한 차원을 통합적으로 활용함으로써 인성교육의 역동성을 살리고자 한다. 전통적인 인성교육이 인성 덕목을 모델화하는 방식이었다면 여기에서는 수용과 표현, 모델화와 자기화의 역동적 조화를 꾀하는 인성교육 모델을 마련해 보고자 한다.

2. 내러티브 기반 교과 융합 인성교육의 필요성과 방향성

1) 교과 융합 사회 · 정서학습의 필요성

사회 · 정서 학습(social and emotional learning)은 2000년대 등장하는 인성교육의 새로운 경향으로 학습자의 안녕감(wellness)를 최우선적인 가치로 두고 전인적 성장을 추구하고 있다[7] 이는 학습자의 인성적 문제나 결핍의 측면보다는 정신적으로 건강하고 자기 자신의 삶을 성공적이고 행복하게 잘 이끌어 나갈 수 있도록 하는 예방적, 발달적 측면에 강조점을 둔다. 전통적인 인성교육이 사회에서 요구하는 '바람직한' 규범을 내면화하거나 사회화하고자 했다는 점에서 학습자를 다소 수동적으로 상정하고자했다면, 사회 · 정서 학습은 개인들이 자신의 강점과 정체성을 중심으로 자신의 삶을 잘 이끌어 가도록 지지한다는 점에서 학습자의 정체성과 능동적인 역할을 중시한다. 이러한 관점은 현대의 경쟁 사회에서 개인이 처한 불안하고, 위태로운 심리적 상황에 대한 인성 교육적 대응을 반영하고 있다. 올바른 삶이라는 윤리적 도덕적 문제 뿐 아니라 개인의 정신적 건강과 사회적 적응력 등을 포괄적으로 다룰 때, 학습자들이 당면하고 있는 현실적 위기와 어려움을 다룰 수 있기 때문이다.

---

6) 강정찬, 오영범, 이상수(2015), "사회 · 정서 역량 향상을 위한 교과 통합 설계원리", 교육공학 31, 한국교육공학회, 129-157면.
7) Keneth. W. Merrell · Barbara A. Gueldner, 신현숙 역(2011), 『사회정서학습』, 교육과학사, 28-30면.

학습의 개념은 명확한 합의에 이르지는 않았지만, 내용 요소는 대략 크게 다섯 가지를 꼽는다. '자기 인식', '자기 관리', '관계 관리', '사회적 인식', '책임 있는 의사 결정'이 그것이다. 이를 대략 풀어서 설명하면, "학습자들이 감정을 이해하고 관리하며(자기 인식) 긍정적인 목적을 수립하고 성취하며(자기 관리), 타인에 대한 공감을 느끼며(사회적 인식) 긍정적인 관계를 구축하고 유지하며(관계 관리) 책임 있는 의사결정(책임 있는 의사 결정)을 하는데 필요한 지식, 태도, 기술을 효과적으로 습득하고 적용하는 과정"이다.[8] 이러한 학습은 개별 교과 별로 접근할 수도 있겠지만, 교과 융합적으로 접근하는 것이 효과적이고 바람직하다.

융합교육은 실제적 삶의 맥락에서의 문제를 창의적으로 해결하기 위해 연관된 제반의 교과 지식을 통합적으로 활용하는데 주안점을 둔다. 인성교육을 교과 융합으로 접근한다는 것은, 건강한 인성의 계발이라는 문제를 전경화하여 중심에 두고, 그 해결을 위해 개별 교과의 지식, 기술, 태도를 상호연관지어 활용할 수 있음을 의미한다. 이로써 인성 교육은 개별 교과의 부가적 교육 효과가 아닌 그 자체의 교육 목적으로 집중할 수 있다.

이러한 접근의 의미는, 학교 현장 교육 사례를 검토하면 더욱 선명해진다. 한 보고서의 사례[9]를 통해 현장 인성교육을 살피면, 〈표 1〉과 같이 개별 교과의 교육과정 내용 요소에 '인성적 요소'를 부가적으로 대응시키고 있음을 알 수 있다. 인성 교육적 취지가 기존의 교육 내용을 크게 바꾸지 않은 상태라면,

---

8) 융합과 통합의 차이는 사실 다소 모호한 것이 사실이다. 다만, 융합은 내용적 통합뿐 아니라 학습자의 실제적, 창의적 문제 해결 중심의 교육이고, 연계를 통하여 제3의 새로운 가치를 창출하는 측면이 강하다. 통합형 프로젝트 수업은 융합 수업과 유사한 측면이 있지만, 융합 수업은 실제성, 현실성을 강화한다는 점에서는 특기할 만하다.

9) 〈표 1〉과 〈표 2〉는 양정실(2013)에서 참조하였다. 융합과 통합의 차이는 사실 다소 모호한 것이 사실이다. 다만, 융합은 내용적 통합뿐 아니라 학습자의 실제적, 창의적 문제 해결 중심의 교육이고, 연계를 통하여 제3의 새로운 가치를 창출하는 측면이 강하다. 통합형 프로젝트 수업은 융합 수업과 유사한 측면이 있지만, 융합 수업은 실제성, 현실성을 강화한다는 점에서는 특기할만하다.

제시한 개별 교과의 '인성적 요소'란 부수적인 교육 효과에 불과할 수 있다는 우려가 든다.

표 1. 사회과 교육과정의 인성 관련 요소

(사회과) 교육과정 내용	인성요소
(9) 다양한 삶의 모습들 ① 우리나라 또는 다른 나라의 다양한 생활모습(예, 춤, 노래, 축제 등)을 찾아보고, 각각의 특징에 대해 비교하여 설명할 수 있다.	• 관용 • 공감 • 참여

또한, 다음 〈표 2〉는 '공감'과 관련된 각 교과목의 인성적 요소이다.

표 2. 각 교과목의 인성 관련 요소

과목	'공감' 요소
국어	• 타인의 생각과 감정을 민감하게 받아들이고 입장 바꾸어 생각하고 표현하기 • 언어폭력 방지
사회	• 차별이나 사회문제로 인한 타인의 고통과 입장 공감 체험
도덕	• 이웃에 대한 배려와 상호협동 • 타인 존중의 태도
음악	• 음악의 표현적 특질에 미적으로 반응하고 지각하여 음악의 구성요소들의 관련성 속에서 형성된 '의미'를 통찰하고 공감
미술	• 문화 정체성 및 자문화 존중하기, 문화 차이 이해 및 타문화 존중하기 • 타인을 배려한 표현 및 감상 언어 사용하기

이 표를 보면, '공감'의 항목은 동일한 내용이 교과별로 중첩되거나 전체적인 연관 없이 파편적으로 배치되고 있다. 국어과의 '입장바꾸어 생각하기'와 사회과의 '공감 체험', 도덕과의 '타인 존중의 태도'는 유사하며, 나아가 이들 교과의 내용을 종합해도 '공감'과 관련된 삶의 문제를 총체적이고 전일적으로

다루기 힘들다. 이런 상황은 현재의 인성교육이 분편화되어 있어 학습자가 처하고 있는 현실적 삶의 전체 맥락을 이해하고 나아가 자기 서사를 표현하고 성찰할 기회를 충분히 제공함에 한계가 있다.

사실, 실제 삶에서 체험하는 '공감'의 문제는 복잡한 상황과 딜레마 속에 놓여 있다. 타인에 대해 공감하다보면 자기 자신의 자존감 문제가 뒤따르기도 하고, 다른 사람의 상처에 공감하고 싶다는 의식은 있지만 감정이 뒷받침해 주지 않는 경우도 있으며 공감하는 마음은 있었지만 그 표현 방법이 부족하여 상대방에게 전달이 되지 않을 때에도 있다. 한편, 주변 사람들의 고통은 쉽게 공감하면서도 자신과 직접 상관이 없는 사회적 약자나 주변부 집단 사람들의 고통에는 무관심하기도 하다. 이 경우는 사회적 차원의 차별과 편견이 문제가 된다. 이러한 장면은 실제 우리 삶에서 인성적 가치는 사회적·윤리적·심리적·이념적·정서적 차원의 복잡다단한 상황 속에서 전개되고 있음을 보여준다. 실천 지향적 인성교육은, 바로 이러한 실제 생활 속에서 만나는 문제 상황을 개인적, 사회적 차원에서 성찰할 수 있어야 하고 그 해결책을 모색하는 자신의 이야기를 만들 수 있어야 한다.

이처럼 인성교육은 '학습자의 삶의 전체'가 최종적인 중심이 되어야 한다. 곧, 학습자가 처한 삶의 다양한 맥락과 장면들을 다루어야 하고, 우리 사회 문화에 대한 비평적 성찰과 함께 자기 삶의 문제적 상황 속에서 자기 삶의 서사를 조정할 필요가 있는 것이다.

2) 내러티브와 교과 융합의 인성교육

이러한 방향의 인성 융합교육에서 내러티브는 매우 효용이 있다. 내러티브는 마음을 구성하는 한 요소이기 때문이다. 마음을 읽고, 만들고, 분석하고, 그것의 기술을 이해하고, 용도를 감지하고 논의하는 모든 것에 이야기가 적용될 수 있다.[10] 인성도 결국은 마음의 문제를 다루어야 한다는 점에서 내러티브는 본질적 의미를 갖는다.

특히, 사회·정서 학습에서 내러티브의 기능은 더욱 각별하다. 사회·정서 학습은 자신을 이해하고, 조절하며, 타인과의 긍정적 관계를 구축하고, 책임감 있는 의사를 결정하는 수행적 인성 역량을 통해 강화된다. 내러티브는 보편적 규범과 가치가 아니라 특정 공동체의 사회 문화적 맥락 속에서 자기 자신의 삶의 문제를 성찰하고, 나아가 행동과 태도를 조정할 수 있는 실천적 지식을 제공하기 때문이다. 그 자세한 내용을, 사고, 상호작용, 정체성로 나누어 설명하고자 한다.

첫째, 내러티브는 삶의 전체를 연관지어 통합함으로써 문제의 해결을 여러 차원에서 성찰, 해석할 수 있도록 한다. 인성 관련 문제는 실제 삶의 복잡다단한 사회적, 개인적 특수 맥락 속에서 성찰할 것을 요구한다. 어떠한 인성적 가치도, 추상적인 기능 교육이 아닌 한 그 가치적 판단은 상황에 따라 달라질 수밖에 없는 것이다. 내러티브 사고는 인간의 행위와 의도를 특정의 상황 맥락에 기반하여 전체적으로 이해하며, 상황과 장면, 인물의 의도와 감정, 사고, 관계, 도구, 갈등과 딜레마 등을 종합적으로 판단한다. 또한 인간 경험의 불확정적이고 문제적인 딜레마를 다양한 가능 세계들 속에서 성찰하도록 한다.[11] 국어, 사회, 도덕, 역사, 예술 등은 내러티브 도식의 전체적 요소에 융합적으로 개입하여 인성 문제를 삶의 전체라는 시각에서 이해할 수 있도록 한다.

둘째, 내러티브는 재구성을 통해 행위를 조정하고 학습자가 자기 스스로를 변화할 수 있는 기회를 제공할 수 있다. 내러티브의 매력은 상호작용에 의해 부단히 다시 저술된다는 점에 있다. 이 내러티브의 가소성은 대단한 권위를 지닌 정전화된 텍스트라고 하더라도 그것을 향유하고 성찰하는 주체의 맥락에 따라 부단히 재구성되고, 조정될 수 있음을 보여주고 있다. 이런 점에서,

---

10) Polkinghorne, Narrative Knowing and the Human Science, State University of New York Press.(2009), 「내러티브, 인문과학을 만나다」, 학지사.
11) Polkinghorne, 강현석·최인자 외 역(2009), 앞의 책, 337-357면.

타인의 내러티브를 해석, 성찰하는 과정은 주체와 무관한 객관적 활동이 아니라 학습자 개인이 자신의 삶의 이야기를 용이하게 표현하는 응답적 활동을 이끌어 스스로 개인 내면에 지속적인 변화를 이끌어 내는 과정이 된다. 반면, 기존의 교과 통합 인성교육은 권위있는 텍스트의 모델화 기능에만 주안점을 두고 있어, 자기 서사의 표현과 재구성의 측면은 충분히 고려하지 못하였다. 내러티브가 융합의 중심이 될 경우, 새로운 이야기 속에서 새로운 자아상과 관계에 대한 새로운 가능성 그리고 새로운 미래로 살아갈 수 있도록 한다.

셋째, 내러티브는 정체성을 구축하는 매체로서, 학습자는 내러티브를 통하여 사회적 정체성과 개인적 정체성의 조화를 추구하며, 전인적인 통합을 이룰 수 있다. 내러티브는 공동체의 문화적 규범과 개인의 일탈을 통합함으로써 사회와 개인의 균형잡힌 정체성을 가능케 한다.[12] 그것은 문화 내의 문제와 갈등을 제기하지만 이에 새로운 질서를 부여함으로써 그 갈등을 재의미화 할 수 있게 한다. 특히, 내러티브는 허구적 세계라는 안전한 공간이 학습자의 마음의 문을 열게 하고, 이야기 속의 인물에 대한 시뮬레이션을 통해 자아 정체성의 다양한 모델을 실험하고 확장할 수 있는 힘을 발휘한다는 특징을 지닌다. 인성교육이 표준적이고 지배적인 규범을 내세워 개인을 일방적으로 적응, 내면화하는 형태로 진행되어서는 곤란할 것이다. 오히려 사회의 지배적 분위기에 의해 억압되고, 주변화 되었던 인성을 지지하고, 격려함으로써 건강하고, 성숙한 인성을 지향할 필요가 있다. 이 대목에서 내러티브가 지닌 정전성과 일탈성의 균형은 그 가치가 더욱 빛난다. 사회적 정체성과 개인의 정체성이 협상하고 조화를 이룰 수 있는 토대를 마련할 수 있기 때문이다.

이와 같은 내러티브의 다차원적인 속성은 교과 간 융합 뿐 아니라, 텍스트와 자아의 융합까지 이끌어 낼 수 있다.

---

12) J. Bruner, 강현석, 이자현 역(2002), Britton, Lawrence, Bruce K, Erlbaum Associates(1989), Narrative thought and Narrative Language, Lawrence Erlbaum Associates. pp.349-350.

3. 내러티브 기반 교과 융합형 사회 · 정서 학습의 절차

이제, 앞서 살펴본 내러티브의 사고, 상호작용, 정체성의 차원을 상호 연계하여, 역동적인 융합형 인성교육의 교수 학습 절차를 구안하고자 한다. 이들은 완전히 분리된 별개의 영역은 아니지만, 교수학습 절차 단계별로 각 차원을 특화할 수 있겠다. 그리고 구체적인 학습 절차의 모델은 독서 치료와 이야기 치료의 모형에서 원용하고자 한다. 최종적으로 인성교육의 목표는 학습자 개개인의 삶의 변화를 이끌어 내는데 있기 때문이다. 독서 치료 중에서도 발달적, 예방적 치료의 개념은 심각한 질환적 문제가 아니라 정상적인 자아 발달을 위한 의미있고, 긍정적 변화의 촉진에 중심을 두고 있는만큼 인성교육 프로그램 개발의 자원으로 충분히 활용할 수 있을 것이다.

이 글에서 하인스와 하인스-베리[13]의 독서 치료 과정을 원용하도록 하겠다. 이들은 독서를 통한 변화과정을 인식(recognition), 고찰(examination), 병치(juxta-position), 자기 적용(application to self)의 네 단계로 나누어 설명하고 있다.[14]

이 단계는 내러티브 텍스트를 마중물로 활용하여 '사고'하고 '상호작용'한 뒤 자기 서사에 적용하여 '정체성'을 구성/재구성하는 과정을 담고 있어, 내러티브의 세 차원을 상호연계할 수 있다. 각 단계별로 설명하도록 하겠다.

1) 인식(recognition)

이 단계에서는 내러티브 텍스트에 내포되어 있는 인성 관련 문제와 경험을 자신의 경험에 비추어 인식한다. 이 때, 인식의 대상은 텍스트 자체의 객관적 내용에 대한 것이라기보다는 텍스트로부터 촉발된 독자 자신의 문제, 정서적 반응이라 할 수 있다. 가령, "주인공은 깊은 공감을 통해 깊은 우정을 나눌

---

13) Mary Hynes - Berry(2012), "Opening the Heart through Open-Ended Questions Usinging Teas for Self - understanding", Journal of Humanities Therapy 3, 강원대 인문과학 연구소.
14) Clandinn. D. Jean, Jossey-Bass Publesher.(2000), Narrative Inquiry, Jossey-Bass Publisher.

수 있었다."라는 내용보다는 "낯선 두 사람을 깊은 우정으로 안내하는 공감의 힘이란 매우 대단하다"가 더 적합하다. 이는 텍스트에 나타난 다른 사람의 문제를 보면서, 자기 자신의 문제를 인식할 수 있는 기회를 갖는 것이다.

이 때, 텍스트는 일종의 마중물과 같은 역할을 한다. 곧, 마중물 내러티브[15] 라고 할 수 있겠다. 독자 자신의 의미를 구성하는 촉진자 역할을 하는 것으로 학습자의 흥미와 탐구를 이끌도록 한다. 학습자들이 정서적으로 자기와 연결지어 스스로 인성의 문제를 통찰할 수 있도록 탐구의 맥락을 제공하도록 하여 이 과정에서 얻는 감정적, 인지적 반응으로 자연스럽게 자기 삶을 비추어 볼 수 있게 된다.

이 글에서는 「공감」이라는 주제[16]와 관련지어 소포클레스의 비극인 「필록테테스」[17]를 마중물 텍스트로 제시하였다. 그 대략의 줄거리는 다음과 같다. 필록테테스는 트로이 전쟁 당시 트로이로 향하던 당시 제전을 지키던 독사에게 물려 오디세우스에 의해 무인도 섬으로 버려졌다. 그런데 그가 가지고 있던 헤라클레스의 화살은 전쟁을 승리로 이끄는 필수품이었기 때문에 오디세우스와 네옵톨레모스는 무인도로 가서 그 활을 가지고 오라는 명령을 받게 된다. 오디세우스는 필록테테스가 자신을 적으로 생각하고 있으니 직접 나서지 않고 네옵톨레모스로 하여금 거짓으로 그의 공감을 이끌어 활을 빼앗으라는 전략을 말해 준다. 네옵톨레모스는 처음에는 오디세우스가 짜 준 전략대로 필록테테스에게 자신도 오디세스에게 아버지의 유산을 빼앗겼다고 말하여 필록테테스의 믿음을 얻게 된다. 이들의 음모를 모르는 필록테테스는 자신을

---

15) 마중물 내러티브는 다음의 조건을 갖출 필요가 있다. 1. 이야기에 주목할 만한 주제가 있는가? 2. 장면이 흥미롭거나 실제 있을법한 것인가? 3. 등장 인물이 우리의 관심을 끄는가? 4. 해결해야 할 딜레마나 갈등이 있는가? 5. 행위는 독자들의 관심을 끄는가? 6. 우리가 등장인물과 함께 해결책을 찾는데 참여할 수 있는가? 등이다.

16) 이 주제는 사회·정서 역량 중에서 '사회적 인식'에 해당되는 주제이다. 사회적 인식에는 '타인의 감정 상태, 타인의 상황 등을 이해하는 능력', '역지사지의 마음을 갖는 능력' 등의 내용 요소가 있다. 자세한 내용은 강정찬 외(2015) 참조.

17) 천병희 역(2008), 「소포클레스 비극 전집」, 숲.

그리스로 데려다 줄 것을 굳게 믿고 고통이 급습하자 네옵톨레모스에게 활을 맡기며 잠이 든다. 드디어 네옵톨레모스는 조국을 승리로 이끌 활을 얻는데 성공한 것이다. 그러나 그는 친구의 고통을 보고 갈등하다가 결국은 그 활을 다시 필록테테스에게 주고 만다. 이를 본 오디세우스는 활을 다시 가지고 오라고 협박하고 위협을 가하지만 네옵톨레모스는 필록테테스에게 스스로 이 활을 가지고 그리스로 가서 전쟁을 승리로 이끌고, 명예를 되찾으라고 간곡하게 요청한다. 필록테테스는 여전히 그리스 인들을 신뢰할 수 없다고 고집을 피우지만 헤라클레스가 나타나 예언을 전하여 그리스 배에 올라탄다.

이 비극적 이야기는 두 인물 사이에 오고 간 공감적 행위, 사고, 감정의 의미가 선명하고 그 근원적 상황을 담고 있어 마중물 내러티브로 적합하다. 특히, 네옵톨레모스가 전략적 행동으로 원래 의도를 달성하고도 필록테테스의 고통에 대한 공감 때문에 자신의 성취를 거두고 있어 공감 장면이 극적 양상으로 나타나며, 공감의 기제에 대한 심도 깊은 해석을 가능케 한다.

2) 고찰(examination)

다음, 독자는 자신이 인식한 문제, 감정, 의식 등이 주어진 텍스트에서 어떻게 제시되어 있는지 깊이 해석하고, 성찰한다. 여기에는 서사적 사고력이 동원되며, 수준 높은 내러티브 사고를 통해 텍스트에 대한 깊은 해석으로 인성 문제를 깊이 통찰할 수 있게 된다. 이를 위해서는 서사 세계를 중층적이고도 다양하게 이해하며, 인간 행위의 예측 불가능함이 어떠한 변화 과정을 거치며, 주어진 문화적 규범으로부터 어떻게 일탈하여 문제를 만들고 해결함으로써 친숙한 세계로 포함되는지 등을 살필 수가 있다. 학습자는 이 과정에서 각 교과에서 배운 지식을 활용하기도 하고, 자신의 경험을 도입할 수도 있다. 다음은 내러티브 사고를 활성화하기 위한 질문들이다.

내러티브 사고의 범주는 플롯짜기(emplotment)에 작용하는 상황, 문제, 갈등,

도구, 상호작용, 맥락 변인들로 이 범주에는 국어과, 사회과, 역사과, 도덕과 등의 개별 교과(학문)의 요소들이 융합적으로 배치된다.

범주	문제 (예시)	교과 영역과의 연관성 (예시)
행위의 의도	- 두 인물이 서로를 대하는 행위의 의도는 주로 어떤 것인가? - 서로 상대방을 존중하는 태도는 어떤 결과를 낳고 있는가	• 도덕 : 타인 존중의 태도
문제	- 두 인물들이 처하고 있는 곤경과 문제는 무엇인지, 각 인물의 입장이 되어 분석해 보자. 예) 국가를 위한 공적인 소명을 우선시할 것인지 아니면 친구와의 공감에 바탕을 둔 약속을 우선시 할 것인지?	• 국어 : 타인의 생각과 감정을 민감하게 받아들이고 입장 바꾸어 생각하기
자원 (도구)	- 두 인물은 다른 이해관계를 가진 사람임에도 친구의 마음에 공감하여 자기 이익을 포기하였다. 그들이 상대방의 마음에 공감을 표현하는 방식은 무엇인가? 또, 상대방의 마음에 공감하도록 하였던 상대방의 말과 행동은 어떤 것이었는가?	• 국어 : 공감하며 듣고, 말하고, 읽고, 쓰기
감정	- 필록테테스의 고통을 배려하여 그의 마음을 그림으로 표현해 본다면?	• 미술 : 타인을 배려한 표현 및 감상 언어 사용하기
해결	- 네옵톨레모스는 사회적으로 낙인 찍히거나 주변시되었던, 존재에 대한 편견을 어떻게 극복하고, 공감할 수 있었는가?	• 사회 : 차별이나 사회 문제로 인한 타인의 고통과 입장 공감 체험
의미	- 공감을 통해 두 사람이 처한 상황은 어떻게 변화했는가? - 타인에 대한 공감은 각 인물들의 삶에 어떠한 영향력을 주었는가	• 도덕 : 이웃에 대한 배려와 상호 협동
사회 문화적 상황	네옵톨레모가 친구의 활을 선뜻 돌려주지 못한 이유를 사회적 편견과 연결지어 살펴보자.	• 사회 : 차별이나 사회 문제로 인한 타인의 고통과 입장 공감 체험

이 일련의 질문을 통해, 자신이 인식한 공감 관련 문제[18]와 정서적 반응을 누가, 왜, 무엇을 언제 어디서 어떻게 했는지와 관련하여 깊이 있게 이해할 수 있게 된다. 1단계에서, "공감의 강력한 힘"에 대해 인식했다면, 이제는 텍스트를 통해 그러한 공감이 어떤 인물, 상황에 의해 어떤 방법과 도구를 통해 어떻게 실현되었는지를 살필 수 있는 것이다. 인성적 가치가 불변의 원리가 아닌 개별적 상황의 특수성을 고려한다는 점에서 내러티브적이다.

다음 교과 융합적 특징을 강하게 부각시키기 위해서는 주제와 관련된 다양한 교과 영역의 내러티브를 탐구할 수 있다. 신문, 소설, 드라마와 영화, 대화 녹취들로서 학습자들의 사회적 실재를 구성하고 있는 자료들이다. 이 자료들에서 학생들은 '공감'과 관련된 다양한 인성적 사례들과 이슈를 만날 수 있다. 이 자료 내러티브들은 이른바 '실천 전통'으로서, 공동체가 오랜 역사를 통해 축적한 실천적 지혜들이다. 학습자는 자신의 내러티브적 사고를 활성화하여 이 자료를 통합적으로 활용할 수 있다. 이 단계에서 학습자는 자료 내러티브를 바탕으로 하여 우리 사회의 인성과 관련된 '실천전통'[19]의 문제에 주도적으로 탐구, 해결해 보는 과정을 경험한다.

다음은 그 예시이다.

(국어) 현진건 「고향」 / 양귀자 「비오는 날에는 가리봉에 가야 한다」
(사회) 층간 소음 갈등, 다문화 관련 이슈를 다룬 신문 기사, 국제 분쟁 이슈.
　　　 장애인, 노숙자와의 공감을 다룬 휴먼 다큐 혹은 신문 기사.[20]
　　　 세대 간의 갈등, 가족 내 갈등 이슈를 다룬 신문 기사
(도덕) 공감적 사고: 「만델라」 전기.

---

18) 공감 관련 각 교과의 내용 요소는 양정실의 연구 보고서(2013)를 참조하였음.
　　양정실, 조난심, 박소영, 장근주, 은지용(2013), 교과교육을 통한 인성교육 구현 방안, 교육과정평가원 연구보고 RRC 2013-6.
19) '실천 전통'이라 함은 합리적 논리나 개인적 실천이 아닌 중간쯤에 있는 것으로 사회 역사적으로 축적해 온 전통이다. 자세한 내용은 홍은숙(2010), "실천전통 교육관을 위한 교육과정 설계: 교육의 목적에 관한 연구", 「교육철학 연구」, 47호, 한국교육철학회.

(과학) EBS 다큐 프라임 "이야기의 힘" 3부작.
(역사) 「헬렌 켈러」 「만델라」 전기문
(예술) 영화 「도가니」

3) 병치

이 단계에서는 텍스트를 읽고 난 후, 책을 읽기 이전의 생각과 이후 변화를 나란히 대조해 놓고 살핀다. 이 변화는 문학 작품에서 발견한 개념, 상황, 등장인물, 이미지 등에서의 자기 해석 과정에서 생겨난 것일 수도 있고 혹은 다른 사람과의 토론 과정에서 발생한 것일수도 있다. 또한, 다양한 텍스트들에서 공감과 관련된 문제의 느낌과 생각들을 나란히 나열해 본다. 예전의 것과 새로운 것, 이것과 저것의 다양한 텍스트를 나란히 비교해 좋고 나면 해당 문제를 더 깊이 고찰할 수 있는 기회를 갖게 된다.

내러티브는 언제나 동일한 사건에 대해 경쟁적이고 다양한 스토리들로 되어 있다. 제시된 텍스트 외에도 여러 복수의 텍스트를 선정하여 다양한 가치들과 비교, 대조해 봄으로써 다양한 시각을 확보할 수 있게 된다. 이는 학습자 자신의 안목을 확장하고, 상황에 대한 적극적인 참여를 가능케 한다.

4) 자기 적용

이 단계에서는, 앞에서 얻은 새로운 관점이 나의 삶을 어떻게 변화시키고, 어떤 새로운 실행과 변화를 이끌어 낼 수 있을 것인지를 써 본다. 인성교육은 궁극적으로는 자기 자신의 삶의 변화에 목적이 있다. 자료 내러티브로 접한 타인의 이야기로 자신의 과거 경험을 되돌아보고, 미래의 나를 설계한다. 내러티브는 일종의 행위에 대한 은유이기 때문에 텍스트 속의 행위는 학생들의

20) 가령, 다음과 같은 기사가 있다. "장애 대신 장점을 봐요"(동아일보, 4월 20일자 월요일)

자기 삶을 성찰, 재고할 수 있는 여지를 가지고 있다. 이 적용은 단계적으로 진행하여, 먼저 공감에 대한 자기 이야기를 표출하고, 해석한 뒤, 재구성하는 방법이 가능하다.

① 자기 내러티브 표출

앞에서 서술한 문제 탐구 과정은 내러티브 활동으로 이루어지기 때문에 학습자의 정서적, 인지적 반응을 일으키고 이는 자기 자신의 경험담에 대한 성찰로 자연스럽게 연결될 수 있다. 모든 유형의 이야기들에 관한 반성은 자신의 행동에 새로운 차원들을 창출하는 하나의 중요한 부분이다. 따라서 먼저 자신의 공감이라는 주제와 관련된 문제적 경험을 이야기로 표현한다.

② 자기 이야기 성찰하기

이야기 치료법에 의하면 자신의 이야기 자체를 다시 성찰, 분석, 해석하여 문제를 외현화하는 일은 행동과 인지의 변화를 유도함에 있어 매우 중요한 기능을 한다. 경험적 주체로 자신이 참여할 때에는 전체적 시각을 갖지 못했음에 반해, 자기 내러티브를 객관화하여 분석, 해석하는 과정에서는 내러티브 사고를 통해서 자신의 경험에 대한 객관화된 시각과 대안적 관점을 가질 수 있기 때문이다. 가령, 공감과 관련된 경험 속 이야기에서 당대의 맥락, 이야기 속 다른 사람들의 반응에 대한 이해, 자신의 마음 속 딜레마, 자신의 감정 등은 내러티화된 텍스트를 심층 분석함으로써 깊이 있게 이해할 수 있는 내용이다. 문제 자체의 성찰만으로도 다른 이야기를 가능케 한다.

③ 자기 내러티브 재구성

재구성은 미래적 전망에서 과거와 현재의 이야기를 평가, 수정하여 대안을 모색해 보는 활동이다. 성찰 활동은 자기 경험을 다양한 맥락 속에서 객관화할 수 있는 기회를 제공한다. '공감'에 대한 자기 서사를 다른 방식으로 사고,

행위할 수 있는 대안적 가능성으로 이해하게 되었다면, 이제는 다양한 서사 활동(다시 쓰기, 고쳐 쓰기, 바꾸어 쓰기, 등등)을 통하여 그 대안적 사고의 형상을 드러내도록 한다.

④ 산출물 발표와 공유

재구성된 이야기는 발표와 공유 과정을 통해 그 개연성을 확인해야 한다. 내러티브적 사고는 패러다임적 사고의 객관성 대신에 '잘 짜여진 이야기'로서의 '개연성'이 중요하다. 이른바 서사적 합리성은 논증적 추론과 같이 전제와 판단의 내적 논리성보다는 문화 공동체 구성원들간의 상호주관적인 개연성에 의해 결정된다. 그 개연성은 내러티브 학습이 사회 문화 속에서 이루어짐을 의미하는 것으로, 학습자는 공유의 과정을 통해 자신이 주도적으로 선택한 인성적 가치를 명료화하고, 책임을 느끼며, 나아가 상대주의의의 함정에 매몰되지 않는다. 즉, 개인이 선택한 인성적 실천을 공동체 구성원들이 수용하는 과정을 경험하게 해 봄으로써 실천 전통 속에 입문하고, 공동체의 문화 속에서 인성교육이 이루어지도록 하는 것이다.

4. 결 론

이제까지의 내러티브를 중심으로 한 교과 융합 인성교육의 가능성을 살펴보았다. 주로 인성이 뿌리 내려야 할 삶의 다양한 실천적 맥락을 종합하되 자기 삶의 총체적 내러티브를 이끌어 낼 수 있다는 점을 강조하고자 하였다. 이 시안이 현장에서 진행된다면, 한 주제를 장기간의 프로젝트로 지속시키는 '깊은 학습'의 형태로 진행시키는 것이 효과적일 것으로 판단된다. 모든 교육은 인성교육을 내함하고 있지만, 새롭게 인성교육 이슈가 터져 나온 것은 그만큼 일상적인 교육으로 실현되기 어렵기 때문이 아닌가 한다. 그런 이유로 해결책은 바로 교과 융합을 통해 기존 교과를 활용하면서도 별도의 시간에서 장기 학습으로 인성교육을 실행하는 것이다.

 이 연구를 통해 사회·정서적 역량을 중핵으로 한 교과 융합의 가능성이 확인되었다면, 이후에는 사회·정서적 역량의 개별 요소를 중심으로 체계적인 내용을 개발하는 후속 연구가 필요하다. 그것은 개별 교과의 내용 요소에서 인성교육적 항목을 발견하는 작업이 아니라 인성 역량의 틀 속에서 개별 교과의 내용 요소를 융합하는 작업이다. 물론 이 융합교육의 내용은 표준교육과정처럼 내용을 고정시키고 체계화하는 방식이어서는 곤란할 것이다. 융합교육은 학습자와 교사의 적극적인 참여와 상황에 의해 만들어 가야 하기 때문이다. 이후 인성 교과융합교육은 이후의 현장 교육적 실천과의 연계와 소통을 통해 그 구체적인 형상을 만들어갈 수 있을 것으로 기대해 본다.

03

모성 콤플렉스의 치유적 읽기

1. 서 론

우리는 이야기를 통해 자기 내면의 문제와 혼란을 명료하게 이해하기도 하고, 또 그 해결 방법의 대안적 관점에 대해 모색하기도 한다. 이는 교훈이나 명시적인 지식에 의해서가 아니라 은유와 상징과 같은 간접적인 표현, 형상에 의해서 보다 효과적으로 이루어진다. 한 편의 이야기는 인간 행위와 감정, 사고에 대한 은유와 상징이다. 독자는 이야기의 은유와 상징을 통해 더욱 효과적으로 자기 이해에 도달하며, 자기 서사의 회복은 물론이고 잠재적인 자아를 깨우고 창조적 활력을 되찾을 수 있다. 이처럼 문학(독서)치료는 문제와 증상의 진단과 해결 차원을 넘어서, 자아의 잠재적 창조성과 활기, 성숙으로 나아갈 필요가 있다는 전제[1]에서 출발하고자 한다.

문학 텍스트의 치료적 가치를 해석·판단하는 일은 독서치료 연구에서 매우 중요하다. 이 가치의 연구 방법으로는 현실 독자의 실제적 독서 경험을 이해하는 임상적 방법도 있겠지만, 특정 독자층의 심리(발달 심리)를 특정 텍스트(장르)와 연관지어 가설적으로 이해하는 방법도 있다. 이런 작업으로 성과를 낸 외국 연구자로 브루노 베텔 하임[2]을 들 수 있다. 그는 전래동화에 어린이 독자의 발달 심리를 원용하여, 전래 동화가 어린이 불안과 소망에 공감하며

---

1) 프랑스 문학치료사의 "창조적 독서치료"라는 개념에서도 확인할 수 있다.
   R. Detambel, Livres prennent soin de nous: pour une bibliothérapie créative, 문혜영 역 (2017), 『우리의 고통을 이해하는 책들』, 펄북스, 135면.
2) B. Bettelheim, The Uses of Enchantment, 김옥순, 주목 역(2001), 『옛이야기의 매력 1』, 시공주니어, 16-17면.

그들이 겪는 내면적 갈등과 고통을 치유하는 효과가 있음을 증명하였다.[3] 정운채 교수 역시 문학치료에서 활용할 "좋은 문학 작품"은, 내담자가 지향해야할 바를 가르쳐 주어 자기 서사를 변화할 수 있도록 한다고 지적하였다. 좋은 문학 치료 텍스트는, 특정 내담자가 스스로 자신의 문제를 명료하게 이해하고 진정한 잠재적 자아가 깨어날 수 있도록 하는 '좋은 상징과 은유'를 가지고 있어야 한다는 지적도 고려할 만하다.[4]

이 글은 모더니즘 소설에 나타나는 '영원한 소년'의 원형적 상징을 발견[5]하고 성인기 초기 남성의 발달 심리에서 부정적 모성 콤플렉스에 의한 심리적 고통과 치유 과정과 연관지어 해석하고자 한다.[6] 모성 콤플렉스는 성인기 남성이 청소년기에 분리했어야 하는 모성상에 여전히 심리적으로 의존하고 있어 현실적인 자기 삶을 살지 못하고 중독, 고립, 단절의 생활을 하는 경우를 말한다. 그러나 이들의 콤플렉스는 개인적 어머니와의 부정적인 경험에 의한 것이 아니라 모성상이라는 인류의 보편적 무의식의 활성화에 의해 의한 것이라는 점에서 남성들의 원형적 성장과 개성화의 문제로 볼 수 있다. 효과적인 논의 전개를 위해 2절에서는 영원한 소년상과 남성기 발달에서의 모성 콤플렉스 문제를 먼저 살펴보고, 3절에서 이상의 「날개」와 박태원의 「소설가 구보씨의 일일」에서 이를 분석하며, 4절에서는 그 치료적 가치를 논의하고자 한다. 특히 문학 치료에서 이 '원형적 상징'의 해석이 갖는 의미에 관심을 가지고 있다. 원형적 상징은 민담, 신화에 이어 소설, 영화, 내담자의 증상, 꿈, 대중

---

3) 정운채(2006), 『문학치료의 이론적 기초』, 문학과 치료, 100-120면.
4) 이민용(2017), 『스토리텔링 치료』, 학지사, 80-82면.
5) 영원한 소년상을 작가의 생애와 결부지어 연구한 외국 논의로는 쌩텍쥐베리의 「어린왕자」를 분석한 연구물이 있다. M. L. von Franz, (The) problem of puer aeternus, 홍숙기 역 (2002), 『영원한 소년과 창조성』, 한국융연구원.
6) 연구 대상 작품은 1930년대의 이상, 박태원 소설이다. 모더니즘 소설 전체에 이 영원한 소년상의 원형적 이미지가 등장하는지에 대해서는 본 연구만으로는 확증할 수 없다. 이는 이후 연구 과제로 돌린다. 다만, 영원한 소년상의 이미지가 주로 예술가들의 미적 활동과 깊은 관련을 맺는다는 점에서 심미적 주관성을 형성화한 모더니즘 문학에 압축적으로 드러난다는 가설은 충분히 타당성이 있다고 본다.

매체의 서사(광고, 뉴스, 드라마) 등에 등장하며, 그 상징적 의미를 해석할 때 우리는 인류가 태고부터 축적된 본능과 연결됨으로써 인간성을 회복하고 전체 정신에 이르는 치료적 비전을 얻을 수 있지 않을까 생각하며 그 가능성을 탐색해 보고자 한다.[7]

2. '영원한 소년상'과 남성의 모성 콤플렉스

자아 성장의 과정에서 부모로부터의 건강한 분리는 매우 중요한 문제이다. 자아는 적절한 나이에 분리를 해야 스스로의 주체적인 의식을 발달시키고, 자기만의 개성화된 경험을 형성시켜 나갈 수 있기 때문이다. 특히 소년이 남성으로 발달하는 과정에는 모성으로부터의 적극적인 분리가 매우 중요하다. 고대인의 통과제의에서 남자 청소년의 성년식에는 부모 대신에 이웃집 성인 어른들이 와서 친숙했던 모성의 세계로부터 '분리' 될 수 있도록 해 주었다.[8] 또, 많은 민담과 신화에서 남자 주인공은 결국 자신을 휩싸고 있는 모성적 괴물(용, 호랑이 뱃속)을 자기 힘으로 격퇴해야 세상 밖으로 나올 수 있고 자신의 아내를 만날 수 있었다. 이들은 모두 유아기의 심리적 환상으로부터 건강하게 분리하기 위한 통과제의적 의식들이다. 그만큼 건강한 분리가 이루어지지 않을 때의 영향력은 파괴적이며, 자녀의 주체적인 삶의 발달에 장애를 가져온다.

이러한 부정적 영향력을 자녀의 입장에서는 '콤플렉스'의 이름으로 이해해 볼 수 있다. 원래, 콤플렉스는 압축된 경험과 상상들에 대한 기억들이 우리의 무의식에 특수하게 자리잡은 상태를 말한다. 이는 그 자체로는 병리적인 것이

---

7) E. F. Edinger, Ego and archetype: individuation and the religious function of the psyche, 장미경 역(2016), 『자아 발달과 원형』, 학지사, 58-59면.
8) R. Bly, Iron John: a book about men, 이희재 역(2005), 『무쇠 한스 이야기』, 씨앗을 뿌리는 사람들, 10-15면.

아니지만 특정의 콤플렉스가 과도한 권력을 갖게 될 경우 마음의 특정한 부분이 위축되거나 지나치게 과장되면서 정신적 균형이 깨어지게 된다.[9] 모성 콤플렉스로부터 벗어나지 못한 사람은, 중독, 고립, 성적 문제 등을 보이고, 판에 박힌 고착된 방법으로 움직이며, 제한된 자아의 감각과 기억 속에서 살아갈 수 있다. 흥미로운 점은 분석 심리학에서는 이 콤플렉스가 병적이기도 하지만 치유의 기능도 가지고 있어, 비록 고통스럽긴 하지만 인격의 발달과 변화에 추진력이기 되기도 한다고 설명한다는 점이다.[10] 바로 이 부분이 콤플렉스의 상징적 의미를 해석해서 그 무의식의 힘을 의식 속으로 통합하여 해방과 성숙의 정신적 에너지로 변환해야 하는 이유이다.

'영원한 소년'의 원형상은 어린이 원형상의 일종으로 동서고금의 신화와 민담 등에서 그 흔적을 찾아볼 수 있다. 대표적으로 그리스 신화에 등장하는 헤르메스 신이 있는데, 그는 결혼하지 않은 채 정착하지 않은 삶을 살았다. 그의 정착하지 않음은 모든 경계를 넘나드는 유연함으로 나타나기도 하였는데 땅과 하늘을 연결하며, 선과 악을 넘나들며 거짓말 등의 창의성으로 주어진 문제 상황을 해결하기도 하였다.[11] 이 영원한 소년의 원형상에 사로잡혀 모성 콤플렉스에 빠진 남성[12]은 헤르메스신과 유사한 측면을 갖는다. 곧 그들

---

9) C. G. Jung, Grundfragen zur Praxis, 융 저작번역위원회 역(2001), 『정신 요법의 기본 문제』, 솔, 232-234면.

10) 이는 융 심리학의 특징적인 대목이다. 융은 콤플렉스는 곧 신경증이 아니며 정상적인 정신 현상의 초점으로서, 그로 인한 고통도 병적인 장애를 드러내지는 않는다고 하였다. 고통이란 병이 아니로 다만 행복의 대극일 뿐이기 때문이다. C. G. Jung, 위의 책, 62면.

11) 한국의 민담에서 '어린이 원형상'에 대한 본격적인 논의는 필자가 찾아 본 바로는 없었다. 이후의 연구 과제로 본다. 특정 원형상은 사회 문화적 특수성보다 인류의 보편적 특징을 담고 있다는 점에서 본고에서는 한국적 특수성보다는 인류적 공통점에 관심을 갖는다. 헤르메스 신에 대한 전반적인 개괄에 대해서는 다음 논의를 찾아 볼 수 있다. J. S. Bolen, Gods in every man, 유승희 역(2006), 『우리 속에 있는 남신들』, 또 하나의 문화.

12) 원형상에 사로잡힘의 의미에 대해 상술하기로 한다. 분석 심리학에서는 인간의 정신 구조를 의식과 무의식, 그리고 다시 개인적 무의식과 집단적 무의식으로 분류하여 설명한다. 이 중 집단적 무의식은 이른바 '내가 알지 못하는 또 다른 나'로서, 인류가 태고부터 형성해 온 원형인 일종의 심리적 DNA이며 개인의 의식과 대극 관계 속에서 존재한다. 원형이

은 모성성이 주는 아늑하고 편안한 세계에 대한 심리적 의존과 환상에서 벗어나지 못하기 때문에, 주어진 현실에 발을 내리고 접촉을 하거나 자기 자신의 개인적 삶을 살지 못한다.[13] 현실에 발을 딛고 살지 못하고 항시 다른 삶을 동경하고, 항상 남들과 다른 뭔가를 궁리하며, 공중에 떠 있기 때문에 한 가지 일을 지속하거나 몰두하지 못하는 것이다. 반복되는 지루한 일상을 견디지 못하여 직업과 여성을 선택하지만 계속 바꾼다. 대신 이들은 정신적으로 고양될 수 있는 것들을 찾아다니고, 창의적이며, 다른 사람과 다른 개성을 추구하기도 한다. 하지만 안타까운 점은 그 창의성은 내면의 모성상으로부터 '도망' 다니기 위한 수단으로 선택된 것이기에 현실성을 갖지 못한 공상, 혹은 환상에 불과한 것이 많다는 점이다.

하지만 앞서 콤플렉스의 순기능에 대해 설명하였듯이 모성 콤플렉스에도 부정적 기능만 있는 것은 아니다. 정신적 가치를 존중하고 세련된 심미안을 겸비하며 우정을 따르는 모습에서 긍정성을 발견할 수 있다. 다만, 궁극적으로 이러한 어머니에 대한 부정적 경험은 정신의 어떠한 발전을 위해서는 두려움을 이겨내고 모성과 직접적인 대면을 해야 한다는 원형적 의미를 지니고 있다. 마치 죽음도 삶의 일부이듯이 모성상의 파괴적이고 부정적인 기능도 결국은 의식이 무의식으로부터 분화되어 자기 정립하고, 성장할 수 있도록 지지하는 과정 중의 하나일 뿐이다.

이미지로 구현된 원형상은 개인의 꿈, 증상, 환상, 망상, 민담과 신화, 예술 작품 등에 다양하게 나타난다. 우리는 다만, 이 원형에 무의식적으로 사로잡히느냐 아니면 의식화하여 통찰하느냐의 차이가 있을 뿐이다. 이 '영원한 소년'의 원형이 증상으로 나타나는 경우는, 성인 남성들이 부정적 모성 콤플렉스로부터 벗어나지 못하여 현실 적응과 삶에 장애와 어려움이 발생하는 것이다. 이는 일종의 신경증으로 무의식의 원형이 자아를 압도하여 그의 현실 인식을 방해하는 경우를 말한다.
박종수(2005), 『분석 심리학에 기초한 이야기 심리치료』, 학지사, 72면.
13) '영원한 소년상'의 증상 관련 설명은 다음을 참조하였음.
강철중(2007), "남성의 모성 콤플렉스", 심성연구, 22(2), 한국분석심리학회, 79-151면.

3. 모더니즘 소설에 나타난 '영원한 소년' 원형상과 모성 콤플렉스 치유

1) 상징적 죽음(탈출)을 통한 모성 콤플렉스의 치유 : 이상 「날개」

이상의 「날개」는 부정적 모성상이 자신의 아니마에 투사되어 아내-어머니의 영향에 사로잡힌 한 젊은 남성의 고통을 다루고 있다. 그는 이 압도적인 모성상의 힘으로부터 사로잡힌 채 현실에 발을 내리고 있지 못하고 개인적인 삶을 살지 못하고 있다는 점에서 '영원한 소년상'의 이미지에 해당된다. 그는 아내-어머니의 방에 휘감겨 있었지만 탈출하여 심리적, 상징적 죽음을 선택하고 고통 속에서 재탄생한다. 그는 기존의 태도를 변화시켜 현실 속 회탁의 거리로 나아가는 선택을 통해 모성 콤플렉스로부터 분리되고, 자신만의 신화를 새롭게 정립해 나가는 노력을 보여주고 있다. 소설은 크게 두 부분으로 나눌 수 있는데, 앞부분은 '영원한 소년'의 원형 이미지에 동일시해서 증상의 모습을 보여주며 뒷부분은 이로부터 분리되어 성장하는 대목이다. 그의 내면의 발달 과정을 중심으로 살피도록 하겠다.

① '아내-어머니'에게 삼켜짐(감금)

이 작품에서 '나'와 아내의 부부 관계에 대해서는 기존에 많은 논의가 있었다. 매춘부인 아내와 비정상적인 부부 관계[14]는, 아내의 요부적 속성,[15] 이상 특유의 포즈와 가면 놀이, 남성성에 대립하여 파괴하는 여성성 등으로 해석되기도 하면서 근대의 훼손되고 비극적인 관계, 즉 '절름발이'의 비대칭적 관계의 상징으로 주목받기도 하였다.[16] 하지만 반대로 '안해'라는 명명에 주목하여

---

14) 음영철(2012), "부부서사에 나타난 양가 감정 연구", 『문학치료연구』 24, 한국문학치료학회, 71-95면.

15) 김면수(2001), "이상 소설과 요부, 금홍을 중심으로", 『여성문학연구』 5, 한국여성문학회, 163-187면.

16) 장철환(2015), "이상 글쓰기의 방법적 원리로서 대칭성 연구- 타자의 자아화에 나타난 대

'나'의 구원적 여성에 대한 욕망을 살피면서 서로 존중하고자 했던 정상적인 부부 관계의 이미지를 발견한 논의도 있다.[17] 그러나 이 연구들은 일종의 객관적 접근으로, 주인공 '나'가 '현실'로서의 '아내'를 대하는 방식에 주목하고 있다. 반면, 관점을 바꾸어 '나'의 내면에 비추어지는 '안해'의 심적 이미지를 중시하는 분석심리학의 주관적 관점으로 접근할 경우, '나'에게 '안해'는 심리적으로 부부 관계라기보다는 모자 관계이다. 즉 '나'에게 아내 금홍은 '아내-어머니', 곧 '모성상'의 이미지에 가깝다.

텍스트를 분석해 보면, '나'에게 '아내'는 고마움과 두려움, 매혹과 공포와 같은 이중적 감정을 느끼게 하는 존재이다. '나'는 어린이와 같은 상태로 퇴행적인 모습으로 아내에게 의지하고, 경제적 물질적 베풂, 존경과 같은 정서적 지지에 의존한다. 그래서 자신을 "제일 아름다운 한 떨기 꽃"인 아내 옆에서 나는 "그 꽃에 매달려 사는 존재"라고 소개하기도 하는 것이다. 그러나 또 다른 한 편으로 '나'에게 '아내'는 무엇보다 여신과 같은 강력한 권위를 가지고 자신을 감금하는 존재로 느껴지고 있다.

> "아내는 늘 나를 감금하여 두다시피 하여 왔다. 내게 불평이 있을 리 없다."
> "내가 그런 좀 적극적인 것을 궁리해 냈을 경우에 나는 반드시 아내와 의논하여야 할 것이고 그러면 반드시 나는 아내에게 꾸지람을 들을 것이고", "아내에게 내객이 많은 날은 나는 온종일 내 방에서 이불을 쓰고 누워 있어야만 한다." "자신의 말을 듣지 않으면 "아내는 노기가 눈초리에 떠서-(중략) 나는 벼락을 기다려야 한다." "아내가 준 돈을 벙어리에 넣어 놓으면, 그 열쇠는 아내가 가져갔다"[18]

위의 표현에는 '나'의 모든 행동과 의식을 강제하는 '아내'의 권력에 대한 공포와 두려움이 담겨 있다. '아내'는 무소불위의 권력을 휘두르며 아름다움과

칭구조를 중심으로", 『비교한국학』 23(3), 국제비교한국학회, 387-417면.
17) 서세림(2016), 「이상 문학에 나타난 '안해'의 의미 고찰」, 『이화어문논집』 38, 133-157면.
18) 이　상(1995), 「날개」, 『한국소설문학대계』 18, 동아출판사, 66면.

힘을 발휘하는 '마술적 권위'의 태모 이미지에 가까운 것이다. 그렇기 때문에 그는 '아내'에 복종하기 위해 자신의 행동과 사고를 통제한다. "아내의 낯을 보아 좋지 않은 일인 것만 같이 생각"이 들어 이웃과 소통 없이 살고 있고, 아내가 화를 낼까봐 아내와 내객의 수상한 행동을 보아도 모른 척 하며, 아내가 밥을 주지 않아도 자신을 존중하기 위해서라고 의도적으로 생각한다. 아내로부터 버림받을 것을 두려워하는 아들의 의존적 마음이 무엇보다 강하다.

일반적으로 성숙한 남성은 자신이 발달시킨 에로스로 다른 여성과 만남으로써 어머니의 영향력 아래에서 벗어나고 자신의 동반자와도 성숙한 관계를 맺을 수 있게 된다. 그런데 자신이 발달시킨 에로스가 아니라 어머니- 이마고의 형태로 다른 여성과 관계를 맺으면, 그는 아이와 같이 어머니의 범위 안에서 안전하게 보호받는 존재가 된다. 모성 콤플렉스에 빠진 남자는 실제 어머니, 장차 어머니가 될 여인에 둘러싸여 휘감기고, 삼켜짐을 당한다. 그는 자신을 붙잡아 주고, 빨아들이고, 감싸주고, 휘감아 주기를 바란다. 이 작품 속의 '나' 역시 '아내'가 자신을 통제하고 감금해 주기를 바란다. '아내'가 내객을 위해 윗방에 몰아넣고 닭 모이 같은 음식만 던져 주어도 '나'는 아내에게 아무런 불평이 없는 것이다. 아내의 감금과 통제가 자신을 보호해 주는 안전함으로 느껴지기 때문이다. 오히려 꼼짝없이 감금당해야 하는 '방'이 오히려 아늑하고, 편안하기만 하다.

하지만 이 공간에서는 그의 자아는 더 이상 자기의식의 독립성과 개별성을 가지고 있지 못하고 있다. 자신의 현실은 사라지고 대신 아내-어머니에 대한 의존과 관심만이 존재하고 있다. 이는 영락없이 어머니에 의존하는 아들의 심리이며, 그가 '영원한 소년'의 원형적 상징에 동일시되어 부정적 모성상에 삼켜짐을 당하고 있음을 보여준다.[19] 그런 점에서 '나'가 절대적인 상태로 만

---

19) 융은 자연 모성상은 두 가지 모습을 모두 가지고 있는바, 긍정적으로는 자비로운 존재, 품어주는 존재, 성장을 돕는 존재, 음식을 제공하는 존재의 모습을 보이지만, 부정적으로는 두려움을 주고, 집어 삼키며, 휘어 감싸는 존재로 나타난다고 하였다. 「날개」의 '나'가

족하고 있는 "방"과 "이불 속"은, 결국 민담에서 영웅의 주인공이 감금당해 있는 '괴물(호랑이, 고래)의 뱃속'과 유사하다. 그러나 '나'가 이 방에 영원히 안주할 수 없었던 이유는 그 방이 안정감과 함께 불안감을 동시에 주기 때문이다. 그의 방은 따뜻하지만 또한 아내의 내객들에 대한 자의식 때문에 불안감이 존재하기도 한다. 이 불안감은 자기 자신의 의식을 일깨우는 요소가 되는바, 이후 '나'의 행동이 감금(삼켜짐)과 외출(탈출)의 반복으로 진행되어 가는 이유이다. '나'는 '방' 안전하고 편안하게 감금되어 있다가 외출(탈출)을 통해 의식의 시야를 넓혀 나간다. '아내'는 수면제로 '나'를 완전 통제, 감금시키고자 하지만 '나'는 점차 의식의 힘을 길러 세상 밖으로 나오고 있는 것이다.

② 정신적 비행과 무의미

'방' 안에 갇힌 그의 삶은 영원한 소년상의 이미지를 잘 보여준다. 그는 현실로부터 차단된 채 공상 속의 정신적 고양에만 몰두하며, 생각을 지웠다 펼치는 일만 지속하고 있다. '박제가 된 천재'는 아내와의 현실적인 접촉 대신 이불 속에서 아내의 체취를 공상하고 머릿속 연구로 대신하고, 삶을 관념의 '설계'로 대체하며 구체적인 행동 대신에 위트와 아이러니와 '지성의 극치'를 늘어 놓는다. 그러나 이 머릿 속 연구는 남루한 현실을 대체한 것으로 현실과의 접촉을 차단하는 역할을 할 뿐이다. 민담에서 모성상이 아들을 휘감는 일종의 '베일'의 역할을 하는 것이다.

그 결과 그의 삶은 '인생의 제행이 싱거워서' 견딜 수가 없다. 삶은 서먹서먹하며, 인간 세상은 언제나 그에게 무의미하게 느껴진다. 죽음에 대한 동경뿐이다. '나는 참 세상의 아무 것과도 교섭을 가지지 않는다.", "인간 세상이 너무나 심심해서 못견디겠다. 성가시고 귀찮다. 그러니 불의의 재난이라는 것은 즐거웁다."와 같은 표현은 본고의 관심으로 표현하자면, 모성 콤플렉스로부터

경험하는 이중적 감정은 부정적 모성상의 이미지가 강하다. S. Birkhäuser-Oeri, Die Mutter im Märchen, 이유경 역(2012), 『민담의 모성상』, 분석심리학연구소, 33-40면.

분리되지 못한 채 자기 자신과 단절되어 있는 존재의 무기력을 잘 보여주고 있다.[20] 그리하여 그는 아직 젊었지만 노인과 같은 삶을 살고 있다. 이불 속 연구, 간단한 산책과 같은 아주 단순한 행동의 반복, 극단적으로 수동적인 삶, 경직되고 낡은 생각 등이 그것이다. 그는 아내와의 현실적 갈등을 대면하고 자신의 삶을 살아내려고 하지 않은 채 단지 자기 문제를 머리 속 공상 속에서 투사할 따름이다. 결국 그의 연구는 '영원한 소년'의 원형이 대지의 어머니가 있는 땅에 발을 딛기 겁이 나서 하고 있는 '비행'이었던 것이다.

③ 감정의 발견과 상징적 죽음을 통한 탈출

그렇다면, 영원한 소년상에 사로잡힌 그가 모성상으로부터 어떻게 탈출 혹은 분리를 감행하는가? 이 '나'의 변화의 역동은 이미 소설 도입부분의 숫자 상징으로 암시되어 있다. '나'가 살고 있는 33번지의 3은 완전수 4가 되기 위한 역동을 준비하는 숫자이다.[21] 또 '나'가 운명적으로 만난 '두' 개의 방, 숫자 '2'도 대극을 통한 생성을 준비한다. 특히, '나'의 방은 대문간에서 일곱째 칸인데 '7'은 완성이면서 동시에 새로운 출발을 상징한다. 행복하지도 불행하지도 않은 절대적 상태에 있지만, 그의 내면은 심리적 성장과 변화를 준비하고 있음을 숫자의 상징이 보여준다.

그 변화의 시작은 주인공이 자신의 '감정'을 알아차리고 집중함으로써 이루어진다. 감정은 자아가 집단적 의식이나 무의식에서 개별화되어 유일무이한 자기 자신을 발견하고, 현실적 존재로서의 실감을 획득하는 과정에서 중요한

---

20) 이러한 삶은 '중독증'과 '의존증'을 가진 사람들의 심리적 현실과 크게 다르지 않다. 중독증은, 알코올, 게임, 쇼핑 등에 의존하는 사람이다. 이들은 모성상을 이들 사물 대상에게 투사하고 있는 것이다. 그 역시 적절하게 따뜻한 '방'에서 휘감겨 있다.

21) 민담에서 주로 삼형제, 세 개의 과제 등 숫자 3이 주로 나타나는 것은 바로 이 때문이다. 민담의 결말에 가면 최종적으로 한 사람이 공주와 결혼하며 숫자 3은 최종적으로 숫자 4로 완성된다. 숫자의 상징적 의미에 대해서는 다음 책을 참고함. F. C. Endres & A. Schimmel, Mystik und Magie der Zahlen, 오석균 역(1996), 『수의 신비와 마법』, 고려원미디어.

역할을 하는 것으로 알려져 있다. 폰 프란츠(Marie-Louise von Franz) 역시, 영원한 소년상의 원형에 동일시된 사람도, 자신의 감정을 알아차리고 집중함으로써 현실 세계와의 소통을 열고, 자기 자신의 현실적 삶을 살아가기 위해 필요한 바탕을 마련할 수 있다고 하였다.[22] 「날개」의 화자 역시, 자신의 '쾌감'의 감정에 충실함으로써 현실과의 소통에 성공한다. 자신이 아내에게 돈을 주었을 때의 쾌감에 강렬하게 반응한다. 아내에게 돈을 주고 방에서 함께 자면 생기는 '쾌감'의 감정은 그에게 새로운 행위를 시도할 수 있는 계기가 되었다. 그의 의식이 아내에게 절대적으로 의존하기 위해 현실적 감각과 인식을 무시하였다면 그의 감정은 자신만의 개인적인 의식을 회복할 수 있도록 하는 것이다.

하지만 그의 탈출은 삶의 선택이 아니라 죽음의 선택을 통해 가능하였다. 아내의 '아달린' 약병을 발견하고, 혼자 산 속에 들어가 일주일이나 잠을 잔 것은 그가 선택한 일종의 상징적 죽음이다. 융에 따르면 '자기'의 전체적 인격은 고통을 통해 자아가 기존에 가지고 있던 자아상과 태도, 관점의 부정적 측면을 심리적, 상징적으로 죽일 수 있도록 한다. 그 죽임은 진정한 자기 자신이 아닌 채로 존재하였던 부정적 자아상의 몰락이고, 이 죽임을 통한 재탄생을 통해 자아는 진정한 자기로 거듭나기를 할 수 있다.[23] '영원한 소년'에 사로잡혀 동일시에 빠져 있던 '나'는 자신이 선택한 상징적 죽임을 통해 탈출하여 새로운 자아로의 재탄생을 시도하고 있는 것이다.

그의 거듭나기는 '아내'에 대한 현실적 시야 확대에서 그 성공을 확인할 수 있다. 심리적 의존의 모성상에서 분리되고 나니, 이제 그는 현실인 아내의 모습이 객관적으로 보인다. 내객에 업혀가는 그녀가 "내 눈에 여간 미운 것이 아니다. 밉다."라고 명확하게 말하는 것이다. 아내에 이상화의 심리에서 벗어나 현실의 있는 그대로의 아내를 만나는 고통을 '나'는 살아내고 있다. 이에

---

22) M. L. von Franz, 앞의 책, 115-116면.
23) D. H. Rosen, Transforming depression : healing the soul through creativity, 이도희 역 (2015), 『우울증 거듭나기』, 학지사, 31면.

해당되는 구절은 다음과 같다.

> "아내는 너 밤새워 가면서 도둑질하러 다니느냐, 계집질하러 다니느냐고
> 발악이다. 이것은 참 너무 억울하다. 나는 어안이 벙벙하여 도무지 입이
> 떨어지지를 않았다. 너는 그야말로 나를 살해하려던 것이 아니냐고 소리를
> 한번 꽥 질러 보고도 싶었다."[24]

두려움과 공포감의 대상이었던 '아내'에 도전하는 순간, 그의 내면에는 이제
'아내-엄마'의 의존에 대한 유아적 환상이 작동하지 않는다. 이제 그는 아내와
의 갈등을 직면하고 나아가 견뎌낼 수 있다. 아내에 대한 충성과 자기 통제가
아니라 갈등과 저항의 선택은 '나'가 자기 자신의 개인적 삶을 출발하게 되었
음을 의미하는 것이다. 특히 이 작품은 그의 탈출이 이루어지는 지난한 과정
을 보여줌으로써 남성 내담자들의 심리적 고통을 지지해 줄 수 있을 것으로
판단된다. 성인에 이르까지 의존했던 유아적 환상에서 벗어남이 쉬울 리가
없음을 '나'의 무수한 갈등과 망설임으로 표현하고 있기 때문이다. 아내에 대
한 의심과 의존, 자신에 대한 확신과 불안이 혼재하는 가운데, '나'는 감금과
탈출, 두려움과 해방의 내적 갈등을 고통스럽게 겪는다. 이는 자신을 사로잡
고 있는 아내(모성상)로부터의 탈출이 얼마나 고통에 찬 것인지를 실감나게 보
여준다.

④ '회탁의 거리'에의 접지, 그리고 '닭의 비상'

이제 '나'는 '방'과 '이불'에서 탈출하여, 개인적 삶, 혹은 갱신된 자아의 새로
운 삶을 시작한다. 우선, 의식이 확장되고 명료화되기 시작한다. '정오'의 '미
쓰꼬시 옥상'은, 태양과 가장 가까운 곳이다. 이른바 '태양 영웅'은 사로잡힌
의식이 무의식으로부터 벗어나 자기 자신의 의식을 선명하게 해 나가는 과정
을 보여준다.[25]

---

24) 이상, 「날개」, 앞의 책, 78면.

그의 개인적 의식이 깨어나는 순간을 이상의 「날개」는 매우 선명한 이미지로 그려보이고 있다. "사람들은 모두 네 활개를 펴고 닭처럼 푸드덕거리는 것 같고 온갖 유리와 강철과 대리석과 지폐와 잉크가 부글부글 끓고 수선을 떨고 하는 것 같은 찰나, 그야말로 혼란을 극한 정오다."[26]라고 되어 있다. 도시 거리에 살고 있는 사람들이 '닭'으로 비유되고 있는데 재탄생의 삶을 이미지화한 매우 흥미로운 비유이다. '닭'은 새와 달리 땅에 다리를 붙이고 살아가는 존재이다. 과거의 '나'가 영원한 소년의 원형에 동화되어 정신적 고양만을 추구하며 날라 다녔다면, 이제 현재 거듭 탄생한 '나'는 '닭'처럼 날개를 지니고 있지만 땅에 다리를 붙들고 서 있는 '단단한 성인으로 살아야 하는 것이다.

영원한 소년이 '땅'에 발을 딛도록 해 주는 것은 바로 '치료로서의 일'이다. 반복적인 일과 집단 사회에의 적응을 통해, 그들에게 병리적인 증상을 가져왔던 현실과 유리된 정신적 고양, 공중 부양을 극복할 수 있는 것이다. '나' 역시 이제는 "그저 끝없이 발을 절뚝거리면서 세상을 걸어가면 되는 것"이라고 말한다. 그가 거리로 되돌아가는 모습은, 소시민적 투항이 아니라 심리적 성장에 꼭 필요한 '접지'의 과정이라 할 수 있다. 지금, 여기의 "철저한 현실"에 발을 딛고, 땅의 현실에서 크고 작은 일을 겪는 일을 통해서라야, 자아는 자신의 새로운 삶을 시작할 수 있다. 이제 그는 과거의 자아를 죽이고, 개인적 삶의 시작, 새로운 자아로의 재탄생하고 있는 것이다.

그렇기에 바로 이 때 "내 눈앞에는 아내의 모가지가 벼락처럼 내려 떨어졌다."라는 문장은, 그 동안 내면에 의존하였던 "엄마- 아내"의 상징적 죽음이 아주 절묘하게 잘 표현된 구절이 아닐 수 없다. 오로지 아내- 어머니에 의지해서, 그녀의 눈에 들기를 바라면서 살던 기존의 자아는 죽고 자기 앞의 현실을

---

25) E. Neumann, Ursprungsgeschichte des Bewusstseins, 이유정 역(2004), 『의식의 기원사』, 분석심리학연구소, 54-55면.
26) 이상(1995), 「날개」, 앞의 책, 80면.

자신의 의식으로 살아내는 새로운 자아의 태도를 취하고 있는 것이다. 이제 그는 과거의 "인공의 날개" 즉, 관념으로 만들어진 가짜 인공의 날개였음을 의식하고 대신 인공이 아닌 진정한 날개로의 새로운 비상을 추구한다. "날자, 다시 날아보자꾸나"라는 외침은 이제, 그가 개인적인 의지로 선택한 자기 신화이다. 이는 가치와 정신, 창조성을 추구하는 영원한 소년의 원형상의 긍정적 기능의 실현이기도 하다.

2) 에로스의 분화를 통한 모성 콤플렉스 치유 : 「소설가 구보씨의 일일」

「소설가 구보씨의 일일」은 이상의 「날개」와는 달리 '긍정적 모성 콤플렉스'[27]에 사로잡힌 경우를 보여준다. 그리고 치유와 극복의 방식도 내면의 에로스를 분화, 발달시켜 성숙한 남성으로서의 책임감 환기를 통해 이루어진다는 점에서 특징적이다.

① 산책과 공상으로 떠돌기

소설가 '구보'씨는 홀어머니와 함께 사는 스물여섯의 노총각 소설가이다. 소설의 도입부에는 그의 어머니가 직장도 아내도 없는 아들에 대해 염려하는 모습이 장황하게 제시되어 있다. 기존 연구에서 구보라는 인물의 주체성은 주로 심미적 근대의 저항 의식[28] 혹은 어머니라는 전근대적 요소로의 돌아

---

27) 긍정적 모성 콤플렉스는 개인적인 모성의 긍정적 역할이 작용하였음에도 불구하고 적절한 때에 자녀의 분리가 이루어지지 않음으로써 부정적 기능을 하게 되는 경우를 말한다. 모성의 긍정적 역할인 돌봄, 배려, 보살펴 줌 등이 지나치고, 또 지속적으로 작동하여 자아의 독립을 이루어지 못하게 되었을 때 그 부정적 기능으로는 과도한 관계에 집착, 고립감, 지나친 요구 등을 겪는다고 한다. 하지만 이들은 모성의 따뜻한 사랑을 충분히 받은 경우이기 때문에 '분리'의 기제나 원동력도 앞의 부정적 모성 콤플렉스와는 다르다고 한다. 굳이 나누자면, 이상의 「날개」는 부정적 모성 콤플렉스의 영향을 받는다. V. Kast, 이수영 역(2005), 『콤플렉스의 탄생, 어머니 콤플렉스 아버지 콤플렉스』, 푸르메, 237-252면.
28) 나병철(1995), "박태원 소설의 미적 모더니티와 근대성", 『상허학보』 2, 상허학회, 85-108면. 문홍술(1994년 봄호), "의사 탈근대성과 모더니즘", 『외국문학』 38, 132-147면.

감[29]으로 설명되어 왔다. 그러나 이들은 모두 외적 인격의 측면에 주목한 것이라고 한다면 구보의 내면을 이루고 있는 내적 인격의 역동성을 고려할 필요가 있다. 차원현[30]은 구보의 심미적 주체성을 '어린아이'로 설명하면서, 우울과 체험, 양가적 관찰을 가진 정신이자 장인으로 스스로 재구성하는 존재로 평가하고 있는 점은 본 논의와 관련하여 많은 시사점을 준다.

분석 심리학적으로 말하자면, 구보의 내면은 어린이 원형이 활성화된 상태로 주변부적인 존재의 심리적 양상에 부합한다. 그러나 그의 내면은 어머니의 강력한 힘에 의해 움직이고 있어 모성 콤플렉스로 이해 가능하다. 그의 어머니는 오로지 아들의 안정과 안녕을 위해 전심을 다하고 있는데 이는 흔히 볼 수 있는 현실주의적, 보수적 모성 이미지의 전형적 모습이라 할 수 있다. 그녀는 아들에게 직장과 결혼을 요구하는데, 특히 그녀가 요구하는 색시감은 자신을 대신해서 아들을 보호해 줄 수 있는 일종의 '어머니-여자'이다.

그런 점에서 '구보'가 아침이면 무조건 집을 나와 시작하는 '산책'은 정착하지 못한 자, 도망 나온 자의 내면과 관련된다. 특히 산책 중 이루어지는 그의 공상과 연상은 진지한 사고의 과정이라기보다는 주관적 내면을 투사하는 현실 회피의 과정임이 잘 드러난다. 가령, 벗을 만나기로 한다. 그 벗은 구보의 요즘 창작 동향에 대해 열변을 토하며, 또 율리시스에 대해 논하고 있다. 그러나 구보의 생각은 대화하고 있는 친구를 이미 떠나 이미 주변에 들렸던 아이의 울음 소리에 가 있다. 이제 그는 공상의 나래를 펼친다. 울고 있는 아이는 어떤 불륜적인 남녀 사이에서 생겨난 불행한 소산이라고 말이다. 그는 공상 중에 가끔 벗의 생각에 자기 의견을 간간히 이야기하기도 하지만, 논쟁이 진지하고 깊어질 것 같으니 얼른 다방에서 나와 버린다. 정신을 차려 보니, 구보

---

29) 류보선(1995), "이상(李箱)과 어머니, 근대와 전근대-박태원 소설의 두 좌표", 『상허학보』 2, 상허학회, 55-84면.
30) 차원현, "1930년대 모더니즘소설에 나타난 미적 주체의 양상에 관한 연구", 서울대학교 박사학위논문, 34-35면.

는 혼자 있음을 깨닫고 "대체 누구와 이 황혼을 지내야 할 것인가 망연해 한다".[31] 이처럼 그는 공상을 통해 마치 비닐봉지를 쓰고 세상을 바라보는 사람처럼[32] 현실로부터 유리된다.

여기서 우리는 '구보' 역시 '영원한 소년'의 원형상에 동일시된 존재라 할만하다. '영원한 소년상'에 사로잡힌 남성들은 모성상의 현실주의적, 보수적 성향에 사로잡힐 것을 두려워하여, 공중으로 떠돌아다닌다.[33] 그런데 여기에는 비극적 역설이 있다. 곧, 사로잡힌 모성상으로부터 탈출하고자 하지만 정작 현실에 정착하지 못하기 때문에 원하는 탈출은 할 수가 없고 자기만의 독립적인 삶을 살지 못하는 것이다. '구보' 역시, 어머니에게 벗어나고자 집을 나섰지만 여전히 공상과 자기만의 관념으로 현실과 유리되어 있기에 진정으로 자립할 수 없는 것이다. 그도 결국은 「날개」의 주인공처럼 결국은 모성상에 삼켜지고, 보호되고, 휘감겨져 있을 뿐이다. 따라서 그는 마음속으로 행복 찾기를 하고 있지만 실제로는 어머니의 욕망을 대리할 뿐 자신의 개인적 삶을 살고 있지는 못하다. 그에게는 자신이 원하는 행복이 없다. 단지 "대체 어느 곳에 행복은 자기를 기다리고 있을 것인가를 생각해" 보며 막연한 공상과 수동적인 자세로 돌아다닐 뿐인 것이다. 그래서 스스로 찾기 이전에 미리 "행복은 그가 그렇게도 구하여 마지않던 행복은, 그 여자와 함께 영구히 가 버렸는지도 모른다."[34]라고 하여 미리 포기하고 아쉬워하기도 한다. 이러한 장면은 '영원한 원형상'에 동일시된 채 유아적 환상에 의존하여 수동적으로 길러주는 어머니(여인)의 세력권 안으로 들어가려는 태도라 하겠다.

---

31) 박태원(1995), 「소설가 구보씨의 일일」, 『한국소설문학대계』 19, 동아출판사, 185-187면. 요약한 내용은 "문득, 창 밖 길가에, 어린애 울음소리가 들린다. ∞구보는 대체 누구와 이 황혼을 지내야 할 것인가 망연하여한다."에 해당한다.
32) M. L. von Franz, 앞의 책, 108면.
33) 위의 책, 82-83면.
34) 박태원, 「소설가 구보씨의 일일」, 앞의 책, 78면.

② 망설임과 잠정적인 삶의 자세

또한, '구보'의 산책과 공상의 삶은 망설임의 태도와 삶에 대한 잠정적 자세와 함께하고 있다는 점에 주목할 필요가 있다. 기존의 연구에서도 서술자의 어조가 애매모호함과 유보, 지연의 양상으로 되어 있음을 지적한 바 있다.[35] 가령, "일 수도 있다. 아니다, 그렇지 않을 수도 있다.", 혹은 "'해 본다. 모른다. 할 수도 있다." 등의 화법은 망설이고 지연하며, 또 자신의 생각을 번복하고, 다시 번복하며, 어떤 것도 실행으로 연결하지 못하는 태도이다.

이러한 망설임은 '영원한 소년상'의 삶인 이른바 '잠정적 삶'의 자세와 연관된다. 그들은 모성상에 사로잡혀 있기에 항시 임의적이고 잠정적으로 살고 있다는 느낌과 태도를 갖는다.[36] 그래서 자신이 임하고 있는 현실 생활에 지속적이고 충실한 태도보다는 항시 바꾸려고 하고 실제 바꾸어도 만족하지 못한다. 자신의 진정한 생활은 다른 데에 있는데 아직 발견하지 못했을 뿐이라고 생각하기 때문이다. 그 결과 직업, 여성, 거주지 등을 이리저리 옮겨 다니며 선택을 힘들어 하고, 선택해도 꾸준하게 지속해 내지 못한다.[37]

구보가 찾는 행복은 예술: 생활, 영혼(예술): 물질의 이분법에 바탕을 둔 이상주의적인 것이기에 현실 그 어디에도 발견할 수 없으며, 만족할 수 없다. 가령, 구보는 지하철에서 만난 여자에게 관심이 생겼다. 그는 마음 속으로 그녀가 말을 걸어오길 기다린다. 그러면서 과거 동경에서 만난 다른 여자로 관심을 이동시킨다. 그러다가 다시 그녀에게 시선이 이동되지만, 그녀가 말을 걸어주지 않으면 흥미를 잃어버리고는 다른 곳으로 관심을 돌린다. 이러한 잠정적 자세는 산책 내내 지속적으로 반복된다. 거리에서 만난 친구의 여자에게 관심이 가면 곧장 저 여자는 돈만 좋아하는 속물이라는 생각으로 물리치고, 어린 시절 좋아했던 누나를 만나면 가족만 아는 생활인이라고 생각하며 관심

---

35) 황도경(2006), 『문체로 읽는 소설』, 소명출판.
36) M. L. von Franz.(2002), 앞의 책, 278-310면.
37) 강철중, 앞의 글, 79-151면.

을 거둔다. 사실, 그 어느 사람과도 실제로 대화를 나누거나 그들의 현실에 관심을 가지고 있지는 않다. 단지 자신의 머릿 속에 떠오르는 '이상적, 집단적 관념'을 현실에 투사하며, 그 이상에 부합하지 않는다고 주관적으로 판단하며 계속 다른 곳으로 관심을 이동시키는 것이다. 내면에 관념화된 이상, 그리고 그 이상에 대한 의존 역시 일종의 모성에 대한 심리적 의존의 확장 형태라 할 수 있다. 그 내면의 이상에만 의존하면 피곤한 현실의 문제와 대면하지 않아도 되기 때문이다. 구보는 공상과 기억으로 부유하며 현실에 뿌리내리지 않기 때문에 현실적으로 책임지는 삶이 아니라 산책과 같은 잠정적인 삶을 살고 있는 것이다.

③ 에로스의 분화와 책임감의 발견

그가 이러한 심리적 의존의 상태, 곧 사로잡힌 영원한 소년상의 원형으로부터 분리하고, 발전을 도모하는 계기는 무엇일까? 그것은 스스로 과거의 여인에 대한 사랑과 책임 회피의 기억에 정직하게 직면하고, "한 개 사내 마음"으로 거듭남을 통해서이다. 초기 구보가 여성을 대하는 방식은 어머니의 욕망을 대리한 것이었다. 어머니 대신 자신을 보호해 줄 어머니-여인이 그것이다. 그리하여 그는 인습적이고 집단적 사고에 기반한 여성관(정절을 지킴, 얌전함, 총명함)의 기준으로 여성을 판단한다. 그러나 이러한 방식은 자신의 에로스를 발달시킬 수 없으며, 그대로 어머니에 대한 심리적 의존을 반복할 뿐인 것이다. 남성이 어머니로부터 분리되어 성숙한 존재가 되기 위해서는 자신의 감정에서 시작하여 자기 스스로 책임지는 에로스의 분화를 겪어야 한다. 이로써 어머니로부터 분리되는 자신만의 개별적 삶도 가능하다. '구보'는 자신이 사랑했지만 책임지지 않았던 여인에 대한 사랑과 자신의 비겁함과 직면함으로써 '한 개 사내 마음'으로 성숙한다.

"구보는 그곳에 충동적으로 우뚝 서며, 괴로운 숨을 토하였다. 아아, 그가 보구 싶다. 그의 소식이 알구 싶다. (중략)……" "나는 결코 이 사랑을 단념할 수 없노라고, 이 사랑을 위하여는 모든 장애와 싸워 가자고, 그렇게 말하고, 그리고 이슬비 내리는 동경 거리에 두 사람은 무한한 감격에 울었어야만 옳았다. (중략)" 진정으로 여자를 사랑하였으면서도 자기는 결코 여자를 행복하게 하여 주지는 못할 게라고, 그 부전감(不全感)이 모든 사람을, 더욱이 가엾은 애인을 참말 불행하게 만들어 버린 것이 아니었던가. 그 길 위에 깔린 무수한 조약돌을, 힘껏, 차, 헤뜨리고, 구보는, 아아, 내가 그릇하였다, 그릇하였다."[38]

이 장면에서 그는 과거 동경에서 자신의 실패한 사랑을 기억하고 있다. 이 기억을 통해 그는 그녀에 대한 자신의 감정을 솔직하게 다시 살아내며, 자신이 인습에 사로잡혀 사랑에 책임지지 못했음을 처절히 인정할 수 있는 것이다. 사실, 자기 자신의 개인적인 감정을 살고 집중할 수 있음 자체가 모성 콤플렉스로부터의 분리를 의미한다. '구보'는 억압되었던 그녀에 대한 욕망, 자신의 열등했던 모습에 대한 참회의 감정을 다시 살고 있다. 의식은 자신이 인정하고 싶지 않았던 열등한 부분인 그림자를 통합할 때, 자신의 개별성과 현실성을 확보할 수 있다. 그것은 심리적 의존과 무의식적 사로잡힘으로부터 벗어나는 것이며, 자아와 타인에 대한 온전한 이해를 확장하는 것이다. '구보'는 "문득, 광명을 찾은 것 같은 착각을 느끼고, 어두운 거리 위에 걸음을 멈춘다. 이제 그와 다시 만날 때, 나는 이미 약하지 않다. 나는 그 과오를 거듭 범하지 않는다."고 다짐하는 이유도 여기에 있다. 이제 그는 현실에 뿌리를 내리고, 자기 자신이 결정한 삶을 책임과 함께 살아가는 새로운 자아로의 탄생을 꾀하는 것이다.

이 다짐 이후 실제로 '구보'의 현실과 자신에 대한 태도는 확연히 달라진다. 예전처럼 자신의 소외된 감정과 울분을 투사하거나 집단적 사고에 얽매이지 않는다. 대신 자신이 접촉하는 현실과 자기감정에 충실하다. 아이들에게 사탕

---

38) 박태원, 「소설가 구보씨의 일일」, 앞의 책, 196면.

을 사주며 즐거워하고, 반창고 투성이의 여성을 보고는 홍소하고, 거리에서 자신의 "부란된 성욕"을 느끼는 것이다. 나아가 관조적 공상 놀이에서 벗어나 자기감정을 현실에서의 행동으로 옮기기도 한다. '구포씨'라고 발음하며 창작 생활을 무시하는 친구들에게 모멸감을 느끼자, 그는 이들을 무시하며 당당히 자리를 박차 나가며 상쾌함을 느끼는 장면이 그것이다.

나아가, 그의 에로스적 관심은 다양한 타인에게로 확장된다. 아이의 어머니에게 선물을 주기도 하며, 친구들에게 편지로 그리움을 전한다. 또, 카페 여급들을 욕망의 대상이 아니라 삶의 괴로움을 이해하며 예술의 현실적 처지와 구차한 나라 등 현실에 대한 인식으로 의식을 넓히고 있다. 이제 그는 "새로운 애인을 갖고 싶다"고 말할 정도로 자기 자시의 개별적 삶을 명료하게 인식하고 있다. 구보는 이렇게 사랑하는 여인에 대한 책임을 통해 에로스를 분화하면서 모성 콤플렉스로부터 벗어나 분리되고, 개인적 삶을 사는 자아로 성숙하고 있는 것이다.

④ 집과 생활의 선택

그의 선택은 집으로 돌아가 '생활'을 갖기로 하는 것이다. 그에게 '생활'은 창작을 지속하고, 글을 쓰는 행위이다. 그가 예술이나 창작이 아니라 '생활을 갖기로 한다.'라고 말한 것은, '영원한 소년'에게 치료가 '현실의 일'이라는 사실임을 떠올리게 한다. 이 '치료로서의 일'을 수용하고, 현실적 삶을 받아들이는 태도를 취할 때 이들 영원한 소년은 의식의 확장과 존재의 전환을 이루어낸다. 여급과의 유희적인 교제를 중지하고 진지하게 이제는 글을 쓰겠다는 선언에서 그의 변화된 모습이 나타난다.

또한 어머니에 대한 인식도 변화되고 있다. 어머니는 이제 결혼을 재촉하고 생활 잔소리를 늘어놓는 가족 내 역할 존재가 아니라 "조그만하고, 외롭고, 슬픈 얼굴"을 가진 존재, 자식과 남편과 어버이에게로 이어져 온 사랑을 가진 존재로 재인식하는 것이다. 그 결과 구보는 집으로 돌아가는 생활을 선택할 때에도 '어머니의 편안한 잠'을 중요하게 고려한다. 그의 새로운 결단에는 어머니에 대한 사랑과 같은 에로스의 요소도 중요하게 작용하는 것이다. 이는 「날개」와 다른 대목이다. 구보처럼 긍정적 모성 경험이 있음에도 불구하고, 모성상의 콤플렉스에 의해 자아가 발달하지 못한 경우, 본래 경험한 긍정적 모성 체험이 적극적인 영향력을 행사한다는 점을 알 수 있다.[39]

4. '영원한 소년상' 해석의 문학치료적 가치

이제까지 이상의 「날개」와 박태원의 「소설가 구보씨의 일일」을 영원한 소년상의 이미지와 모성 콤플렉스 극복 과정을 살펴보았다. 모더니즘 소설은 난해하고 복잡한 텍스트이다. 치료 텍스트는 단순하고, 메시지가 명료한 텍스트가 유리하다는 기존의 관점에서 보면 다소 부정적인 판단이 가능할 수도 있다. 하지만 텍스트성은 치유의 목적에 따라 재편집할 수 있는 여지가 있다고 한다면, 오히려 중요한 기준은 독자가 겪는 삶의 혼란과 문제를 보다 명료하게 이해하고 창조적으로 삶을 재해석할 수 있는 상징화의 힘일 것이다. 문학 치유 텍스트의 조건으로 "강한 은유(상징)가 있는 이야기"[40]를 꼽고 있는 것도 이 때문이다. 문학치료적 가치를 몇 가지로 나누어 설명해 보고자 한다.

첫째, 두 작품은 사춘기에 '건강한 분리'를 성공적으로 수행하지 못한 채 어른이 된 성인 남성의 심리적 고통을 지지하며, 분리를 통한 재탄생의 과정을 상징화하고 있다. 본 연구에서는 이 과정을 '삼켜짐(떠다님)- 분리- 의식화- 자아 재탄생(생성)'의 흐름으로 원형적 성장 과정을 분절화하여 제시한 바 있다. 이러한 상징은 해석만으로도 그 치유 효과가 있다. 융이 말했듯이 '상징적

---

39) 작품 「호밀밭의 파수꾼」에 나오는 주인공 피비 역시 영원한 소년상에 동일시되었던 존재이다. 그러나 그 역시 동생 피비에 대한 애정과 책임을 자각하며 떠도는 삶에서 정착의 삶으로 태도를 바꾼다.

40) R. Detambel, 앞의 책, 2017, 135면.

삶'만이 영혼의 필요를 표현하며, 상징은 원형적 정신(자기)의 에너지를 전달하여 개인에게 강력한 끌어당김과 매료시키는 힘을 발휘하며, 개인을 안내, 동기화하고 삶의 에너지를 자아(ego)에게 불어 넣지만,[41] 중요한 것은 이를 의식화하느냐 무의식인 채로 그대로 두느냐가 문제가 된다. 상징을 해석하여 의식화한다면 그는 인류의 근원적인 존재와의 소통을 통해 그 상징의 살아 있는 에너지를 자기 서사로 이끌어 기존 자아의 변환과 치유, 성숙을 가져올 수 있는 반면, 의식하지 못할 경우 충동, 본능, 증상에 사로잡혀 증상의 삶을 살 뿐 의미의 삶을 살지 못할 경우 충동, 본능, 증상에 사로잡혀 증상의 삶을 살 뿐 의미의 삶을 살지 못하게 된다.

그런 점에서 모더니즘 소설에서 '영원한 소년상'과 같은 원형적 상징을 발견하고 해석하는 활동은 모성 콤플렉스에 갇혀 살아가는 사람에게 자신의 내적 갈등을 선명하게 이해하고 영혼의 성숙 기회를 얻을 수 있다. 본 연구에 따르면, 두 작품에는 많은 원형적 상징의 요소가 있다. '삼켜짐(떠다님)- 분리- 의식화- 자아 재탄생(생성)'의 원형적 성장 흐름, 상징적 공간(방, 이불, 회탁의 거리, 다방, 길거리), 상징적 사물(닭, 편지), 인물의 상징적 행위(잠, 산책)등이 그것인데 내담자는 이 상징을 활용하여 자기 서사를 이해, 표현하며, 자아 재구성에 이를 수 있다. 다만, 해석을 위해서는 소설을 바라보는 상징적 태도와 자세가 중요하다. 그것은 자신의 고통이 지닌 현실적 의미 뿐 아니라 알려지지 않은 상징적 의미를 수용하며, 인류 보편의 태고부터 이어지는 원형 정신과 연결되어 삶의 비전과 에너지를 회복하려는 자세[42]이다.

둘째, 남성이 경험하는 모성성의 부정적 영향을 의식화하고 표현할 수 있다. 남성의 성장 과정에서 내면의 모성 원형과 맞서고, 분리되는 일종의 '용과

---

41) 원래 상징은 본질적으로 알려지지 않은 것, 신비를 가리키는 것으로 의식적 합리성을 넘어서는 모호함에 개방적인 의미작용이다. 이는 주관적이고 강력한 정서를 함축하고 있어 주체에 강한 영향력을 행사한다는 점에서 '살아' 있기에 객관적인 의미 중심의 기호와 구분된다.

42) M. Stein & L. Corbett.(1995), Psyche's Stories, Chiron Publications, pp.52-53.

의 싸움'이 매우 중요하다. 그럼에도 우리 사회의 공적인 윤리 기준에서는 내 담자가 느끼는 악한 어머니라는 심리적 경험을 자유롭게 표현하기 힘든 것도 사실이다. 어머니는 희생적이고, 선하다는 모성 신화가 그 표현을 가로막기 때문이다. 이러한 신화는 어머니 자신 뿐 아니라 분리의 통과제의를 거쳐야 하는 아들(자녀)들에게 죄책감을 주어 해악을 끼친다. 민담에는 어머니는 신이 나 여신으로 선하고 만능의 힘을 가지고 있는 존재이거나 마녀, 악마처럼 악 하고 파괴적인 존재로 그려지고 있지만[43] 이 두 모습은 모성상의 두 면모로서 분리될 수 없는 양가적인 것이기도 하다. 죽음도 삶의 일부이듯이, 모성상의 파괴적이고 부정적인 기능도 결국은 의식이 무의식으로부터 분화되어 자기 정립하고, 성장할 수 있도록 지지하는 과정 중의 하나일 뿐이다. 민담의 주인 공이 결국 자신을 휩싸고 있는 모성적 괴물(용, 호랑이 뱃속)을 격퇴하고 세상 밖으로 나오는 이유는 이 때문이다. 그런 점에서 소설과 같은 허구적인 공간 을 통해 모성에 대한 부정적 경험을 자유롭게 표현하는 일은 건강한 분리라는 발달을 위해 매우 유의미하다. 또, 상징의 측면에서 볼 때, 모성상은 도시, 자연과학, 숲, 게임, 돈, 성공, 학문 등 내담자 자신이 의존하고 있는 사회 문화 적 요소로 확장할 수 있다. 이 경우는, 다양한 중독 증상의 치료로 확장될 여지가 있다.

셋째, 모더니즘 소설의 서사 담론과 내적 형식으로 독특한 치료 효과를 발 휘할 있다. 서사 형식은 내용을 전달하는 중립적 매체가 아니라 독자의 독서 경험을 제공하고 특정한 치료 효과를 이끈다.[44] 이 효과는 작품의 내용이 아 니라 독서 경험을 통한 것이기에 자발성을 지니고 있다.

「날개」의 경우, 신뢰할 수 없는 화자에 따른 독특한 치료 효과를 기대해 볼 수 있다. 신뢰할 수 없는 화자는 그가 서술하고 있는 아내, 돈, 내객 등에

---

43) S. Birkhauser-Oeri, 앞의 책, 20-30면.

44) K. N. Dwive(ed.).(2007), The Therapeutic Use of Stories, London and New York: Routledge, p.25.

대한 정보가 왜곡되어 있거나 모순적인 경우를 말한다. 가령, 화자는 아내가 자신의 건강을 걱정하여 직접 밥을 하는 것이 틀림없다고 힘주어 말하고 있지만 동시에 자신이 먹는 밥은 '닭 모이'와 같은 마른 밥이다. 이러한 모순적인 정보 때문에 내담자(독자)는 남편인 화자가 아내의 실상을 전혀 알고 있지 못하며, 나아가 자신의 욕망으로 왜곡된 인식까지 하고 있음을 알고 웃음을 자아낼 수 있다. 이에 내담자는 화자의 심적 고통에 동일시하기도 하면서 동시에 그가 현실을 바로 보지 못하고 아내에게만 의존하고 있는 '시야의 협소함과 왜곡됨'을 웃음의 반응과 함께 저항 없이 통찰할 수 있는 것이다. 이 서술 형식이 스스로 자신의 협소한 시야를 객관적으로 인지할 수 있는 기회를 웃음과 함께 제공하는 것이다.

또, 「소설가 구보씨의 일일」은 전통적 서사 문법에서 벗어난 병치, 파편의 비유기적 서사를 활용하고 있다. 가령, '갑자기', '문득'으로 파편화된 서사 그리고 비인격적 주어로 시작되는 문장들은 콤플렉스가 주체를 대신하는 자기 소외의 양상을 직접 경험하게 해 준다. 서사 주체는 자신의 의지와 동기로 움직이는 것이 아니라 내면의 무의식적인 콤플렉스의 힘에 의해 움직이고 있다. "저도 모를 사이에 그의 발은 백화점 안으로 들어서기조차 하였다." "처음에 그가 아무렇게나 내어 놓았던 바른발이 공교롭게도 왼편으로 쏠렸기 때문에 지나지 않는다."등의 문장이 그 예이다. 이러한 문장의 힘을 빌어 내담자들은 자기 서사에서 자신의 무의식적인 상태로 진행된 콤플렉스적인 경험을 명료하게 통찰할 수 있다. 콤플렉스는 우리가 의식의 힘을 높여 객관적으로 통찰할 수만 있다면 그 역기능을 줄일 수 있다.

5. 결 론

이제까지 모더니즘 소설인 「날개」와 「소설가 구보씨의 일일」을 대상으로 '영원한 소년'의 원형적 이미지를 발견하였고, 그 문학치료적 가치를 판단하였다. 독자가 텍스트와 만나 의미를 구성하는 과정은 일종의 상징적 과정이다. 이 상징적 과정은 삶의 혼란과 문제를 보다 명료하게 이해하고, 나아가 새로운 시각과 대안적 관점에서 창조적으로 삶을 재해석할 수 있는 여지를 준다. 이런 점에서 문학 텍스트 자체가 내장하고 있는 상징화의 힘을 문학치료학에서는 연구하고 활용해야 한다. 결과적으로 두 작품은 성인이 되었음에도 긍정적, 부정적 모성 콤플렉스에 분리되지 못한 채 모성상에 사로잡혀, 자기 삶을 살지도 못하고 현실적으로도 뿌리를 내리지 못한 채 정신적 육체적으로 방황하며 떠돌고 있는 성인 남성의 치유와 회복을 상징화하고 있다. 요약한다면, 「날개」는 '아내 - 어머니'의 방에 휘감긴 채 머리 속 연구로만 지내다가 아내에 대한 심리적 의존과 환상에서 벗어나 '회탁의 거리'에서 '절뚝거리며 걸어가는' 현실적 삶 속에서 자아를 새롭게 탄생시키는 과정을 보여주고 있다.

반면 「소설가 구보씨의 일일」은 산책과 공상의 부유하는 삶을 통해 정착하지 못하는 잠정적인 삶을 보여주고 있다. 하지만 자신이 사랑했던 여인에 대한 과거 감정에 직면하고 책임을 회피했던 자신의 열등한 모습을 수용함으로써, 현실에 대한 폭넓은 시야를 확보하고 현실에 뿌리를 내리고 있다.

이 글에서는 모성 콤플렉스로부터의 분리와 자아의 성장이, 상징적 과정의 측면이 있다고 보고 "'삼켜짐(떠나님) - 분리 - 의식화 - 자아 재탄생(생성)'"으로 구조화하였다. 이 두 작품은 난해한 모더니즘 소설이지만, 모더니즘 소설이 현대인의 소외된 주관적 내면을 은유와 상징을 통해 표현하고 있어 치료 효과가 기대된다. 또한 새롭고 실험적인 서사 형식을 내담자의 자기 서사에서 활용한다면, 자신의 심리적 고통을 새로운 각도에서 통찰하고 경험할 수 있는 기회를 제공할 수 있다. 이런 점에서 모더니즘 소설은 그 난해함에도 불구하고, 문학치료 텍스트로서 매우 효용이 높다는 견해가 본고의 판단이다. 다만, 실제적 효과에 대한 임상 연구와 구체적인 치료 프로그램 개발은 또 다른 연구 과제로 남는다.

제3부

소통 능력 발달을 위한 교섭적 읽기교육

01

현대소설 크로노토프들의
대화성과 교섭적 읽기 교육

1. 서 론

소설교육에서는 무엇을 읽느냐의 문제뿐 아니라 어떻게 읽느냐의 문제역시 매우 중요하다. 소설 읽기의 방법은 텍스트의 의미 해독을 넘어 독자의 사회 문화적 실천을 안내하는 가치 지향을 이미 내장하고 있다. 기존 문학교육 연구에서 문학(소설) 교육의 내용을 학습자의 주체 형성이나 문화능력 발달과 연관지어 모색해 왔던 것도[1] 실은 텍스트 분석에만 치중하는 형식주의적 입장을 보완하고 가치론적 지향을 유지하려는 문제의식이 담겨 있다고 할 수 있다. 그러나 애초의 취지와는 달리 문학 문화의 개념이 모호하고 또 문화 보편의 주제론적 접근 때문에 정작 문학 고유의 특수성을 잘 접목시키지 못한 다는 비난을 받아 왔다.[2] 내용과 형식, 문화 보편성과 문학 특수성, 텍스트 맥락과 형식의 분리라는 문제를 해결하지 못한다면 원래의 취지에도 불구하고 교실의 교육 실천에 참여할 수 없게 된다.

그런 면에서 문학교육론의 당면 과제의 하나는 문학의 내적 형식과 외적 맥락, 문학의 고유성과 문화의 일반성, 창작과 수용을 통합으로 운용하여 창 작(생산), 텍스트, 수용으로 각각 단순 병렬 배치되었던 문학교육 내용을 통합적으로 운용할 수 있는 방법을 개발하는 일이다. 그리하여 개별 텍스트의 섬

---

1) 이 문제는 1990년대 이후, 문학교육 논의의 주를 이루었다.
   우한용(1997), 『문학교육과 문화론』, 서울대 출판부.
2) 김창원(2008), "문학 문화의 개념과 문학교육", 문학교육학 25호, 한국문학교육학회.

세한 읽기라는 분석주의의 공과를 이어받으면서도, 작가와 독자의 역동인 작용태에 주체으로 작용할 수 있는 읽기 방법을 구체적으로 그리고 지속으로 개발할 필요가 있다. 이 문제에 대해 본고에서는 소설에서의 '시간과 공간'의 문제, 곧 '크로노토프'(chronotope)에 지목하고 이 범주를 통해 소설 구성 원리임과 동시에 현실과 독자를 매개하는 대표저인 읽기 방안을 모색하고자 한다.

사실, 소설 크로노토프 연구는 2000년 초반에 주로 이루어졌다. 소설 연구에서는 개별 텍스트와 작가의 크로노토프 분석에 주안[3]을 두면서 소설 분석 범주를 확장하고자 노력하거나 근대소설 형성이라는 소설 장르사적 관점에서 접근하기도 하였다.[4] 소설교육에서는 크로노토프를 매개로 한 문화 해석[5]이나 타자 인식[6]텍스트의 심층 이해[7]의 측면을 중심으로 논의된 바 있다. 그러나 '크로노토프'는 그 개념의 모호성, 다양한 해석 여지 때문에 아직도 비평 방법론으로는 완전하게 정비되었다고는 하기 힘들다. 기존 연구가 소설 읽기의 다양한 방법 개발에 기여하기도 하였지만, 그러나 한 연구자[8]가 밝히고 있

---

3) 대표연구물로는 다음이 있다.
   김병욱(2001), "「자랏골의 비가」의 크로노토프와 담론", 한국문학이론과 비평, Vol.12, 한국문학이론과 비평학회.
   김종구(2002), "「무진기행」, 길의 크로노토프의 시학", 한국언어문학, Vol.49, 한국언어문학회.
   송명희(2004), "김정한 소설의 크로노토프", 한국문학이론과 비평, Vol.25, 한국문학이론과 비평학회.
4) 김종욱(2000), 『한국 소설의 시간과 공간』, 태학사.
   나병철(2003), "탈식민주의와 제3의 공간", 소설연구 19호, 소설학회.
5) 최인자(1996), "크로노토프의 文化的 解析을 통한 說讀書", 독서연구1, 한국독서학회.
   최인자(2002), "성장소설과 시공간 구성의 성별 패턴", 『국어교육의 문화론 지평』, 소명출.
   김동환(2007), "한국 소설에 나타나는 공간 상상력 연구-소설교육의 방향성 탐색을 한 근", 국어교육 124호, 한국어교육학회.
6) 선주원(2005), "크로노토프를 활용한 타자 인식과 소설교육", 국어교육 116호, 한국어교육학회.
   김근호(2008), "소설 텍스트 종층적 읽기와 공간론", 독서연구 19, 한국 독서학회.
7) 이종임(2004), "'크로노토프'를 활용한 소설교육", 충남학교 교육학원, 석사학위 논문.
8) 권기배(2006), "바흐 크로노토프 이론의 국내수용에 한 고찰-국문학에서의 수 용과정을 심으로-", 노어노문학 Vol.18, 한국노어노문학회. 이 연구는 바흐친의 대화 철학 맥락에서 크로노토프 분석이 이루어져야 함을 밝히고 있어 본 논문의 문제의식에 도움을 주었다.

듯이 이 개념이 발생하게 된 철학 맥락을 충분히 고려하고 있는가의 문제, 작품 해석 방법을 구체화해야 하는 등은 여전히 해결되어야 할 과제라 하겠다.

이 글에서는 크로노토프가 작가, 작품, 독자, 현실을 통합으로 매개하는 '관계'(nexus) 개념임에 주목하고, 텍스트 내, 텍스트 간, 텍스트와 작가/독자 간의 상호작용의 읽기로 접근하여 '교섭 읽기'(negotiative reading)라는 개념으로 설명해 보고자 한다. '관계' 개념이라 함은 크로노토프가 텍스트의 내적 구성 형식이자 현실의 시공간 문화적 범주이며, 독자가 자신의 현실 경험을 바탕으로 작품을 창조적으로 이해하고 쇄신할 수 있도록 하는 매개 역할을 할 수 있음을 의미한다.[9] 이러한 접근은 크로노토프의 재현 원리를 '불가분의 총체로서의 작품이 지니는 충만함'을 고려하는 '소통' 중심의 접근으로 확장하려는 의도를 담고 있다. 언어가 다성적이고 대화적인 것처럼 현실을 구성하는 시공간 역시 주체의 가치 평가와 대화에 열려 있어 '역사성과 잠재적 가능성'을 지닌 범주로 볼 필요가 있다. 이런 문제의식으로 문학교육에서 지속적으로 문제되었던, 작가 · 독자 · 텍스트 · 현실을 통합적으로 조직할 수 있을 뿐 아니라 문화와 문학, 사회 · 문화적 맥락과 독자의 생활 경험을 '시공간' 요소로 범주화할 수 있게 되기를 기대한다. 텍스트는 조세희의 「난장이가 쏘아 올린 작은 공」(1976)과 박태순의 「정든 땅 언덕 위」(1966)이다.

2. 현대소설 크로노토프들의 대화적 이해, 그 가치와 방법

시간과 공간은 인간 경험의 본질과 의미를 밝히는 데 있어 가장 근원적인

---

9) 이러한 은, 바흐이 '작품에 재된 크로노트'와 독자와 작가가 참여하는 '외부 세계의 크로노토프'의 화성을 강조한 논의에서 가능하다. 이에 해서는 2에서 상술하도록 하겠다(M. M. Bakhtin, Caryl Emerson and Michael Holquist trans(1981) The Dialogic Imagination, University of Texas Press, pp. 252-254). 이러한 을 용한 논문으로는 다음을 참조할 수 있다. Deborah Schiffrin(2009), "Crossing boundaries : The nexus of time, space, person, and place in narrative", Language in Society. Vol. 38, Cambridge, pp. 421-5.

형식이다. 칸트는 시·공간이 인간의 경험을 규정하고 제약하는 선험 조건임을 밝혔고, 브로디외는 사람들의 의식뿐 아니라 반복되는 행동, 곧 아비투스라는 양상으로 신체에 새겨져 내적인 통제를 가한다는 점을 지적한 바 있다. 이는 시간과 공간의 개념이 개개인의 경험을 구조화하고 사회 행위를 가능케 하는 '형태 이데올로기'로 기능한다는 점을 보여주고 있다. 그러나 시공간이 인간의 삶을 결정하기만 하는 고정된 실체인 것은 아니다. 아인슈타인은 시간과 공간을 결합체로 봄으로써 시·공간의 상대성과 가능성에 대한 인식으로 안내10)하였다.

예술 작품, 특히 소설 속에서 시·공간은 경험의 본질 탐색과 사건 재현을 가능하는 핵심 요소이다. 소설이 다루는 추상인 사건, 행위, 관념은, '윤곽을 가진 공간'에서 '밀도와 구체성을 가진 시간'의 크로노토프에 의해서만이 정보가 아닌 형상으로 드러날 수 있다. 특히 현대소설 작품에서는 단일한 크로노토프가 존재하기 힘들다는 점 역시 강조될 필요가 있다. 소설이 선험적인 이념의 세계에서 벗어나 인간의 고유 경험들에 충실할 때, 소설의 크로노토프는 늘 인간 주체의 '정서와 가치'로 채색되어 있으며, 이질인 시·공간들의 복잡한 상호작용과 관계들로 나타난다. 마치 언어가 이질인 가치평가 어조들의 대화 속에서 존재한다고 하는 것처럼 크로노토프 역시 어느 하나가 다른 것들을 포용하거나 지배하기도 하고, 공존하거나 서로 뒤섞이기도 하며 서로를 대체하거나 대립하고 모순되는 등의 다양한 관계 속에서의 '크로노토프들'로 존재하는 것이다.11) 특히, 근대의 시간과 공간이 수량 계측에 의해 동질화,

---

10) 비유클리드 기하학 발견 이후, 물리 공간과 가능인 공간의 이성이 인식되었다. 크로노토프라는 시간과 공간의 결합은, 시공간을 '역사성과 잠재 가능성'을 동시에 갖는 것으로 인식할 수 있도록 하다.
    한스 라이헨바하 지음, 이정우 역(1986), 『시간과 공간의 철학』, 서사.
11) 이에 한 자세한 논의는 다음을 참조할 수 있다.
    Jay Ladin, Fleshing Out the Chronotope, Caryl Emerson, Critical Essays on Mikhail Bakhtin, G. K. Hall & C. New York, pp.212-238, 1993.
    개리 모슨/캐릴 에머슨, 여홍상 역(1995), "시공성의 개념", 『바흐과 문학이론』, 문학과지

표준화, 절대화, 객관화되었다는[12]에서, 소설 크로노토프의 대화성은, 근대 내 존재하는 '비동시인 것의 동시성'의 다중적 시간상들을 재현[13]할 수 있으며, 역사적 현실성에 내재되어 있는 '잠재 가능성'을 이해할 수 있는 폭을 넓혀 준다. 이 대화성은 소설 작품 내 세계 뿐 아니라 재현 외부의 세계(작가와 독자가 거주하는)와의 역동 교섭을 설명해 주기도 한다. 육체적 존재로서의 인간의 삶이 시간과 공간의 형식을 빌리지 않고는 불가능하다고 할 때, 작가나 독자 모두 그들의 현실세계는 크로노토프적인 것이라 할 수 있다. 소설 창작과 수용 역시 크로노토프들 간의 대화로 번역할 수 있다. 작가가 자신이 처한 시공간의 상황과 대화하면서 소설 내 크로노토프를 창작한다면 독자는 이를 통해 자신의 현실 세계를 이해하고 작품을 창의적으로 쇄신해 나간다. 이러한 대화성은 텍스트와 독자의 시공간 차이성을 생산적으로 활용함으로써 가능하다. 이러한 역동적 관계를 위해서는 무엇보다 소설 텍스트 내 크로노토프들의 다양성을 포착하고 그 관계를 파악하는 접근이 필요하다. 사회 인지 학습론에서도 지적하고 있듯이, 현상을 이슈와 딜레마, 갈등 문제 상황으로 보는 것은 학습자의 적극인 반응을 불러들일 수 있기[14] 때문이다.

문제는 방법이다. 바흐친은 크로노토프를 서사의 기본 사건 조직의 중심이라는 면에서 작품 전체의 구심력을 담당하는 '중심 크로노토프(major chronotope)'와 원심화하려는 에너지를 지닌 '하위 크로노토프(minor chronotope)'[15]로 분류

성사, 154-160면.

12) 이진경(1997), 『근대적 시·공간의 탄생』, 푸른숲.

13) 김종욱은 식민지와 관련지어 이 문제를 논의하다. 그러나 개별 텍스트보다는 시공간 상황 전체를 살피는 거시 담론에 중점을 두고 있다.
김종욱(2000), 『한국 소설의 시간과 공간』, 태학사.

14) Lee, Galda & Richard, Beach.(1994), "Response to Literature as a Cultural Activity", Robert B. Ruddell, Norman J. Unrau Edt., Theoretical Models and Processes of Reading, International Reading Association, p.864.

15) '하위 크로노토프'라는 개념조차 실제 분석 방법으로 사용하고자 하면 그 외연이 분명하지 않은 이 있다. 이에 Jay Ladin(1993)은 다양한 용어로 하 크로노토프조차 세분화하여 '지역(local) 크로노토프', '미시(micro) 크로노토프', '부가(incidental) 크로노토프' 등을 제시하기

한 바 있다. 이 분류의 매력은, 언어의 구심성과 원심성과 같이 작품 내에 포진하고 있는 크로노토프들 간의 경쟁과 대립, 합치를 효과적으로 분석할 수 있다는 점일 것이다. 그러나 하위 크로노토프들의 다양성을 모두 포함하기에는 다소 모호한 점이 있다.

이 글에서는 소설 내 재현의 층위(diegetic level)를 중심으로 하여, '주관적 크로노토프'(intra-subject), '간주관적 크로노토프'(inter-subject), '초주관적 크로노토프'(trans-subject)로 나누는 방식16)을 원용해 보고자 한다. '주관적 크로노토프'가 작중 인물이나 화자의 의식과 지각 속에 표현되는 것이라면, '상호주관적 크로노토프'(inter-subject)는 작중 인물들이 공유하는 사회 세계에서 통용되는 것이며, '초주관적 크로노토프'는 내포 작가와 독자가 공유하는 것이다. 서사 담론에 따라 인물의 주관적 크로노토프와 간주관적 크로노토프의 모순을 강조할 수도 있고, 서사 세계의 주관적 크로노토프와 인물들의 사회생활을 구축하는 상호주관적 크로노토프를 대립시킬 수도 있다. 이러한 분류의 장은 서사 세계의 계층 질서를 고려하여 하위 크로노토프들이 위계적, 계층적으로 배치되는 소설 전체 구조를 이해할 수 있다는 것이다.17) 그리하여 중심 크로노토프가 서사 담론의 층에 따라 어떠한 가치의 하위 크로노토프들로 변형, 확장, 다성화되고 있는지, 그리고 어떠한 크로노토프들이 권력화, 주변화되는지를 전체적으로 이해할 수 있다.

이와 같은 대화성을 이해하기 해서는 '교섭적'(negotiational) 읽기가 필요하다. 교섭적 읽기는 대화성, 곧 차이의 공유를 통해 새로운 의미 생성을 추구하는

도 하다.

16) Eckstrom, Lisa.(1995), "Moral Perception and the Chronotope: the case of the Henry James", In Bakhtin in Context : Across the Disciplines, ed. Amy Mandelker, Evanston: Northwestern University press.

17) 다양한 하위 크로노토프들은 중심 크로노토프의 변형을 유도하여 소설 장르의 문화 변형에 기여한다. Pittman, Barbara L.(1995), "Cross-Cultural Reading and Generic Transformation: The Chronotope of the Road in Erdrich 's Love Medicine", American Literature : A Journal of Literary History, Criticism, and Bibliography 67, no 4, pp.777-792.

읽기 방법이다. 이는 하나의 서사 내에서 혹은 서사들 간의 관계에서 공통적인 사건/행위/공간에 대한 다른 해석, 다른 플롯들을 비교 대조함으로써 비판적, 대안적 모색을 유도하는 것이다.[18] 소설 읽기에서 '동화'가 독자의 현재적 시공간으로 텍스트의 시공성을 환유하는 독서 기제이고, '거리두기'가 텍스트의 시공간으로 독자의 시공성을 환유한다고 한다면, '교섭'은 둘 사이의 '차이'를 창조적으로 활용하여 시공적 대화를 유도한다는 특징을 지닌다.

3. 소설 크로노토프들의 대화적 이해를 위한 교섭적 읽기 방법

이제, 크로노토프들의 대화성에 바탕을 둔 교섭적 읽기의 방법을 제시하고자 한다. 대상으로 삼은 작품은 「난장이가 쏘아 올린 작은 공」(1976)과 「정든 땅 언덕 위」(1966)이다. 이 두 작품은 공히 '도시 주변부'의 공간에서 소설적 사건들을 이끌고 있다. 196 · 70년대 현실에서 '도시 주변부'는 산업화 사회의 문제성을 극명하게 보여주는 전형적 공간이다.[19] 이 공간은 국가 권력의 개발 위주의 정책과 근대화 과정에 따른 '공간 위계화'의 문제를 제기하고 있으며 또한 도시 빈민이라는 하위 주체 생성과 연관되어 있다. 나아가 중심과 주변의 문제는 독자의 현실적 시공간 경험에서도 문제적일 수 있다. 먼저, 「난장이가 쏘아 올린 작은 공」[20] 작품 한편에서 크로노토프들 간의 관계 양상을 살펴보고, 이를 박태순의 「정든 땅 언덕 위」와 비교 대조한 뒤 독자들과 대화할 수 있는 방안을 모색하도록 하겠다.

---

18) H. Porter Abott.(2002), The Cambridge Introduction to Narrative, Cambridge, 156-157면.
19) 1970년대 산업화 사회에서 '도시'라는 공간은 시대적 전형성을 지니고 있다.
  이재선(1997), 『현대 한국소설사 : 1945~1990』, 민음사.
20) 본고에서 대상으로 삼고 있는 작품은 연작집 전체가 아니라 「난장이가 쏘아 올린 작은 공」 단편이다. 이후 「난장이」로 표기하기로 한다.

1) 소설 텍스트에 재현된 크로노토프들의 대화적 이해 : 「난장이가 쏘아 올린 작은 공」을 중심으로

먼저, 한 편의 작품에 재현된 크로노토프들과 그 관계를 살펴본다. 조세희의 「난장이」는 한국 자본주의의 문제성을 노동자의 입장에서 문제제기하여 1970년대 소설의 새로운 시공간을 열었다는 평가[21]를 받고 있다. 이 소설의 주요 공간인 '낙원구 행복동'은 도시 빈민의 생성, 국가 권력에 의한 공간 재구성과 이에 따른 사회적 문제를 압축적으로 보여주고 있어 70년대의 전형적 공간이라 할만하다. 이 소설은 '행복동'을 둘러싼 국가와 자본가, 도시 빈민, 노동자들의 시공 의식을 대립, 교차시킴으로써 중층적이고, 대화적 울림이 강한 크로노토프를 구축하고 있다.

먼저, 이 소설의 서사 세계를 구축하는 초주관적 크로노토프를 보자. 이 소설은 1인칭 인물 초점화자로 서술되고 있어 '상호주관적 크로노토프'와 '초주관적 크로노토프'가 동시에 표현된다는 특징이 있다. 개인의 주관적 의식은 직접 드러나지만 서사 세계는 인물의 의식 너머를 추론해야 한다.

그러나 후자는 인물들이 인식했는지의 여부와 무관하게 그들의 삶을 규정한다는 점에서 초개인적 크로노토프라 할 수 있다. 그가 묘사한 '행복동'의 공간적 형태와 배치는 작중 인물들의 사회적 관계와 활동 방식을 규정짓는 '도시 주변'을 상징적으로[22] 보여준다.

낙원동 행복동의 공간 배치를 보자. '낙원구 행복동'의 난장이 집은 공장의 굴뚝이 집의 조각 마루에까지 파고들어 지붕을 감싸고 있다. '행복동'이 공장의 저임금 노동력 보완을 위한 것임을 보여주는 것이다. 이는 이미 지리적

---

21) 류보선(2000), "사랑의 정치학 : '난장이가 쏘아 올린 작은 공'을 통해서 본 조세희론", 『1970년대 문학연구』, 소명출판.
22) 공간적 배치나 형상은, 드나듦과 만남을 비롯한 다양한 공간적 실천을 정의하고 통제함으로써 사회적 관계를 형성하거나 표현한다. 공간의 근대적 주체 구성에 대해서는 다음 책을 참조할 수 있다. 이진경(2007), 『근대적 주거 공간의 탄생』, 그린비.

위치가 아니라 사회적 위치이며, 공간적 위계화의 결과이다. 행복동의 '이곳'은 다른 곳으로의 이동이 어렵고, 방죽에 의해 단절되어 있어 이들만의 냄새가 따로 난다. 방죽을 경계로 하여 '저곳'은 깨끗하며, 고기 굽는 냄새가 난다. '이곳'과 '저곳'의 단절과 거리는, 이미 문화적 단절이며, 위계화[23]인 셈이다. 장남이 공장에 가지 말라는 '명희'의 약속을 지킬 수 없었던 것도, '영희'와 '영호' 모두 결국 공장 노동자가 되고 마는 것도 결국은, 도시 주변부의 공간이 도시 하위 주체들을 구성한 결과인 셈이다.

이 소설에는 학교·공장과 같은 근대 주체를 훈육하는 공간이 잘 묘사되어 있다. 이 소설에서의 공장은 노동자들을 고립적으로 배치하여 자유롭게 움직일 시간을 최소화하며, 분절된 시계 시간으로 행동을 관리하는 생산 효율성만을 추구하는 공간이다. 이 세계는 소설의 현실 세계 자체를 구성하는 압도적인 것이어서 이후 구축하는 시공성의 전제가 된다.

그렇다면 인물들의 사회적 현실로서의 '행복동'은 어떠한 크로노토프로 경험되고 있는가? 일차적으로 그것은 '개발' 크로노토프에 속해 있다. 공식 명칭으로서의 '낙원구 행복동'이라는 이름이 보여주고 있듯이, 이곳은 정치인들과 공장 사장이 '개발'을 통한 '희망'을 약속한 곳이었고, "주택개량"이라는 발전의 계획이 시행되는 곳이다. 행복동 주민들이 맞닥뜨린 '철거' 역시, 명분상으로는 바로 그 '발전'의 연속선상 속에 있다. 근대의 '개발' 정책은, 공간의 양적 확장과 시간의 목적론적 진보만을 내세우면서 시간과 공간의 질적 고유함을 제거하고 모든 것을 교환 가능한 가치들로 표준화하였다. 이들이 강요받고 있는 '철거'라는 현실은, 실존적 안락감을 지닌 장소로서의 '집'이 이제는 재산 증식 도구나 국가 개발 정책을 위한 객체화된 공간이 되었음을 압축적으로 보여주고 있다.

그러나 상호주관적 크로노토프가 이것으로만 존재하는 것은 아니다. 국가

---

23) 유리 로트만, 김수환 역(2008), 『기호계』, 문학과지성사, 34-41면. 로트만은 모든 문화는 공간적 용어로 표현할 수 있다고 하였다.

주도하의 사회 현실과는 대립되지만, 행복동 사람들이 공유하고 있는 사회 현실이 별도로 존재한다. 이 현실에서 이들은 공통의 기억을 공유하며 서로간의 사정을 배려하고 이해한다. 과거의 '행복'했던 시간을 공유하는 이들 세계는, 눈앞의 이익을 넘어서는 인정 어린 세계로 '행복동'의 또 다른 사회 현실이라 할만하다. 작가는 이 두 세계를 대비적으로 보여줌으로써 제도적 현실 이면의 폭력성을 드러냄과 동시에 '이웃애'라는 다른 사회적 관계의 가능성을 보여주고 있다.

이러한 상호주관적 크로노토프에 '난장이 일가'의 주관적 크로노토프가 병치된다. 기존 연구에서는 주로, '낙원구 행복동'을 '죽은 땅'으로 대립, 전도하는 인물들에 초점을 두었으나 이 글에서는 인물들도 크게 두 유형으로 나눌 수 있다고 본다. '난장이 자식'들과 '난장이'의 내면이 그것이다. 전자가 중심과 주변부의 이분법을 전제로 한 타자의 위치에서 개발 크로노토프의 모순을 드러내며 저항과 대립을 추구한다면, 후자는 이분법에서 벗어난 외재적 위치에서 가능성과 대안을 모색한다.

'영수'와 '영희'는 '낙원구 행복동'에서 개발의 크로노토프가 무시하고, 파괴한 것, 억압당하고, 배제된 것을 복원하고, 현실화된 세계의 가치들을 의도적으로 전도한다. 주변부의 타자화된 위치에서의 경험이라 할 수 있는 '기억', '일탈'의 크로노토프가 그것이다.

> (1) "그래 입주권을 다들 팔고 있나요?"
> "영희네도 서두르세요."
> 어머니는 괴로운 얼굴로 서 있었다. 어머니를 명희 어머니가 다그쳤다.
> "저희는 내일이라도 떠날 준비가 돼 있어요, 영희네가 돈을 해준다면. 집이야 도끼질 몇 번이면 무너질테구."
> 영희의 눈에 다시 눈물이 괴었다. 커도 마찬가지였다.
> (2) 계집애들은 잘 울었다. 내가 영희 옆으로 다가갔을 때 영희는 장독대 바닥을 가리켰다. 장독대 시멘트 바닥에 '명희 언니는 큰오빠를 좋아한

다'고 씌어 있었다. 집을 지을 때 남긴 낙서였다. 영희가 웃었다. 우리에게는 그때가 제일 행복했다.[24]

(1)은 현재의 사건이고, (2)는 과거의 사건이다. 그러나 과거와 현재는 동일한 시간 지평에서 병치되어 있다. 이러한 기억은 현실의 틈새를 뚫고 나와 현재를 문제시하는 역할을 한다. (1)의 현실에서 어머니는 괴로운 얼굴로 집의 몰락을 바라보고 있는 반면 (2)의 기억에서는 가장 행복한 얼굴로 집을 만들고 있다. 사실, 근대 개발 크로노토프는 과거의 흔적을 지우고 그 시간의 연속성을 삭제한다는 점에서 무시간성, 무장소성의 특징을 지닌다. '잠실'의 아파트는 예전에 '채마밭'을 감쪽같이 지우고, 전혀 이 장소와 인연 없는 구매인을 불러 들여 새로운 공간을 형성하는 것이다. 이는 과거의 이질적 기억과 현재의 다양한 시간적 경험이 모두 미래의 계획으로 단일하게 귀속되어 버리고 만다는 점에서 일종의 목적론적 서사라고 할 수 있겠다.

서술자는 이 기억을 통해 눈앞에 보이는 개발 크로노토프의 의미를 전도한다. '사장'이 말하는 '희망'의 시간, 또 잠실 아파트 개발에 나붙은 '꿈의 공간'이라는 시공간은, 자신에게는 몰락과 역사적 반복의 시간이었고, 결핍과 단절의 시간이었다. 교육과 경험이 없어 결국 집과 땅을 잃었던 할아버지의 역사나 현재 자신의 모습은 한 치의 예외도 없이 반복되고 있음을 밝히는 역사적 기억은 성장의 이데올로기를 여지없이 무너뜨린다. 여기에서 거인과 난장이, 옳음과 그름에 대한 윤리적 전도가 이루어진다.

다음은 '영희'의 '일탈' 크로노토프가 있다. '영희'는 집 매매 계약서를 찾기 위해 부동산 매수자의 집에 들어가 자신의 몸을 판 뒤, 그것을 훔쳐 다시 돌아오는 행동을 한다. 이 행위는 공간적 이동과 과거의 전통적 가치로부터 벗어남으로써 가능한 것이다. 그러나 '자유롭기' 위해서 떠난 것이 아니라 돌아오

---

24) 조세희(1995), 『난장이가 쏘아 올린 작은 공』, 한국소설문학대계, 77면, 동아출판사. 이후는 면수만 기재함.

기 위해 떠난 것이라는 점에서 모험이 아니며, 현행법과 관습을 넘어선 것이기에 일탈이라 할 수 있다. 이 일탈 크로노토프는 자신의 집 외부로의 공간 이동을 통하여 사회적 차원으로의 인식 확장을 꾀한다.

그 결과 부동산 브로커의 실체를 통해 근대 개발의 자본 권력을 확인한다. 그러나 집을 되찾으려는 그녀의 의도와는 달리 이 일탈 크로노토프는 개발 크로노토프와 역설적으로 결합하여 그 아이러니적 의미를 보여준다. 자기 집을 다시 찾기 위해 훔쳐야하는 역설, 집은 찾았으나 함께 살 아버지를 잃어버리고마는 역설은, 실존적 의미의 정당성이 법적인 차원에서의 일탈이 되고 현실적 성취가 윤리적 패배가 되고마는 현실의 모순을 보여준다. 그러나 이들은 아직 '중심과 주변'이라는 이분법의 틀 내부에 존재하는 일종의 '내부 타자'로서의 위치에서 벗어나지 못한다. 곧, 다른 소년의 얼굴을 보고 자기 얼굴을 닦는 소년처럼, 오로지 타자의 시각에서 자신을 이해하는 주변부적인 인식인 것이다. 따라서 이들에게 '행복동'은 '죽음과 악몽'의 공간이자 결핍과 단절의 공간이며 변화가 불가능한 폐쇄적인 시간으로 경험된다.

그러나 아버지와 지섭은 '달나라'의 이계 여행이라는 '초월' 크로노토프를 통해 이분법을 넘어서려고 한다. 곧, 내부에서의 타자가 아니라 외재적 위치에 서려고 하는 것이다. 그들이 '죽은 땅'을 떠나 가려는 '달나라'는 '행복동'과 같은 '중심'과 '주변', '안'과 '밖'이라는 공간 내부의 위계적인 이분법을 해체한 곳이라는 점에서 초월의 의미역을 지닌다. 이는 '뫼비우스 띠'나 '클라인씨 병'과 같이 이분법에 의한 지배와 피지배의 닫힌 구조를 열고, 새로운 가능성을 모색하는 의미를 지니는 것이다. 그러나 이는 현실의 시공간이라기보다는 인물들의 욕망에 의해 현실이 변형된 환상의 시공간일 뿐이다. 이 환상성을 통해 현실의 그릇된 전체상과 위계적 연결 관계를 파괴하고 새로운 방식의 결합을 시도하는 인식론적 혁신을 보여주기는 하지만 결국 현실에서 정착되지 못하고 자살이라는 비극적 행위로 귀결되고 만다. 그럼에도 이러한 '외재적 위치'의 힘은, 이후 난장이 아들이 노동자로서 당당한 자기의식을 가지고 성장하는 과정과 연계되고 있다.

2) 텍스트간 크로노토프의 교섭적 읽기 : '행복동'과 '외촌동'의 대화

다음, 크로노토프의 대화적 이해는 개별 텍스트를 넘어서 텍스트 상호적 이해로 확장할 수 있다. 크로노토프가 '사건과 행위의 본질을 이해하기 위한 일종의 형태적 이데올로기'라고 할 때, 이 이데올로기는 개별 텍스트 차원보다는 상호텍스트성 차원에서 작동하는 경우가 많다. 텍스트에 나타난 중심 크로노토프의 공통점을 통해 그 시대 경험을 의미화하는 시공간적 코드를 파악할 수 있으며, 그 하위 크로노토프들의 차이를 읽음으로써 특정의 시공간을 해석하는 다양한 시각들을 비판적으로 접목할 수 있다. 이는 궁극적으로는 현실의 경험을 해석하는 작가와 인물들의 세계관, 가치관의 차이들을 조명함으로써, 현실의 시공간 경험에 대한 잠재적 가능성을 개발하는 데 기여한다.

앞에서 우리는 「난장이」가 '행복동'이라는 도시 변두리의 공간에서 권력적 지위를 누리고 있는 개발 크로노토프와 이에 저항하는 기억, 일탈, 초월의 하위 크로노토프들을 살펴보았다. 박태순의 「정든 땅 언덕 위」 역시 '외촌동'을 배경으로 도시 빈민의 이주와 정착의 경험을 통해 주변부의 시공간을 탐색하고 있다. 기존 연구에서는 이 작품이 도시 변두리 민중을 발견하는 70년대적 경향의 초두에 서 있는 것으로 평가[25]하면서, 주로 민중들의 생명력과 활기의 표현[26] 혹은 뜨내기 인생의 유동적 삶, 혹은 대도시의 이동 경험을 표현한 것[27]으로 해석하였다. 그러나 「정든 땅 언덕위」의 하위 크로노토프들 간의 관계를 면밀하게 살펴보면 주변부 공간의 보다 다채로운 삶의 양상을 발견할

---

25) 김병익(1972), "광기와 야성 – 박태순론", 『현대한국 문학의 이론』, 민음사.
26) 백낙청(1978), "변두리 현실의 문학적 탐구", 『민족문학과 세계문학』, 창작과비평사, 265-268면.
27) 조현일(2007), "박태순의 "외촌동 연작" 연구 : 이야기와 숭고", 우리어문연구, Vol.29, 우리어문학회.

수 있다.

이 소설의 '외촌동'이라는 장소는, '행복동'과 같이 국가의 개발 정책에 의해 급조된 곳이다. 화자의 묘사에 따르면, 이곳은 '갑작스럽게', '날림'으로 지은 '공영 주택'으로 '길다란 뱀'이나 '닭장', '엉터리 강당'과 같다. 이처럼 무질서, 무계획으로 급조된 '외촌동'의 시공적 이미지는, '행복동'과 마찬가지로 인간 삶과의 생태적 조율 없이 강제적인 적응을 강요 당하고 있는 소외된 삶을 압축적으로 형상화하고 있다. 이러한 이미지는 임의적이고 일시적이며 불안정한 시간으로도 형성화된다.[28] 마을 사람들 거의 대부분이 떠돌이 실향민인데다가 이들은 우연한 만남과 사건에 의해 그 때 그 때마다의 임의적인 시간을 살아간다. '미순'은 '우연히' 만난 약장수와 '홀연히' 사라졌다가 다시 돌아와서는 이전의 애인과 함께 '급작스럽게' 떠나 버리고, '변노인'과 '과부댁'은 뜻하지 않게 갑자기 부부의 연을 맺었다가도 우연한 사건에 의해 서로 원수가 되는 불안정한 삶이 계속된다. 또, 공간 역시 안과 밖, 나와 너의 경계가 분명하지 않은 채 열려 있어, 주로 '거리', '노인정' 등과 같이 집단적이고 열린 공간에서 사건이 진행된다.

특히 '집'의 부재는 인상적이다. '집'은 인간의 실존적 안락감과 장소감을 대표하는 공간인데, 이 소설에서는 물리적 공간 이상의 의미를 지니지 못하는 것으로 나타나고 있다. 이는 국가 개발 정책으로 급조된 '외촌동'이라는 공간이, 구성원들의 삶의 연속성을 유지할만한 어떠한 제도적 장치나 전통도 지니지 못한 채 불안정하고, 형식화된 시간으로만 유지하고 있음을 보여주는 것이다. 이 소설의 형식적 특징이라 할만한 에피소드 중심의 경쾌한 서사 진행,

---

28) 그런 점에서 이 소설의 형식적 특징을 근대 도시의 유동성으로 일반화하는 논의(이수형, "박태순 소설에 나타난 "이동성"의 의미", 민족문학사연구, Vol.38, 민족문학사학회, 2008) 는 다소 무리라고 본다. 도시 빈민의 주변부 공간에서의 장소감 상실과 소외의 경험을 간과할 수 있기 때문이다.
이수형(2008), "박태순 소설에 나타난 "이동성"의 의미", 민족문학사연구, Vol.38, 민족문학사학회.

열린 결말의 미완성 형식, 서사적 거리를 최소화하면서 현장감을 유도하는 서술 방식 역시, 이러한 크로노토프의 형식적 실현이라 할 수 있겠다.

또한 주목할 점은 작가는 '외촌동'의 주변부 소외 경험 뿐 아니라 근대 도시의 규율과 합리화 기제에 포섭되지 않은 활력을 발견하고 있다는 점이다. 예상할 수 없었던 감동과 환희의 고함'으로 압축되고 있는 이 활력은, 중심성에서 주변부를 바라보는 타자화된 시선이 아니라 주변부성의 현실을 그 자체의 현장성으로 접근함으로써 가능한 것이다. 화자는 국외자의 관찰자 시점을 활용하여 서사 세계들과 인물들과 거리를 유지하여 내포독자와 '외촌동'의 현장을 동행 탐사하는 방식의 서술[29]을 통해 '외촌동' 공간의 크로노토프를 보다 다가적으로 탐색하고 있다.

> 하나의 거드럭거리는 이방인으로서 당신이 이 동네에 들어선다면, 우선 대변 보는 곳으로 들어가서 10여 분 쯤 앉아 볼 필요가 있다. 이렇게 말하는 것은, 변소 간의 너덜거리는 썩은 나무 판대기에서, 전혀 당신이 예상할 수 없었던 감동과 환희의 고함을 듣고 볼 수 있을 것이기 때문이다. ─당신은 진영이의 말방울 음향뿐만 아니라 이 동네 전체에서 무어랄까 생의 요란스런, 그리고 점잔빼지 않는 낯선 음향이 들려오고 있음을 알게 된다.[30]

이 소설에서 그 다양한 모습은, 크게 두 집단의 하위 크로노토프로 재현된다. 곧, '변노인'과 마을 사람들이 속한 기성세대와 '나종애'로 대표되는 청년들의 세계가 그것이다. 집단간 대립이 계층이나 지역성의 문제가 아니라, 기성세대와 청년 세대라는 세대 간 대립으로 나타나는 것은 독특한 점이다.

전자의 집단은 오로지 '돈'의 논리로만 살아가는 존재들이다. 이들에게는 '돈'의 유무만이 '외촌동'에서의 시간과 공간의 질적 가치를 규정하고 있다. 돈

---

29) 기존 연구에서는 작가의 르뽀 문학 형식 실험과 연관지어 논의되기도 하였다.
　　김주현(2005), "시각 체험과 6·70년대 도시 빈민 소설의 새로운 형식", 어문연구 제33권 2호, 한국어문교육연구회.
30) 박태순(1995), 『정든 땅 언덕 위』, 소설문학 대계 50, 동아출판사, 12면.

만 있으면 "(외촌동도) 어느 별장 지대 못지않다"는 그들의 의식은 시간과 공간의 질적 가치를 환금성의 논리로만 이해한다. 부모는 자식의 미래보다는 돈의 현재적 효용을 선택하며, 돈의 요구로 가족이 구성되기도 하고 해체되기도 한다. 돈에 의한 상호작용은 인격적 고유함이 삭제된 매우 추상적이고, 객관화된 것이기에[31] 시간적 공간적 거리를 얼마든지 확장할 수 있다. '변노인'이 서독에 있는 아들과 외촌동 '나종애'의 결혼을 강요하는 것은, 그가 믿고 있는 무소불위 돈의 힘을 보여준다. 그러나 돈의 매개는 비인격적, 추상적 상호작용[32]을 바탕으로 하는 것이기에 공유되는 것이 많으면 많을수록 이해의 폭은 오히려 좁아지고 친밀감보다는 소외감이 강화된다. 이들에게 '가족'의 부재가 당연한 것은 이 때문이다. 이는 도시 빈민의 공동체가 자본주의적 가치에 의해 물화되고 있음을 보여주는 것으로 '행복동'이 이웃과의 사랑으로 실존적 안락감을 유지할 수 있었음[33]과 대조된다고 하겠다.

반면, '나종애'는 자신의 상황을 수용하되 주체적으로 대응하는 일종의 '결단'의 크로노토프를 경험한다. 이 크로노토프는 기존의 시공간과 단절하고 새로운 생성을 탐색하는 경험이며 중심부의 시선에서 벗어나 자신의 현실을 주체적으로 자각하는 것이다. '나종애'는 돈만을 강요하는 마을 사람들의 호된 시달림에도 강인하게 버티는 생명력으로 자신의 삶에 대한 주체적 결단을 내린다. 변노인과 마을 사람들의 부단한 요구를 묵살하고, 자신의 머리를 잘라 팔아서라도 애인을 지키려고 하고, 변소의 짓궂은 낙서에 함께 즐거워하는 발랄함으로 물화된 세계에 길들여지지 않으려는 생명감을 보여주고 있다. 그리고 그 생명감은 비록 개인적 차원이기는 하지만 현실의 '부당함'을 자각하는 도덕적, 윤리적 가치 판단으로 나타나고 있다. 이렇게 그녀는 '외촌동'에는 가

---

31) 게오르그 짐멜, 김덕영, 윤미애 역(2005), 『짐멜의 모더니티 읽기』, 새물결, 28-33면.
32) 게오르그 짐멜, 앞의 책, 30면.
33) 도시 빈민의 주거는 농촌의 이웃 관계가 지속되는 공동체라는 점을 지적한다.
　　남원석(2004), "도시 빈민 주거지의 공간적 재편과 함의", 문화과학 가을호, 문화과학사.

족과 애인이 있다는 장소감을 통해 공간의 통일성을 확보하며, 나아가 미래의 계획을 통해 현재 일상적 시간으로부터의 새로운 생성을 추구하고 있다.

그렇다면, 이제, '외촌동'과 '행복동'을 대화적으로 읽어보도록 한다. 이 작품 전체는 '외촌동'이라는 도시 주변의 급조된 공간의 불안정성, 불연속성을 사회적 크로노토프로 전제하면서도 물질만을 우선으로 하는 기성세대의 추상화, 형식화된 시공성과 개인적 활력으로 주체적인 시공성을 모색하고 있는 청년 세대의 크로노토프를 대비적으로 재현하고 있다. 이 작품과 「난장이」의 공통점은 도시 주변부를 타자화된 소외 공간이자 '위기의 시간'이 존재하는 곳으로 재현하고 있다는 점이다. 위기의 시간은, 자신의 정상적인 삶의 괘도에서 이탈한 것처럼 보이며, 기존의 것과 단절되어 새로운 것을 결정해야하는 분기점을 맞는다.[34] 이들 인물은 기존의 삶의 터전을 갑작스럽게 잃고 새로운 환경에 적응하는 과정에서 노동자나 도시빈민으로 전락하는 몰락을 경험하며, 이 상황을 받아들여야 할 것이냐 새로운 것을 모색해야 하느냐 하는 결정을 강요한다. 「난장이」의 '영희', 「정든 땅 언덕 위」의 '미순'과 '나종애'가 모두 그러하다. 다만, 「난장이」이 인물을 노동자라는 집단적 주체를 내세워 역사적 시간을 기억하면서도, 닫힌 시간 의식 속에서 개발 크로노토프를 윤리적으로 전도하고 있다면, 「정든 땅 언덕 위」은 개인의 개성과 성장의 시간을 중심으로 하되, 결단의 행위를 통해 열린 가능성을 모색하고 있다.

3) 작품과 독자 크로노토프의 교섭적 읽기

이제 작품 내 교섭, 작품 간 교섭을 통해, 중심의 크로노토프가 얼마나 다양한 잠재적 가능성에 열려 있는가를, 하위 크로노토프들과의 관계를 통해 살펴보았다. 이제는 독자의 크로노토프와 작품의 교섭을 통해 현실의 또 다른 잠

---

34) 미하일 바흐찐, 전승희·서경희·박유미 역(1998), 『장편소설과 민중언어』, 창작과 비평사, 456면.

재적 가능성을 모색할 수 있다.

독서 행위는 시공성을 내적 본질로 한다. 독서는 구체적인 공간 속에서 그리고 일련의 시간적 흐름 속에서 이루어진다. 이 독서 행위가 크로노토프적 경험이 될 때, 소설 속에서 다루는 사건은 구체적인 밀도와 표지를 지니고 형상으로 구체화될 수 있다. 이 때, 독자의 크로노토프로 작품을 위치시킨다는 것은 작품의 창조적 이해에 있어 매우 중요하다. 기존 문학 교육에서 시간과 공간 해석은, 주로 역사적 맥락과 연관지어 이루어졌다. 그러나 크로노토프가 행위/사건의 역사성과 잠재적 가능성을 동시에 문제 삼는다고 한다면 이러한 해석은 한계가 있다. 독자와 작품의 시 · 공적 대화는 학습 독자가 작품에 재현된 크로노토프를 자신이 거주하는 현실의 크로노토프와 대화하게 함으로써 소설 세계에서 다양한 시간과 공간, 행위의 잠재적 가능성을 탐색하는 데 주안점을 두어야 한다.

앞에서는 「난장이」와 「정든 땅 언덕 위」의 작품을 통해 '도시 주변부'의 크로노토프들을 살펴보았다. 두 작품에 재현된 '도시 주변부'는 1960 · 70년대의 한국식 개발 위주의 근대화, 도시화 경험을 반영하고 있다. 이 소설들을 읽는 독자는 21세기 '주변부'에 대한 자신의 시공간 경험을 배경 지식으로 삼아 소설 세계들에 형상의 옷을 입힐 것이다. 그러나 이것이1960 · 70년대 작가가 재현한 현실로 돌아가는 것을 의미하는 것만은 아니다. 독자의 독서 행위는 자신이 사회적 · 개인적으로 겪은 '도시 주변부' 시공간 경험을 작가의 경험에 투사하는 일종의 시공적 대화의 과정으로 진행되기 때문이다.

이 때, 소설 내 크로노토프를 다중적으로 해석하는 활동은, 텍스트에 함축되어 있는 사회적, 개인적 관념의 다양성과 조우함으로써 독자의 선택 가능성을 넓힐 수 있도록 한다.[35] 실제 우리의 사회적 · 개인적 삶에서 크로노토프들은 서로 경쟁하고 갈등하고 협상하는 과정을 통해 다중적으로 존재하고 있지

---

35) 개리 모슨 & 캐릴 에머슨, 여홍상 역(1995), "시공성의 개념", 『바흐찐과 문학이론』, 문학과 지성사, 159면.

만, 이를 우리가 일일이 깨닫고 살아가는 것은 아니다. 한 사회 구성원으로서 우리는 자신의 주변에서 일어나는 "행위와 사건의 의미"를 주로 그 사회가 공유하는 문화 장르의 틀 내에서 받아들이기 때문이다.

문학, 특히 소설의 크로노토프는 그 다중성을 통하여 독자들의 현실 경험을 풍요롭게 이해할 수 있도록 하며, 나아가 그 폭넓어진 경험으로 작품의 잠재적 의미들을 지속적으로 재발견하고 의미를 쇄신할 수 있는 기회를 제공한다. 이를 위해 앞의 작품 분석에서 활용한 바 있듯이, 독자의 시공적 경험을 사회적 크로노토프와 개인적 크로노토프로 나누고 이를 통해 작품의 하위 크로노토프들의 위계, 관계들을 바꾸거나 변형함으로써 독자들이 작품의 새로운 의미를 창조하도록 할 수 있다. 궁극적으로 소설과 독자의 시공적 대화는 특정의 공간에서 새로운 시간을 발견하고 기존의 시간에서 새로운 공간을 창출하는 일이며, 작품과 현실에 함축되어 있는 삶과 관념의 다양성을 발굴하는 일이라 할 수 있겠다.

4. 결 론

이 연구는 '시간과 공간의 결합' 개념인 크로노토프의 대화성을 중심으로 하여 소설의 내적 형식과 외적 현실, 수용과 창작을 통합적으로 파악하여 교육할 수 있는 방안을 모색하고자 하였다. 크로노토프는 인간 경험의 본질을 규정하고, 의미화하는 기본 형식으로서 소설 작품 속에 재현된 세계뿐 아니라 작가와 독자의 현실 세계 역시 모두 포괄하는 개념이라 할 수 있다. 다만, 소설이라는 문학적 크로노토프는 그것이 바탕으로 하는 역사적 현실을 드러내되 잠재적 가능성 속에서 제시한다는 특징을 지니는바 '대화성'의 문제가 중요하게 된다. 작품 속 크로노토프를 단수가 아니라 복수의 세계로 인식하게 되면, 서사 세계 내에 공존하고 있는 시간과 공간의 다중적이고도 다양한 가능성들을 파악할 수 있기 때문이다. 이를 '교섭적 읽기'라고 개념화하여, 텍스트 내부, 텍스트간, 텍스트와 독자의 다층적인 교섭을 제시하였다. 특히, 이 교섭을 분석할 수 있는 방법을 위해, 하위 크로노토프들을 말하는 층위에 따라 '주관적'(작중 인물), '상호주관적'(작중인물들의 사회적 인식), '초주관적'(화자와 독자)로 나누어서 텍스트 외부의 지식이 아니라 텍스트 내 분석을 통해 일목요연하게 드러날 수 있도록 하였다.

　이 독서 방법을 「난장이」과 「정든 땅 언덕 위」에 적용해 본 결과, 「난장이」는 개발 크로노토프를 초주관적 서사 세계로 드러내면서 공장, 학교, 동사무소와 같은 국가 행정 기구가 주체를 훈육하는 양상을 재현하고 있었다. 이에 대한 하위 크로노토프들은 기억, 일탈, 초월 등으로 분화되어 대립하고 있다. 도시 주변부의 삶을 다루는 소설은 70년대 매우 많은데, 박태순의 「정든 땅 언덕 위」 역시 개발 크로노토프에 의해 인위적으로 조성된 변두리를 배경으로 삼아 기성 세대와 청년 세대의 갈등, 이주와 정착 크로노토프의 대화를 보여주고 있다. 마지막으로 독자는 자신의 시공간의 경험을 바탕으로, 작품 내 하위 크로노토프들을 재평가, 변형, 비판, 재위계화함으로써, 시공간의 새로운 의미를 제시할 수 있다.

　인간의 육체적 삶은 시간과 공간에 의해 구성되며, 그 구성방식은 그 사람의 정체성과 가치관을 형성한다. 또 역사적으로 보면 한 사회의 지배적인 크로노토프들은 우리의 경험을 규정하는 '형태화된 이데올로기'로서, 경험을 의미화하는 핵심 기제로 작동하고 있다. 소설에 등장하는 하위 크로노토프들의 다중적 시공간 의식을 접하고, 가능한 크로노토프들의 잠재성을 이해하고 개발하는 접근이 소설교육에서는 필요하다. 소설 읽기는 한 사회에 작동하는 문화적 규율을 비판적으로 이해할 뿐 아니라 나아가 대안적인 새로운 가치를 탐색하는 데 주안점을 두어야 하기 때문이다. 이 연구가 소설 교육에서의 읽기 방법의 다각화에 기여할 수 있기를 기대한다.

02

디지털 시대, 문학 고전의
상호 매체적·상호 문화적 읽기

1. 서 론

인류는 시대에 따라 자신의 읽기 방식을 개발해 왔다. 혼자만의 방에서 조용히 묵독하면서 상상력의 나래를 펼치는 성찰의 책 읽기는 우리에게 가장 익숙한 독서 방식이지만, 실은 근대 개인주의와 문자 중심의 문화의 소산이다. 근대 이전으로 거슬러 가면, '읽기'는 여러 사람들과 '함께 이야기하기'였고, 전통에 자신의 해석을 덧붙여 나가는 집단적 상호작용의 일부였었다. 그렇다면 오늘날의 디지털 시대는 어떠한가? 이처럼 독서 방식에 대한 역사적 접근은, 독서 문화의 다양성은 물론이고 독서 문화의 새로운 가능성에 대한 질문으로 이끈다.

디지털 시대는 고전 독서 문화에도 큰 변화를 가져오고 있고, 앞으로도 이 변화는 지속될 것으로 예상된다. 먼저, 고전 '텍스트' 자체가 다양하게 변용되고 있다. 많은 고전 자료가 디지털화 되었고 디지털화 될 예정으로 되어 있다. 또, 디지털의 비트라는 유연한 매체는 고전을 다양한 장르와 매체로 변용하고 있다. 이제 고전은 '읽을거리'를 넘어서 보고, 듣고, 연행하는 복합 감각적 '놀거리' 역할도 하고 있다. 또 고전의 위상과 독서 방식 역시 크게 변화하고 있다. 문자 매체의 물질적 실체가 고전 텍스트의 지적 권위를 이끌었다면, 디지털 문화의 임의성, 가변성, 상호 구성성은 텍스트 내적 의미의 자기 동일성을 회의하게 만들고 있다. 또한 디지털은 모든 매체를 '재중계'함으로써 '기존의 자료와 매체에 대한 관계 방식'에서 큰 변화[1]를 가져오고 있는데, 고전 읽기에서도 디지털 매체에 의한 중개와 재중개가 점차 늘고 있다. 그 결과, 독자들은 책 읽어주는 텔레비전 프로그램으로 자신의 읽기를 대체하거나 컴퓨터의 독서 기계가 제공하는 서평이나 해석에 자신의 생각을 맡기는 등 독서의 진정성이 사라지는 부작용을 나타나고 있다.

이에 대한 기존의 입장은 어떠했는가? 한 편으로는 문자 책의 진지한 독서와 디지털 기반의 가벼운 읽기가 분화될 것이라는 점을 전제로 전통적 독서 방식의 가치를 주장하는 입장[2]이 있고, 또 다른 한 편으로는 변화된 조건을 고려하여 고전과 변용된 텍스트 간의 대화적 읽기[3]를 시도하거나 또 디지털 문화 콘텐츠의 시각으로 고전 읽기의 방법을 새롭게 개척[4]하려는 입장이 공존하고 있다. 물론 양자가 대립 관계에 있다고 보기는 힘들겠지만, 전자는 문자 중심 독서 문화의 상대적 우위를 후자는 매체 변용 텍스트들과의 교류를 중시하는 경향을 대변한다.

이 글도 디지털이 책의 대체가 아니라 보완이라는 점에는 공감한다. 그러나 새로운 매체 환경은 고전 읽기 방식의 확장이라는 문제를 여전히 제기하고 있다고 본다. 그러니까 고전 읽기(읽기 교육)의 다원적 모델이 필요하지 않겠느냐는 것이다.[5] 이 경우, 고전이 지니는 전범에 걸맞는 전통적 독서 방식 뿐

---

1) Pierre Revy, 김동윤＋조준형 역, 『사이버 문화』, 문예출판사.
2) 최병우(2003), 『다매체 시대의 한국문학 연구』, 푸른사상. 74면.
   김상욱(2007), "디지털 시대 문학의 수용", 『디지털 시대, 문학의 길』, 푸른사상.
   서유경(2008), "디지털 시대, 고전 서사물의 읽기 방식", 독서학회 학술발표대회.
3) 박인기(2007), "디지털 환경과 문학 현상의 거시 전망", 『디지털 시대, 문학의 길』, 푸른사상.
   최인자(2007), "영상물의 수사적 읽기를 통한 서사문화교육", 한국문학이론과 비평35, 한국문학이론과 비평학회.
   황혜진(2007), "문화적 문식성 교육을 위한 고전소설과 영상 변용물의 주제비교", 『고전소설과 서사론』, 월인.
4) '문화 컨텐츠적 시각'은 이미 '문화 컨텐츠학'으로서의 위상을 부여받고 있다.
5) 박인기(2007), "디지털 환경과 문학 현상의 거시 전망", 『디지털 시대, 문학의 길』, 푸른사상.

아니라 디지털 매체의 변화 속에서 개방·변용된 형태의 고전을 읽는 새로운 읽기 방식도 통합적으로 운영되어야 한다.

이 글은 현대적 변용의 고전 텍스트들을, 고전 읽기의 본질로 고려하면서도 디지털 독서 문화의 긍정성을 십분 발휘할 수 있는 방식으로 읽을 수 있는 방안을 모색하고자 한다. 현재와 같이 디지털 환경이 인간의 인지론과 존재론 전반에 걸쳐 작동하고 있는 지금, 변화된 환경을 고전 독서에서 수용할 것인가 말 것인가 그 수용이 긍정적이냐 부정적이냐 하는 문제틀은 소극적이라고 생각한다. 오히려 디지털 매체를 새로운 독서 문화 만들기의 기획에 적극 활용하는 문제[6], 그래서 매체 조건을 인정하면서도 매체 결정론에 빠지지 않고 디지털 문화를 더 가치 있게 활용하는 방안이 더 중요하다고 생각한다.

디지털 문화는 이전 시대와 단절된 전혀 새로운 시대가 아니다.[7] 디지털 시대의 새로움은 인정하지만 그것은 인류 과거 역사에 깊이 뿌리 내리고 있는 것이다. 가령, 성경은 비록 책의 형태이지만 '하이퍼 텍스트성'을 고스란히 간직하고 있다. 단일 저자를 넘어서 서로 다른 시대에 편집된 수많은 이질적 텍스트들을 추리고 합성하고 있기 때문이다.[8] 디지털을 '중세의 부활'로 보는 견해[9]도 이런 맥락일 것이다. 그런 점에서 우리가 모색하는 새로운 독서 방식도, 전혀 새롭고 낯선 어떤 것이라기보다 기존의 인류가 추구해 왔던 독서와 고전의 또 다른 본질을 되살리는 일이 아닐까 생각하고 있다. 또, '읽기 방식'은 특정의 주체성 형식이나 문화적 지향까지도 내장하고 있다고 할 때 새로운 독서 방식을 고려하는 문제는 고전 독서의 이념을 새롭게 정비하는 일과도 무관하지 않다고 본다.

---

6) 마크 포스터, 김승현 이종숙 역(2005), 『미네르바의 올빼미가 날기 전에 인터넷을 생각한다.』, 이제이북스.
7) 마크 포스터, 김승현, 이종숙 역(2005), 앞의 책, 12면.
8) 피에르레비, 김동윤+조준형 역, 『사이버 문화』, 문예출판사, 213-214면.
9) Ronald J.(1997), Deibert, Parchment, Printing, and Hypermedia, Columbia University Press.

2. 디지털 시대, 고전 변용 텍스트 읽기의 지향: '문화적 기억들'의 활성화

디지털 시대에서 일반 독자들의 '고전' 읽기는 변용된 텍스트 읽기로 간접화 되는 경향이 있다. 「심청전」만 해도, 영화, 오페라, 발레, 개그 판소리, 소설, 희곡, 시 등 다양한 매체에서 문화 컨텐츠화 되고 있다. 그리고 이들 변용 텍스트들은 '비동시적인 것의 동시성'을 가능케 하는 디지털 매체의 엄청난 저장력으로하여 고전 읽기의 또 다른 맥락으로 작용하고 있다. 그런데 과연, 이 변용 텍스트 수용을 고전 독서라고 할 수 있을까? 만약 그렇다면 '고전 독서'의 가치, 혹은 '고전 독서의 본질'라는 관점에서 이를 어떻게 규정할 것인 가 하는 문제가 다시 제기된다.

일반적으로 '고전'(classic)[10]은 오랜 세월 '시간의 검증'을 이겨내면서 지속적 으로 읽혀진 텍스트라 할 수 있다. 고전의 가치는 과거 텍스트가 오늘의 우리 삶과 맺는 관계와 기능에서 발생한다. 과거의 텍스트가 오늘의 우리에게 충분 한 문제의식을 던져주고 또 미래적 의미에 열려 있을 때 그것은 고전으로서 가치가 있는 것이다.[11] 그런데 문제는 그 관계와 기능이다. 전통적 관점에서 는 고전의 항구성, 탁월성에 주목하면서 보편적 공감력으로 이 관계를 설명하 였지만, 근대 이후에는 고전의 역사성과 상대성이 부각되면서 고전의 의미를 특정 집단의 문화나 가치와 연관 지어 그 가치를 맥락화하고 있다. 이 때, 고전은 고정된 '의미 정전'이라기보다 다양한 해석에 열려 있는 '자료 정전'[12]

---

10) 옥스퍼드 사전에 의할 때, '고전'의 개념은 크게 세 가지로 쓰인다고 한다. ① 과거에 쓰여 진 작품(ancient), ② 훌륭한 가치를 지니고 있는 작품(classic), ③ 보편과 표준이 된 작품 (cannon)이 그것이다(조희정, 2006). "고전 리터러시의 '시공간적 거리감' 연구, 국어교육 119, 한국어교육학회. 재인용. 이 글에서는 ②와 ③의 의미로 사용하며, 특히, '문학 고전'을 중심으로 한다.
11) 이재선(2002), "우리에게 '고전'이란 무엇인가?", 시학과 언어학 3. 시학과 언어학회.
조희정(2004), "고전 리터러시를 위한 새로운 구도", 국어교육학 연구 21집. 국어교육학회.
12) 고규진(2004), "다문화 시대의 문학 정전", 독일언어문학 23집, 독일언어문학회.

이라 할 수 있겠다. 커모드 Kermode 역시, 고전 텍스트는 '기호의 잉여성'을 지니고 있어 다양한 가치 평가와 복수의 의미가 가능하다는 특징을 내세운 바 있다.[13] 그는 고전 다시 읽기는 당대 독자와는 다른 에피스테메 속에서 이루어지기 때문에 원본 고전과 불연속적일 수밖에 없으며 변화와 다양성을 그 특징으로 한다고 지적하였다. 변용된 텍스트들의 의미는 원본 고전으로 환원될 수 없다는 것이다. 이는 전통과의 단절을 내세우는 현대 문화나 디지털 시대의 자유로운 변용 텍스트에 대한 설명으로 적합하다.

그러나 그렇다고 해도 변용 텍스트들을 원본 텍스트와의 연속성을 완전히 상실한 채 개별 텍스트로, 혹은 대체 텍스트로만 수용한다는 것은 바람직하지 않다. 비록 단절적이라고 하더라도 이들 텍스트들은 고전과의 상호 텍스트적 관계 속에서 존재하며 고전이 다시 읽혀지는 해석의 역사에 위치하기 때문이다. 고전 독서로서의 본질을 생각한다면, 양자 사이의 역동적인 상호 텍스트적 관계를 살리는 일이 중요한 것이다.

여기에 '문화적 기억'이란 개념은 고전 변용 텍스트 읽기의 의미를 생각해 보는 데 큰 도움을 준다. 야스만(Aleida Assmann)은 이전 텍스트와 이후의 텍스트가 상호적 관계를 맺고 생산, 수용되는 현상을 '문화 기억'(cultural memory)들이 전승, 수용, 변형, 재창조되는 과정으로 설명하였다.[14] 그는 특히, '텍스트'를 다른 텍스트를 기억하는 인위적 공간으로 설명하면서, 텍스트 간의 상호적 관계를 의미의 전승과 변형이 이루어지는 문화적 맥락으로 위치시켰다. 변용 텍스트야말로 문화적 기억의 공간이라 할 수 있다. 오랜 세월의 지속을 통하여 전승된 그 집단의 문화적 기억을 전달할 뿐 아니라 나름의 새로운 의미를 간직하여 독자의 새로운 의미 구성을 개방하기 때문이다. 이런 점에서 '변형

---

13) Frank Kermode.(1975), The classics, The Viking Press. pp.139-140.
14) 최문규 외(2003), "문화, 매체, 그리고 기억과 망각", 『기억과 망각』, 책세상.
   Aleida Assmann 변학수 외(1999), 『기억의 공간』, 경북대 출판부.
   이광복(2007), "문화적 기억과 상호텍스트성, 그리고 문학교육", 독어교육 39, 한국독어독문학교육학회.

텍스트' 읽기는 고전 텍스트와의 상호 텍스트성을 통해 당대의 문제의식을 중첩시키고, '문화적 기억들'을 활성화하는 것이라 할 수 있다.

특히, 이 개념은 디지털 문화에서는 남다른 의미를 띤다. '디지털 매체'는 세계 곳곳의 원격에 있는 것을 바로 눈앞의 대상으로 현존시키지만, 동시에 그것을 순간과 파편으로만 존재하는 휘발성을 지니기 때문이다.[15] 이런 상황에서 '문화적 기억' 활동으로서의 고전 변용 텍스트 읽기는 그 순간의 기억들에 연속성을 부여하며 고전 독서의 가치를 살릴 수 있다고 본다.

1) '문화적 기억'들의 활성화와 디지털 독서의 환경

문제는 고전 읽기에서 문화적 기억을 어떻게 활성화시킬 것인가? 어떻게 기억의 역동성을 살릴 수 있을 것인가이다. 야스만에 의한다면, 기억에는 여러 종류가 있다. 수학 공식이나 의식 절차처럼 과거의 것을 그대로 불러들여 저장하는 기술(art)로서의 기억과 과거의 것을 치환, 변형, 왜곡이 불가피한 생산적 에너지로 작동하는 활력(vis)으로서의 기억이 그것이다. 또, "구체적인 당파적 관점을 지니고 살아 있는 특정의 구성원에게 속하는" '기능 기억과 이 기능 기억에 대한 회상으로서 "모든 이에게 속하면서 동시에 그 누구에게도 속하지 않는 것으로서의 기억"인 저장 기억이 그것이다. 저장 기억은 기능 기억을 비판하고, 상대화하며, 새로운 대안 가능성을 모색할 수 있도록 한다.[16]

고전 읽기가 '문화적 기억'을 활성화하기 위해서는, 기술보다는 활력으로서의 기억을, 또 특정 당파적 관점에 국한된 '기능 기억'보다는 이에 비판적으로 이의를 제기하고, 다른 가능성을 모색하는 '저장 기억'의 역할을 강화할 필요가 있다고 본다.

---

15) 이기현(1998), "정보사회와 매체 문화", 『매체의 철학』, 나남출판.
16) Aleida Assmann 변학수 외 역(1999), 위의 책, 449-453면.

이를 살리는 읽기 방식은 무엇일까? 이 글에서는 디지털 환경이 제공하는 새로운 독서 방식을 적극 활용하는 방안을 고려해 보고자 한다. 논자에 따라서는 디지털 매체는, '메모리의 창고'일 뿐 기억의 물화된 공간이라 비판되기도 했다. 물론 디지털 매체의 기억 방식이 문자 특유의 비판적, 성찰적 기억과 거리가 있는 것은 사실이다. 그러나 디지털 매체는 엄청난 저장 능력을 가지고, 정보들을 종합적으로 가공하여 "예기치 않은 것들의 갑작스러운 결합을 통해 독자 및 수용자에게 새로운 지평을 열어주는" 일종의 충격의 미학에 기초한 기억을 작동시킬 수 있다는 이점이 있다.[17]

대표적으로 디지털 독서의 대표적인 방식인 하이퍼 리딩(hyperreading)의 원리가 그러하다. 하이퍼 리딩은 월드와이드 웹과 같은 매체의 힘을 빌어, 대등한 텍스트들을 서로 연관지어 다중 참조하면서, 전방위적인 네트워크로 수행하는 비선조적 읽기이다.[18] 독자는 검색되는 다양한 자료들을 참조하여 자신의 독서 경로를 의도적으로 선택하여 비판적, 창의적으로 읽을 수 있으며, 그 과정에서 텍스트와 텍스트들 '사이'가 창출하는 여러 수사적 관계에 의해 예기치 않았던 새로운 의미들을 이끌어 낼 수 있다. 이 수사적 관계는 은유, 환유, 제유, 과장, 원인과 결과, 정체성과 반정체성[19] 등 문학적 의미 구성과도 유사할 수 있다. 물론 이런 읽기가 사유의 역사성과 치밀함을 훼손할 여지가 있는

---

17) 최문규(2003), "문화, 매체, 그리고 기억과 망각", 『기억과 망각』, 책세상.
18) 이후는 다음 논의를 참조하였다.
   Ilana Synyder Edt, Page to Screen, London and New York. 102-122면, 1998.
19) Ilana Synyder Edt, "Rhetoric of hyper reading critically", Page to Screen, London and New York. 102-122면, 1998. 시나이더의 의견에 따른다면, '반정체성'은 동일 주제어가 다양한 맥락 (시기, 역사 등) 에 병치되어 있을 때 그 차이성을 내세움으로써 사고의 확장, 전환을 시도하는 링크의 방식이다. 반면, 정체성은 반대로 상이한 맥락에서도 공통점, 보편성을 찾아서 정체성을 획득하고, 그 공유 지점을 찾는 방식이다. 가령, '삼포가는 길'이란 제목을 네이버 검색 엔진에 치면 이와 관련된 무수한 정보들이 검색된다. 황석영의 작품은 물론이고, 개인들이 쓴 수필, 삼포 가는 길 영화, 노래, 관련 참조 자료 등 음식점 이름이 등장한다. 이 때, 차이점을 추구하는 '반정체성'은 '삼포 가는 길'의 다른 매체, 다른 영역, 다른 문화들과 대비하여, 그 차이점을 살핀다. 반면, '정체성'은 그럼에도 이들 「삼포가는 길」에서 반복되는 상위의 공통적 의미를 추구한 것이다

것도 사실이다. 그러나 새로운 텍스트적 관계 속에서 시도되는 고전 텍스트 읽기는, 고전의 배타적 중심화나 기능 기억의 고정성에서 벗어나 고전이 함축하고 있는 복수적인 의미들을 실현시킬 수 있다.

하여튼 디지털에서 상용화된 '하이퍼텍스트'라는 조건은 고전 읽기에서도 '상호텍스트성'의 의미를 부각시키고 있다. 곧, 텍스트들의 열린 관계망 속에서 다중 참조적인 '전방위적인 연결'이라는 환경을 제공하는 것이다. 이로써 문자 매체가 마련한 '전문화', '분리'를 극복하고 통합, 참여, 상호작용의 독서 문화가 마련될 수 있는 것이다. 결국, 고전 읽기의 상호 텍스트적, 상호 매체적 연관은, 고전 읽기가 다른 사람들의 관점과 연결하여 고전의 다가적 의미를 살리며 입체적인 독서 방법을 구안할 수 있다는 장점[20]이 있다. 이 때, 독자는 집단 속에서 참여하는 '매개적 자아'[21]로서, 자기 자신만의 독자성보다는 관계 속에서 존재하는 유연한 존재로 흐름과 함께 변화되는 다중적 존재의 경험을 할 수 있다.

이 경우, 관건은 링크의 수사학, 곧 어떤 의도로, 어떤 텍스트적 관계들을 구성할 것인가 하는 점이다. 이 글에서는 고전과 변용 텍스트들 간의 대화적 관계 특히, 비동일적 소통 관계에 중심을 둔 읽기를 시도하고자 한다. 동일성의 소통[22]이 고전과의 '공감'적 기억, 문화적 동질성에 중심[23]을 두고 있다면,

---

20) 외국 문학교육에서도 새로운 문학교수법(문학 읽기 방법)의 개념으로 '상호매체성'과 '상호 텍스트성'을 제안하고 있어 눈길을 끈다. 이광복, "독일 문학교육을 위한 새로운 문학교수법적 개념들", 독일언어문학 13집, 2000. 한국문학교육에서는 정재찬 교수가 '다원주의적 읽기 방식'(1997)을 제안하였고, 이후 상호텍스트성 중심의 독법 교육(2007)으로 구체화하였다. 정재찬, "사회·문화적맥락 중심의 문학교육과정 내용 체계", 『문학교육과정론』, 삼지원. 232-233면, 1997. 정재찬, "상호텍스트 성을 통한 현대시 교육 연구", 국어교육학연구 29, 국어교육학회, 2007.

21) Charles T.(1999), Meadow, A Web of Converging Media, The Scarecrow Press, 70-80면.

22) 이 때 '동일성'은 상고주의적 전통에서 고전을 그 자체로 암기하는 활동을 의미하는 것만을 의미하는 것은 아니다. '고전 리터러시'를 '고전이 운용되는 맥락에 대한 이해와 그것의 활용 능력'으로 규정하고, 고전과 독자 자신과의 '조회'를 중시하는 경우에도, "자신이 접속하는 텍스트와 내가 직면한 상황 속에서 동일 코드를 찾아내는 것이 조회의 관건"이라고 하여, 동일성을 중시한다(조희정, 2004, "고전 리터러시를 위한 새로운 구도", 국어교육학

비동일성의 소통은 문화적 차이와 불일치, 모순들을 오히려 소통의 중요한 변수로 보려고 한다. 소통 이론가들 중에서도 공동체주의자들에 따르면, 좋고/나쁨과 같은 가치 판단의 문제에서는 불일치와 차이가 오히려 소통의 본질적 요소이다. 그래서 타일러와 같은 사람은 진정한 소통의 원형을, 서로 간의 의견 차이를 내세우고 크게 소리 지르고 싸우면서도 오래 지속되는 친구들 사이의 이야기에서 찾고 있다. 우리는 고전에서 오늘날 삶을 위한 지침을 발견할 수도 있겠지만, 오히려 고전에 저항함으로써 우리 삶을 예속시키고 있는 것을 통찰하거나 우리 문화의 문제점과 모순을 이해할 수도 있을 것이다. 비동일성의 소통에 기반한 고전 읽기의 의미는, 고전 텍스트에 잠재된 다양한 가치와 복수의 의미를 발견하고, 고전을 통하여 "독자들은 '우리'가 되어 서로 어울려 살 수 있는 방법을 배우고, 소통"[24]할 수 있다는 점, 그래서 보다 역동적인 문화적 기억들을 이끌어 낼 수 있다는 점일 것이다.

3. '문화적 기억'들의 활성화를 위한 고전 변용 텍스트 읽기 방식

비동일성의 소통으로 문화적 기억을 활성화하기 위해서는, 세 단계의 독서가 필요하다고 생각한다.

첫째는 상호적 읽기의 단계이다. 상호적 읽기는 변용 텍스트들과 고전 텍스트를 서로 비추며, 특정의 시각에서 특정의 정체성으로만 저장된 고전의 '기능 기억'을 상대화하고 거리를 두며 대안 가능성을 염두에 두는 것이다. 여기서는

연구 21집. 국어교육학회.)

23) 동일성 기반 소통이론은, 고전 독서 방법에서 많은 성과를 낳았다.
  정병헌(2000), "고전문학교육의 본질과 시각", 이상익 외 『고전산문교육의 이론』, 집문당.
  정운채(2000), "「심청가」의 구조적 특성과 심청의 효성에 대한 문화론적 고찰".
  이상익 외, 『고전산문교육론의 이론』, 집문당, 204-211.
  서유경(2002), "공감적 자기화를 통한 문학교육 연구", 서울대 박사학위 논문.
  조희정(2004), "고전 리터러시를 위한 새로운 구도", 국어교육학 연구 21집. 국어교육학회.
24) 송 무(2002), "고전과 이념", 시학과 언어학 3. 시학과 언어학회.

상호 조명이 핵심이다.

두 번째 단계는 비판적 읽기이다. 이 비판적 읽기는 변용 텍스트들이 어떤 사회·문화적 위치에 있는가를 판단함으로써 자신의 시각과 입장을 찾아가려는 노력을 하며 비판하는 것이다.

다음 세 번째 단계는 개작적 읽기 실천이다. 다시 쓰기를 통해, 자신의 시각에서 대안적인 모색을 하는 것이다. 이들은 대화, 비판, 재창조의 순환적 과정이라 할 수 있겠다. 이 글에서는 상호적 읽기만을 중심으로 서술하도록 한다.

1) '상호적 읽기' 방식의 가능성

'상호적 읽기'는 고전과 고전 변용 텍스트 등 둘 이상의 상호 연관성을 지닌 복수의 텍스트들을 상호 조명하는 대화적 읽기이다. 대화란 둘 혹은 셋 이상의 존재가 쌍방의 관점에서 이해하여 차이와 불일치의 요소를 포함하면서도 보다 상위의 보편으로 소통하고, 새로운 것을 도출할 때 가능한 것이다. 여기에는 상호 이해의 정신이 포함되어 있는데, 이 정신에 의할 때 고전 텍스트와 변용 텍스트들은 차이점을 온존시키면서도 공통감을 잃지 않는 방식으로 소통할 수 있다고 본다. 이는 차이만을 강조함으로써 소통의 계기를[25] 무시하는 탈구조론이나 탈식민주의론, 그리고 동일성만을 강조함으로써 소통의 역동성과 문화적 다양성을 무시하는 본질론적 관점을 모두 극복할 수 있다. 이 상호적 이해의 정신을 확장하면 상호적 읽기에는 상호담론, 상호매체, 상호문화 등 다양한 종류가 있을 수 있겠다. 이 글에서는 과거의 고전과 현재의 변용적 텍스트들 간의 상호 매체적 읽기와 상호 문화적 읽기를 시도할 것이다. 읽기 방식을 예증하기 위한 서술로, 작품 전체에 대한 실증적 분석은 제시하지 않도록 하겠다.

---

25) 한나 아렌트, 김선욱 역(2002), 『칸트 정치 철학 강의』, 솔.

2) 상호 매체적 읽기의 방식

상호 매체성은 특정 매체가 다른 매체로 전이되는 과정에서의 상호 연관성을 지칭한다.[26] 상호 매체적 읽기에서는 매체로 변용된 텍스트들을 병치시켜 각 매체들의 특징적인 표현 방식과 지각 양식들을 상호 조명할 수 있다.

변용된 텍스트들은 상위의 보편성을 가지면서도 매체적 차이점을 지니는 바, 그 공통점과 차이점을 서로 조명하는 과정에서 문자 매체로 실현되지 못했던 고전의 또 다른 의미, 대안적 의미를 탐색할 수 있다. 이 글에서는 애니메이션 「왕후 심청」[27](넬슨 신 감독, 2005)을 상호 매체적으로 읽도록 하겠다.

「왕후 심청」은 고전 소설 「심청전」의 기본 서사 구조를 수용하면서 이 작품의 문화적 기억과 접속하고 있다. 애니메이션 장르로 기억하고 있는 '심청전'은 어떤 것일까? 「왕후 심청」은 2005년, 남북 공동 제작으로 만들어진 장편 애니메이션[28]이다. 이 작품은 심청의 '인신공희'(人身供犧)와 '재생', 심봉사의 '개안' 등을 거의 그대로 차용하고는 있으나 애니메이션 장르의 속성으로 재해석이 이루어지고 있어 상호 매체적 해석이 요구된다. 매체는 단지 전달의 도구가 아니라 그 자체가 '메시지'이기 때문에, 고전의 '변용'에 각 매체의 논리가 어떻게 작동하고 독서 경험에 개입하는지를 서로 비추어 보는 일은, 다매체 시대 고전 재해석의 또 다른 방법이라 할 수 있겠다.

---

26) 이와 같은 '상호매체성' 개념은 이광복의 개념에 근거한다(이광복, "문화적 기억과 상호텍스트성, 그리고 문학교육", 독어교육 39집. 한국독어교육학회, 2007). 특히, 문자 매체가 시각적, 청각적 매체로 전이될 경우 사용한다.

27) 텍스트는 애니메이션 '왕후 심청'(90분용 필름)이다. 이 작품은 7년간의 제작 과정을 거쳐 2005년 극장 상영하였고, 같은 해 트레본 국제 애니메이션 장편 영화제에서 경쟁 부문에 출품되었으며 2003년에는 안시 국제 애니메이션 영화제 프로젝트 경쟁부분 특별상을 수상하였다. 지금은 재개봉 계획 아래 시중에는 배포되어 있지는 않은 상태이다. 본 연구를 위해 스튜디오와 필름을 제공해 주신 넬슨신 감독에게 감사드린다.

28) 오현숙에 의한다면, '왕후 심청'은 할리우드 출신 애니메이터가 제작하였으며, 월트 디즈니와 유사한 상업용 애니메이션 소재에 '심청'이 활용되었다는 점에서 높이 평가할만하다고 보고 있다.

애니메이션 「왕후 심청」의 변형을 플롯, 인물 성격 창조, 서사 담론 면에서 살펴보도록 하겠다. 먼저, 플롯 면에서 본다면 「왕후 심청」은 고전 소설 「심청전」29)에는 없는 '선과 악'의 이분법을 가지고 오며, 이를 '고난과 성취(보상)'와 적극 결합하고 있다. '선'의 편에는 충신인 심봉사와 심청, 이들을 돕는 동물 조력자(가희, 단추, 터벙이)가 있고, '악'의 편에는 역적 이러니 대감, 뺑덕 어미, 뺑덕이가 있다. 기존의 인물 성격을 변형하고, 새로운 인물들을 첨가한 것인데, 특히 뺑덕 어미는 돈을 가로채기 위해 심청을 인당수로 보내는 존재로 크게 변형되어 있다. 이런 인물 구도에서 플롯은 '선'의 인물들이 '악'의 인물들의 괴롭힘에 의한 '수난'과 이를 극복함으로써 얻는 '성취'의 드라마로 압축될 수 있다. 곧, '충신 심봉사가 역적의 모함에 의해 눈 멀고 온갖 고난을 겪다가 심청의 효심으로 개안하고, 심청은 왕후가 되는 서사 도식인 것이다. 이러한 서사에서 고전 소설이 핵심 주제인 심청의 '효'는 부분인 기능만을 하고 있음을 알 수 있다. 오히려 악이 축출되고 선이 복권되며, 탁월한 개인이 고난을 이기고 성취를 이룬다는 '성취의 서사'가 주를 이룬다고 할 수 있는 것이다. 제목도 '왕후 심청'으로 되어 있듯이, "심청은 어떻게 왕후가 되었나?"라는 것이 오히려 중심 되는 서사 문제로 봐도 무방하다는 것이다. 그 결과 '효'는 고전 소설에서와 같이 깊은 고민으로 형상화된 인륜적, 윤리적 측면보다는 사회적, 정치적 보상 측면에서 가치화되고 있다.

이와 같은 변형은 애니메이션의 장르적 속성과 연관 지어 이해해 볼 수 있다. 애니메이션은 움직일 수 없는 것에 움직임을 부여하는 역동성으로 현실에 상상력을 가져오며, 또, 유아부터 성인까지 두루 수용자로 전제하기에 이들이 모두 감동받을 수 있는 보편 정서를 다루는 장르로 알려져 있다.30) 「왕후 심청」은 선과 악, 고난과 성취로 '효'라는 다소 추상적이고 밋밋한 주제에,

---

29) 「심청전」은 판소리, 고전소설의 이본들의 내용이 매우 상이한 작품으로 알려져 있다. 이 글은 문학적 완성도가 뛰어나다고 평가받는 완판 을미본 심청전을 텍스트로 삼는다.
30) 박기수(2004), 『애니메이션 서사 구조와 전략』, 논형.

역동적이고 극적인 사건성을 부여하며 '고난과 성취'라는 원형적 플롯으로 다양한 독자들의 감동을 유도하고 있는 것이다.

나아가 애니메이션 장르의 생명이라 할 수 있는 '매력 있는 캐릭터 창출'에 적극 기여하고 있다. 이 작품에 등장하는 '심봉사'와 '심청'은, 고전 소설에 등장하는 인물들과 달리 매우 적극적이고, 능동적인 존재들이다. '심봉사'는 무기력한 존재가 아니라 가족을 책임지기 위해 물건을 만들어다 팔고 자상하며 침착한 인물이다. 또 심청은 당차고 적극적이면서도 매력있는 육체를 지닌 존재로 그려지고 있다. 그녀는 스님을 찾아가 비밀리에 공양미 삼백석을 계약하고, 자신의 노동으로 이를 얻으려고 노력한다. 자신의 상황을 긍정적으로 받아들이고, 이를 해결하려는 의지를 지닌 존재인 것이다. 마을 사람들이나 장승상 댁 부인의 인정도 '효녀'가 아니라 '일 잘한다'는 개인적 능력의 탁월성을 중시하고 있다.

그러나 이 작품은 애니메이션적인 완성도가 다소 떨어지며, 관객 동원에도 성공적이지 못했다.[31] 그 원인으로 생각해 볼 수 있는 것은, 다소 경직된 선과 악의 이분구도이다. 서사의 움직임이 인물의 의지나 동기보다는 선/악의 간섭을 받기 때문 인물의 매력도 많이 떨어진다. 가령, 인당수 제물이 될 것을 제의받은 심청은, 별다른 갈등이나 고민 없이 응낙한다. 이는 고전 소설에서 보여주는 '심청'의 인간적, 실존적 고민과 큰 차이를 보여주는 것이다. 또, 심봉사 역시, 양반 '충신'의 이념적 모습으로만 그려질 뿐 개인적 욕망이 드러나지 않는다. 상황에 대한 주체적인 인식이나 내면적 갈등을 보여주지 않는다. 게다가 용궁에서 심청은 아무런 역할을 하지 않는 수동적 존재로만 그려지고 있다. 물론 '악'의 요소를 역적이나 탐욕과 같은 사회적 요소로 환원한 것은, '영상 매체' 특유의 상상력이라고 하겠지만, '선과 악'의 구분 자체가 이미 '선'

---

31) 5000명의 관객이 작품을 관람한 것으로 기록되어 있다.
   김용범(2005), "고전소설 「심청전」과의 대비를 통해 본 애니메이션 「왕후 심청」 내러티브 분석", 한국언어문화, Vol.27. 한국언어문화학회.

의 선험적 우위를 전제로 하기 때문에 심청이와 심봉사는 '선'한 존재로서 자기 증명을 할 필요가 없게 된 것이라 할 수 있다. 심청은 효녀이고, 심봉사는 충신이라는 것이 미리 전제되어 있기 때문이다. 결국, 당위적 윤리감, 양반적 혈통주의는 '효'의 중층적 의미를 단순화하는 기제라 하겠다.

그러나 애니메이션에는 또 다른 즐거움의 요소가 있다. 심층 구조로 환원되지 않는 이질적인 서사 계열체들, 동물 조력자를 비롯하여 다양한 인물 군상들, 뮤지컬의 청각적 요소, 화려한 영상들이 그것이다. 먼저, 이 작품에는 통합체의 층위로 묶이지 않은 채 느슨하게 결합된 이질적인 계열체들이 산재하고 있다. 고난과 성취의 서사가 진행하면서도 인과적으로는 연관되지 않는 '모험의 서사', '성장의 서사', 환타지의 서사, '사랑의 서사' 등이 산견된다. 가령, 심봉사가 고향을 떠난 뒤 방랑하고 이무기 대감을 피해 도망 다니는 장면은 '모험의 서사'로서 긴박감을 제공한다. 또, '성장의 서사'도 있다. 거위 가희가 스스로 날아 올라 비상하는 대목이 그것이다. 또, 아버지의 뜻과는 별도로 자신의 사랑을 찾겠다는 왕자, 그 왕과 심청의 만남, 심청에 대한 왕자의 애틋한 마음에는 '사랑의 서사'가 담겨 있다. 이들은 애니메이션 특유의 '최종 기의로 환원되지 않는 기표의 유희', '계열체의 이완'으로서 심층 구조의 단순함을 보완하여 수용자의 '참여적 향유'를 유도하고 있는 장치라 할 수 있겠다.

동물 조력자 인물군(팀벙이, 가희, 단추)도 또 다른 즐거움의 요소이다. 주로 심청과 심봉사를 도와주는 기능으로 국한되어 있지만, 전체적인 서사 구조에 얽매이지 않고, 엉뚱하며, 실수가 많고, 웃음을 유발하는 등 의미의 잉여적 요소가 많아, 볼거리를 제공하고 있다. 또, 용궁 속의 화려한 영상과 초현실적 세계로 그려지고 있어 그 자체가 유희의 즐김이 된다.

이처럼 「왕후 심청」은 고전 소설에서 '효'의 주제를 반복 기억하면서도, 애니메이션 특유의 극적 전개와 매력 있는 캐릭터 유지를 위해 '선과 악', '고난과 성취'의 측면을 강화하고 '효'의 의미를 사회적 보상이나 개인적 성취 차원으로 변형하였다. 이는 고전 소설에서 보여주는 '효'를 둘러싼 실존적 갈등은 제거하고 인륜적 가치는 축소하여, 사회적 '보상'으로 전이한 것이라 할 수 있다. 대신, 심청에 내재해 있는 능동적, 적극적 성향을 부각시켰으며, 다양한 조력 주인공들의 삶과 연관된 다양한 요소, 가령, 사랑, 모험, 우정, 성장들로 계열체를 구성하여 수용자들의 복합적인 체험과 즐거움을 누릴 수 있도록 하였다.

3) 상호 문화적 읽기의 방식

상호 문화적 읽기는 이질적인 맥락에서 생성된 고전 변용 텍스트들을 고전 텍스트와 상호 연관 지어 상위의 공통점을 전제로 하면서도 차이점을 상호조명하면서 읽는 방식[32]이다. 변용된 텍스트들은 고전의 재해석을 전제로 하지만, 그 해석의 관점은 상황과 집단에 따라 사회적으로 구성된다고 할 수 있다.[33] 곧, 그들은 자신의 사회 문화적 위치에서, 고전이 제기하는 근원적인 이슈들에 응답하면서 문화적 기억들을 변형, 재구성[34]해 나간다는 것이다. 이에 변용 텍스트들을 상호 조명하여 그들의 상이한 '문화적 기억'들을 서로 대화하게 함으로써, 고전 텍스트가 지니고 있는 복수의 의미들과 가치들을 드러냄은 물론이고 독자 자신의 의미 참여 기회를 넓히는 것이다.

이 글에서는 「심청전」의 변용 텍스트들이, '심청'을 재구성하면서 표상하고 있는 '여성성' 혹은 '여성상'[35]이 시대에 따라 달라지는 양상을 상호 문화적으

---

32) 외국 문학 교육에서는 정전화된 세계 문학 정전이 다양한 문화권에 따라 어떻게 변형되는가를 다루기 위해 이 개념을 사용하고 있다. 우리나라의 경우, 민족이나 국가별 문화 차이가 없다는 점은 이들 국가와 다르다. 그러나 '문화'의 범주를 어떻게 사용하느냐에 따라 '상호 문화'의 개념은 다를 수 있다.

33) 이 변용의 기제를, 리꾀르는 '보편적 서술/ 특정의 주체'라고 하여, 공통의 서사가 집단별로 재해석되는 양상을 제시하였다. Karl Kroeber, Retelling/ Rereading, Rutgers University press, 44면.

34) Kathleen McCormick.(1994), The Reading of Reading & Teaching of English, Manchester University.

35) 이에 대해서는 여러 연구자들이 지적한 바 있다.
고은미(2000), 여성주의적 관점에서 본 판소리 「심청가」, 한국언어문학 44집, 한국언어문학회.

로 읽고자 한다. 「심청전」의 고전으로서의 가치는 주로 삶과 죽음, 효, 재생과 구원, 인간 본연의 분투와 같은 삶의 보편적 문제와 관련지어 주로 상징이나 문화적 원형의 차원에서 논의되었다. 그러나 고전을 현실 실제 경험의 세계와 연관지어 분석하는 것도 필요하다. 고전의 감동은 현실 경험의 구체상을 공유함으로써 가능한 것이기도 때문이다.

이런 관점에서 「심청전」이 재현하고 있는 여성성의 문제에 주목하고자 한다. 「심청전」은 '심청'이라는 여성 주인공의 삶을 주축으로 하면서 다양한 여성상을 함축하고 있으며36), 현대적 변용 텍스트들도 대부분 '여자'로서의 '심청'의 삶이 주축을 이루고 있다. 고전의 주인공들이 대부분 그러하듯이, '심청'의 성격도 다소 복합적이고 중층적이다. 최하층의 존재이면서 동시에 최상층의 존재이며, 가난과 출세, 정신적 요소와 육체적 요소, 수난과 구원 등의 복합적 요소가 내재되어 있어 다양한 반응을 유도한다.

이 글에서는 70년대 「달아달아 밝은 달아」와 90년대 「심청은 왜 두 번 인당수에 몸을 던졌는가?」에 나타난 여성성의 담론을 시대적 문화의 차이를 중점적으로 고찰하도록 하겠다. 먼저, 70년대, 최인훈의 희곡 「달아 달아 밝은 달아」의 심청 재현에 나타난 여성성의 의미를 살피도록 하겠다. 이 작품은 「심청전」의 인신공희, 그리고 죽음과 재생이라는 기본 플롯을 그대로 차용하면서도, 작가가 처한 70년대적인 문제의식으로 그 의미와 가치를 의도적으로 전도

유정숙(2005), "최인훈의 희곡 '달아 달아 밝은 달아' 연구", 우리어문연구 27집, 우리어문연구학회.

36) 「심청전」에서 '여성성' 혹은 '여성'을 문제 삼은 논의로는 다음이 있다.
고은미(2000), "여성주의적 관점에서 본 판소리 「심청가」", 한국언어문학 44집, 한국언어문학회.
유영대(2000), "「심청전」의 여성 형상 -곽씨부인과 뺑덕어미를 중심으로-", 한국고전여성문학연구1, 한국고전여성문학회.
진은진(2003), "「심청전」에 나타난 모성성 연구 -「효녀실기심청」을 중심으로", 판소리연구 15, 판소리학회.
주형예(2007), "19세기 판소리계 소설 「심청전」의 여성재현 -공감(共感)과 불화(不和)의 재현양.

하거나 변형하고 있다.

먼저 심청의 '인신공희'의 의미를 보자. 이 모티프는 두 가지 의미를 띤다. 하나는 '몸을 판다'는 '인신공희'가 「심청전」과 같이 초월적 질서에 대한 믿음을 바탕으로 한 제의적 성격에서, '인신매매'라는 근대의 물신적 행위로 바뀌어 있다. 여기에는 계약자와 피계약자가 있고, 이익을 보는 사람이 있다. 계약자는 중국 남경 상인이라는 국외자와 뺑덕 어미이다. 이익을 보는 사람도 이들이다.

또 다른 하나는, '인신공희'가 심청의 진정과는 무관하게 심봉사의 자기 욕망에 따른 것임을 보여주어, '효'라는 이념의 허위성을 폭로한다는 점이다.

(가)
심　　　청: 백미 삼백 석을 어디서 얻으려구.
심 봉 사: (머뭇거리며), 왜, 네가 전날에 하던 말 있잖냐?
심　　　청: 무슨 말?
심 봉 사: 그, 장부자네가 너를 수양딸로 삼겠다던 말.

　　　　　　　　　　식", 한국고전여성문학연구 14, 한국고전여성문학회.

심　　　청: (기가 질려서 한참만에)---- 그랬지요.
심 봉 사: 그 말이 불쑥 하도 서럽된 김에 생각나서 내가 ----그만.
심　　　청: 실은 -- 수양 딸이 아니라-- 그 집 소실로 오라는 말이었어요.[37]

(나)
뺑덕어미: --(중략) 청이로 말하면 대국나라 색주가 고대 광실 높은 집에
　　　　　　분단장을 고이하고 밤마다 저녁마다 풍류 남자 맞고 예니 도화
　　　　　　동 이 구석에서 비렁뱅이 한 평생에 비할 건가?
심 봉 사: 그럴까
뺑덕어미: 더 이를 말씀이오. 그러다가 운만 트이면 고관대작 눈에 들어
　　　　　　부귀영화 누릴 텐데

---

37) 최인훈(1979), 『옛날 옛적에 훠워이 훠이』, 문학과지성사, 259면, 이후는 면수는 표기함.

심 봉 사: 그럴까

뺑덕어미: 제가 효도를 하여 이름이 천추에 남겠다 몸이 호강하여 팔자혁
　　　　　펴 이룩하니 이 아니 곱재기 효도요?

심 봉 사: 듣고 보니 과연 그렇군. (270-271면)

(가)에서 심봉사는 자기 욕심을 채우려는 욕망의 화신으로 (나)에서는 딸을
팔고도 양심의 가책마저도 느끼지 않는 아버지의 모습으로 그려져 있다.

심청이 내면화하고 있는 아버지와 실제의 아버지는 엄청난 간극이 존재하
는 아이러니적 상황이다. 「심청전」에서 심청은 아버지에 대한 인정으로 인당
수에 갈 것을 결정하고도 자신의 운명에 대한 깊은 갈등을 보여준다. 그러나
이 작품에서 '심청'은 아버지의 욕망을 내면화하여 결정할 뿐 자신의 주체적
판단을 내리지는 않는다. 이런 모습은 심청의 선택이 가부장적 이념에 의한
것임을 보여주는 것이다. 심청의 인신공희는 '희생'에 불과하다. 이는 고전 「심
청전」의 기억에 대한 저항이며, 의미 전도라 하겠다.

이를 바탕으로 '용궁루'에서의 죽음, '귀향'의 의미 등도 변형된다. 먼저, 이
희곡에서 '용궁루'는 성적 착취라는 현실적 코드로 재해석되고 있다. 이곳은
'용'으로 불리어지는 남성들이 '빚'에 몰린 심청을 감금한 채 '헝클어 저버린
해당화꽃'처럼 파괴하는 곳이다. 특히 작가는 그림자극의 형태로 행위의 선과
음향 효과만을 살려 그 폭력성을 단순하고 강렬하게 제시하고 있다.

이 곳에서 그녀는 '효녀'가 아니라 '조선에 온 꽃'이며 단지 '매춘부'일 따름
이다. 그녀는 성적 장면에서 '인형'을 쓰는 것으로 자기 자신을 상징적으로
표현하는데, 이는 '인형'처럼 영혼 없는 물질로 대상화되고 있음을 보여주고
있다. 푸코가 말했듯, 여성의 몸은 육체성을 넘어서 역사적 수난을 고스란히
보여주는 존재라고 할 때, 아무런 '말'도 하지 못한 채 침묵 속에서 고난을
겪고 있는 여성의 몸은, 성적 수난과 학대에 시달리는 식민화된 존재로서의
모습을 대변하고 있다. 특히, 배경이 '중국'(용궁)과 '일본'(해적선)으로 되어 있는

데, 제국주의 대 식민주의는 성애적 관계로 반복[38]된다고 할 때 심청의 식민화된 수난의 몸에 대한 가해자는 '남성' 뿐 아니라 제국주의로까지 확대될 수 있다. 일본 해적선에 잡혀, 성적 학대와 보수 없는 가사 노동으로 감금되어야 하는 상황은 식민화된 수난의 몸을 극단적으로 보여준다.

그런데 흥미로운 것은, 심봉사도 역시 '용띠'임을 표나게 내세우고 있어, 아버지와 딸조차도 가해자와 피해자의 구도로 엮이고 있다는 점이다. '정신적 죽음'은 '김서방'과의 만남에서 '재생'의 의지를 띠지만 이 역시, 해적(일본)들의 수탈에 의해 좌절되고 만다. 천신만고 끝에 '귀향'한 그녀는 "머리가 세고, 허리는 굽고 할머니가 되고, 눈이 먼" 맹인이 되어 있다. 그녀를 기다리고 있는 것은, '효녀' 혹은 '왕후'와 같은 사회적 보상이 아니라 '괴물', '미친 청이'라는 사회적 희생양으로서의 대우이다. 조선시대와 같은 가부장 사회에서, 여성이 사회적 보상과 인정을 받을 수 있는 것은 효녀 혹은 열녀라는 호칭이었다. 또 반대로 이들 호칭은, 가부장제 사회의 이념을 유지[39]하는 보상기제이기도 하였다. 효녀 '심청전'에 대한 '기능 기억'은 주로, 이 보상 기제와 함께 한다. 그러나 이 희곡은 기억을 거부하고, 심청을 사회적 희생양이 된 모습으로 보여준다.

희생양은 위기에 처한 질서를 바로잡기 위해 지배적 권력을 가진 사람이 수행하는 합법적 폭력이다. 희생양으로 선택되는 사람은 뒤탈이 없도록 주변부적인 존재, 이국적인 존재, 결함이 있는 존재 등 특정의 표지가 있는 사람으로 선택된다. 심청의 경우, '맹인'이라는 이유도 있지만, 무엇보다 결정적이었던 것은 물신화된 다른 사람들과는 달리 '효'와 '낭만적 사랑'의 순수 정신만으로 살고 있다는 점이다. 그녀는 노래 가사처럼 "초가삼간 집을 짓고 양친 부모 모셔다가 천년만년 살고지고"를 꿈꾸었고, '낭만적 사랑'의 관점으로 용궁 이

---

38) Rita, Felski, 김영찬, 심진경 역(1998), 『근대성과 페미니즘』, 거름.

39) 최두석(1990), "심봉사-아버지가 죽었을 때 하던 일 중단하고 꼬박 삼년상을 치렀다는 한 양공주의 삶에 대하여", 「성에꽃」, 문학과 지성사.

야기를 들려준다. 그러나 아이들에게조차 그것은 놀림거리가 될 뿐이다. 순수함은 오히려 '희생양'의 표지가 되어, 그녀를 소외, 격리시키고 있다. 농락당하는 육체와 고귀한 정신의 모순과 갈등은 이 희곡이 기억하는 여성성이다. 이는 70년대 군부독재와 근대 물신주의, 제국주의적 폭력 구조에 대한 작가의 문제 제기적 성격을 띠고 있으며, 동시에 여성의 추상화된 낭만 정신의 허위성을 비판하고 있다.

이처럼 '심청'을 근대화 과정에서 국가 권력에 의한 희생양, 혹은 식민화된 몸의 존재로 기억하는 방식은 여러 텍스트에 나타난다. 최두석의 시, '심봉사-아버지가 죽었을 때 하던 일 중단하고 꼬박 삼년상을 치렀다는 한 양공주의 삶에 대하여'도, '심청'은 식민지적 근대화 과정에서 가족의 생존을 위해 양공주가 되었고, 흑인 아들을 데리고 살다가 죽은 여성의 삶39)을 지칭하는 은유로 활용되고 있다. 시인은 이 땅의 사내를 모두 '심봉사'라고 하며 심청을 근대화 과정에서의 역사적 희생자로 제시한다. 또, 조선일보 기사문(2008년도 3월 3일)에서도 '두만강 심청'이라고 하여, 인신 매매 브로커에 의해 '중국으로 팔려가는 조선의 딸'을 '심청'의 은유 도식으로 표현하고 있다.40)

그러나 이런 인식과 달리, '심청'에서 여성의 '모성성'을 기억하고 있는 작품이 있다. 90년대 「심청이는 왜 두 번 인당수에 몸을 던졌는가?」(오태석)이다. '모성성' 혹은 '모성적 사유'는 자녀를 보살피고, 돌보며, 키우는 일련의 모성적 역할에 의해 만들어지는 속성이다. 사라 러딕(Sara Ruddick)은 자녀들이 느끼는 두려움과 사회적 위험을 제거하고, 그들의 생명을 보존하며 안전하게 양육하기 위해, 모성적 활동은 '보존'(preservation), '성장'(growth), '사회적 적응'(social

---

40) 기사 내용을 간단히 보면 다음과 같다. 제목은 "'두만강 심청'이고, 소제목으로 '굶어 죽어가는 가족위해 4만 6000원에 중국으로 '조선의 딸들이 '팔려간다.;로 되어 있다. 가족을 위한 희생양의 개념으로 '심청'을 은유하고 있다. 또, 국가 권력에 의한 희생양으로서의 여성상 역시, 양공주, 정신대 위안부 할머니들이 존재한다.
황영주(1999), "심청전 읽기로 본 한국에서의 근대 국가와 여성", 한국 정치학보 34-4호, 한국정치학회.

acceptable)을 담당할 것을 요구받는다고 하였다. 이를 위해 모성적 경험은 보호, 훈육, 양육의 활동으로 구성된다.

「심청이는 왜 두 번 인당수에 몸을 던졌는가?」에서 '심청'은 이런 모성적 활동을 잘 보여준다. 이 작품의 '심청'은 고전 소설에 나오는 인물과 같이 순수한 도덕성을 지니고 있는 인물이다. 또한 다른 인물의 고통에 공감하고, 그들을 보살피고, 배려하는 이타적인 존재이기도 하다. 그녀는 배금주의로 생명이 위협받는 현실에서 생명을 치료하고 보살핀다. 가령, 그녀는 아무도 거들 떠보지 않는 다친 '세명'을 도와주어야 한다고 설득하며 용왕의 꾐에 빠져 팔려가는 어린 소녀들 구해 집으로 돌려보내려고 인당수에 투신한다. 이는 '위험'함에서 구출하여 '안전'하게 생명을 유지하는 '보존'이라고 할만하다. 또 돈을 위해 화염병 제조업자가 되는 '세명'을 바로잡고자 불을 지르는 일을 하기도 한다. 이는 올바른 길로 안내하는 '훈육'의 성격을 띠고 있다. 그녀는 인물들이 어려운 상황에 처할 때마다 그들의 고통에 동감하며, 삶의 의지를 북돋워 주고자 노력한다. 자신의 과거를 되돌아보고, '어머니'와 '집'이라는 정서적 원천을 일깨워 주는 것이다.

> "잊지 말아요. 젖소 서른 세 마리. 고향 가서 엄마 만나요."[41]
> "나 심청이요. 내가 인당수에 뛰어들어 줬더니 남경 뱃사람들 억심만금 법디다. 알았죠. 그거 노나갖고 집에 가요. 엄마 만나고 좋은 사람 만나 순애 모냥 애낳고 살아요" (46면)

기존 연구[42]에서는 이 '심청'을 서사에서 적극적인 성격을 지니고 있다. 관찰자나 문제 제기적 기능에 충실한 것으로 지적되어 왔다. 물론 '심청'은 적극적인 행위나 주체적인 판단을 하는 존재는 아니다. '용왕'이나 '세명'에 비해

---

41) 서연호 편(2005), 『오태석 공연 대본 전집 10』, 연극과 인간, 24면, 이후는 면수만 표기함.
42) 유인경(2002), "오태석 연극에 나타난 그로테스크 - 「심청이는 왜 두 번 인당수에 몸을 던졌는가」를 중심으로", 한국극예술연구, Vol.16, 한국극예술학회.

그 역할이 축소되어 있는 것은 사실이다. 그러나 이러한 모습은 모성성에서 중시하는 '수용성'으로 해석할 여지가 충분하다. 그 근거로 '심청'의 이타성이 '용왕'을 비롯한 다른 인물들의 탐욕적이며, 광기어린 '이기성'과 선명하게 대비되고 있다는 점을 들 수 있다. 이 소설에서 세속적인 현대인의 전형으로 등장하는 용왕은, 자기를 도와 준 '세명'을 모른 척하고, 처녀들을 사들여 매매춘을 하려는 배금주의적 인물이다. 게다가 심청이 돌아 본 90년대의 서울은 인명 경시와 배금주의, 가치 전도로 광기 어린 폭력성이 난무하는 반(反)생명적 공간이다. 이는 극단적인 '육체의 훼손'과 '죽음'으로 나타나고 있다. 심청은 이 훼손을 치료하고, 보살펴 생명 본래의 곳으로 되돌리는 역할을 하고 있다. 결론적으로 이 작품은 고전이 지닌 '인신 공희'와 '대속'의 모티프를 반복하였지만 물에 빠진 심청이가 현실에 돌아온다는 모티프를 변용하여 90년대 한국 현실의 문제 상황으로 재가공하였고, 이를 효과적으로 드러내기 위해 '심청'을 여성이 지닌 모성성으로 기억하고 있는 것이다.[43)]

이제까지 살펴본 바, 70년대 희곡 「달아 달아 밝은 달아」, 90년대 희곡 「심청이는 왜 두 번 인당수에 몸을 던졌는가?」의 문화적 기억을 서로 비추어 보면, 고전 '심청'의 여성성은 복수적 의미로 개방된다. '식민화된 몸을 가진 희생양', '보살핌의 이타적 존재'가 그것이다. 이처럼 상호 텍스트적 관계에서, 고전을 읽을 때, 우리는 고전에 담긴 고정된 의미나 가치보다는 이 속에 있는 이슈, 딜레마, 문제들을 확인하고 오히려 의미를 역동적으로 생산할 수 있다. 여성과 국가, 여성과 자본주의, 여성과 가부장적 제도, 여성 수난의 개인사와 사회사, 구원자로서의 여성 등의 이미지가 그것이다. 이 이슈들에 답을 하는 과정은 독자가 다양한 문화적 기억들과 교섭하고, 해석하여 참여함으로써 자신의 정체성을 찾고 새로운 의미를 생성하는 과정이라고 할 수 있다.

---

43) 이러한 기억은 황석영 「심청」으로 이어지고 있다.

4. 결 론

디지털 문화는 융합과 참여라는 큰 흐름을 만들어 내고 있다. 디지털 시대, 문학 고전의 읽기 방식에 대한 모색 역시 이로부터 자유로울 수 없을 것이다. 디지털 시대, 고전 독서 방법은, 고전 텍스트의 변용과 디지털이라는 환경의 변화를 고려하여 모색되어야 한다. 이글은 현대적 변용의 고전 텍스트들을, 고전 읽기의 본질로 고려하면서도 디지털 독서 문화의 긍정성을 십분 발휘할 수 있는 방식으로 읽을 수 있는 방안을 모색하고자 하였다.

변용된 고전 텍스트가 고전 독서로서의 가치를 갖기 위해서는, 고전 텍스트와의 상호연관성을 고려하는 '문화적 기억들'의 활성화가 매우 중요하다는 점을 밝혔다. 곧, 변용된 고전 텍스트 읽기는 고전 텍스트와 상호 연관성을 통해 문화적 기억들을 전승, 변형하며, 새롭게 창조할 수 있는 가능성을 모색할 수 있다. 그러나 이것이 단순히 과거 고전에 각인된 문화적 기억들을 전달받는 데 그치지 않고, 활성화하기 위해서는 또 다른 읽기 방법이 필요하다. 이를 '상호적 읽기' 방법으로 모색하였다. '상호적 읽기'는 고전과 고전 변용 텍스트들을 대화적 관계로 규정하고, 상위의 공통점을 전제로 하면서도 다양한 차이점, 불연속성을 부각시켜 읽는 방식이다. 고전은 보편적 공감력을 지닌 존재이기도 하지만 저항할 존재이기도 하다는 것이다. 이런 상호적 읽기는 고전을 고정된 의미로 규정하는 관습화된 기능 기억에서 벗어나 복수의 다가적인 의미로 이끌어내어, 독자 자신의 정체성에 입각하여 선택하고, 새로운 의미를 개척할 수 있다. 이를 「심청전」의 변용 텍스트들로 상호매체적 읽기와 상호문화적 읽기를 확인해 보았다. 애니메이션 「왕후 심청」에서는 애니메이션의 장르적 속성에 따른 원작과의 차이를 비교함으로써, 매체의 속성이 문화적 기억에 어떻게 영향을 미치는가를 읽었다.

상호 문화적 읽기에서는 심청의 여성성에 대한 기억들이 시대에 따라 변모되는 양상을 상호조명함으로써, 고전 작품의 다가적, 복수적 의미망을 되살려 새로운 의미 생성의 기초로 잡을 수 있다. 물론 이 상호적 읽기는 비판적 읽기, 개작적 읽기 등과 함께 결합될 때 효과를 발휘할 수 있다고 하겠다.

03

문학 독서의 '맥락' 중심 독서교육 모델

1. 서 론

문학 독서는 독자, 텍스트, 맥락이 중층적으로 작용하는 매우 복잡한 활동이다. 그럼에도 실제의 독서 현상에서 표면으로 드러나는 것은, '독자'와 '텍스트'이기 때문에 독서에 작용하는 맥락적 변인을 명증하게 성찰하기란 쉽지 않다. 그런 이유로 우리는 문학 독서에 대한 개인주의적 이미지를 지속시키기도 한다. 고립된 자기만의 방에서 상상의 나래를 잔뜩 펴고 깨달음과 즐거움을 얻는 문학 독서의 이미지가 그것이다. 이는 문자 매체 중심의 근대적 독서 문화라 하겠지만, 문학 독서를 인지와 정의라는 개인 활동의 틀로 정립하는 기초가 되었다. 그러나 '맥락'에 대한 고려 없이 문학 독서 현상을 깊이 있기 이해하기란 매우 힘들다.

문학교육과 국어교육 전반에서 '맥락'에 대한 관심이 증폭되고 있다. 이는 언어와 문학 활동의 개인적 요소 뿐 아니라 사회적, 역사적 요소를 포괄하여 그 총체성과 중층성을 되살리려는 의지라고 할 수 있겠다.[1] 사실, 되돌아 보면, 문학교육에서 '맥락'의 문제는 신비평과 구조론의 탈맥락적 문학교육에 대한 반성으로부터 시작되었었다.[2] 텍스트의 내적 구조에만 충실한 신비평식 논리는, 정작 문학교육이 추구하는 문학과 삶의 연관성, 주체 형성의 문제를

---

[1] 우한용(1997), "문학교육의 문화론적 기초에 대한 연구", 국어교육 93, 한국어교육학회.
박인기(2002), "문화적 문식성의 국어교육적 재개념화", 국어교육학연구 15, 국어교육연구학회.
[2] 김상욱(1992), "신비평과 소설교육 방법의 재검토", 국어교육 79, 80, 한국어교육학회.

해결할 수 없었던 것이다. 그런 점에서 '맥락'은 독자적인 변인이라기보다는 문학 경험의 중층성과 복합성을 사고할 수 있는 매개적 개념으로 인식하는 것이 중요하다.[3]

기존 연구에서 '맥락'의 문제는, 문학 교육 이념의 차원에서부터 문학 교육 현상의 해석, 작품 읽기 방식에 이르기까지 폭넓게 논의되었다. 이념 차원에서는 문학 교육의 방향성과 광의의 사회 문화적 요구를 연결지으면서 거시적 시각으로 맥락 문제를 다루었고[4], 문학교육 현상의 연구에서는 정전 선정에 개입하는 학문 담론의 권력[5]이나 학습자들의 문학 경험을 형성하는 문식적 맥락[6] 등이 연구되었다. 이 연구들은 주로 거시적 맥락을 다룬 것으로 맥락의 문제가 문학교육의 역사성을 확보하고 문학교육 현상의 심층적 이면 기제를 살필 수 있는 주요 범주임을 증명하였다. 반면, 작품 읽기 방법 연구에서는 텍스트를 생산 맥락과 연관지어 심층 해석하는 다양한 방법이 제시되었다. 텍스트의 이데올로기 분석[7], 사회 문화적적 맥락, 혹은 상호텍스트적 맥락[8] 해석, 변형된 텍스트의 맥락 해석[9] 등, 텍스트 생산 맥락을 비판적으로 해석하는 문제가 미시적으로 연구되었다. 그러나 이런 풍성한 연구 성과에 비해,

---

3) 실제로 '맥락'의 사전적 정의도, "사물의 서로 잇닿아 있는 관계나 연관"(김민수 외(1992). 『국어대사전』, 금성출판사, 962면)이라고 되어 있다.
4) 정재찬(1997), "사회·문화적 맥락 중심의 문학교육과정 내용 체계", 『문학교육과정론』, 삼지원.
박인기 외(2005), 『문학을 통한 교육』, 삼지원.
선주원(2007), "사회 문화적 맥락을 반영한 문학교육의 지향", 문학교육 22, 한국문학교육학회.
5) 정재찬(1997), "사회·문화적 맥락 중심의 문학교육과정 내용 체계", 『문학교육과정론』, 삼지원.
최지현(1994), "한국 현대시 교육의 담론 분석", 서울대 석사학위 논문.
6) 최인자(2006), "문학 독서경험의 질적이해를 위한 맥락탐구", 독서연구 16호, 한국독서학회.
7) 김상욱(1994), "소설 담론의 이데올로기 분석 방법 연구", 서울대 박사학위논문.
8) 김성진(2004), "비평 활동 교육의 내용 연구", 서울대 박사학위논문.
김정우(2004), "시해석 교육 내용 연구", 서울대 박사학위논문.
임경순(2004), 『문학의 해석과 문학교육』, 역락.
남민우(2006), "텍스트 가치평가 활동을 위한 시교육 연구", 서울대 박사학위논문.
9) 황혜진(1997), "춘향전 개작 텍스트의 서사 변형 연구", 서울대 석사학위논문.

독자의 수용 맥락에 대한 연구는 상대적으로 부진한 편이다. 맥락의 문제가 주로 텍스트 '해석' 혹은 '비평' 활동과 연계되었기 때문이다. 2007년도 개정교육과정 이후, 생산과 수용 활동에 개입하는 맥락의 구체상이 문학교육 내용 구성에 중요한 역할을 하는 상황이 되었다. 그러나 이것이 선언에 그치지 않기 위해선 '맥락적 읽기' 뿐 아니라 '읽기(수용) 맥락'에 대한 다양하고도 구체적인 연구가 필요하다. 이 글은 주로 문학 독서의 '수용 맥락'에 중점을 두어 논의하되, 다음의 몇 가지 방향에 집중하고자 한다.

먼저, 거시적인 사회 문화적 맥락을 미시의 수용 맥락과 연관짓는 논의를 하고자 한다. 2007년도 개정교육과정에서는 맥락을 '상황 맥락'과 '사회 문화적 맥락'으로 구분하고, 전자는 "수용, 생산 활동에 직접적으로 개입하는 맥락으로 언어 행위 주체(화자·필자, 청자·독자), 주제, 목적" 등으로, '사회·문화적 맥락'은 "담화와 글의 수용, 생산 활동에 간접적으로 작용하는 맥락으로 역사적·사회적 상황, 이데올로기, 공동체의 가치·신념"[10]로 규정하고 있다. 실천의 효율성을 위한 구분이겠지만, 문학 독서의 경우 양자는 구분되기 힘들다. 작품의 인물 해석은 그 공동체가 공유하는 사회 문화적 정체성 모델과 직접 관련되며, 또, 교사의 작품 해석과 교실 내 상호작용 방식 역시 사회적 권력 관계와 무관하기 힘들기 때문이다. 게다가 이 경우, 다소 관념적인 성격이 강한 사회 문화적 맥락은 그 실천성 다소 떨어질 수 있다.

둘째, 사회 문화적 '맥락'의 문제를 텍스트, 주체, 맥락(상황적)과의 상호연관성 속에서 파악하고자 한다. 독자의 '반응'이라고 하면 주로 독자 개인의 특성을 떠올리지만, 그 총체성을 살리기 위해서는 사회·문화적 거시 맥락을 중심으로 놓고 텍스트, 주체, 맥락(상황 맥락) 등을 종합한 형태로 재개념화 할 필요가 있다. 외국의 경우도 문학 반응의 연구 흐름이 70년대에는 개인적 반응의 다양성을 강조한 이론이 위세를 떨쳤다면, 90년대 이후는 사회 인류학,

---

10) 교육인적자원부(2007), 『초, 중학교 교육과정 해설』, 9면.

문화론, 비판이론, 담론 이론 등의 다양한 배경적 학문을 바탕으로 텍스트, 독자, 맥락이 사회 문화적 '맥락' 변수를 중심으로 통합되는 경향이 강하다.[11] 이 글에서도 '맥락'을 통해 문학 독서 경험의 복합성을 중시하도록 하겠다.

셋째, '맥락'의 문제를 맥락 설계와 교육적 맥락 창조의 의미에서 주목하고자 한다. '맥락'은 고정되어 있지 않고 변화하며 다양하다는 특징이 있다. 우리는 독서의 '맥락'에 주목함으로써 독자의 의미 구성 방식을 바꾸고 또 의미있는 방향으로 설계할 수 있다. 독서 이론이 곧장 독서 교육 방법으로 전환되는 것은 아니지만 관점'을 넘어서 의미있는 맥락 창출을 위한 교육 원리도 함께 제시하고자 한다.

이 글은 문학 독서의 수용 맥락에 대한 심층적인 이해를 제공하는 문학 독서의 사회 문화적 독서(social-cultural model) 모델[12]을 살펴보고, 이에 기반한 교육의 원리를 제시하고자 한다. 논의의 절차로는 먼저, 사회 문화적 관점에서 문학 독서의 본질과 특성, 그 의미 구성 변인과 기제를 살펴보고, 이에 기반하여 문학 독서교육의 원리를 제안할 것이다.

2. 문학 독서의 사회 · 문화적 모델과 '맥락' 중심 교육의 필요성

1) 문학 독서의 본질과 '맥락'

문학 독서에서 '맥락'은 배경적 요소가 아니라 본질적 변인이다. 문학 독서

---

11) James Marshall.(2004), Research on Response to Literature, Handbook of Reading Research, International Reading Association. pp.393-395.
12) 문학 독서 모델에 대한 설득력 있는 설명으로는, 카스린 멕코믹(Kathleen McCormick)이 제시한 인지론적 모델 cognitive model, 표현적 모델 expression model, 사회 문화적 모델 social cultural model을 들 수 있다. 이 모델은 문식성 모델 범주로 사용되는 객관주의적 모델, 주관주의적 모델, 상호작용적 모델과도 호환성이 있고, 문학 독서 교육의 관점을 범주화하기에도 용이하다.
McCormick, Kathleen.(1994), The Culture of Reading & the Teaching of English, Manchester University Press. pp.13-67.

의 사회·문화적 모델에서는, 독서를 구성하는 텍스트, 맥락, 독자들은 광의의 사회 문화적 맥락과 분리될 수 없다고 가정하고, 독서를 독자의 사회 문화적 지식 혹은 실천 능력이 재구성되는 '사회적 과정'으로 설명한다.

사회 인지 이론과 담론 이론을 독서 이론에 적용한 기 Gee의 논의를[13] 중심으로 살펴보도록 한다. 독자는 개인이기도 하지만 특정의 사회 문화적 위치를 지니고 있는 집단의 구성원이기도 하다. 그들은 자신이 처한 그 위치에서 삶을 실천하고 경험을 형성하면서 그 집단 특유의 관심과 가치를 공유하게 된다. 독서 과정에서 투사하는 이른바 '배경 지식'은 그들 특유의 사회 문화적 실천과 경험에 의해 만들어진 '위치지워진 의미'(situated meaning)들이라 할 수 있다.

'위치지워진 의미'란, '스키마' 개념이 사회 문화적으로 맥락화된 것으로 인식 주체가 특정의 상황 속에서 반복적인 실천과 경험에 일련의 패턴을 부여함으로써 얻은 것이다. 이는 모두가 공유하는 보편 타당한 것도, 개인만이 가지고 있는 특별한 것도 아닌, 단지 그 위치에서만큼은 공유하는 '중간 수준의 일반화'로 공유할 수 있는 의미이다. 가령, '커피'의 의미는 사전에 제시된 탈맥락적 보편의 의미도 있을 것이고, 또 개인의 주관적 의미도 있겠지만 특정의 집단이나 상황, 행위에 공유되는 의미도 있을 것이다. 여성이나 남성, 청소년에게만 공유되는 의미가 다를 수 있으며, 또, 일하면서 먹는 커피, 연인 사이의 커피 등도 모두 다를 수 있다. 이렇게 본다면, 독서 과정에서 발생하는 의미에도, 보편타당한 일반 의미, 개인의 주관적 의미, 그리고 맥락에 따른 '위치지워진 의미'가 있다고 하겠다. 독서 활동을 '위치지워진 의미'의 층위에서 보면, 독서는 특정의 맥락에 따라 관습화, 패턴화되는 문화적 모델로 나타날 수 있다. 여기에서 주요 맥락으로 작동하는 것은 바로 '독자(주체)와 '행위'(어떤 상황에서의 독서 행위)이다.[14]

---

13) James Paul Gee.(2002), "Discourse and Sociocultural Studies in Reading". Handbook of Reading Reasearch, Lawrence Erlbaum Associate Inc.

먼저, 독자 주체의 위치에 의해서 수용 맥락은 광의의 사회 문화적 맥락적과 연관된다. 독자는 자기 삶에서 얻은 사회 문화적 능력들을 독서 과정에 투사함으로써 문학 독서 활동을 특정의 위치로 위치짓는다. 독자는 사회·문화적 존재로서 자신의 사회적 삶 속에서 얻은 실천과 문화적 자원들을 문학 독서에 활용하기도 한다. 독자는 특정의 사회적 구성체에 거주하며 복합적인 문화 체계를 흡수한 특정 위치의 '사회적 주체'이며[15] 그에게 '텍스트'는 그가 거래하는 다양한 문화 체계 내의 일부일 뿐이다. 그런 점에서 문학 독서는 문학 고유의 배타적 속성보다는 문화 체계와 상호 텍스트적 연관 속에서 존재한다고 할 수 있다.

가령, '청소년 독자' 혹은 '아동 독자'의 범주가 성립할 수 있는 것은, 독서 행위가 그들의 사회 문화적 실천과 연관될 수 있기 때문이다. 문학 텍스트는 경쟁적 해석을 불러들이는 다양한 해석 위치를 지니고 있지만 독자는 나름의 사회 문화적 맥락에서 확보한 사회적 실천이나 기능, 개념들을 기제로 하여 특정의 위치를 선택한다.

외국의 경험 연구를 살펴보면, 독자의 사회 문화적 위치에 따라 반응이나 스타일이 다르다는 점이 증명되고 있다.[16] 가령, 노동자 계층의 독자 반응은 화자의 언술에 초점을 두는 반면, 중산층 계층은 작품 전체분석에 초점을 두고 있다는 점이 그것이다. 물론 이런 자료가 우리 나라 상황에도 적합할지는 모르겠지만, 독자의 사회 문화적 위치에 따른 그들의 사회적 기대나 관계 등이 텍스트의 해석에 직접 영향을 미친다는 점을 실제적으로 보여주고 있어

---

14) 이렇게 설정한 근거는 Gee(2002)의 논의에 따른다. 그는 이 위치워진 의미가 특히, '누가'(사회 문화적 위치), '무엇을'(사회적으로 위치지워진 행위와 실천들)에 따라 분화된다고 지적한 바 있다.

15) Morly, David.(1980), "Texts, readers, subjects", in Hall et al(eds), Culture, Media, Language, Routledge. pp.163-173.

16) McCormick, Kathleen.(1994), The Culture of Reading & the Teaching of English, Manchester University Press.

의미있다.

또, 독서가 어떤 행위 맥락에서 이루어지고 있느냐에 따라 광의의 사회 문화적 맥락과 연관된다. 모든 독서는 삶을 구성하는 일련의 '풍부한 다양한 맥락 속에서' 위치지워져 있다. 독자는 언제나 특정 시공간 상황에서 어떤 의도를 가지고 독서를 하기 때문에, 텍스트의 의미도 특정의 의도, 상황이 갖추어진 화행적 맥락에서 '사용됨'으로써만이 발생하는 것이다.[17] 그런데 독자는 명시적이든, 암묵적이든 그 공동체가 규정하는 '의미 있는 행위'라는 기대에 근거하여 독서의 상황 맥락을 해석하기 때문에 독서에는 그 사회의 규정하는 가치와 신념이 작동할 수밖에 없다. 마치 쓰기에서의 '장르'적 관습과 마찬가지로 공동체에서의 의미 관습이 개입하는 것이다. 동일한 문학 작품이라도 교실에서 읽는 경우와 취미 써클에서 읽는 경우 그 의미는 달라질 수밖에 없다. 그 이유는 '문학 교실', '취미'에 대한 일련의 사회적 관념들이 반영되기 때문이다. 거꾸로 이 관념이 바뀌지 않으면 문학 읽기 방식도 바뀌기 힘들다.

결국, 문학 독서의 본질은, 특정의 사회 문화적 위치 속에 놓인 독자가 자신의 삶에서 형성한 사회 문화적 지식 혹은 실천 능력을 형성, 혹은 재구성하는 사회적 과정'[18]이자, 자신의 '문화적 자원의 토대 위에서 텍스트를 재구성하는 실천'[19]으로 규정할 수 있을 것이다. 이는 독서의 본질이 독자가 자기 삶에서 얻은 사회 문화적 능력의 형성 혹은 재구성과 밀접하게 연관되어 있음을 시사한다. 독자는 독서의 과정에서 텍스트를 해석하기도 하지만 동시에 독자 자신의 삶을 둘러싼 세계를 해석하고 나아가 그들이 수행하는 자신의 사회 문화적 실천 능력을 향상시켜 나간다. 따라서 문학 독서는 텍스트의 의미를 파악하고 이해하는 행위, 혹은 정보나 즐거움을 얻는 활동을 넘어서 특정의 사회적 신

---

17) 이 모델은 사회 인지론, 담론 이론, 문화론, 장르론 등의 이론을 기반으로 하고 있다.

18) Gald, Leeand Beach, Richard.(2004), "Response to Literature as a Cultural Activity", Robret B. Ruddell & Norman J. Unrau, Theoretical Models and Prosess of Reading, Fifth Edition.

19) McCormick, Kathleen.(1994), The Culture of Reading & the Teaching of English, Manchester University Pres. p.48.

념과 실천 능력을 획득하는 사회적 과정이자 문화적 실천이라 하겠다.

2) 문학적 의미 구성에 관여하는 맥락적 변인들

① 독자의 수용에 관여하는 맥락 변인

그렇다면, 문학 독서 과정에 작용하는 맥락은 무엇으로 구성되어 있는가? '맥락은 텍스트의 수용과 생산에 개입하는 사회적, 문화적, 물리적 요소를 해석하는 데 관여하는 정보[20]이다. 그러니까 물리적인 사회·문화적 요소 그 자체가 아니라, 그 시·공간의 사회적 상황에 관한 언어 사용자의 믿음과 가정이라 할 수 있다.[21]

사회 문화적 모델에서는 생산과 수용에 관여하는 이 믿음과 가정이 전체의 사회 문화적 이데올로기에 위치지워져 있음을 강조한다. 이를 위해 배경지식이나 스키마와는 구별되는 '자원'(repertory)이란 개념을 사용하고 있다.[22] '자원'은 텍스트의 생산과 수용 과정에서 사용하는 특정의 담론들의 세트, 관념과 경험, 습관, 규범, 관습, 가정들의 결합들로서, 독자가 특정의 사회적 위치에서 자신이 속한 사회의 이데올로기를 전유한 결과 가지는 지식이다. 흔히 독자의 '삶과 경험'이라 통칭되었던 요소이기도 한데, 특별히 '자원'란 개념을 통해 지식이 독자가 특정의 위치에서 사회 문화적 실천과 경험으로부터 획득한 것임을 명시하는 것이다. 독자의 특정 위치에서 전유한 것이기에 그 자원들은 지배적인 이데올로기의 단순 반복이 아니며 여러 유형으로 분화되기도 한다. 독자들의 문학적 반응이 다양한 것도 바로 여기에서 기인한다 하겠다.

문학 독서에 영향력을 미치는 자원(repertory)으로는 일반적 자원과 문학적

---

20) 서울대 국어교육연구소(1999), 『국어교육학사전』, 서울대국어교육연구소, 231면.
21) 이런 논의는 물리적 실제가 텍스트의 기호적 세계와 호환성을 가질 수 없다는 문제의식에 근거한다.
22) McCormick, Kathleen.(1994), The Culture of Reading & the Teaching of English, Manchester University Press. pp.68-77.

자원이 있다. 일반적 자원(general repertory)은 삶의 방식, 사랑, 교육, 정치 등 일반 지식에 대해 독자가 지니고 있는 신념이다. 이는 전체 이데올로기에 의해 영향을 받지만 동시에 그들의 사회적 실천과 삶 속에서 전유된 것이기도 하다. 문학적 자원은 문학에 대한 태도나 가치, 신념을 포괄한 지식이다. 이역시 문학 독서를 특정의 방향으로 유도하는 중요한 매개체이다. 어떤 문학을 좋은 문학으로 생각하는지, 문학의 기능과 역할에 대한 인식 등은 특정 작품에 대한 호오나 가치 평가의 방향을 결정짓는 요소들이라 할 수 있다.

가령, 전통적인 리얼리즘 소설관에만 친숙한 독자는 모더니즘 소설은 낯설고 이해하기 힘들 수 있다. 일종의 소설관이 작품에 대한 그의 관심과 이해에 중요한 영향을 행사하는 것이다. 그러나 이 문학적 자원도 일반적 자원과 분리되어 있지는 않다. 좋은 소설에 대한 이해는 좋은 세계에 대한 이해와 분리될 수 없기 때문이다.

독자의 이러한 자원들은, 독서 과정에서 텍스트의 자원들과 상호교류한다. 텍스트 역시, 그 시대 특유의 문화와 이데올로기가 침윤된 일반적 자원과 문학적 자원에 의해 생산되었다고 할 수 있다. 그것은 내용에만 국한되지 않는다. 형식 역시, 그 당대의 역사적 맥락을 반영하고 있기 때문이다. 이렇게 보면, 결국, 텍스트의 보편성도 결국은 역사적 맥락에서 위치워질 수 있을 것이다. 그러나 주목할 점은, 이 텍스트에 거주하는 자원은 단일하지 않다는 것이다. 여기에는 상호 모순적이고 상호 경쟁적인 자원들이 중첩되어 존재한다. 다만, 해석자의 해석 위치에 따라 특정의 자원들만이 부각될 뿐이다. 따라서 특정의 읽기 방식만을 규범화한다면 전제되어 있는 특정의 텍스트 자원이나 독자의 자원들의 위치지워져 있음을 은폐함으로써 이데올로기가 될 수 있다. '원리'라는 이름으로 규정하는 일련의 문학 독서 교육의 방법적 지식들이 실은, 특정의 해석적 위치와 자원을 내제한 이데올로기적인 것임을 보여주는 것이다.

② 문학 교실 맥락에 관련하는 변인

다음, 독서 교육의 관점에서는 문학 독서를 구축하는 '교실'이라는 상황적 맥락에 주목해야 한다. 교실은 텍스트의 의미가 고정되어 존재, 전달되는 곳이 아니다. 교실 내에서 문학 독서 역시, 독자, 교사, 텍스트의 의미 협상에 의해 이루어진다. 이들은 학습 과정에서 상호 매개되면서 관계를 맺는다. 학습자는 개인적인 방식으로 의미 구성에 참여하지만 그는 중개자인 교사의 수업 전개 과정에서 매개되며 동시에 다른 학습자와 관계를 맺는다.[23] 독서를 사회적 행위로 본다면, 동일한 작품이라고 하더라도, 어떤 교실 맥락에서 수업하느냐에 따라 학습자들의 독서 경험과 결과는 다를 수밖에 없다. 독서 역시 사회적 행위로서, 특정의 상황적 맥락에 의해 의미가 구성되기 때문이다.

〈도표 1〉을 보면 학습자와 교사는 개별적인 조건을 지니면서도 동시에 학습 환경을 구성하여 의미를 협상한다. 학습자는 나름의 특정의 인지적, 정서적 조건과 신념과 지식을 지니고 참여하는데 특히, 그가 지닌 문학에 대한 지식과 동기, 관심, 태도가 수용의 개인적 조건이 된다. 반면 또 다른 축으로는 교사가 있다. 그 역시 나름의 인지적, 정서적 조건과 신념과 지식을 지니고 있는데, 그의 조건들은 교수법의 결정에 핵심적인 영향을 미쳐 학습자의 반응에도 직결된다. 이 두 주체는 교실 공동체에서 특정의 학습 환경을 만든다. 그런데 이 환경은 앞에서도 살펴보았듯이, 두 주체의 자원과 광의 사회·문화적 배경과 분리될 수 없다. 그런 이유로 러버트 루들과 노만은 Robert B. Ruddle & Noman[24] 학습 맥락을 이루는 일련의 변인들로, '과제', '권위성의 위치', '교사의 의도와 기대'와 같은 교육적 맥락과 함께 '사회 문화적 배경' 등을 지목한 바 있다. 이 글에서도 교실의 맥락을 구성하는 제반 요소를 심리

---

23) 쓰기 교육을 중심으로, 독자, 텍스트, 맥락 요인들간의 상호작용을 논의한 연구로는 Mary Jett-Simpson, Lauren Leslie, Wisconsin Reading(1997). Association, Authentic Literacy Assessment, 원진숙 역(2004), 『생태학적 문식성 평가』, 한국문화사. 37-38면.

24) Robert B. Ruddle & Noman J.(2004), 앞의 책, pp.1463-1468.

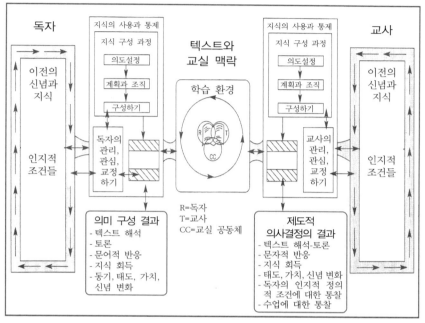

도표 1. 교사, 텍스트, 교사의 의미 구성 모델[25]

적, 사회적, 기호적 맥락으로 나누어 설명하고자 한다.

교실의 학습 맥락을 구축하는 심리적 맥락은 수업의 내용과 방법에 전제되어 있는 교사와 학습자의 가치관과 태도에 의해 구성된다. 교실 공동체가 어떠한 가치와 믿음을 지니고 있고, 무엇을 존중하느냐 하는 것은 학습자의 문학에 대한 태도는 물론이고 문학적 반응이나 사고 양식에 큰 영향력을 행사한다. 사고는 그 공동체의 문화에 위치지워져 형성되기 때문이다.

사회적 맥락은 교실에서 교수와 학습자가 대화 참여자의 사회적 역할과 참여 방식을 결정함으로써 형성된다. 교실 대화는 그 방향에 따라, 다양한 해석

25) Robert B. Ruddle & Noman J. Unrau.(2004), "Reading as a meaning construction process: The reader, the text and the reader", Robret B. Ruddell & Norman J. Unrau, Theoretical Models and Prosess of Reading, Fifth Edition International Reading Association.

의 가능성을 열리게 할 수 있고, 또 그것을 닫게 할 수도 있다. 물론 거시적 소통 맥락의 문제도 있지만, 무엇보다 미시적인 측면에서의 참여 방식이 큰 영향을 미친다. 읽기 과제, 교실에서 문학의 권위를 누가 지니는가가 문제가 된다. 이는 교실 외부 사회 문화적 맥락에서의 권력과도 무관할 수 없다. 사회의 권력 관계나 지배적 이데올로기는 곧장 교실 담화의 양상에 이면적 기제가 되기 때문이다.

기호적 맥락, 곧 교실에서 어떤 언어를 사용할 것인가 하는 점도 중요한 맥락이다. 교사가 사용하는 언어가 열린 언어인지 닫힌 언어인지, 발문의 유형도 모두 사회적 구성의 기제가 될 수 있다. 이러한 복잡한 구성 기제를 고려할 때, 문학 독서 교육은 이러한 교실 공동체의 사회적, 심리적, 언어적 변인을 고려하여 의미있는 맥락을 창조할 필요가 있다.

③ 맥락 중심 교육의 필요성

문학 독서 모델은 문학 독서 교육의 내용과 방향에 대한 중요한 시사점을 제공한다. 앞에서 사회 문화적 독서 모델을 고찰하면서, '맥락'이 독서의 본질과 의미 구성 기제에 중요하게 개입한다는 점을 살펴보았다. 이를 바탕으로 '맥락'을 중심으로 한 문학교육의 필요성을 생각해 보고자 한다. '맥락' 중심 문학 독서 교육은, 교육의 텍스트나 주체의 인지적 과정보다는 독서가 이루어지는 '맥락'을 독서 교육 설계에서 중요하게 고려하는 것이다. 이것의 필요성은 다음 세 가지로 정리 해 볼 수 있다.

첫째, 독자를 맥락 속에 위치시킴으로써 현실 독자의 풍요로운 상을 독서교육에 수용할 수 있다. 특히, 그가 지닌 사회적 결정성과 문화적 능동성을 입체적으로 고려할 수 있다. 특정의 맥락에 위치한 독자라고 한다면, 이상적이고 보편적인 독자가 아니라 여자이거나 청소년이거나 한국인으로서, 자신의 삶의 맥락과 현실의 복잡한 제 관계 속에 있는 존재이다. 문학 독서교육에서도, 이제 독자는 '학습 독자' 일반이 아니라, 청소년 독자로, 여성 독자로, 한국인 독자로 자신의 현실적 정체성으로 구현될 필요가 있다. 그래야 독자 스스로가 자신의 독서가 사회 문화적 위치지어져 있음을 성찰하여 새로운 결정을 해 나갈 수 있다. 진정한 의미의 능동성은, 결정되어 있음과 결정할 수 있음을 동시에 고려할 때 가능한 것이다. 독서교육에서 모든 모델들은 독자의 '능동적 의미 구성'을 추구해 왔다. 가령, 인지론적 모델은 주로 독자의 보편적 인지 작용과 자신의 배경 지식 활성화에서 방법을 찾았고, 표현주의적 모델은 독자 개인의 삶에서 나오는 생생하고, 주관적인 반응에서 해결책을 모색하였는데, 이들은 독자 자신의 선택과 결정만을 중시하고 있다는 공통점을 지닌다. 그러나 이들 독자도 자신도 의식하지 못한 채 매개되어 있는 사회적 맥락 변인을 고려하지 못한다면 진정한 의미의 적극성에 도달하기 힘들 것이다. 따라서 '맥락' 중심 독서교육은 자신이 의식적, 무의식적으로 위치하고 있는 '맥락'을 고려하고 확장함으로써만이 진정한 의미의 능동적 실천을 제기한다.

둘째, 독서의 맥락을 삶을 구성하는 포괄적인 사회 문화적 맥락으로 확장함으로써, 독서 경험의 총체성을 살리고, 학교 독서 교육과 삶의 활동을 통합적으로 연관 지을 수 있다. 독서 행위는 그 자체만의 고립된 활동이 아니라 독자의 삶을 구축하는 사회 문화적 행위 속에서 뿌리를 내리고 있는 것이다. 그런 점에서 문학의 독서는 텍스트 자체의 자기 완결적 의미 해석이나 미적 전유에서 나아갈 필요가 있다. 곧, 문학 독서를 통해 독자는 자신의 사회적 정체성을 성찰하고 재구성하며, 특정의 사회적 제도에 대해 이해하고 타인과의 관계를 구성하는 일로까지도 확장해 나갈 수 있는 것이다. 이 때, 문학 독서 교육은 문학 능력을 통한 사회 문화적 실천 능력까지 확장된다.

셋째, 학습자들의 다양한 사회 문화적 맥락을 교육적 자원으로 활용하여 학습의 주체성을 살릴 수 있다. 사회 인지론에 의한다면, 발달은 사회·문화적으로 구축되기 때문에 학습은 미리 정해진 규준에 도달했느냐보다는 학습의 기회가 균등하게 제공되었는가 혹은 그에게 어떠한 학습의 맥락이 주어졌는가의 여부가 더 중요하다. 누구나 발달할 수 있는데 다만, 그러한 발달에 필요한 맥락을 얼마나 접했느냐가 문제이기 때문이다. 의미 구성을 개인적 요소로만 한정하게 되면, 그 개인 능력의 변화에만 기댈 수밖에 없다. 잘하고 못하고의 이분법 속에서 못하는 책임은 개인에게만 한정된다. 그러나 맥락을 중시하면, 사회 문화적 맥락의 요소를 성찰하고, 재설계, 재구성함으로써 얼마든지 또 다른 대안적 가능성을 살릴 수 있다. 우리가 학습자의 배경이 되는 다양한 사회 문화적 경험들과 맥락에 관심을 기울여야 하는 것도 이 때문이다. 개인의 문학 능력의 발달은 이들 학습자들이 터하고 있는 다양한 맥락들을 의미있는 방식으로 접촉시킴으로써만이 가능한 것이다.

3. '맥락' 중심 문학 독서 교육의 원리

앞에서의 논의를 바탕으로 맥락 중심 독서 교육의 원리로 네 가지 범주, 곧, 맥락화, 수용 맥락 탐구, 맥락간 대화, 맥락 변형[26]을 제시하고자 한다. 이는 원리적 범주이기도 하지만 시간적 순서로 연결될 수 있어 일련의 절차가 되기도 한다.

1) 맥락화의 원리

먼저, 일련의 문학 독서 활동을 '사회 문화적 실천에 '위치'지어져야 한다는 '맥락화'의 원리를 제안한다. 독서 활동이 어떤 맥락에 위치되느냐에 따라, 독자의 독서 방식이나 독서에서 생산되는 의미도 달라지기 때문이다. '소설의 주제를 찾아보자' '소설의 인물 특성을 파악하자'와 같은 탈맥락적 독서 활동은, 일반 문학 지식이나 일반 독서 원리/ 규범에 기반하고 있기에 독자들 자신

---

26) 이재기는 문식성 교육 방법으로, 맥락 적용, 맥락 성찰, 교실 맥락 등 3단계를 설정한 바 있다. 이 논문은 주로 미시적 맥락을 중심으로 하였으며, 맥락을 체계적으로 절차화한 성과가 있다. 본고는 광의 사회 문화적 맥락과 교실 맥락을 연관 지으며 논의하도록 하겠다. 이재기(2006), "맥락중심 문식성교육 방법론 고찰", 청람어문교육 34, 청람어문교육학회.

의 사회 문화적 지식이나 자신의 정체성과 무관하게 대응할 수 있다. 그것의 결과적 양상은 '교실 문학 독서'에 지루하게 반복하는 몇 몇 도식이다. 수십 명의 학생이 반응을 해도 정작, 이 반응을 유형화한다면 몇 패턴에서 크게 나아가지 않는 것도 사실이다. 그러나 '청소년의 입장에서 이 소설을 비평하고 신문에 투고해 보자.'라고 한다면, 독자는 '청소년'에 대한 정체성, '학교 신문에 투고'한다는 실천적 행위에 대해 자신이 가지고 있는 사회적 의미들을 고려하여, 자신의 독서 활동을 수행하게 된다. 이 때, 독서 활동은 자신의 사회 문화적 실천과 연관된다. 독서가 이루어지는 '실제적 맥락' authentic context 속에 학교 문학 독서 교육도 자리잡자는 것이다.

문학 독서를 사회 문화적 맥락 속에 위치짓기 위해서는, 폴 지(Gee)[27]가 제시한 바, '위치지워진 의미(situated meaning)'가 발생하는 '누가'(주체)와 '무엇'(행위)을 활용해 볼 수 있을 듯하다. '누가' 곧 '주체' 변인은 독자의 사회 문화적 정체성을 적극적으로 활용하는 것이다. 현행 교육과정이나 교과서에서는 '독자'가 일반 보편 독자로만 제시되고 있지만, 이제는 사회 문화적 정체성을 가진 구체적 집단으로서의 독자상을 활동에 적극 반영할 필요가 있다. 독서를 다양한 주체 위치(지역 주민, 한국인, 세계 시민, 청소년, 여성 혹은 남성)로 설정한 뒤 그 집단의 가치와 관심에 '위치 지어진 의미'를 생산하는 것은, 문학 독서를 통한 사회 문화적 정체성 형성으로 이어질 수 있다. 또, 문학을 매개로 한 다양한 영역의 사회 문화적 실천으로 독서 활동을 위치지울 수 있다. 직업, 가정, 여가, 공공 활동 등의 시공간 상황에서 특정의 의도로 이루어지는 '행위' 속에서 독서의 맥락을 구체화한다면, 독서를 삶의 풍요로운 맥락으로 연결할 수 있을 것이다.[28]

---

27) James, Paul Gee.(2001), "Reading as situated language: A Sociocognitive perspective". Journal of Adolescent & Adult Literacy, May. International Reading Association.
28) 구체적 방법에 대한 연구는 후속 연구를 기대한다.

2) 수용 맥락 탐구의 원리

다음, 독자(교사와 학습자)가 자신의 독서 맥락을 성찰하고, 자신의 위치를 파악하는 맥락 탐구의 원리가 있다. 앞에서 설명하였듯이, '맥락'은 주어져 있다기보다는 언어 사용자가 해석하여 선택하는 측면이 있다.

독자는 자신의 읽기에 개입하는 수용 맥락을 비판적으로 성찰하여야 자신의 독서 활동도 사회 문화적으로 구성된다는 사실을 깨닫고 주체적으로 개입할 수 있는 능력을 키울 수 있다. 이를 위해서는 문학 텍스트 뿐 아니라 자신 읽기 텍스트도 분석해야 한다. 자신의 해석에 대한 메타적 해석이라고 할 수 있겠다. 곧, 자신의 읽기와 쓰기가 일련의 사회적 조건들과 맺는 연관을 이해하고, 자신의 위치를 분석하는 것이다. 이것이 '비판적 탐구'인 것은, 정해진 전제에서 비판하는 것이 아니라 자기가 읽는 방식이 사회적 관계나 문화적 가정과 어떻게 연관되어 있는가를 해석하고 설명하는 것이기 때문이다. 이 과정에서 독자는 텍스트가 그렇게 이해되는 과정과 결과에 메타적인 성찰을 수행함으로써 자신을 둘러싼 사회 문화의 상징적 의미까지 통찰하고 저항하거나 지지하는 것까지 포괄한다.

가령, 여기에는 다음과 같은 질문이 포함되는 것이다. 나는 어떠한 해석적 위치에서 이 작품을 이해하고 있는가? 이런 방식의 읽기 결과 어떠한 사회적 관계, 문화적 가정을 강화 혹은 비판하게 되는가? 나는 어떠한 사회 문화적 위치에서 읽고 있는가? 또, 나의 작품 읽기에 전제하고 있는 문학적 가정들, 지식은 무엇이며, 이것은 작품 읽기를 어떤 방향으로 유도하고 있는가? 나아가 이런 가정, 지식은 수용사 혹은 다양한 수용의 갈등적 상황에서 어떠한 위치를 점하고 있는가?

이런 질문은 자신의 읽기가 왜 바로 그런 방식으로 구성되었는가, 그 위치 지워진 모델을 대해 '설명'하고 '심문'하는 데 초점을 두고 있다. 독서의 결정성을 인정하면서도 동시에 적극적으로 자신의 읽기에서 문화적 맥락이 어떻게 관여하는지, 왜 자신이 그렇게 읽는지를 성찰적으로 이해하는 것이다. 이것이 야말로 독서의 맥락적 결정성을 인정하면서도 동시에 능동성을 강조하는 방안일 수 있다. 왜냐하면 학습자의 배경 지식을 활성화하여 능동적인 의미 구성을 추구한다고 하더라도 독서가 맥락에 의해 결정되는 측면을 고려하지 못한다면 진정한 의미의 능동일 수 없기 때문이다.

3) 맥락간 대화화의 원리

다음, 자신의 맥락에서 벗어나 다양한 맥락들과 대화하고, 협상할 수 있도록 하는 교육이 필요하다. 상황에서 '맥락'들은 결코 단일하지 않으며 다양하기 때문에 선택의 대상이 될 수 있다. 그런 점에서 본다면 학습 독자들은 자신의 맥락을 이해할 뿐 아니라 또 자신의 맥락을 확장할 필요가 있는 것이다. '대화'(dialogic)란 일방향의 소통이 아니라 불일치와 공존이 동시에 존재하는 역동적인 상태이다.[29] 자기 맥락에만 존재하지 않고, 다양한 맥락들과 협상하는 과정은 다소 혼돈스러울 수 있다. 그러나 사회 인지론에 따르면, 학습의 주요 기제는 낯익은 내용에 위해 인지적 혼란을 느낄 때라고 한다. 그 혼란과 갈등은 학습에 순기능적이며, 특히 이 과정을 통해 자신의 맥락을 확대할 수 있도록 한다. 여기에는 텍스트 생산 맥락과 자신 수용 맥락의 대화, 수용 맥락간의 대화를 고려할 수 있다.

먼저 텍스트 생산 맥락과 수용 맥락과의 대화화를 살펴보도록 하겠다. 독자가 문학 텍스트와 맺는 심리적 태도에는 동감과 거리두기가 존재한다. 그런데 이 대화화의 과정에서 중시되는 것은 '역사적 거리두기' 혹은 '차이화'이다. 독자는 텍스트의 세계를 보편적인 것으로 상정하고 그 생산 맥락에 동화되기보다는 오히려 독자 자신의 맥락을 강조하고 역사적 차이를 내세움으로써, 텍스

---

29) '대화화'란 대화를 의도적으로, 적극적으로 개진하는 상태를 말한다. 닫힌 상태를 열어 대화로 이끌어 내는 것이다. 이는 바흐찐의 대화주의 개념에 바탕을 둔다.

트 세계가 지닌 다양한 담론들 간의 모순과 경쟁을 이해할 수 있게 된다. 또 이전 세계와의 차이를 통해 자기 세계의 모순과 갈등과 파악할 수 있게 된다. 구체적으로 본다면, 학습자들은 문학 텍스트를 읽는 과정에서 얻었던 인지적 혼란과 딜레마를 중심으로 자신의 맥락에서 작품에 문제를 제기할 수 있다. 문학의 이슈와 토론거리도 여기에서 나올 수 있다. 이는 문학 고전과의 보편적 교류보다는 고전과 현대 독자의 역사적 차이를 강조하는 것이다.[30] 역사적 거리두기를 통해, 문학 텍스트는 시대가 바뀌어도 온존하는 보편적 가치보다는 특정모순과 갈등적 요소, 또 새로운 대안적인 해석 위치의 설정이 가능해지는 것이다.

또, 수용 맥락들간의 대화를 유도할 수 있다. 토론이 대표적인 예일 것이나, 이 외에도 교사가 의도적으로 동일 작품에 대한 수용사나 수용의 경쟁적인 양상[31]을 제시함으로써 다양한 문화권, 다양한 역사적 계기에서의 수용자들의 읽기들을 조회하고 자신의 수용 텍스트와 비교하게 하여 대화의 장을 만들 수 있다.

4) 맥락 변형의 원리

앞의 일련의 과정을 통해 학습자는 텍스트나 자신의 수용이 특정의 위치에 속해 있으며, 또 다른 위치들이 존재할 수 있다는 점을 확인할 수 있었다. 맥락은 고정 불변이 아니라 부단히 변화해 나가며 대단히 유연하다. 맥락은 주어져 있는 것이기도 하지만 스스로 선택하고 바꾸어 나갈 수도 있다. 이에 학습 독자는 자신의 위치를 자각함에서 나아가 스스로 자신의 위치를 재설정하고, 새로운 맥락을 만들어가는 경험이 필요하다. 이는 텍스트 읽기를 자신

---

30) 정재찬 교수는 문학 독서의 '갈등적 모델'로 문화적 경쟁과 차이를 다룬바 있다.
   정재찬, 『문학교육의 사회학을 위하여』, 역락, 2004.
31) 문영진(2007)은 경쟁적인 수용 텍스트를 제시함으로써 서사교실이 활성화될 수 있음을 주장한바 있다.

과 세계에 대한 읽기, 나아가 다시 쓰기로 나아가게 하는 것이라 할 수 있다. 문학 독서에서 확인된 자신의 위치와 맥락에서, 이제는 자신의 신념과 가치, 태도를 바꾸고, 상징적 자원의 '위지워진 의미'들을 다시 쓰기하는 것이다. 이는 문학 독서의 결과가 사회 문화적 환경과 자아를 재구축하고, 변형시켜 나가는 의미있는 장면이다. 구체적인 활동으로는 읽기의 결과를 쓰기, 창작, 매체 변형의 활동과의 연계를 고려할 수 있겠다.

이런 교육은 자칫, 너무 문학에서 멀어진 것은 아닌가 의문을 제기할 수도 있겠다. 그러나 텍스트의 의미는 텍스트 안에 존재하는 것이 아니라 그것을 둘러싼 제반의 사회 문화적 담론과 상호담론성 속에 있는 것이다. 이 때, 문학 텍스트 읽기 결과가 우리를 둘러싼 '사회 · 문화적 환경,' 혹은 '상징적 기호 체계'를 비판적으로 읽고, 변형하는 데까지 이르는 것은, 문학 독서가 사회 · 문화적 실천으로까지 확장되 위해서는 매우 중요하다고 판단된다.

4. 결 론

이제까지 문학 독서의 사회 · 문화적 모델을 살펴보고, 그것의 문학교육 방법적 시사점을 탐색하였다. 문학 독서는 다양한 관점에 따른 '이론'으로 설명되는 것이다. 특정의 관점을 보편화할 없다는 것이다. 사회 · 문화적 독서 이론은, 문학 독서가 사회적, 문화적으로 구축되는 과정을 제시하고 있다. 독서는 사회 · 문화적 환경 속에 존재하는 독자가, 특정의 상황 맥락 속에 위치지워진 상태에서, 의미를 구성하는 것이다. 독자의 문학적 반응은 바로, 그가 처하고 있는 제반의 상황적 요소가 많은 부분 반영되어 있다. 진정한 능동성은 바로, 이 반영된 부분을 이해하고 성찰함으로써 자신의 읽기가 구성되어 있음을 자각하고 다양한 맥락으로 확장하여 넓혀 나가는 방법을 고려할 수 있겠다. 문학에 대한 지식과 읽기 방법은 그 자체로 보편타당한 과학이 아니라 특정의 사회적 가치와 관계들을 중시할 뿐이다. 독서는 자신들을 세계에 드러내는 활동임과 동시에 세계를 읽는 행위가 되어 한다. 이에 맥락화, 맥락 성찰, 맥락간의 대화, 맥락 변형의 원리를 제시하였다.

제4부

상상력 발달을 위한
추론·해석의 문학 독서교육

01

자전적 소설의 서사 전략 해석

1. 서 론

인간은 서사를 통해 자기 삶을 의미화하고 형식을 부여해 왔다. 그 중에서도 자기 자신에 대해 이야기하는 행위는 그 의미가 각별하다. 자아를 구성하고 또 재구성함으로써 자신을 형성, 치유해 나가는 중요한 매체이자 기술(art)이 바로 이야기이기 때문이다. 자아 표현(self-presentation), 혹은 자아 재현(representation)의 서사 양식은 서사 장르 중에서도 그 장르적 규정이 상대적으로 느슨한 편이다. 필립 리죈(Lejeune)[1]이 자서전의 규약에 대한 형식적 정의를 시도했지만, 자아 개념 자체가 문화적이고 사회적 특성이 강하여 그 양식적 특성 역시 어떤 본질적인 속성으로 접근하기는 어렵다.

기존 연구에서 자전적 소설은 주로 1990년대 여성적 글쓰기나 사소설적 후일담이라는 문학사적 맥락에서 논의된 바 있다. 그런데 앞서 말한 '자아'의 이야기성에 주목한다면, 자전적 소설은 소설 하위 장르의 틀에서 나아가 자아 표현/재현 양식이라는 큰 틀을 바탕으로, 자아의 형성과 치유, 관리와 재구성의 제반 문제를 아우를 필요가 있으며, 심리학, 서사론, 정신분석학, 미학 등의 학제적인 접근으로 논의할 필요가 있다고 본다.

이 글은 김형경의 「세월」을 중심으로 자전적 소설에 나타난 트라우마 치유의 서사 전략을 해석해 보고자 한다. 사실, 모든 글쓰기는 직·간접으로 치유 효과가 있다. 삶에서 겪는 문제, 고통과 상처는 글쓰기라는 상징적으로 외화

---

1) Lejeune, P.(1975), 윤진 역(1998), 「자서전의 규약」, 문학과지성사.

를 통해 새로운 의미 발견과 해결의 단서를 얻을 수 있다. 그러나 '치유'의 개념은 글쓰기나 말하기에서의 일반적인 감정적 카타르시스를 넘어 새로운 자아를 형성하는 자아 구성의 능동적인 힘을 전제로 한다.[2]

자전적 서사물은 자기 자신에 대한 분석과 자기 서사의 재구성 노력으로[3] 정신적 치유의 기회를 제공하는 것으로 알려져 왔다. 상담자가 별도로 존재하지 않는다고 하더라도 정신 분석학적 장면을 효과적으로 모방하여 정신적 외상 환자에게 대안적 치유를 제공한다는 논의도 있다.[4] 자전적 서사를 치유와 연관지은 논의는 주로 저널 치료나 글쓰기 치료에서 진행되었다. 이봉희는 '저널 치료'의 이론과 방법을 소개하고[5], 박태진은 청소년 대상으로 직접 임상적으로 실험한 결과를 발표하였다.[6]

김형경의 「세월」은 1990년대 발표된 자전적 소설이다. 이 작품은 신경숙, 권여선 등의 여성 작가 작품에 비해 상대적으로 연구가 많이 되지는 않았지만 여성의 주변적 경험이 의미화되는 양상이나 여성적 글쓰기의 특징으로 간접 회상 방식이 주목을 받은 적이 있다.[7] 그러나 실재론의 입장에서 벗어나 생각해 보면, 자전적 서사에서 경험적 진정성 여부는 그리 중요하지 않다. 오히려

---

2) 고미영(2004), 「이야기치료와 이야기의 세계」, 청목출판사.
3) 최인자(1999), "정체성 구성 활동으로서의 자전적 서사쓰기", 현대소설연구 11, 330-346, 현대소설학회.
4) Paul, J.(1984), Being in the text: Self-Representation from Wordsworth to Roland Barthes. Ithaca: Cornell UP.
5) 이봉희(2007), "저널 치료: 새로운 일기 쓰기". 새국어교육 787, 235-262, 한국국어교육학회.
6) 박태진(2010), "청소년기 자아의 치료와 정체성을 찾는 저널 쓰기 연구", 작문 연구 11, 9-44. 한국작문학회.
   박태진(2012), 청소년의 외상 치료를 위한 자전소설창작교육. 한국어문학교육, 127-158. 고려대 한국어문 교육 연구소.
7) 이에 대한 연구로는 다음이 있다.
   권영민(1996), "간접적 회상법과 여성적 글쓰기", 동서문학 221호.
   김양선(1996), "근대극복을 위한 여성 문학의 논리", 창작과 비평, 겨울 94호.
   김은하 외(1999), "90년대 여성문학 논의에 대한 비판적 고찰", 여성과 사회 10.
   김향심(1999), "자전적 글쓰기를 통해 본 '여성 경험의 의미화'에 대한 연구", 계명대 대학원 석사학위논문.

작가가 어떤 상황에서 의도와 계획으로 그리고 어떤 구성을 통해 자아에 대해 이야기하며, 그 과정에서 어떤 대안적 자기 서사가 구축되고 있는가가 더욱 중요하다. 이 글은 특히, 서사 전략의 해석에 초점을 맞추고자 한다.

2. 통합적 자아를 추구하는 치유의 서사

김형경의 「세월」은 작가의 자전적 삶을 소재로 하여 자신이 겪었던 트라우마와 치유의 여정을 생생하게 보여주고 있는 소설이다. 일반적으로 트라우마는 극단적인 스트레스를 일으키는 사건을 경험한 후 위험한 세계에서 무기력하고 안전감이 훼손되어 스스로를 취약하다고 느끼는 상태[8]이다. 자신의 대응 능력으로는 어쩔 수 없는 일, 준비되지 않은 일, 반복적으로 위험을 경험할 때 발생한다. 다른 사람의 의도적인 잔인함이나 난폭함에 직면하는 하게 되면, 개인은 자신의 익숙했던 인지 범주를 적용하지 못하게 되기 때문에 삶의 질서가 혼란되는 느낌, 누군가에게 개인의 역량과 삶의 능력을 박탈당한 느낌 및 세상과의 단절감을 경험하게 된다. 이 소설 주인공의 삶은 트라우마의 연속이라고 할만하다. 유년기에는 아버지와 어머니의 이혼으로 깊은 상실감을 겪었고, 특히, 다른 가족을 꾸리며 살고 있던 아버지가 자신의 앞에서 등을 돌리는 모습을 보면서 충격을 받는다. 자아 형성에 핵심적인 역할을 하는 관계 대상으로부터 부정당한 것이다. 이후, 그녀는 옆 집 아저씨로부터 이유 없이, 그리고 전혀 예기치 못한 상태에서 일방적으로 맞는 사건을 겪는데 이때, 세상과 타인에 대한 신뢰를 모두 상실한다. 대학 시절에는 남자 친구가 사랑이라는 이름으로 일방적으로 육체적 폭행과 심리적 압박을 가한다. 그러자 그녀는 7년 이상, 세상과의 신뢰를 상실한 채 무기력하게 자신을 방치하며, 의사 죽음의 상태로 세계에 자신을 내맡긴다. 이외에도, 대학 교정에서 시위

---

8) 최남희, 유정(2010), "트라우마 내러티브 재구성과 회복 효과", 피해자학연구 18(1), 285-309. 피해자학회.

대에 있었던 친한 친구의 자살 기도를 직접 보면서 겪었던 충격, 남자 친구와의 이별 뒤 자신의 상처를 끊임없이 기억시키며 고통을 주는 세상 사람들의 편견 등은 모두 크고 작은 트라우마들이다. 이들은 모두 인지 체계를 형성하고 있는 내면의 스토리로서는 도저히 이해할 수 없는 충격적인 사건들이고, 주인공은 그 충격으로 고립된 가운데 무기력한 삶을 살아갔다는 점에서 트라우마의 경험이라 할 수 있겠다. 이러한 상처를 주인공은 스스로 치유하고자 노력한다. 절에 혼자 들어가 마음을 다스리기도 하고, 잡지사에 취직하여 사회에서 요구하는 모습으로 자기 자신을 바꾸기도 하며, 문학으로 자신의 꿈을 펼치려고 노력하기도 한다.

그러나 이러한 혼자 마음 다스리기는 번번히 실패하고 만다. 주변 사람들의 말 한 마디에도 '그 여자'의 마음은 '흙탕물'이 되고 마는 것이다. 결국, 주인공은 "치유는 상실의 기억을 퍼내야 하고, 안으로 쌓는 것이 아니라 이야기해야 한다는 것"[9], 다시 말해 자기 삶의 트라우마를 이야기함으로써 치유받을 수 있다는 결론을 내리고 있다.

> 그 여자도 안다. 그때까지도 가슴에 담긴 그 이야기들을, 마음 깊은 곳에 또아리를 틀고 앉아 불쑥불쑥 솟구칠 때마다 얼굴로, 머리로 피를 몰리게 하는 그 이야기들을 풀어내야 한다는 것을, 그 여자가 정신과 의사라도 자신에게 그런 처방을 내렸을 것이다. 그 이야기들을 풀어내세요. 그러지 않으면 자신을 사랑할 수 없을 겁니다. 자신을 사랑하지 못하면 결코 세상을 껴안을 수 없습니다. (김형경, 1995ㄱ, p.10)

기존 이론에서도 서사 구성은 트라우마 치유와 회복에 큰 역할을 한다고 밝힌 바 있다. 서사 전개는 "경험의 조각들을 새로운 방식으로 새롭게 배치해 봄으로써, 전체의 사건을 새롭게 조망할 수 있도록" 하고, 나아가 "사건을 객

---

9) 김형경(1995), 「세월1」, 문학동네, 이후는 면수만 표현하기로 함.

관화시키고 일정한 거리를 두고 해석할 수 있도록"하기 때문이다.[10] 특히, 자전적 서사는 자기가 자신을 이야기한다는 특유의 서술적 상황으로 하여, 서술 대상과 서술 주체의 일치해야 한다는 지시 대상의 객관성에서 자유로울 수 있다. 대신 무수히 새롭게 자기 이야기를 만들어 낼 수 있다는 점[11]에서 자아 재구성을 통한 치유를 기대할 수 있다.

특히, 「세월」에서는 자전적 이야기하기가 통합적 자아를 회복하게 함으로써 치유 효과가 있음을 보여주고 있다. 주인공의 고통은 지난 과거의 사건을 말하지 못함으로써 그 트라우마로부터 자유롭지 못하게 된다는 것인데, 이는 과거의 자아를 자신의 자아로 인정하지 못하는 것에서 비롯된다. 과거의 자아와 현재의 자아가 단절되고, 표면적인 생활과 이면적인 내면이 불일치하며, 가슴 속에서의 울분과 상실감, 고통에서 헤어나지 못하고, 무기력과 정체성의 혼란 속에서 헤매는 것은 자아의 통합성이 와해된 때문이다.

그가 가진 내면의 이야기는 주로 가부장적 여성의 사회의 지배적 이야기에만 사로잡혀 정작 자신이 겪었던 감정과 의식은 억압하였다. 자아는 사회적 자아와의 관계 뿐 아니라 자기의 무의식과의 의식적 관계를 통해, 역동적인 복합체로서의 조화와 안정, 행복을 누릴 수 있는데[12] 이 소설의 주인공이 지니고 있던 내면의 이야기는 정작 자신이 겪었던 욕망과 기억, 감정과 균형을 잡지 못한 것이다. 자신에 대한 이야기하기를 통한 치유는 과거의 자아와 현재의 자아, 감정과 의식 사이의 통합성을 회복하여 정체감을 되찾고, 나아가 세계와 다른 사람과의 관계 회복을 통해 이루어지고 있다.

이러한 치유의 서사에서 서사 형식은 매우 중요하다. 자아란 특정 상황에서 특정 의도에 따라 구성되고 또 재구성된다는 점에서 예술적 가공의 대상이라

---

10) 최남희, 유정(2010), "트라우마 내러티브 재구성과 회복 효과", 피해자학연구 18(1), 285-309, 피해자학회, 290면.
11) Zuss, M.(1999), Subject Present-Life-Writing and Strategies of Representation. Peter Lang Publishing. Inc., New York. p.64-80.
12) 이부영(2002), 「자기와 자기실현」, 한길사.

한다면[13) 형식에 따라 과거 자아와 현재 자아, 사회적 자아와 개인적 자아, 자아와 자기는 다양한 관계를 구축할 수 있다. 자아 개념 자체가 공적이고, 사회적, 문화적 속성을 지니고 있기에 치유 행위 역시 사회적, 화행적 성격[14] 을 지니게 되며, 따라서 개인적 속성과 문화적 속성을 동시에 지니게 된다. 이는 심리적 위기나 문제에 빠진 사람의 혼란은 자신이 가지고 있는 내면의 자기 스토리와 공동체 속에서 접하게 되는 다양한 사회적, 문화적 스토리가 충돌하였기 때문이고, 따라서 치유는 본래의 자기 스토리 속의 인물과 모티프, 사건, 시간, 공간, 문체, 매체들을 치유적 효과에 맞게 재구성함으로써 가능하기 때문이다. [15)서사가 지니고 있는 포괄성과 유연성, 균형성, 도발성 등은 자아의 균형과 연속성, 창조성 형성의 중요한 자원이 되지만 형식에 따라 어떤 특징이 강화될 것인가도 결정된다.

이런 맥락에서 이 글에서는 서사 형식을 자기 치유라는 수사 효과와 연관지어 분석하도록 하겠다. 그렇다고 해서 작가의 글쓰기가 치유에 성공했다는 것을 전제로 모델화하려는 데 있는 것은 아니다. 이러한 유형의 자전적 서사가 '자아'와 치유에 대한 또 하나의 문화를 만들어낸다는 점에서 비판적 접근 역시 시도할 것이다.

3. 「세월」에 나타난 트라우마 재현과 자기 치유의 자전적 서사 전략

① 허구적 공간화를 통한 트라우마 재현

트라우마는 경험 주체의 기억에서는 온전히 살아 남아 있지 않다. 충격과 놀라움으로 자신의 기억 체계 속에 편입되지 못한 채 망각과 침묵 속에서 지

---

13) Bruner, J.(1990/2011), 「인간 과학의 혁명」(강현석 외 역), 아카데미프레스.
14) Graham, R. J.(1991), Autobiography in Literary Theory. Reading and Writing the Self, 17-44. Teachers College Press. p.17-44.
15) 이민용(2010), "서사와 서사학의 치유적 활용", 독일언어문학 47, 247-268, 한국독일언어문학회.

워져 버리거나 시간적 순서가 해체된 채 파편화되어 버렸기 때문이다. 주인공 '그 여자' 역시 오랫동안 자신의 과거 일을 이야기하지 못한 채 가슴 속에 묻어 두기만 하였던 것인데, 그것을 기억하여 이야기하는 것은 고통스러운 일로 고백되고 있다. 그러나 충격적 사태를 삶의 토대로 만들어 가기 위해서는 사태와 충격에 대한 정확한 의미를 찾아 사실로 인식하고 직면하는 일이 중요하다. 이를 전제로 새로운 의미를 찾아 나갈 수 있기 때문이다.

작가가 이 트라우마의 사건을 재현하는 전략은 '허구화 공간'을 구축하고 허구 주인공을 설정하는 방식이다. 이 내용상으로는 자전적 서사의 장르적 규약인 작가-화자-주인공 사이의 일치가 확인됨에도 불구하고, 1인칭 서술이 아닌 3인칭 화자를 설정하고 있다. 그리고 주인공 역시, '그 여자', '그 아이', '그 소녀'라는 다양한 이름의 허구적 주인공으로 삼아 객관적 거리를 유지하고 있다. 다음은 폭행 장면의 묘사이다.

> 그 여자는 몸을 뒤틀며 소리 지른다. 그 남자는 여자의 두 손을 더 힘껏 누르며, 제 입으로 비명 지르는 여자의 입을 막는다. 여자는 고개를 뒤튼다. 입에 와 닿는 그의 입을 견딜 수 없다. 그는 점점 더 난폭해지고, 그 여자는 점점 더 필사적이 된다. 이런 일을 당하려고, 이런 모욕을 당하려고, 넉넉하지도 행복하지도 않은 어머니의 돈으로 등록한 것이 아니다. 여자는 그런 생각을 한다. 그건 전투다. (김형경, 1995ㄴ, p.84)

'그 여자'라는 이름을 통해, 화자는 객관적 거리를 두고 구체적이고, 주변 상황을 비교적 자세히 떠올리고 있다. 이는 무의식인 경험 속에 머무르려는 트라우마의 경험을 명료한 인식으로 부각시키는 효과가 있다. 특히, 나이에 따라 '그 여자', '그 아이' 등으로 달라지는 다양한 이름은 삶의 단계마다 달라졌던 목소리를 반영한다. '그 아이'는 자신을 떠난 아버지를 찾아 헤매며 울던 존재였고, '그 학생'은 아버지를 버리고 대신 반항하며 책의 세계에 빠져 있던 존재이며, '그 여자'는 한 남자와의 폭력적인 관계 속에서 자기 생활을 차압당한 뒤 자기 꿈을 찾는 존재인 것이다. 또, 30대가 된 '그 여자'는 세상과의 소통을 추구하기 위해 치유를 꿈꾸는 존재이다.

이처럼 허구적 주인공들을 매개함으로써, 자아는 어떤 실체로 고정되는 것이 아니라 세월과 함께 변화하고, 또 앞으로도 변화할 수 있는 유동적인 것이 된다. '그 아이'는 그 때의 여자일 뿐이고 과거나 미래에는 또 다른 모습으로 변모될 수 있는 것이다. 이렇게 되면, '나' 혹은 '그 여자'의 자아 정체성은 단일한 동일성으로 환급될 수 없으며 여러 목소리의 정체성으로 분화되거나 다른 정체성으로 흐르고 변화하는 과정 중에 있음으로써 자아의 다른 가능성을 초대하게 된다. 문제가 있었던 특정 시기의 자아 중심을 벗어나게 하는 것이다. 이로써 그 때 그 시절의 트라우마 경험은 서술주체와는 상대적 거리를 가지고 객관화되며, 새로운 자아로 다시 쓰는 기회를 초대하게 된다.

② 현재화된 기억과 자아의 연속성 창조

이 소설에서는 현재형의 서술을 통해 과거 기억을 기록함으로써 과거의 자아와 현재의 자아의 연속성을 창조하고 있다. '창조'라고 한 것은, 소설의 화자에게는 수치스러워 잊고만 싶었던 과거 자신의 삶이 현재화된 기억을 통해 현재 속에 파고들고 하나로 연결함으로써 과거의 자아로부터 자기 이야기들을 만들어 내고 있기 때문이다.

현재형 서술이 특이한 것은 현재의 눈으로 과거를 보는 서사적 거리를 무화시킴으로써, 현재→과거로의 선형적 시간을 무너뜨리기 때문이다. 일반적으로 서사는 과거형의 서술을 통해, 서술하는 자아와 서술되는 경험의 시간적 거리를 확보하고 이를 성찰적 공간으로 활용한다. 그리고 이 성찰은 서술하는 자아의 현재적 관점으로 과거의 사건을 판단하는 일종의 목적론적인 판단을 전제로 한다. 그러나 이 소설처럼 과거의 기억을 현재형으로 서술할 경우 과거의 사건은 현재적 시각에서 비롯된 결정론적인 판단을 지연시키면서 다양한 해석에 열어두는 효과를 지니게 된다. 따라서 그 기억은 현재의 관점과 관심의 틀에서 벗어나 개방적인 시각에서 재인식될 수 있다. 여기에서 나아가 서술자는 사건을 추체험하여 수용함으로써 정서적 공감을 얻으며, 과거의 자아와 현재 자아의 연속성, 유대감을 창조할 수 있게 된다.

> 그 여자는 집으로 돌아와 자리에 눕는다. 몸의 통증과 마음의 통증이 서로 손을 잡고 그 여자를 어두운 계곡으로 끌고 간다. 춥고 어두운 계곡에 죽은 듯이 누워 그 여자는 신열과 치욕과 싸운다. 그 여자가 가진 무기는 눈물 밖에 없는지, 그런 것들과 대항하려면 늘 눈물이 난다. 가끔씩, 탈진해 잠에 빠지면, 가위에 눌리다가 잠에 깬다. 아주 높은 곳에서 끝없이 추락하고, 달아나려 애써도 다리가 마비되어 한 발짝도 옮겨 디딜 수 없는, 그런 꿈들에 시달린다. 그러면서 그 여자는 한 가지 이야기를 생각한다. 어렸을 때 들은 나무꾼과 선녀의 이야기다. 동생과 함께 어머니의 양팔을 하나씩 베고 누워 들었던 이야기. 사방은 조용하고, 창호지문을 뚫고 들어오는 달빛은 하얗고, 멀리서는 부엉인지 올빼미가 울고----"옛날에, 옛날에----" (중략) ---- 선녀는 날개옷을 입자마자 양팔에 아이들을 하나씩 끼고 하늘나라로 올라가버린다. 아이는 속으로 박수를 친다. 처음부터 나무꾼이 잘못했어. 선녀는 나무꾼과 살면서도 하늘나라만 생각하고 있었을거야. 선녀가 나무꾼과 평생을 산다는 것은 부당해. 아이는 선녀가 훨훨 날아 하늘나라로 돌아가, 예전처럼 행복하게 살기를 바란다. 여자는 그 동화를 떠 올린다. 나무꾼이 잘 못했다고, 산신령이 나쁘다고, 아무것도 모르는 채 날개옷을 잃고 낯선 나무꾼의 아내로 살게 된 선녀가 불쌍하다고, 눈물 흘렸던 아이를 떠 올린다. --- (중략)--- 그 여자는 지금도 자신이 받은 성교육에 문제가 있다고 생각한다. 아무것도 구체적인 것은 알려주지 않고 순결만을 강요했던 교육, 어려움에 처했을 때 그것을 극복할 수 있는 지혜를 주기는커녕, 더 깊은 절망으로 빠뜨리는 교육, 그 교육에 문제가 있었을거라고. 그러므로 똑같은 방식으로 말하면, 그 일은 또한 그 남자의 잘못이 아니다. (김형경, 1995ㄷ, p.150)

서술자는 폭행당했던 그 여자의 기억을 현재화하여 서술하고 있다. 현재의 그 여자는 자신의 과거를 수치스럽고, 고통스럽게 생각하고 그 당시의 일을 떠 올리는 것만으로도 괴로워하고 부끄러워하였다. 그러나 현재형 서술을 통해 오히려 과거 자신이 느꼈던 감정에 공감하고 수용함으로써 현재를 재해석하기도 한다. 과거의 고통스러운 기억이 우리 사회의 성교육이 지니는 문제점으로 나아가기도 하고, 또, 과거의 '그 남자'와 싸우지 못하고 무기력하게 당한 것은 분명 억울하지만 그러한 성격이 현재에도 지속되고 있는 것으로 보아 부정하기 힘든 나 자신의 모습임을 인식하는 것이다.

물론, 모든 과거의 자아를 수용하고 공감하는 것은 아니다. 비판적인 목소리로 과거 자신의 무능력, 무기력, 무식함을 통탄하고 안타까워하는 부분도 많다. 하지만 그것은 과거 자아와의 단절이나 분리를 의미한다기보다는 현재 자아와의 연결에 중심을 두고 있다. 이는 일종의 자아 통합이라 할 수 있는 것으로 최종적으로는 현재적 자아가 과거에 겪었던 고통과 상처를 밑거름으로 다른 사람들의 '물에 젖은 영혼을 말릴 수 있는' 무덤을 쓰고 싶다는 새로운 비전을 발견하는 장면에서 절정에 달한다. 이 부분에 대해서는 4절에서 상술하도록 하겠다.

③ 삶의 다면적 초점화와 관계의 재구성

트라우마 경험은 충격으로 하여 세계에 대한 믿음과 타인에 대한 신뢰 등을 모두 상실한다. 이 소설의 주인공 역시, 삶의 연속된 트라우마로하여 타인에 대한 모든 믿음을 잃어버린다. 그러나 트라우마는 개인의 심리적 반응에 기반하고 있는만큼 자신의 인지 틀이 달라지면 타인과의 관계 역시 재해석, 재평가 될 수 있다. 또, 그 어떤 맥락 속에서 재구성하여 이해하느냐에 따라서 역시 타자에 대한 해석도 달라진다.

이 소설은 과거의 사건을 자아 중심적 관점에서 벗어나 다른 사람들의 관점들과 그리고 다른 시간대의 경험과 연관짓는 방식으로 서술함으로써 이해의 폭을 넓힌다. 그 결과 기존의 자기 생각에서 벗어나 타인을 이해하고, 관계를 회복하여 자기의 자신감을 확보하는 전략을 쓴다.

"그 말을 한 사람은 너야. 네가, 네 청춘을 보상하라고 했지." 이건 또 무슨 기억의 착오인가. 그 파경의 가을에, 그 남자가 그렇게 말했다. "겉으로 보기에는 내가 나쁘지만 알고 보면 제가 더 나빠" 그렇게 말한 다음에 덧붙인 말이다. "내 청춘을 보상해."

그 일이 있을 때 그는 서른을 코앞에 두고 있었다. 그런데, 그 남자가 아니라 그 여자가 그런 말을 했다니. 그랬을까. 그랬을 수도 있을 것이다. 그 여자가 더 많이 억울하다고 생각했으니까.

그럼에도 그 여자는 공연히 고집을 보려본다. (중략) 그리고 그들은 웃는다. 아마, 두 사람다 그런 생각을 하고 있었을 것이다.

잘 못 끼워진 첫 단추 때문에, 그 이후 계속된 그릇된 관계 때문에, 서로, 삶의 어느 시기를 보상받지 못할 만큼 망가뜨렸다고. 그러나 그건 이미 지난 일이다. (김형경, 1995ㄷ, p.300)

상대방으로부터 상처받았다고 생각했던 말이 나의 잘못된 기억 때문일 수도 있다는 것, 상처 받은 사람은 나뿐만이 아니라 상대방도 그러했다는 것을 인식함으로써 주인공은 자의식의 근원이 되었던 '가해자: 피해자'의 이분법적 도식을 무너뜨린다. '그 남자'는 과거 자신의 생각과는 달리 단지 열정적인 사람이었던 것일 뿐이고 나아가 우리 사회의 잘못된 성문화의 피해자일 수 있다는 재인식은 주인공 마음에 평화를 가져다준다. 다중 초점화로 서술도 이러한 전략과 유관하다.

그 여자의 겉모습이 갑자기 달라지자 다들 한두 마디씩 한다. "돈 벌어서 다 옷 사 입는 모양이지?" 선배의 말이다. "김정숙씨는 왜 그렇게 아줌마 같은 옷만 입지?" 동료의 말이다. 그 여자는 늘 웃고 만다. 어떤 행위에 대해서도 2백자 원고지 1백 매 분량은 될 만큼 그 행동의 배경과 이유와 목적에 대해 설명할 수 있다. (중략) 다들 그 여자의 변화에 대해 의아해 한다. "정숙아, 네 의상은 직업여성 같아. 캐리어 우먼이 아니라 왜 있잖아, 어떤 특별한 직종에 종사하는 여성들." 친구는 그렇게 말한다. (중략) 지금 생각해 보면, 그것 역시 서투름이다. 그런 식으로 눈에 두드러지지 않는, 조금 더 자연스러운 태도로, 조금 더 완만하고 능숙한 개선을 꾀할 수도

있었을텐데----- 그토록 갑자기 대척지로 옮겨서다니, 입가에 웃음이 고인
다. (김형경, 1995ㄷ, p.212)

'그 여자'는 '그 남자'와 이별 한 뒤 세상에 적응하기 위해, 자기 자신을 바꾸
기로 결정한다. 세상과 끊임없이 마찰을 일으키고 있는 자신의 감수성이나
자의식을 모두 버리고 세상이 요구하는 페르소나에 맞추기로 한 것이다. 그러
나 이러한 장면은 주인공의 내면만 단성적으로 드러난 것이 아니라 주변 사람
들의 반응, 현재적 자아 등의 다중 초점으로 제시된다. 그 결과, 과거 경험
자아의 절실했던 내면도 드러나지만, 그것을 극단적으로 생각하고 놀라는 주
변 사람들, 또 현재의 서술 주체의 심리적 반응이 '전체적 진실' 속에서 이해되
도록 하고 있다. 이는 자기 이야기의 대상인 자아를 탈중심화하고 분산하여
문제를 확장된 안목으로 성찰할 수 있도록 하는 것이다.

그리하여 이 소설에서 화자는 '그 여자'가 겪고 있는 심리적 갈등의 뿌리가
개인의 '인격'이 아닌 사회 문화적 맥락, 인간의 본성의 맥락에 있음을 인식해
나간다. 여성의 성에 대한 보수적 편견과 관습, 피해자만을 양성해 내고 정작
문제를 지혜롭게 해결할 수 있는 지침을 주지 않는 성교육, 성과 사랑에 대해
너무나 무지했던 당시의 사회적 관습 등이 자기 상처의 근원이 되고 있음을
밝히는 것이다. 이로써 주인공은 자기 내면의 이야기를 수정하고, 변형하여
마음의 치유를 얻는다.

④ 대안적 플롯과 상징 만들기

치유의 서사는 세계와 자아 이야기 사이의 변증법적 다시 이야기하기 속에
서 이루어진다. 자기 이야기가 세계의 경험과 불일치할 때, 자아는 기존의
이야기를 다시 쓰는 방식으로 세계와의 동화와 조절의 균형을 맞추어 나가려
고 한다. 과거 자신의 이야기를 고쳐 쓰고, 다시 쓰는 작업을 통해 자아는
자신의 과거, 현재, 미래를 관통하는 일관성을 발견하고, 세계와의 균형을 갖

춘 통합된 자아로 맞추어 나갈 수 있기 때문이다.

「세월」은 이러한 치유의 서사 역학을 잘 보여주는 작품이다. 어린 시절의 가족과 남녀 관계로 고통을 겪은 주인공이 자신의 마음 속 상처를 치유하는 과정은 자신이 갖고 있던 이야기들을 자신이 겪었던 경험에 비추어 고쳐쓰고, 다시 쓰는 일로 이루어진다. 그러니까 치유의 힘은 바로, 삶의 문제를 해결하지 못했던 이야기들을 통찰하고 대안적으로 구성하여 새로운 의미, 새로운 가치를 발견함으로써 나오는 것이다.[16]

'그 여자'가 처음에 가졌던 자기 서사는 '폭행 피해자'의 '상실'의 이야기이다. 그녀의 자기 이야기에 구축된 역할은 피해자의 것이다. 아버지로부터 버림받고 한 남자가 가졌던 일방적인 열정 때문에 자신의 꿈을 버렸던 피해자의 이미지가 그것이다. 이는 '그 여자'가 '몸을 더럽힌 여성'이라는 사회적 페르소나로 자기 서사를 대신했기 때문에 일어난 것이다. 서술자는 성문화의 편견을 말하고 있지만, 정작 그 편견으로 자아의 가치관을 대체하였기에 자기 자신을 억압한다. 자신이 직접 감각하고, 욕망하고, 바라는 자아의 이야기를 살지 못하고, 타자의 시선에 갇힌 삶을 살았던 것이다. 그 남자의 사랑을 전혀 느낄 수도 없었고, 솔직한 자기 감정에도 충실할 수 없었으며, 문학에 대한 자기 꿈에도 열정을 바치지 못했다. 결국, 보아도 보지 못하고, 느껴도 느끼지 못하는 자기 소외의 삶이었던 것이다.[17]

주인공 '그 여자'는 '세월'이라는 시간적 거리를 두고 경험을 재해석하고 재평가하여 대안적 이야기를 만든다. 그 방법은 페르소나의 지배적 이야기로는

---

16) 실버가 지적하였듯이 '자기-서사'는 특정 언어를 사용하여 특정한 역사적인 용어로 전개되는 이야기이며, 특별한 비축된 실무적인 역사적 관습 및 특정한 형태의 지배적인 믿음과 가치관을 참조로 한다."고 할 때, 자기 서사를 회복하고 다시 찾는 일 역시, 자신이 만난 타자의 이야기들을 자기 경험에 대면시키고, 그에 부합할 수 있도록 부단히 다시 쓰는 활동, 대안적 이야기를 만드는 노력으로 가능했다. Polkinghorne, D 강현석·이영효·최인자 역(1988/2009), 「내러티브, 인문과학을 만나다.」, 학지사.

17) Gilligan, C.(2002/박상은 역, 2004), 「기쁨의 탄생」, 빗살무늬, 90-105면.

드러나지 않던 틈새를 복원함으로써 일어난다. 상실과 피해의 서사가 미처 살피지 못한 틈새로부터 새로운 이야기의 가능성이 생겨난다. 그녀에게는 떠나 버린 가족 대신에 가족의 친밀함을 주었던 친구가 있었고, 타자와의 분리와 고립 속에서도 행복을 주던 책이 있었다. 인생의 구원자였던 문학이 있었고 글쓰기에 대한 희망이 있었다. 폭력의 세계 영역만 있었던 것이 아니라 친밀감의 영역이 있었고, 피해자로서의 자신 이외에도 감정과 꿈을 가지고 있었던, 주체자로서의 자신의 모습이 있었던 것이다. 그 틈새는 내부 자아의 갈등을 증폭시킨다. 도덕과 현실을 강조하는 엄마의 피와 욕망과 미래를 중시하는 아빠의 피가 그것이다. 서술자는 그 여자의 모순과 반목을 그 자체의 모습으로 이완된 서사를 통해 보여주고 그 통합 속에서 자기 정체성을 발견하고자 한다.

그것은 타인의 고통을 이해하고, 치유할 수 있는 문학인의 존재이다. 타자의 일방적인 관계에서 받았던 고통을 이제는 타자가 고통으로부터 벗어날 수 있도록 전환한 치유자의 서사인 것이다. 그리하여 고통과 절망의 삶을 성장과 극복의 플롯으로 만들며, 자아의 대안적 비전을 제시하고 있다. 이 대안적 플롯에서 화자는 피해자가 아닌 행위자가 된다. 그는 '바다'처럼 밑바닥에 가라앉았기 때문에 위로 가볍게 올라갈 수 있다는 신념의 주체가 되며 동시에 화해하지 못했던 자기 내면의 주체들, 곧 욕망과 도덕, 어머니와 아버지, 사회와 개인의 조화와 화해를 이끌어 내고 있다.

4. 「세월」에 나타난 치유 서사 전략의 한계와 가능성

이제까지 김형경 「세월」의 자전적 소설 형식이 어떻게 치유의 기능을 행사하고 있는지 해석해 보았다. 이 작품은 자전적 서사에서 소설의 허구적, 문학적 장치가 자기 치유와 인식에 어떠한 역할을 하는가를 잘 보여주고 있다. 이는 소설가로서의 작가의 기량이 잘 반영된 모습이라 하겠다. 그러나 동시에 한계도 존재한다.

이 소설에서의 치유는 '세월'이라는 자연적인 시간 흐름에 많은 부분 기대고 있다. "어느 나이에 이르기 전에는 할 수 없는 일이 있는 법이다. 어느 나이에 이르기 전까지는 이해할 수 없는 세상의 이치가 있는 법이다. 중요한 것은 언제나 세월이다. 시간이 퇴적층처럼 쌓여 정신을 기름지게 하고 사고를 풍요롭게 하는, 바로 그 세월이다."(김형경, 1995, p.313)라고 하여 자기 이야기가 인생 보편의 이야기로 나의 자기 변혁은 세월 일반의 치유로 다시금 추상화되고 있다. 그 결과, 우리 사회의 지배적 이야기를 다시 쓰기보다는 화해와 성장 등의 개인 내면에 머무르고 있기도 하다. 또한 도덕과 욕망, 사회적 관습과 개인적 진실의 갈등을 중심 대립 구조로 삼고 있는 것 역시 여성 치유물의 관습적 측면을 드러낸다.

그러나 이 작품을 통하여 '자전적 서사 치유'의 개념이 설정될 수 있는 가능성도 충분히 검토되었다고 본다. 자전적 서사 쓰기는 서술적 자아와 경험적 자아의 시간적, 인식적 거리를 활용하여 억압되었던 자신의 트라우마를 드러내고 성찰하며 이 과정에서 트라우마의 위기를 불러 들였던 내면 속 이야기를 다시 쓰기함으로써 자아를 치유할 수 있다. 이 때, 자기 이야기를 하는 행위는 단순히 자기 인식에 머무는 것이 아니라 자신을 둘러싼 사회·문화에서의 지배적 이야기와 대면하는 과정이며 사회적 가치 체계에 대한 다시 쓰기의 의미 역시 지닌다. 이는 사회적 역할과 개인적 내면, 자아의 의식과 감각, 과거의 자아와 현재의 자아가 균형 잡히고 통합된 형태에 이르는 것을 말한다. 또한 새로운 자아의 형성은 다른 인지 체계로 기존의 인간관계를 재해석하여 용서와 화해에 이르도록 하고 있음을 확인하였다.

이런 점에 비추어, 앞에서 살핀 허구적 공간화를 활용한 트라우마 재현, 과거 기억을 현재화하여 서술함으로써 과거의 자아와 현재의 자아의 연속성 확보하기, 다중 초점화를 통하여 자아 중심적 인식을 확장하여 인간관계에 대해 재인식하는 글쓰기 방식은 서사 치유의 방법으로 원리화될 수 있을 것으로 기대한다.

02

소설의 독서 관습 다시 읽기: 소설 화자의 맥락적 해석 교육

1. 서 론

'맥락'은 2007년 7차 개정 교육과정 이후 문학(국어)교육과정 설계에서 가장 중핵이 되는 개념이다. 교육 내용 요소에서 맥락의 도입은 주해와 정독 중심의 작품 읽기가 갖는 탈맥락성의 한계를 극복하고 문학 경험의 확장을 모색하였다는 점에서는 그 의의가 충분히 인정되나 개념의 모호함과 난해함으로 하여 구체적인 교육적 실천에 이르기 어렵다는 비판도 만만치 않은 상황이다.[1] 그러나 이러한 정황으로 하여 '맥락'을 도입한 원래의 문제의식까지 철회되어서는 안 된다고 본다. 텍스트 분석주의에 치우친 문학교육은 작품 읽기가 자기 이해에서 문화 이해로, 나아가 대안적 문화의 창조로 확장되는 가능성을 제거한, 최소한의 교육으로 축소되는 결과를 가져올 것이기 때문이다. 그런 점에서 지금은 목소리만 컸고 실제 내용은 부족하다고 비판받는 '맥락'의 요소를 문학교육에서 구체화할 수 방안을 모색할 때이다. 이를 위해 먼저, 기존 문학교육에서 '맥락'을 고려하는 방식의 문제점을 검토할 필요가 있다.

첫째, '맥락' 범주를, 텍스트, 독자, 작가의 요소들과 분리된 별도 항목의 하나로 다루어 문학 경험을 분절화하는 방식은 극복해야 한다. 2007년 개정

---

[1] 이에 대해서는 문학교육에서 '상황 맥락'이나 '사회 문화적 맥락' '문학사적 맥락' 등의 구분이 과연 합당하느냐의 문제와 '맥락'이란 개념이 실제의 중고등학생들에게는 너무 어렵지 않느냐는 비판이 있었다.
윤현진 외(2010), 『국어과 교육 내용 개선 방안 연구』, 한국교육과정평가원.

교육과정을 보면 '맥락'이란 용어는 작품과 사회 문화적 맥락을 연관짓는 독해 방법으로 한정되어 있어, '맥락'의 문제를 반영론과 같은 특정 유형의 읽기 방법으로만 한정될 우려가 있다. 그러나 맥락은 문학 활동의 총체를 지향하는 것이라고 한다면, 생산 맥락과 수용 맥락, 텍스트 형식과 맥락, 독자가 서로 연관되는 통합적 방식으로 다루어질 필요가 있다.2) 그리고 이를 위한 구체적 비평 범주들이, 문학교육적 내용 차원에서 구안되어야 할 것이다. 사실, 기존 교육 내용을 살펴보면, 텍스트의 내재적 요소를 분석하는 항목은 구체적이고, 세부적임에 반해 '사회 문화적 맥락'과 '문학'의 연관, '수용 맥락'과 '작품'의 연관을 다루는 범주는 다소 추상적임3)을 알 수 있다. 이는 개별 문학 연구 방법론과 융합하여 문학교육적 경험과 활동에 맞게 재구성해야한다.

둘째는, '맥락'을 왜 도입하느냐, 맥락을 통해 얻을 수 있는 문학교육의 지향성, 가치는 무엇인가에 대한 사유를 축적해 나가야 한다. 물론 기본적으로 '맥락'은 문학 현상의 현실적 총체의 모습을 교육적 대상으로 삼기 위해 필요한 것이다. 그러나 이것만으로는 충분하지 않다고 할 것이다. '맥락'이란 텍스트를 제외한 그 모든 것을 포함한다고 할 때, '맥락'을 통해 무엇을 추구할 것인가에 대한 논의가 있어야 이 어떤 방향에서, 어떤 내용을 중심으로 선택할 것인가를 결정할 수 있다.

이러한 문제의식 하에 이 글은 텍스트 형식과 독자, 사회 문화적 맥락이 통합적으로 관여하는 매개 범주로 소설 '화자'(narrator)4)의 '신뢰도' 문제에 주

---

2) 김창원(2008), "문학문화의 개념과 문학교육", 문학교육학 25호, 한국문학교육학회.
   윤현진 외(2010), 『국어과 교육 내용 개선 방안 연구』, 한국교육과정평가원.
3) 2007년도 개정 교육과정에서 이와 관련된 성취 기준으로는 다음이 있다. "문학 작품에 나타난 사회 문화적 상황과 관련지어 창작 동기와 의도를 파악한다." "문학 작품에 나오는 인물의 행동을 사회 문화적 상황과 관련지어 파악한다".
4) '서술자'라는 용어 대신에 '화자'란 용어를 사용한 것은, 이 글에서 다루는 서술자가 인물 시점, 혹은 동종 초점화자이기 때문이다. 이 두 가지 경우, 서술자는 작중 인물임과 동시에 화자라는 특성상 '인물 초점화자'라는 용어는 사용해도 '인물 서술자'란 용어는 쓰지 않는다는 점을 고려하였다.

목하고자 한다. 화자의 신뢰도 문제는, 이른바 '신뢰할 수 없는 화자'(unreliable narrator)라는 화자의 유형을 웨인 부쓰 Wayne C. Booth가 "내포 작가의 규범에 불일치한 화자"라고 정의하면서 개념화되었다. 그러나 신비평이 텍스트 내 화자와 내포 작가의 거리를 중심으로 신뢰도의 판단 기준을 삼았다면, 이후 인지 서사론이나 탈고전적 서사론에서는, 독자의 규범과의 거리 혹은 텍스트 외부의 사회 문화적 담론과의 거리 문제로 확장해 왔다.[5]

이 글은 후자의 관점을 취하여, '화자'를 독자의 수용 맥락과 사회 문화적 담론에 의한 '맥락적 이해'[6]로 해석하는 방법을 구안하고자 하며, 이를 통해 독자의 '윤리적 반응'(ethical response)을 활성화할 수 있다는 점을 보여주고자 한다. 이는 텍스트의 맥락적 이해가, 독자의 윤리적 반응을 형성하는 방향으로 갈 필요가 있다는 점을 주장하려는 것이다. 이러한 접근은 텍스트 내적 요소 중심의 교실 독서 관습을 넘어선 대안적 해석 모델 개발이라는 점에서 의미가 있다.

문학교육에서 '시점' 혹은 '서술자'에 대해서는 유독 다른 형식에 비해 논의가 많이 되었다. 주된 핵심은 문학교육으로 선택된 '시점' 개념이 주로 형식적 분류화에만 중점을 두고, '초점화'와 '시점'이 분리되지 않음으로 인해 내용과 형식이 결합된 양상을 교육하고 있지 못하다는 지적이 대부분이다.[7] 이러한

---

5) 이에 대해서는 다음의 논의를 참조할 수 있다.
   Zerweck, Bruno.(2001), "Historicizing Unreliable Narration: Unreliability and Cultural Discourse in Narrative Fiction", Style 35.1, pp.151-78.
   Phelan, James, and Mary Patricia Martinn.(1999), "The Lesson of Weymouth: Homodigiegesis, Unreliablility, Ethics and The Remains of The Day", Narratiligies: New Perspectives on Narrative Analysis, Ed. David Herman: Ohio State UP.
   David Herman, Manfred Jahn and Marie-Laure Ryan Edt.(2005), Routledge Encyclopedia of Narrative Theory, Routledge pp.90-91.
6) 본고에서 사용하는 '맥락적 이해'란, 독자의 인지 구성 행위에 따른 수용 맥락과 이에 관여하는 사회 문화적 맥락을 모두 포함한다. 이들은 각각 인지 서사론과 문화 서사론을 대변하지만, 모두 텍스트 내적 정보 관계에 의해서만 판단한다는 점에서 '맥락적 이해'로 묶을 수 있다.
7) 임경순(1997), "초점화를 통한 소설교육 연구", 국어교육 95호, 한국어교육학회.

접근은 '시점' 개념을 확장하고자 한 점에서는 의의가 충분하지만, 여전히 텍스트 내적 장치로만 다루고 있다는 점에서는 아쉬움이 있다. 이러한 사정은 소설 연구에서도 그대로 적용된다. 텍스트 형식의 내재적 분석을 넘어서, 주체와 타자와 같은 문화론적 문제틀이나 근대소설 형성사로 확장하고 있는 점[8]은 그 의의가 있지만, 여전히 시점/ 화자에 대한 판단을 사회·문화적 현상으로 접근하고, 독자, 텍스트, 작가를 동시에 연결짓는 논의는 이루어지지 않았기 때문이다. 그런 점에서 이 글은 화자의 '신뢰도'를 텍스트적 장치이자 텍스트 외부 사회 문화적 현상으로 이해하는 시론적 성격을 띤다.

2. 소설 화자 이해의 교실 독서 관습 비판

소설교육, 혹은 문학교육이론에서는 작품 읽기가 독자들의 세계 이해와 자기 이해와 정체성 탐색이 될 수 있는 하나의 '경험'이어야 한다는 점을 강조해 왔다. [9]읽기가 '경험'이 되기 위해서는 텍스트가 텍스트의 세계로 끝나는 것이 아니라 독자가 작품과의 상호작용을 통해 독자 스스로 지속적인 의미체를 구축할 수 있어야 한다. 그러나 실제 문학교육의 현장을 되돌아 볼 때, '경험'의 아우라로 기억되는 작품은 매우 드물다. 그 원인은 평가 제도, 문학 수업 방법 등의 여러 차원에서 찾을 수 있겠지만 이 글에서 거론하고자 하는 것은 교실

선주원(2004), "이해와 표현을 위한 소설교육- 초점화를 중심으로", 문학교육학 13호, 한국문학교육학회.

한귀은(2006), "소설과 영화의 '시점' 및 '초점화' 교육", 어문학 91집, 한국어문학회.

박기범(2008), "서술 교육의 반성과 개선 방향", 국어교육학 연구31집, 국어교육학회, 321-354면.

이승준(2008), "고등학교 문학 교과서의 "시점"과 "서술자" 이론에 대한 고찰 -7차 교육과정 문학 교과서를 중심으로", 우리어문연구 Vol.30, 우리어문학회, 333-362면.

8) 이러한 동향은 한국소설학회 편, 『현대소설 시점의 시학』, 새문사.

9) 우한용(2009), "문학교육의 목표이자 내용으로서 문학 능력의 개념, 교육 방향", 문학교육학 28. 한국문학교육학회.

독서에서 주로 찾아 볼 수 있는 거대 담론의 해석적 틀(frame)에 매인 '독서 관습'이다. '교실'이라는 독서 공간은, 독특한 담론적 맥락을 호출하는 기능이 있다.[10]

독서 관습이란 특정의 담화 공동체가 지속적인 독서 행위를 통해 존속, 유지해 온 관습이다. 기존 문학교육에서 '신뢰할 수 없는 화자'[11]은, 독자 자신의 '윤리적 반응'보다는 사회·문화적 가치 체계나 도덕적 규범을 일방적으로 수용하는 방식이 강했다고 할 수 있다. 외양적으로는 '내포 작가'의 의도와 '화자'의 불일치라는 텍스트 내적 분석을 중심으로 해석해 왔지만, 그 이면에는 특정 집단, 사회적 가치에 대한 특정 방향의 인식과 가치관으로만 정향함으로 하여 정작 독자 자신의 판단은 유보되어 왔던 것이다.

대표적으로 「사랑 손님과 어머니」의 예를 들어 보자. 이 작품은 '어린이' 화자의 제한적 시각을 통해, 어머니와 사랑 손님의 애틋한 감정을 효과적으로 드러내고 있다고 해석해 왔다. '어린이 화자'는 사태 전체를 파악하지 못하는 무지와 오인에 빠져 있어 신뢰할 수 없는 화자라 할 수 있다. 그러나 이 '어린이' 화자의 눈을 사용함으로써, 어머니와 사랑손님의 사랑이 이해타산 없는 '순수'한 감정임을 보여주고 있다고 해석할 때, 여기에는 어린이의 '무지'를 오히려 '순수함'으로 환치하는 어린이 천사주의의 관점이 전제되어 있다고 하겠다. 만약, 이 소설의 화자를 '이웃집 남자'로 삼았다면, 그래도 이 작품을 '순수한 사랑의 이야기'로 해석할 수 있을까? 그렇게 보기는 힘들 것이다. 또, 이 화자를 어린이의 눈이 아니라 사랑에 빠진 어머니를 보는 '어린 딸'의 눈이라 해석한다면 어떻게 될까? 이 경우, 어린 아이의 순수함보다는 사리 분별이 힘듦이 부각되며, 개가를 결정하기 힘들 어머니의 심정에 개연성을 부과할

---

10) Peter J. Rabinowitz, Before Reading: Narrative Conventions and the Politics of Interpretation, Cornell University Press, 1987. 이 책에 의하면, 읽기 장소는 읽기 이전에 읽기 방법을 결정하는 관습 형성에 중요한 변인이 된다.

11) 7차 교육과정의 경우, '신뢰할 수 없는 화자'를 다루고 있는 교과서는 디딤돌, 청학사가 출간한 두 종류이다.

것이다.

이처럼 어린이 화자로 보면, 어머니의 감정은 순수함과 애틋함이 부각되지만 어린 딸의 눈이라고 한다면 어머니의 내적 갈등과 감정의 비극성[12]이 이해된다. 이처럼 '신뢰할 수 없는 화자'에 대한 판단은 텍스트 내적 장치이면서도 동시에 텍스트 외부의 거대 담론과 밀착되어 있다. 왜 화자의 신뢰도를 의심하게 되었는지, 그러한 판단이 타당한지? 또는 이 문제를 다르게 해석할 수는 없는지 등에 대한 논의는 여기에 포함되지 않는다.

인지 서사론은 화자의 '신뢰도' 판단을, 독자의 가치관 및 신념과 연관짓고 있다. 텍스트 내적 장치를 넘어선 독자의 수용 맥락의 문제로 다루고 있는 것이다.[13] '신뢰할 수 있음과 없음'은, "독자의 세계관과 윤리적 확신이 어디에 기초하고 있는가"에 대한 판단과 관련되어 있기 때문이다. 이는 현재의 문학교육에서와 같이 특정 유형의 화자나 작가의 특정 의도에 의한 텍스트 효과가 아니라 독자의 수용전략이라고 본다. 곧 독자가 텍스트 내의 모순된 정보, 그 정보의 불일치를 이해하기 위해, 특정 화자의 진술을 '신뢰할 수 없음'으로 판단함으로써 해결한다는 전략의 소산으로 보는 입장이다. 그러나 독자 개인의 수용 맥락으로만 접근할 경우, 앞의 「사랑손님과 어머니」의 경우처럼, 그 수용 맥락을 규정하는 사회 문화적 담론과 역사적 위치는 고려할 수 없게 된다. 이에, '신뢰할 수 없음'의 문제를 텍스트, 독자, 맥락의 상호 작용이라는 화행적 행위의 과정이자 결과로 접근해 볼 수 있다.

---

12) 최시한 교수도 「사랑손님과 어머니」의 서술 상황에 주목하고, 자아와 욕망을 포기해야 하는 어머니의 비극성이 이면에 드러난 것으로 해석하였다. 그는 이를 가부장적 남성 중심 담론과 연관지어 이해하였는데, 본고에서는 화자가 '어린이' 담론과 관련지어 파악하고자 한다. 최시한(2010), 『소설, 어떻게 읽을 것인가』, 문학과 지성사.

13) Yacobi는 이 실제 실험 연구를 통해 텍스트 내의 모순적 정보를 독자가 해결하는 양상을 연구함으로써 '신뢰할 수 없는 화자'로 판단되는 다섯 경우를 밝혔다. 1) 일반화 방식 2) 장르적 방식 3) 지시적 방식 4) 기능적 방식 5) 관점에 의한 방식 등이 그것인데, '해석적 전략'으로 보는 입장은 5)의 관점을 드러낸다. Yacobi Tamar(1981), "Fictional Reliability as a Communciative Problem", Poetics Today 2. pp.113-26.

일차적으로 '신뢰할 수 없음'을 유도하는 텍스트 특징은 크게 다섯 가지로 정리된다.[14]

1) 스토리와 담론의 불일치
2) 화자 내적 정보들 사이의 불일치
3) 화자가 재현한 사건과 그 사건에 대한 화자의 주석과 해석 사이의 불일치
4) 스토리에 대한 다양한, 종합할 수 없는 관점들
5) 화자가 직간접으로 밝히는 자기 자신의 신뢰할 수 없음에 대한 정보 등이다.

이러한 텍스트는 작가가 자신의 권위를 어떻게 수용할 것인지를 주장하지 않는다는 점에서 비권위적이다. 따라서 소설은 개별적 인물들의 다양한 관점과 가치, 선택과 욕망들이 갈등하고, 충돌하며, 상호 교섭하는 윤리적으로 매우 복잡하고, 애매모호한 미결정의 상태가 된다. 내포 작가, 인물화자, 인물, 피화자, 내포 독자가 각기 서로 다른 가치체계를 지닌 존재의 모순된 목소리들 뿐 아니라 이들 존재들 내부에서도 '행위'와 '언술' 사이에도 불일치가 존재하게 된다. 이 때, 독자는 자신의 가치 기준에서 윤리적 위치(ethical positioning)를 설정하고 참여하여 작품의 미적 형식을 완성한다.[15] 독자의 윤리적 참여는 미적 경험의 구성적 요건이 되는 것이다. 독자 화자의 신뢰도에 대해 판단하는 방식에는 그가 처하고 있는 역사적, 문화적 맥락이 작동하고 있음을, 앞서「사랑손님과 어머니」에서도 확인할 수 있었다. 정상성의 범주, 성, 지역, 연령, 직업 등의 사회적 정체성에 대한 인식 등이 영향을 미치는 것으로 되어있다.

---

14) James Phelan.(2005), Living to tell about it, Cornell University Press. pp.7-65.
15) 윤리를 문학적 형식으로 사유하게 된 가장 큰 이유중의 하나는 바로, 미적 형식을 통해 윤리적 가치의 다양성과 애매모호함을 사유할 수 있게 되었기 때문이다. David Herman, Manfred Jahn and Marie-Laure Yan edt. Encyclopedia of Narrative Theory, "ethical turn", Routledge. p.143.

이러한 일종의 '상호작용' 혹은 '화행적' 모델은, 윤리적 반응이 텍스트와 독자, 맥락의 공동의, 협동작업적 특성을 지니고 있음을 전제하는 것이다. 곧, 독자 자신의 개인적 가치를 실현하거나 텍스트 내의 내포 작가의 의도를 파악하는 것이 아닌 이들이 공동의 모색을 벌이는 상호작용 과정으로 윤리적 반응을 규정한다.16) 소설 텍스트의 형식은 대안적 윤리적 모색을 위한 단서와 기회를 제공하며 독자 자신의 반응을 선택하여 윤리적으로 참여할 수 있다. 윤리는 보편적 규칙이나 준칙에 의거하는 도덕과 달리 자신의 자율적 판단을 통해 이루어지는 모색과 대화의 성격을 띠고 있기 때문이다.

오랜 동안 지켜 온 문학 독서 관습 중의 한 가지는 허구 세계의 경험을 위해서는 '불신의 자발적 중단'의 자세를 취해야 한다는 것이었다. 소설의 허구 세계가, 논리를 넘어선 곳에 존재하는 이상, 독자는 서술자가 구성하는 허구 세계를 신뢰하는 '서사적 계약'을 전제해야 작품 읽기가 진행될 수 있으며, 이로써 소설 텍스트의 내적 통일성과 유기적 안정성이 그 핵심에 자리하게 된다.

그러나 이러한 전통적 인식은, 이른바 독자가 '작가적 청중'(authorial audience)이라고 불리는 수동적 독서 위치로 인식하면서 작가가 구성한 서사 텍스트의 세계와 독자가 경험하는 허구 세계를 일치시키는 지향을 담고 있다. 이러한 인식은 '허구' 세계를 유지하기 위해서 독자는 '최소한' 개입할 것을 요구하며, 허구의 세계와 현실의 세계를 이분적으로 파악한다. 그러나 이러한 인식은 허구 경험을 텍스트 중심적이고, 수동적인 독서 활동의 결과로 인식할 수밖에 없게 된다. 볼프강 이저의 논의17)대로, 허구 세계는 텍스트 세계를 미메시스하는 방식이 아니라 텍스트 외부의 참조체를 끌고 들어오는 방식을 통해서라야 역동적으로 경험되기 때문이다.

---

16) James Phelan. (2005), Living to Tell about It, Cornell University Press. pp.7-65.
17) Iser, Wolfgang. (1993), The Fictive and the Imaginary: charting literary anthropology, J. Hopkins University Press.

그렇다고 독자의 '자연화 전략'만을 강조하는 것 역시 한계가 있다. 독자의 배경 지식을 강조하는 입장은 '자연화 전략'이라는 메커니즘을 강조한다. 조나단 컬러(J. Culler)에 따르면, '자연화(naturation) 전략'이란, 독자가 허구 텍스트를 읽는 과정은, "자신들에게 익숙해진, 그리고 어떤 의미에서는 합법화된 담론 모델과의 관계를 통해 텍스트를 자연화하는" 현상이다. 독자는 자신들이 가지고 있는 인간의 상황과 행위들에 대한 현실 세계에 대한 프레임과 문학적 관습과 장르에 대한 프레임을 투사하여, 텍스트의 세계를 익숙한 것으로 동화시키는 방향으로 의미 구성함으로써 경험한다는 것이다. 그러나 이 경우, 독자의 윤리적 확장은 불가능해 진다.

이런 점을 고려할 때, 화자의 '신뢰도'를 텍스트, 독자, 맥락을 종합적으로 고려하는 화행적 모델은 많은 이점이 있다. 무엇보다 신뢰도에 대한 판단 과정을 통해, 독자 자신의 규범과 가치관과 텍스트의 다양하고 중첩적인 윤리적 위치, 그리고 특정의 사회 문화적 담론이 상호작용하되 독자가 주체적으로 판단 할 수 있도록 한다. 소설 텍스트에서 '신뢰할 수 없음'의 조건은 여러 유형과 양상으로 나타나며, 이는 각기 다른 형태로 독자의 윤리적 반응을 유도한다.

사실, 현대소설의 대다수는 재현에 대한 인식적, 미적 회의를 바탕으로 한다. 인물 화자, 신뢰할 수 없는 화자가 매우 흔한 서술 형태가 되는 것은 이 때문이다. 그러나 독자가 화자의 '신뢰도'를 평가한다는 것은 리얼리티 지향의 확장된 형태라 할 수 있다. 곧, 소박한 반영론을 바탕으로 하여 "어떠한 현실이 그려졌는가"를 보는 독자의 수동적인 태도가 아니라 신뢰할 수 없는 현실 이면에 드러나지 않은 대안적 현실을 실험, 탐구하는 해석적, 윤리적 태도인 것이다. 이는 문학 형식을 가치 개입과 경험의 조건으로 이해하는 서사윤리론의 관점과 연관되기도 한다.

3. '믿을 수 없는 화자'의 맥락적 해석과 독자의 윤리적 반응

1) 정상인 화자의 '신뢰할 수 없음' 읽기 : 「아내의 상자」와 「발가락이 닮았다」

이 작품은 많은 연구자들도 지적하였듯이 다양한 접근과 해석이 가능하다.[18] 기존에는 화자보다는 아내의 삶을 중심으로 해석하면서 현대인의 존재론적 심연, 불임, 여성의 소외, 신도시의 불모성 등이 논의되었다. 이 소설의 화자와 관련해서는, '신뢰할 수 있는 화자'로 평가되지는 않았지만, 남편의 '절묘한 시점의 거리', '천연한 문체'라고 하여, 주제를 극대화하고 있는 장치임이 지적되기도 하였다. 그러나 대부분의 연구자들은 이 소설이 다루고 있는 현대인의 문제성을 주로 '아내'의 상황(불임), 행위(도덕적 일탈), 성격(이상 성격)에서 발견하고 있다.[19] 물론, 남편 시각이 지닌 피상성과 외면성이라는 제한성을 인정하면서도 이를 '신뢰할 수 없는 화자'로 평가하기보다는 현대인의 규격화된 생활을 보여주는 지극히 평범하고 상식적인 인물로 접근하는 것이다.

이 소설이 형식적 장치를 통해 초대하고 있는 윤리적 반응의 조건을 먼저 살펴보기로 한다. 표면적으로 화자인 '나'는 상식적이고 전형적인 도시 소시민의 존재라 할 수 있다. 회사 일에 성실하고, 아내에게 생활상의 적절한 예의를 갖추고, TV 마감 뉴스로 하루를 마감하는 그는 '평온한' 생활을 유지하며, 도시인의 정상적 삶을 누리고 있다. 이 부부에게는 불임의 문제가 있었지만, '나'는 병원의 지시대로 열심히 노력하고 있다. 그가 화자로 진술 내용 역시, 외견상으로는 문제적이지 않다. 상식적이고 평범한 직장인인 '나'가, 역시 평범한 아

---

18) 다음은 대표적인 연구물이다.
    강상희(1998), "현대적 삶의 숙명", 「아내의 상자」, 문학사상사. 407-417면.
    정현숙(2000), "틀 벗어나기, 존재의 상징적 소멸", 어문연구 통권 108호, 30면.
    정영길(2006), "소설 읽기의 문제 설정 방식", 한국문예창작 제5권 2호, 271-293면.
19) 강상희(1998), "현대적 삶의 숙명", 「아내의 상자」, 문학사상사. 407-417면.
    정영길(2006), "소설 읽기의 문제 설정 방식", 한국문예창작 제5권 2호, 271-293면.

내와 신도시에 이사와 살았는데, 아내가 옆 집 여자와 어울려 다니다가 일탈하여 다른 남자와 하룻밤 자는 것을 목격한 뒤, 그녀를 정신 병원에 두고 왔다는 것이다.

그러나 '화자'인 나의 진술은 신뢰할 수 없는 측면 역시 지니고 있다. 그의 담론 속에서 재현된 재현된 사건과 그의 사건에 대한 해석 사이에 모순과 불일치가 존재하기 때문이다. 그는 아내가 평범한 여자라고 했지만, 이는 외면적인 평가일 뿐 이고 실제 그의 말로 진술된 내용은 그의 아내는 세상으로부터 상처받고, 깊은 자의식을 가지고 있는 섬세한 영혼일 뿐이다. "나는 아내를 사랑했다. 그녀에 대해서라면 모든 것을 알고 있다고 생각했다." 라고 서술했지만, 그는 아내의 내면에 대해 아는 것이 없다. 또, 그는 아내 생황을 파편적이고 외면적인 정보로만 부분적인 해석만(underreading)[20]하고 있다. 나아가 그는 아내를 '잘못 해석'(misreading)하기도 한다. 아내는 다른 남자의 협박을 받고 있는 상황이었는데도 그녀에게 온 전화, 화상, 결혼사진 태우기는 '사소한 일'에 불과한 것이었다. 오히려 그녀가 자신의 심중을 표현하는 말은 "엉뚱한 말"일 뿐이다.

그러나 이는 '화자'의 정체성을 보는 방식에 따라서는 구태여 '신뢰할 수 없음'으로 판단하지 않을 경우도 가능하다. 화자를 고립 단절된 현대인의 모습 혹은 소원한 관계에 있는 부부의 담론으로 이해한다면 그의 몰이해와 오해는 오히려 소통 부재의 현대적 삶을 드러낼 뿐이기 때문이다. 그리고 결정적으로는, 화자 자신이 자신의 진술을 부정하는 자기 모순적 단서는 존재하지 않고

---

20) 화자의 신뢰할 수 있음과 없음 그 자체도 중요하지만 신뢰할 수 없음의 여러 양상에 대한 판단도 중요하다. 제임스 펠란 James Phelan은 신뢰할 수 없는 화자의 양상을 사실, 지식, 가치 면에서 여섯 가지로 제시하였다. 그에 따르면, 1) 사실의 층위로는 지나치게 과도한 기록(over-reporting) 혹은 지나치게 과소한 기록(under-reporting) 2) 가치의 층위로는 과소평가(underregarding), 잘못된 평가(misevaluating) 3) 지식과 해석의 층위로는 부족한 지식(underreading), 잘못된 지식(misevaluating)등이 있다.
James Phelan. (2005), Living To Tell About It, Cornell University Press. pp.7-65.

있기 때문이다.

그러나 그를 '신뢰할 수 없음'으로 보는 판단 역시 가능하다. 그의 말과 행동의 불일치가 상황에 의한 단순한 몰이해나 이해가 아니라, 화자의 은폐와 합리화라는 위선적인 태도에서 기인한 것으로 해석할 수 있기 때문이다. 다음 대목을 보자.

> 아내는 병원을 연상시키는 것은 뭐든지 싫어했다. 그러나 사과를 포크에 찍어 내게 건네주는 그녀의 표정은 평온했다. 우리는 다른 날처럼 과일을 먹으며 마감 뉴스로 눈을 주었다. --(중략)-- 대기실에서 기다리는 동안 아내는 말이 없었다. 이름이 불려지자 초등학교 학생처럼 얌전히 대답을 한 다음 일어나서 진료실 문쪽으로 나가갔다. 아내는 문 앞에서 발을 멈추고 아주 짧은 순간 나를 돌아보았다. 무력하고도 간절한 눈빛이었다. 그제야 나는 가벼운 마음으로 담배를 끄고 일어나 자판기에서 커피를 뽑아 마셨다. 21)

이 대목은 아내와의 관계 회복을 위해, 불임 치료 병원에 그녀를 데리고 간 장면이다. 화자는 아내가 불임치료의 경험이 있고 그래서 병원에 가는 것을 극도로 싫어한다는 점을 잘 알고 있다. 하지만 그녀가 불안정해 지자 그녀를 '행복하게 해 준다'는 자기 자신만의 판단으로 불임치료 병원에 데려다 준다. 분명, 인물로서의 그는 '아내의 내면'을 지각하고 있었지만, 화자로서의 그는 이를 가볍게 무시하면서 존재적 부담감을 제거해 버리는 것이다. 이는 의도적인 모른 체하기, 혹은 '덜 말하기'(underregarding), '잘못 해석'하기의 말하기로서, 남편 화자의 말을 신뢰할 수 없도록 한다.

이렇게 '화자'의 신뢰도를 부정할 경우, 독자는 스스로를 '상식적이고', 올바르다고 생각하고 서술하는 화자를 믿을 수 없는 화자로 평가하고 그의 말과 가치 체계와 거리를 두게 할 수 있다. 그리고 그의 언술을 부정하고 재평가함

---

21) 은희경(1998), 「아내의 상자」, 문학사상사, 45면.

으로써, 그의 말에 은폐되어 있던 다른 인물들의 행위와 감정, 의식 등을 추론하여 대안적 현실을 탐구하는 가운데 다른 관점, 다른 충동과 선택 등이 벌이는 가치 갈등의 윤리적 상황을 복원할 수 있게 된다.

이 소설의 중심 사건인 '아내를 정신 병원'에 두고 온 일과 '아내의 일탈'을 중심으로 그 이면적 의미를 살펴보자. 이러한 행동에 대해 화자가 우선시하는 가치는 '평온'이다. 그는 아내를 정신 병원에 두고 옴으로써, 아내와 나 모두 평온하게 되었다고 말한다. 나는 더 이상, 아내 때문에 잠을 설쳐 일에 지장을 두는 일이 없어지게 되었고, 그녀는 헛된 희망을 갖지 않게 하게 되었기 때문이다. 그러나 이러한 평가는 아내의 입장과는 전혀 다르다. 이 평온이 아내에게 지닌 의미는, 이른바 '규격에 맞지 않는 사람'으로 합리적으로 거세당함에 대한 좌절, 그리고 '틀'에 갇히는 답답함이다. 이 규격은 존재성은 사라지고 대신, 형식화된 존재로서의 아내의 자리로 규격화하여 상사 속에 가두어 놓음이다. 따라서 남편의 '평온'은 아내에게는 '존재의 부재'라는 의미를 지닌다.

이렇게 남편의 말을 신뢰할 수 없는 가치로 인정하고, 아내의 가치를 오히려 대안적 현실로 평가해 본다면, 정작 '광기'에 사로 잡혀 있는 사람은 아내가 아니라 '나'이다. 비정상적인 사람도 '아내'가 아니라 '나'이다. 그의 정상성은, 극도로 주관화되면서도 독선적인 자기중심적 가치 체계였던 것이다. 그렇게 보면, '아내'의 일탈은 일탈이 아니라 오히려 틀에서 벗어나 자신을 찾아 나서는 정상 궤도의 행적일 뿐이다. 이 때, 화자인 '나'의 문제적 가치 체계는 아내의 것과 대비될 수 있다. 전자가 자기중심, 효율성과 기능성 중심의 가치위계화를 전제하고 있었다면, 아내는 내면성과 진정성의 가치 지향을 앞세우며 남편의 가치관을 문제시하고 있는 것이다. 결국, 이 소설의 화자는, 표면적으로는 상식적이고 친근한 존재이지만 그를 '신뢰할 수 없음'으로 전도시켜 역비판함으로써 우리 사회에 존재하는 '정상적인 것'을 심문해 볼 수 있도록 한다. 이처럼, 화자 신뢰도의 여부, 신뢰도 판단의 관점은 사회 문화적 담론에 대한 인식과 연관되어 있다. 이 소설의 경우, 소시민, 현대인, 남편 등에 대한 정체성 담론, 정상성에 대한 인식 등의 맥락이 내재되어 있는 일종의 '맥락적 이해'라 하겠다. 그러나 이 '맥락적 이해'는, 자신의 윤리적 위치를 결정하는 맥락에 대한 성찰과 비판을 통해 대안적이고 창의적인 읽기를 모색할 수 있다.

이와 유사한 반응을 유도하는 작품의 예로는, 김동인의 「발가락이 닮았네」가 있다. 이 작품도 역시, 의사인 '화자'의 표면적인 과학적 태도를 '신뢰할 수 없음'으로 평가한다면, 그의 시각 이면에 존재하는 비인간적인 편견을 비판적으로 해석해 볼 수 있게 된다. 화자는 인물의 병력에 대한 충분한 사실적 근거를 가지고 있지 않다. 그럼에도 병이 있는 것으로 간주하고 인간성, 심지어 가족에 대한 판단으로 확장하는 화자의 태도는 현대 과학주의의 한계를 평가할 수 있겠다.

2) 문제적 화자의 '신뢰할 수 있음' 읽기 : 「치숙」과 「제야」

공동체의 보편적 가치 기준에서 보았을 때 문제성을 지니고 있거나 이상적 정신의 소유자인 경우, 일반적으로 신뢰할 수 없는 화자의 범주에 포함시킨다. 광인, 백치, 아이들이 그 예라 할 수 있겠다. 그러나 윤리적 모호함과 다층성이 존재하는 소설의 세계에서 이는 독자의 판단 이전에 결정된 것일 수 없다.

「치숙」은 '신뢰할 수 없는 화자'를 사용한 대표적인 작품으로 알려져 있다. 교실 독서 관습에서 그는 "무식하고, 이기주의적이며, 친일적 사고의 소유자'로서 부정적 인물이라 평가되며, 화자로서는 자신이 비판하려는 사회주의자 '아저씨'의 삶을 전혀 인식하지 못하고 속물적 몰이해로만 일관함으로써 신뢰할 수 없는 화자로 평가되고 있다.[22] 특히, 일제 치하에서 '사회주의자'는 '민족주의자'의 성격을 갖는 것인데, 친일적 행각만으로 개인적 영달을 추구한 '화자'는, 대의적 삶에 충실한 아저씨를 비난함으로써 오히려 지식인의 비극을

---

22) 장사흠(1997), "풍자문학의 수용과 효용에 관한 고찰 – 채만식의 「치숙」을 중심으로", 문학교육 7호, 한국문학교육학회.
　　임경순(1997), "초점화를 통한 소설교육 연구", 국어교육 95호, 한국어교육학회.

반어적으로 보여준다는 것이 교육적 해석이다. 그러나 이 해석은 '민족주의: 친일'은 곧 선과 악이라는 이분법적 대립구도를 전제한 사회 문화적 담론에 지나치게 의존하고 있다. 독자의 주관적 가치 판단 이전에 이미 '친일 행위'는 이기적이고, 부정적이라는 도덕적 규범에 단순하게 호출되어 버림으로써 문제적 화자로 단정짓고 있는 것이다.

그러나 이 소설은 이렇게 단정짓기에는 훨씬 정교하고, 복합적인 윤리적 상황을 구축하고 있으며, 독자 자신의 반응을 초대하는 윤리적 애매모함을 품고 있다. 그 섬세한 결을 읽고, 이에 대한 자신의 윤리적 선택과 반응을 결정하는 과정이야말로 윤리적 반응을 형성하는 독서 방법이라 할 수 있겠다.

이 소설의 화자는 '신뢰할 수 없음'과 '있음'의 경계 속에서 윤리적으로 모호하여, 독자가 자신의 관점에서 윤리적 위치를 설정하고 반응을 할 수 있는 조건을 마련하고 있다. 이 작품의 풍요로움은 화자가 신뢰할 수 없음과 있음을 동시에 가지며, 작중 인물인 '아저씨'도 긍정적, 부정적 요소를 지닌 양가적 존재라는 데에 있다. 그의 신뢰할 수 없음은 자신이 비난하려는 사회주의자 '아저씨'에 대한 몰이해와 오해, 그리고 잘못된 가치 평가 때문에 발생한다. 그는 지식이 부족하여 경제학과 경제를 구분하지 못하고, 사회주의에 대한 사전적 개념조차 숙지하지 못하고 있다. 나아가 일제 치하에서 출세와 영달만을 추구한 자신의 가치관에 매몰되어 아저씨의 대의적 삶을 전혀 이해하지 못하고 있다. 게다가 그는 말과 행동이 일치하지 않기도 하다. 아주머니에게 온정을 베푸는 인정어린 존재로 자신을 내세우고 있지만 동시에 이는 한편으로는 이해 타산적인 행위에 불과했다. 이렇게 보면, 독자들은 그의 표면적 언술을 부정하고 반어적으로 이해하면서 이면의 의미를 파악하게 된다.

그러나 이 화자의 진술 모두가 '신뢰할 수 없음'으로 평가될 수는 없다. '인물'로서의 '나'와 '화자'로서의 '나'는 구분지어 판단해야 하기 때문이다. '인물'로서의 '나'는, 친일적 현실 추수주의자이지만, '화자'로서의 '나'는, 초점화의 대상인 '아저씨'에 대한 개인적 사실을 누구보다 잘 알고 기록하는 화자의 역할에 충실함으로서 '신뢰성'을 획득한다. 화자의 진술에 따르면, 아저씨는 아주머니와 결혼을 한 뒤 동경 유학을 하였고, 돌아와서는 아주머니를 내쫓고 여학생과 동거를 하였으며, 5년간의 감옥 생활을 하는 동안 친가, 처가가 모두 망하자 아내는 식모 생활을 하며 돌보았고, 폐병을 걸린 채로 아저씨가 출감하자 아주머니는 온갖 허드렛일을 하며 3년 째 집안을 돌보고 있다. 이 '사실'은 지식인이자 사회주의자인 '아저씨'가 조강지처의 희생을 당연시하고 자신의 개인적 욕망을 우선시하고 있다는 점에서 이기적 존재이며, 자신만을 내세우는 권위적이고 가부장적인 가장일 수 있다는 근거가 될 수 있다. 다음 대목을 보자.

"아저씨?"
"왜 그래?"
"아주머니가 고맙잖습디까?"
"고맙지. "
"불쌍하지요?"
"불쌍? 그렇지, 불쌍하다면 불쌍한 사람이지!"
"그런 줄은 아시느만?"
"알지."
"알면서 그러시우."
"고생을 낙으로, 그 쓰라린 맛을 씹고 씹고 하면서 그것에서 단맛을 알어내는 사람도 있느니라. 사람도 있는 게 아니라, 사람마다 무슨 일에고 진정과 정신을 꼬박 거기다만 쓰면 그렇게 되는 법이니라. 그러니까 그쯤 되면 그때는 고생이 낙이지. 너의 아주머니만 두고 보더래도 고생이 고생이면서 고생이 아니고 고생하는 게 낙이란다."
"그렇다고 아저씨는 그걸 다행히만 여기시우?"
"아―니."
"그러거들랑 아저씨두 아주머니한테 그 은공을 더러는 갚어야 옳을 게 아니오?"
"글쎄, 은공을 모르는 건 아니지만……."

"그러니 인제 병이나 확실히 다아 나신 뒤엘라컨……."
　　"바뻐서 원……."

　　이 대목은 화자가 지식인 숙부를 몰아세우고 있는 장면이다. 화자가 진술한 숙부의 개인 생활 사실을 '신뢰한다면', 이 장면은 더 이상 부정적 화자의 반어적 표현으로만 해석될 수는 없다. 오히려 어리석은 '나'조차도 설득하지 못하는 지식인의 무기력과 나약함, 현실적 무능력을 보여줄 수 있다. 현실에 무조건적으로 적응하는 속물인 '나'도 문제지만 명분만 내세울 뿐 실제적인 대안을 제안하지 못하는 '아저씨'도 문제인 것이다.23) 위 지시문에 나타난 '바뻐서 원---'으로 회피하는 숙부의 심리도 다가적인 해석이 가능하다. 무식한 화자의 엉뚱한 말로부터 회피하려는 태도로 볼 수도 있겠지만, 현실 개혁의 구체상을 지니고 있지 못하고 있음을 보여주기도 한다.

　　이 소설은 가치들이 이중적 울림을 가진 양가적 체계로 중첩되어 있어 독자들로 하여금 다양한 방식의 응답을 허락하고 있다. 두 사람은 모두 다른 이유로, '이기적'이며, 말과 행위가 불일치한 위선적 요소가 있다. 화자 '나'는 개인적 영달에만 매달렸다는 점에서 , 아저씨는 아내를 전혀 배려하지 않고 개인적 욕망만 추구했다는 점에서 그렇다. 또, 두 사람 모두 책임성과 무책임성을 동시에 지니고 있다. 화자 '나'가 가족에 대한 책임을 지는 대신 민족에 대한 책임을 방기하였다면, 역으로 '아저씨'는 민족에 대한 책임을 지고 대신 가족에 대한 책임을 방기하였다. 화자가 사회주의자와 전문 지식에 대해 무식한 대신 앞날에 대한 구체적 비전과 의지를 지니고 있는 반면, 아저씨는 해박한

---

23) 화자의 말에 부정할 대목과 부정하지 못할 대목이 있다는 점은 이미 염무웅 교수가 '화자'에게는 사회주의자와 아내에 대한 성적 학대와 사회주의가 있음을 중심으로 인정하였다. 그러나 필자가 보기에 내포 작가는 '부정적 화자' : '긍정적' 인물의 구도보다는 두 인물 모두 부정하는 허무주의적 시각이 압도적이다. 다른 작품인 「소망」에서도 작가는 신뢰할 수 없는 화자로서의 아내의 진술을 통해, 지식인의 허위와 위선적 태도를 보여주고 있다.
염무웅(1995), 『혼돈의 시대에 구상하는 문학의 논리』, 창작과 비평사.
이선영(1999), "창조적 주체와 반어의 미학", 민족문학사 연구 14, 민족문학사학회.

지식을 가지고 있음에도 앞날에 대한 구체적 설계를 설득력 있게 보여주지 못한다.

이렇게 본다면, 기존의 해석처럼, 화자의 '친일 행위'만을 부각시키는 것은, '아저씨'가 화자를 바라보는 관점을 그대로 수용한 것에 불과하다. '나'와 '아저씨'의 인물을 중심으로 한 텍스트가 요청하는 윤리적 위치는 매우 다양하다. '친일: 민족', '속물적 소시민: 지식인' 등의 이분법만으로는 단순화할 수 없고, '개인의 자유: 사회적 관습', '현실적 실리: 명분론적 이념' '민족주의: 근대주의' 등도 모두 포함될 수 있다. 현실 독자들은 이에 대하여 자신의 가치관과 사회적 규범을 고려하여 '윤리적 위치'를 설정하며 다양하게 응답할 수 있다. 필자가 대학교 1학년생의 「치숙」 작품 문학 반응을 검토한 결과, 두 사람의 갈등을 친일과 민족의 문제보다는 현실적 실리와 이념적 명분의 대립으로 이해하는 경우가 많았다.[24]

화자의 신뢰도가 이처럼 고정된 것이 아니라 사회주의와 근대성, 지식인과 반민족주의자의 정체성에 대한 판단 등의 수용 맥락에 따라 다르게 해석될 수 있다. 또 이 과정에서 독자는 자신의 가치를 실천하는 윤리적 반응이 텍스트의 미적 구성의 한 요소로 작동할 수 있다는 점도 확인할 수 있다. 이는 소설 작품이 지닌 윤리적 중층성과 개방성에 의해 가능한 것이다. 그런 점에서 문학의 윤리적 경험은 해석의 타당도에서 나아가 자신의 정체성에 바탕을

---

24) 이를 테면, 다음과 같은 반응이다. "치숙은 학령과 연령에 있어 크게 격차가 벌어지는 화자의 시점을 통해 실패한 지식인의 행적이 역설적으로 드러나도록 묘사한 사실주의 작품으로 볼 수 있다. 하지만 치숙을 다른 관점에서 본다면 주인공인 '나'가 친일을 하면서 사는 삶을 마냥 나쁘게 보는 게 아니라 그 시대에 살아남기 위해서 자신의 삶을 개척해 나가는 삶으로 바라볼 수도 잇다. '나'는 숙부처럼 공부를 하지 못했기 때문에 현실을 인식하고 일본인 주인에게 잘 보여 자신의 미래를 계획해 간다. 이것을 보자면 미래의 더 나은 삶을 위해서 일을 하는 주인공 '나'를 보면 부지런하다고 생각할 수 있겠다. 그에 반면, 숙부는 대학까지 마친 인텔리 이면서도 자신의 아내가 고생하는 모습을 보면서도, "고생을 낙으로, -- 고생이 낙이란다."라는 말을 '나'에게 하는 데 이것을 보면서 나는 아내가 자신 때문에 고생하는 것인데 아내에게 미안해하지 않는 숙부의 모습을 보면서, 정말 무능하고 일을 하고 싶어하지 않는 게으른 모습을 보았다."

둔 가치 판단과 모색의 과정을 중시할 필요가 있다. 그러나 이 역시, 자기 자신의 관점에만 매몰된다면 그 의의는 제한적일 수밖에 없다. 자신의 해석에 개입하고 있는 사회 문화적 담론의 맥락을 비판적으로 성찰함으로써, 다른 해석의 가능성을 열어두는 작업이 필요한 것이다.

염상섭 「제야」 역시 마찬가지이다. 이 작품은 신여성 화자의 목소리를 통해 신구 윤리적 관습의 갈등을 드러내고 있다. 화자로서의 그녀의 '말'은, 성적 욕망을 자유로운 생의 토로로 극찬하면서도 동시에 이것도 이해 타산적인 계산에 불과한 것이라고 하여 자기 모순을 폭로함으로써 신뢰할 수 없는 화자가 되고 있다. 그러나 이 '화자'의 '문제성'에 대한 판단은 수용 맥락에 따라 달라질 수밖에 없다. 개성 탐구라는 신여성의 정체성을 앞세워 본다면 전통적인 남성의 시선으로 자신의 죄를 참회하는 화자의 고백은 그 모순성으로 신뢰할 수 없음으로 판단할 수 있겠지만[25], 행위자로서의 인물이 실제 겪었던 혼란의 모습은 오히려 당대 신구 갈등의 복잡한 상황을 있는 그대로 보여준다는 점에서 보면 오히려 신뢰할 수 있다. 결국, 독자들의 가치적 판단이 미적 효과의 전제가 되는 것이다.

4. 결 론

문학교육이 텍스트 독해 능력의 신장을 넘어서 자아 성장과 문화 비판과 창조까지 지향한다면 문학 활동은 가치적 요소와 연계하여 이해될 필요가 있다. 하지만 가치는 모호하고 추상적이며, 또, 문학 외적 가치의 계몽적 압박으로 오해되기 십상이어서 정작 문학교육 내용으로 설정되기는 힘든 점이 있었다. 그러나 '신뢰할 수 없는 화자'의 문제를 통해 윤리적 가치는 텍스트와 분리된 것이 아니라 텍스트에 대한 정교한 추론에 바탕을 두어야 하며, 해석과정

---

25) 최혜실(2000), 「신여성들은 무엇을 꿈꾸었는가?」, 생각나무.

과 분리될 수 없음이 확인되었다.

이 글에서는 화자'의 '신뢰도' 문제를 윤리 비평적 개념으로 활용할 수 있음을 보여주고자 하였다. 이는 화자 서술에 대한 독자의 가치 평가 활동이다. 또 이 활동이 특정의 맥락에서 수행한다는 점에서 보면 독자, 텍스트, 맥락이 화행적으로 교섭된 결과로 이해될 수 있다. 따라서 어떤 화자의 서술을 '신뢰도'에 입각해서 비평한다는 것은, 미적이면서도 윤리적이고, 문화적이면서도 문학적이며, 텍스트 외적이면서도 텍스트 내적인 특징을 동시에 지니게 된다. 소박한 재현론이 무너지고 동종 서술자, 혹은 제한적 인물 시점의 소설이 많아지고 있는 현대 문화의 상황에서, '신뢰도'에 대한 질문은 재현, 존재성 등에 대한 근원적인 문제와 함께 독자의 가치관과 윤리적 확신을 분명히 하고, 성찰하는 기회를 제공할 수 있다. 특히, 자신의 관점에서 화자의 신뢰도를 평가할 뿐 아니라, 그렇게 평가하는 자신이 위치하고 있는 사회 문화적 맥락을 메타적으로 성찰할 수 있다.

그 구체적 예로, '정상인 화자'를 신뢰할 수 없음으로 읽어 보는 경우와 '문제적 가치를 지닌 화자'를 신뢰할 수 있음으로 읽어보는 경우를 제시하였다. 전자는 외면적으로 정상인 화자의 시각을 문제적인 것으로 가치 평가하는 활동을 통해 정상성과 비정상성 자체에 대해 심문하여, 독자의 현대적 삶에 익숙한 전제를 의심하고 회의해 볼 수 있다. 반면, 후자는 외면적으로는 문제적인 시각을 지닌 존재의 눈을 빌어, 우리 사회의 이면적 현실을 탐색한다. 윤리적 반응, 혹은 윤리적 탐색을 위한 다양한 비평적 범주가 개발될 필요가 있다.

이제까지 논의한 바를 중심으로 해석 전략을 요약한다면 다음의 과정을 거칠 수 있다. 첫 단계, 화자의 담론을 서사 세계와 대비하여 읽음으로써 인물, 화자, 내포 독자 등의 텍스트 내에 존재하는 다양한 윤리적 위치를 이해한다. 두 번째 단계, 자신의 관점과 가치관을 바탕으로 어떠한 윤리적 위치를 설정하고 반응할 것인가를 결정한다. 세 번째 단계, 자신의 반응이 어떠한 사회 문화적 맥락과 담론 속에서 위치하고 있는가를 성찰한다. 윤리적 반응은 개인의 존재론적 실천의 의미를 지니는 것이기 때문에 내포 독자로 표상되는 '이상적인 독자'의 상을 강요해서는 다가서기 힘들다.

03

내러티브 인식론과 서사 논술교육의 가능성

1. 서론: 사고 문화와 논술교육

현대 교육학에서 추구하고 있는 지식과 사고의 다양화 움직임은 전통적인 교육 내용과 방법을 대폭 바꾸어 놓고 있다. 가다머의 다중 지능 이론을 비롯하여 수행적 지식, 인격적 지식, 절차적 지식 등의 다양한 유형의 지식론이 등장하면서 지식/사고력 교육에 대한 새로운 조명이 이루어지고 있다. 그러나 교육에서 사고 유형을 재배치하는 일은 단지 교육 내적 효과로만 국한되지 않는다. 어떤 유형의 지식을 기반으로 문식력 교육을 설계하느냐는 그 사회의 사고 문화를 만드는 데 결정적이기 때문이다. 사고는 한 사회가 공유하는 문화 형식에 의해 구성되는 것이다.

이런 맥락에서 이 글은 대안적 사고 유형으로 많은 논의가 되고 있는, 내러티브 사고를 논술교육에 적용하여 그 대안적 방향과 가능성을 모색하고자 한다. 내러티브 사고는 논증적 사고, 합리주의적 교육과정에 대한 대안적 모색에서 주목을 받아 왔다. 논술은 우리나라교육 현실로 보자면 가장 적극적인 의미에서의 사고력 교육, 글쓰기 교육이다. 그러나 아직 학문적으로는 뚜렷한 합의를 이끌어 내지 못했으며[1], 그 결과 이러저러한 정책적, 정치적 판단 속

---

1) 논술교육에 대한 학문적 조명은 2003년에서 2007년에 집중되어 있다. 대표적인 작업으로는 한국 작문학회 2006년 학술대회, "논술교육의 현황과 과제", 국어교육학회 2007년 학술대회, "논술교육의 쟁점과 전망", 그리고 2004년도 『철학사상』 별책 4권이 있다. 이러한 관심은 논술교육이 대학 입시의 핵심이 되면서 사회적 이슈가 부각되었던 정황과 밀접한 연관이 있다 할 것이다. 그러나 이제 학교 현장에서 논술은 단지 시험으로서만이 아니라 문식력 '교육'의 일환으로 자리를 잡아 가고 있는 추세이다. 2007년도 국어과 개정 교육과정에서

에서 시사 논술, 고전 논술, 통합교과 논술, 문화 논술 등 다양한 별칭으로 흔들리면서 냉기와 열기를 반복해 왔다. 이러한 현상은 한편으로는 논술의 불안정성을 보여주는 것이기도 하지만 동시에 논술이 존재할 수 있는 다양한 가능성을 보여준다고 할 수 있겠다. 시대마다 요청되는 사고의 유형이 다를 수 있고, 달라야 한다고 본다면 논술교육의 다채로움은 오히려 당연하며 필요하다고 생각해 볼 수도 있다.

그러나 이를 위해서는 논술교육도 이제, 문식력 교육의 큰 틀에서 논의될 필요가 있다. 논술은 이미 개별 교과를 넘어서 특정의 사고력과 글쓰기 교육으로 기능하고 있다. 개인의 발달과 사회의 발전을 도모하기 위해 필요한 능력이 문식력이라고 한다면, 어떤 문식력을 선택할 것인가의 문제는 사회의 정의와 발전, 개인의 자아 개발에 도움이 될 수 있을까라는 판단을 전제로 해야 한다. 그런 점에서 논술교육 역시 어떤 유형의 사고와 언어 능력이 사회적 요구와 개인적 발달에 적합한 것인가에 대한 이론적 점검이 필요하다 하겠다. 특히, 논술 개념이 초역사적 실체가 아니고, 시대에 따라 변모되어 왔고, 나라에 따라 다른 모습을 지니고 있는 역사적이고, 문화적 개념이라고 한다면, 논술 교육에서 다룰 문식 능력의 방향에 대한 근원적인 논의는 더욱 중요하다.

논술이 무엇이며, 논술교육의 정체성은 무엇인지에 대해 일반적 정의를 내리기는 힘든 듯하다. '논술'의 실체와 전통성에 강한 의문을 품는 시각도 있는 만큼[2] 논술은 다양한 논의를 거쳐 선택, 구성되어야 할 존재라는 것이 현실적 시각일 수 있다.

다음의 두 진술은 논술에 대한 극단적인 두 견해를 보여준다. 논술은 ①

논술은 쓰기 교육의 내용에 새롭게 되었고, 사범대 교육과정에서도 기본 이수 과목으로도 교과 논술 지도 과목이 편성되고 있다. 논술은 이제 평가 도구를 넘어서 '학습자의 사고력을 높이는 글쓰기 교육의 일환'으로 이미 자리를 굳히고 있다고 해도 과언은 아닐 듯하다.
2) 이병민(2005), "논술고사의 성격 및 타당성 고찰", 국어교육 121호, 한국어교육학회.

'어떤 문제나 쟁점에 대한 논증을 통한 글쓰기'3) 혹은 ② '공적인 글쓰기 행위로서 비판적 사고와 문제 해결적 글쓰기'4)가 그것이다. 전자는 논술을 '논증적 사고 유형 혹은 논증적 글쓰기'로 한정하는 것이고, 후자는 공적 성격의 글쓰기 전반으로 확대하고 있다. 이 두 견해는 논술에 대한 보수적 관점과 개방적 관점의 극단적 모습이라 하겠다. 이 두 극단을 축으로 대부분의 논의는 '논증적 사고'을 중심으로 삼으면서도 다양한 유형의 사고를 종합적으로 고려하는 시도가 큰 흐름을 이루고 있는 것으로 보인다.5) 그 결과, 논증적 사고 외에의 다양한 유형의 사고가 강조되고6) 논술의 다층성과 복합적 요소7)이 중시되기도 하였다.

이런 노력은 사고와 지식이 다변화되는 현대 사회의 특성을 반영하고 있다는 점에서 긍정적이다. 근대에 대한 반성과 함께, 이성적 합리성은 논증적 합리성 뿐 아니라 의사소통적 합리성, 서사적 합리성 등으로 다변화되고 있다. 또 사고력 분야에서도 다중 지능 이론과 함께, 수행적 지식, 실천적 지식, 인격적 지식 등 전통적인 지식을 넘어선, 종합적인 사고력과 문제 해결력이 중시되고 있다. 이는 지식(교과)과 삶, 주체의 관계를 다양한 각도에서 접근하는 것이니만큼 '논술 교육'과 무관할 수 없다고 생각한다. 더군다나 '논술'이

---

3) 박정일(2006), "논술과 토론의 개념", 철학과 현실 69, 철학과 현실사.
4) 김병구(2006), "논술과 작문 교육의 관계 정립을 위한 시론", 「의사소통 교육의 이념과 방향」, 숙명여자대학교 의사소통센터.
5) 대표적인 정의를 살펴보면, 우한용(1997)은 '문제 상황에서 문제를 발견하고, 발견한 문제를 구체화하며 해결하는 과정을 글로 서술하는 언어적 실천 행위'라 하였고, 김영정(2006)은 '비판적 읽기와 창의적 문제 해결하기를 기반으로 한 논리적 글쓰기', 김광수(2006)는 '자율적 판단의 주체로서의 논술자가 주어진 텍스트에 관하여 자신의 세계관, 가치관을 반영하는 견해를 논리적으로 설득력 있게 제시하는 것'이라 지적하였다.
6) 우한용(1997), "논술평가후 기본철학에 대한 고찰", 제3회 중·고등학교 논술경시.
   이성영(1997), "논술능력의 개념과 평가요소", 제3급.
7) 이성영(1997), "논술 능력의 개념과 평가 요소", 제3회 전국 중·고등학생 논술 경시대회 논술 평가에 관한 연구 보고서, 서울대 교육종합 연구원 국어교육연구소.
   원진숙(2007), "논술 개념의 다층성과 대입 통합 교과 논술 시험에 관한 비판적 고찰", 국어교육 122호.

국민 공통 기본 교육에서 다루어지고 있고, 또, 초교과적으로 특정 유형과 사고 양식과 글쓰기 방식을 다룸으로써 정규 교과 수업의 입체화와 활성화에 기여한다고 할 때, 논술에서 다양한 사고 유형을 종합적으로 고려하는 일은 매우 중요한 일이라고 본다.

이 글은 논술을 '여러 유형의 사고를 통하여 문제를 탐구하고 해결하여 다른 사람을 설득하는 글쓰기'로 보고, '내러티브 인식론'의 논의를 빌어 서사 논술교육이란 개념을 바탕으로 논술적 사고력과 논술적 글쓰기 형식을 확장하는 방안으로 생각해 보고자 한다. '내러티브 인식'론은 사고의 다양성을 중시하는 흐름 속에, 논증적 사고의 한계를 극복하고, 사유의 맥락성, 세계관 창조, 문화적 요소 등을 중시하며 대안적 사고력으로 각광을 받고 있다. 이는 앎의 주체성과 구성성을 강조하며, 또 개인적, 인격적 지식을 중시하는 시대적 흐름에도 부합하다. 이런 점에서, 내러티브 인식론은 논술교육이 추구해 왔던 비판적, 창의적, 문제 해결적 사고력 교육의 내용을 풍부하게 채울 수 있을 뿐 아니라, 그 동안 논술교육에서는 소외되어 왔던 일종의 '형태적 이해' 혹은 '서사적 이해'[8]를 논술 능력의 중요한 요소로 포함시켜 사고 유형의 다변화에 도움을 주고자 한다.

물론 필자가 논술 교육에서 내러티브 인식이 전혀 고려되지 않았다고 보는 것은 아니다. 소설을 비롯하여 역사서, 신문, 수필 등의 지문이 논술의 자료로 다양하게 활용되었고, 이 경우, 자연스럽게 내러티브 인식에 바탕을 둔 문제 해결을 유도하기도 하였다. 그러나 논증적 사고에 비해, 내러티브 사고는 엄밀하게 체계화되지 않지 않아 본격적인 논술 교육의 내용으로 정립되지는 않은 상황이다. 따라서 내러티브 인식의 특징과 그 논술 교육적 시사점을 살펴

---

8) 철학적 사유와 문학적 사유, 혹은 이론적 사유와 형상적 사유를 사고력 교육의 중요한 두 축으로 나란히 놓고 있는 사례는 미국교육에서 두드러진다. 대표적인 논의로는 Judith A/ Langer(1995), Envisioning Literature, Teachers College와 Jerome Bruner(1986), Actual minds, Possible Worlds. Cambridge Press.가 있다.

보고, 서사 논술 교육 내용 설계의 방향성을 제안하고자 한다.

2. 내러티브 인식의 논술 교육적 의미

1) 내러티브 인식의 특징

'내러티브'는 인간이 세계와 경험에 의미를 부여하는 인지 도식의 하나이다. 내러티브 도식은 인간 존재에 영향을 미치는 '사건'과 '행위'를 이해 가능한 관계 속에 연결 지음으로써 경험에 형식을 부여한다.[9] 곧 내러티브는 경험의 반영이 아니라 경험 구조화의 형식 그 자체인 것이다. 인간은 내러티브를 매개로 전통을 전수하고, 문화를 기억하며, 학습하여 왔던 것이다.

이 사유는 근대 과학적 지식의 패러다임에서는 배제되어 주변화된 사고 양식이었으나, 21세기 이후, 대안적 사고로 새롭게 부각되고 있다. 내러티브 인식론은 플라톤의 '뮈토스' 개념 이래 줄기찬 흐름을 이어 왔지만, 근대의 거대 담론에 대한 비판과 실증주의, 객관적 지식론에 대한 대안 모색 과정에서 더 강력하게 부각되었다. 논자들의 근대 비판의 방식은 다양하지만, 내러티브를 통해 근대적 인식의 탈맥락적, 추상적 보편성의 한계를 문제 삼았다는 점에는 공통점이 있다.

가령, 부르너는 논리-과학적 사고인 '패러다임적 사고'(paradigmatic mode of thought)와 '내러티브 사고'(narrative mode of thought)를 구분하면서, 전자가 치밀한 분석, 논리적 증명, 타당한 주장, 강력한 이론을 다룸에 비해, 후자는 인간의 의도적 상태에 따른 가변의 세계, 인간의 행위와 문화적 규범과의 연관에 의해 삶의 이야기를 만들어 낸다는 점에 주목하였다.[10] 장-프랑수아 리오타르[11]는 정보화 시대, 거대 담론의 몰락을 지목하고, '이야기적 지식'을 지목하

---

9) Donald E. Polkinghorne. 강현석, 이영효, 최인자 외 역(2009), 『내러티브, 인문과학을 만나다』, 학지사.
10) Bruner J. 강현석·이자현 역(1996), 『교육의 문화』, 교육과학사.

면서 주관적 관심과 의도를 가지고 특정 맥락에서 기능을 수행하는 지식을 강조하였고, 포킹혼(Donald E. Polkinghorne)은 인간의 비전과 의도, 경험을 가장 잘 드러내는 양식으로 인간적 경험을 잘 표현할 수 있다는 점을 중시하였다. 이러한 논의들은 80년대 후반, 인문, 사회과학의 연구 방법론에서의 '서사로의 전환'이란 흐름을 이끌었던 것으로, 내러티브 사유가 실증주의나 형식주의적 방법을 극복하고 인간 경험의 심층적 탐구 방법이 될 수 있음을 공통적으로 지적하고 있다.

또한 내러티브 인식은 포스트 휴머니즘의 전통을 열면서 문화적 제약을 자각하면서도 동시에 스스로 구성 능력을 발휘할 수 있는 새로운 존재상을 구축하고 있다. 한나 아렌트와 맥킨 타이어가 주목하였듯이, 내러티브를 통해 인간은 문화적 전통 속에서 자신의 정체성을 찾아 나갈 수 있어 근대의 개인적 의식 주체의 한계를 넘어섬과 동시에 탈근대적 상대주의 파편적 자아 역시 극복할 수 있다. 이러한 모색 과정에서 부각되었던 내러티브 인식의 특징을 파악하고 논술 교육과 연관지어 생각하도록 하겠다.

첫째, 내러티브적 앎은 인간의 행위와 의도, 인간의 문제와 상태 등 '인간적 경험'을 다룰 수 있다. 세계 인식의 방법을 과학적 사고와 내러티브적 사고, 혹은 설명과 이해로 나눈다고 할 때, 전자는 물리적인 사물(physical thing)을 다루기 위한 것이라면, 후자는 인간적 문제와 상태를 다룬다. 시간성에 기초한 인간적 경험은 내러티브 형식을 통하여서만이 표현될 수 있다. 그래서 부르너는 다음과 같이 말한다. "독가스와 고성능 대포는 입증 가능한 과학의 산물이지만, 그것을 사용하고자 하는 충동은, 우리가 스스로 그것을 이야기하고자 하는 스토리 본능으로부터 자란다"고 말이다.

내러티브를 통해 인식 주체는 대상을 인간의 행위와 의도의 장과 연관지어 사고할 수 있다. 인식 대상과 주체가 분리되는 것이 아니라 행위하고 계획하

---

11) Jean-Francois Lytard.(1979), 이현복 역, 『포스트모던적 조건』, 서광시.

면서, 역사를 이해하고 나아가 과제를 인식하고 해결할 수 있는 존재가 되는 것이다. 허구적 서사가 서사 '형식'의 창조를 통해 현실 경험에 대한 대안적 가능성을 노출하였다면, 자전적 서사는 자아에 통일성을 부여하여 자아를 개혁해 왔다. 이 대목에서 서사적 사고는 단지, '마음을 풍요롭게 하는' 고급 교양 차원을 넘어선다.[12] 그것은 인류가 세계 속에서 자신의 위치와 입장을 가지고 자신을 증명하며, 바로 역사적 존재로서 새로운 문화 창조의 가능성을 살아 내기 위한 '인간의 조건'이기 때문이다.

이런 점에서 내러티브는 교육에서의 앎의 성격 자체를 바꿀 수 있다. 곧, 내러티브를 통해, 우리는 개별 교과에서 배웠던 이론적 지식들을, 인간적 행위와 경험과 같은 '삶'의 전체적 연관으로 재맥락화 시킬 수 있다. 가령, '문학'에 대해 학습한 '명제적 지식'을, '나의 문학 이야기' 혹은 '우리 사회의 문학 이야기'로 내러티브화한다면, 문학이 우리 삶에 무엇이고 우리는 무엇을 할 수 있는가의 삶의 문제로 확장할 수 있다.

둘째, 내러티브 인식은 일종의 '형태적 이해'로, '전체화된 판단' 속에서 경험의 심층적 의미를 이해한다. 인간이 세계를 이해하는 방식에, 이론적, 범주적, 형태적 이해가 있다고 할 때, 내러티브는 일종의 형태적 이해라 할 수 있다. 이는 개념이나 이론적 범주가 아니라 "다양한 정보 더미의 전체를 판단하여 '함께' 보는 과정을 통해 모든 사실을 이해하는 일종의 개요적 판단(synoptic judgment)의 성격을 띤다.[13] 자료들은 다양한 조합 가능성 속에서 일종의 플롯 만들기의 형상화 활동의 양상을 띤다. 이를 통해 내러티브는 쉽게 표현할 수 없는 모호함과 애매함, 아이러니로 경험의 중층적 의미를 표현해 낸다.

이러한 형태적 이해는 이미 많은 직업군에의 직업적 문식력으로 인정되고 있다. 좋은 이야기를 만들 수 있는 능력은 소설가만이 아니라, 변호사, 의사,

---

12) J. Bruner 강현석 · 김경수 역(2002), 「이야기 만들기」, 교육과학사.
13) 우한용(1997), "논술 평가의 기본 철학에 대한 고찰", 제 3회 전국 중 · 고등학생 논술 경시 대회 논술 평가에 관한 연구 보고서, 서울대 교육종합 연구원 국어교육연구소.

상담가, 역사가, 교사, 저널리스트, 역사 연구자 등에게 모두 해당된다. 이들이 주어진 상황에서 문제를 해결하는 과정은 이론적 설명이 아니라 내러티브적 이해라 할 수 있다. 논술이 교육이 국민 공통의 기본 교육으로 이해된다면, 내러티브적 이해의 효용이 인정될 필요가 있다.

셋째, 내러티브 인식은 '보편적 특수성'(generic particularity)으로, 특수성과 보편성의 인식을 매개한다. 내러티브는 분명, 특정의 맥락 속에서 일어난 경험의 특수한 의미를 다루지만, 이것은 다시 '받아들일 수 있음'의 개연성 속에서 설득력을 발휘한다. 내러티브는 초국가적, 초문화적 보편 도식을 지니면서도, 동시에 특정의 시공간적 상황에 따라 재구성, 변형되는 것이다. 예로부터 내러티브는 새롭게, 낯선 특별한 것을 기존의 공통감과 연계해 주는 형식이었다. 세상의 혼란에 질서를 부여하는 신화가 그러하였고, 공동체가 공유하는 가치와 신념을 전승하여 유대감을 주는 민담이 그러하였다. 개인의 개별적 이야기가 개연성을 얻을 수 있는 것 역시, 공동체의 공통감에 기반한 이야기 속에 가능할 때이다. 바로 이 때문에 내러티브는 '논증적 합리성'과는 다른 방식의 합리성과 소통 가능성을 제공하는 것으로 평가받고 있다. 논증적 합리성이 초맥락적 보편성에 근거하고 있는 반면, 서사적 합리성은 '상위의 가치'에 대한 공동체 구성원의 공통감에 따른 개연성에 근거한다.

이러한 내러티브적 앎은, 논술에서 추구하는 논증적 합리성을 서사적 합리성에 기초하여 확장할 수 있는 가능성을 제공하고 있다. 이 합리성은 서사의 통일성, 충실성, 적절성[14]으로 발휘되며, '진/위' 문제가 아니라 '받아들여질 수 있음'의 개연성 속에서 존재한다. 피셔 Fisher,에 의한다면, 사람들은 자신이 들은 이야기를 판단할 수 있는 합리적인 능력을 지니고 있으며, 내러티브의 충실성이나 통일성이 완성된다면 충분히 합의가 가능하다고 하였다. 이는 합리성이 엘리트적 사유 훈련에 의해서가 아니라 인간 보편의 인지적 토대에

---

14) Walter R. Fisher, 1987.

서 가능하다는 점을 밝힌 것으로, 내러티브 인식의 민주적 토대를 드러낸다. 논술이 '논리'를 넘어 '설득'을 문제 삼는다면, 그 설득의 원리는 '서사적 합리성'으로 설명될 수 있을 것이다.

넷째, 내러티브 인식은 주체의 의도와 관심, 정체성을 투사한다. 서사는 주체의 의도와 관심에 따라 본질적 사건성을 선택, 배열하며, 가치 평가한 것이기에 세계관을 만들어 나갈 수 있는 대표적인 형식이다. 이 때 드러나는 주체는 찬/반 양론과 같은 획일적인 담론 위치가 아니다. 그는 '행위자'의 시각으로 능동적인 행위에 대해 서술함으로써 자신이 누구인가 하는 세계관과 가치관을 드러낸다. 내러티브적 앎에서 주체는 보편 타당성을 가진 존재가 아니다. 오히려 그는 자신의 사회 문화적 위치를 드러내고 그 속에서 충실하다. 이 때 인식의 주관성은 당연한 것이며 그 주관성은 다양한 집단이 자신의 목소리를 제시하는 윤리적 장이 될 수 있도록 한다. 인류 문화에서 서사성을 회복하는 일은, 주체가 세계에 대한 능동적인 행위자로서의 존재성을 드높이는 일이었다.

현대를 흔히 단편적 정보와 파편화된 경험, 추상화된 지식의 시대라고 한다. 이러한 시대, '이야기를 만드는 주체'의 의미는 각별하다. 그는 의미 생성의 주체이자, 전통에 기반한 정체성으로 자신의 행위를 실현해 나가는 존재이기 때문이다.

2) 내러티브 인식의 논술 교육적 의미

이러한 내러티브 인식의 특징은 기존 논술 교육의 문제점을 해결할 수 있을 뿐 아니라 대안적 가능성을 모색하도록 할 수 있다. 그 의의를 몇 가지 들어 보면 다음과 같다.

먼저, 내러티브 인식은 '실천적 지혜'를 논술의 주요 대상으로 특화하여 이른바 경험 논술의 구체적 가능성을 보여준다. 실천적 지혜(phronesis)는 '인간에서 좋은 것과 나쁜 것이 무엇인지 잘 알고, 참된 이치에 따라 행동할 수 있는 상태' 혹은 '인간적인 선을 실천하는 데 있어서 참된 이치에 따라 행동할 수 있는 상태'를 의미한다. 학문적 인식의 대상이 논리적 증명으로 인정되는 불변의 진리와 관계한다면, 실천적 지혜는 상황 맥락 속에서 가변적인 가치 있는 행위를 다룬다. 내러티브는 특정 상황 맥락에서의 인간 행위를 재현함으로써 실천적 지혜와 경험을 그린다.15) '실천적 지혜' 중심의 논술은, 특정의 상황 속에서 가치 있는 '행위' '경험'의 문제에 대해 이해하고, 판단하고, 해결적 대안을 제시하는 형태라 하겠다.

이는 화이트 헤드가 말한 이른바 '무기력한 지식'의 한계를 넘어 이른바 '잘 사는(well being)인간을 형성하기 위한, '유용한 지식' 형성에 크게 기여할 수 있다. 화이트헤드는 "활용되거나 검증되거나 새롭게 조합됨이 없이 단순히 마음에 받아들여진 관념들"을 무기력한 관념이라고 하면서, 객관적으로만 존재할 뿐, 자신의 삶이나 현실의 문제 해결과 전혀 연관 짓지 못하는 관념, 또 자신의 삶에 어떤 의미도 주지 못하는 관념을 비판하였다. 그리고는 무기력한 관념에서 벗어나기 위해서는 "그 관념을 우리 삶의 일련의 사건들의 흐름에 관련시키는 것, 다시 말해서 그 관념을 지각, 감정, 희망, 욕구로 이루어지는 삶의 흐름에, 그리고 삶 속에서 나타나는 사고들을 짜 맞추는 정신 활동으로 삶의 흐름에 관련시키는 것"16)이 필요함을 역설하였다. 이 '유용한 지식'의 활성화는 바로, 내러티브 인식에 의해 가능하다. 내러티브는 교과 지식을 자신의 경험이나 삶의 맥락에 이야기화 함으로써 구체적 경험에 바탕을 둔 실천적 판단을 가능케 하기 때문이다.

또한 학습자의 세계관과 정체성 형성을 중시하는 논술교육을 할 수 있다. 현행 논술에서 '나'란 엄밀하게 말해, 보편적 이성의 주체이다. 때문에 학습자들은 자신의 세계관, 자기가 부여한 의미를 정직하게 드러내기보다는 '논리가 되는 것', '그럴 듯한 것'의 차원에서 크게 벗어나지 못한다. 논리적 설득력도

---

15) Paul Ricoeur, 김한식 · 이경래 역(1999), 『시간과 이야기 1』, 문학과지성사.
16) 홍은숙(1999), 『지식과 교육』, 교육과학사.

중요하지만, 논술교육은 일차적으로는 학습자가 개별 교과목에서 얻은 지식이 자신의 삶, 그리고 자신을 둘러싼 공동체의 현실과 연관짓는 의미 부여의 기회가 되어야 한다. 객관적 지식을 자신의 세계관으로 엮어내는 교육이 우선시되어야 한다는 것이다.

사실, 논술은 자신의 의견을 제시하는 글이지만 현재의 논술 제도는 이 목표를 충실히 수행하고 있는지에는 의문이 된다. 논술은 자신의 시각을 드러내는 일보다는 출제자의 의도와 지문에 대한 분석적 독해가 중요시되고 있고 있기 때문이다.[17] 논리적 정합성이 목소리의 진정성을 압도하는 양상인 것이다. 학습자들은 당연히 자신의 목소리, 곧 가치관과 정체성을 드러내는 일에는 소홀 할 수밖에 없다.[18] 글쓰는 자신은 특정의 '입장'이나 '관점'이라는 담론 위치로 표현될 뿐이고 자신의 가치관이나 정체성을 노출하지 않도록 조심하는 것이다. 이 때 글의 논리는 삶의 논리나 자신의 경험의 의미와 소통되지 않는다. 이렇게 된다면, 논술의 본래 취지인 스스로 생각할 줄 아는 자기 주도적인 사고의 문화는 찾아보기 힘들어진다. 내러티브 인식은 서사 문제를 스스로 설정하고, 무엇을 어떻게 할 수 있는지에 대한 행위의 서술을 통해 논술자의 자기 목소리를 강화할 수 있을 것으로 본다.

이를 위해서는 글쓰기 주체의 목소리를 드러낼 수 있도록 다양한 사고와 서사적 표현을 허용할 필요가 있다. 사고 양식의 개방은 사고 표현의 다양화에 의해 가능하다. 개인적 지식이나 경험 그리고 이에 바탕을 두는 에세이의 전통이 취약한 우리나라의 문화 풍토에서 '나'의 경험과 이야기 형태로 제시하는 것은 다소 어려운 일이 될 수 있다. '실천지'나 '행위'에 대한 인식은, '내러티브 양식'이 아니고는 표현하기 힘들다는 점에서 자신의 목소리를 표현하기

---

17) 김중신(2007), "국어교육과 통합교과논술의 향방", 국어교육학회 36집 발표대회.
18) 한금윤(2006), "의사소통 활동으로서 논술교육의 방향 연구", 현대문학의 연구32, 한국문학연구학회.
　　원진숙(2007), "논술 개념의 다층성과 대입 통합 교과 논술 시험에 관한 비판적 고찰", 국어교육 122호.

위해서는 서사적 표현'을 허용하는 일이 중요할 것이다.

그러나 내러티브 사유의 한계 역시 참조해야 할 것이다. 내러티브는 논리적 객관성보다는, 상황적 정합성이나 실용적 유용성을 지니기 때문에 객관적 보편타당성은 부족한 편이다. 물론 개연성이나 공동체 구성원들이 공유할 수 있는 사회 문화적 적합성 형태의 설득력이 있긴 하지만 이것이 평가 장면에서 타당도나 신뢰도를 확보할 수 있으려면 많은 논의와 시간이 걸려야 하는 것도 사실이다. 이런 점에서 논술이 서사적 사고만으로 이루어질 수 있다고 생각하지는 않는다. 분명, 논증 과학적 사고와 서사적 사고의 균형은 소중하고, 또 논술을 풍요롭게 할 것이다. 그러나 각 사고의 정체성을 인정하는 가운데 상호보완적으로 이루어져야 한다는 점 역시, 놓쳐서는 안 된다.[19)]

3. '내러티브 사고'에 기반한 서사 논술교육의 가능성과 방향성

1) '서사 논술'의 가능성

그렇다면 이젠, 내러티브 인식에 기반한 논술 교육을 '서사 논술'(narrative essay) 개념으로 설정하고, 그 가능성을 점검하도록 하겠다. 이 글에서 제안하는 '서사 논술'은 내러티브적 사고를 바탕으로 문제를 발견하고 해결하는 논술 유형으로서, 서사문을 제재로 사용하거나 서사문 쓰기 형태로 문제 해결력을 중시하는 논술을 의미한다. 이미 서사학에서 서사는 특정의 텍스트 유형이라기보다는 경험을 의미화하는 기본적인 도식이라 보고 있으며, 소설, 민담, 영화와 같은 예술적 서사 외에도 관찰 기록문, 신문 기사문, 법정 판정문, 설명적 서사문 등의 다양한 텍스트를 포함하고 있는 추세이다. 이렇게 서사를 확장된

---

19) 실제로 과학적 설명은 서사적 해석을 수반하며, 내러티브 해석 역시 과학적 설명을 수반한다. '물은 0도에서 언다'의 과학적 설명과 '물을 넣지 않자 방에서 물이 얼었다.'는 서사적 해석은 상호 연관되어 있는 것이다. 논증'을 통해 체계적이고 객관적인 사유를 해 나갈 수 있음과 동시에 '서사'를 통해 사회 문화 맥락적이고 실천적으로 사유할 수 있다.

개념으로 보면, 이미 서사 논술은 기존의 논술 형식에서도 쉽게 찾아 볼 수 있다. 다음 세 가지 논술 과제를 살펴보자.

1) 다음 글은 어느 소설의 한 장면을 옮겨 놓은 것이다. 이 글은 '복서'의 죽음을 둘러싼 이야기를 통해 인간 사회에서 일어날 수 있는 여러 가지 문제들을 암시하고 있다. 어떤 문제들이 이 글에 암시되어 있는지 글의 내용에 근거하여 밝히고 '복서'의 죽음에 대해 어떻게 생각하는지 각자의 견해를 논술하라. (오웰의 「동물농장」)(서울대 '98)

2) "진정한 사랑은 모든 장애를 극복할 수 있다" 여러분의 개인적 경험이나 있었던 사건, 역사, 문학 또는 다른 영역에서 하나의 사례를 선택하시오. 그리고 이러한 사례를 이용하여 위의 주장에 동의하는지 동의하지 않는지 에세이를 쓰시오. 여러분의 에세이는 구체적이어야 합니다. (미국 SAT) 20)

3) 섣달 그믐밤의 서글픔, 그 까닭은 무엇인가. (1616년 광해군 8년 증광회시) 가면 반드시 돌아오니 해이고, 밝으면 반드시 어두워지니 밤이로다. 그런데 섣달 그믐밤에 꼭 밤을 새는 까닭은 무엇인가? 또한 소반에 산초를 담아 약주와 안주와 함께 웃어른께 올리고 꽃을 바치는 풍습과 폭죽을 터뜨려 귀신을 쫓아내는 풍습은 섣달 그믐밤에 밤샘하는 것과 무슨 관련이 있는가? (후략) 김태인 (2004), 『책문시대의 물음에 답하라』, 소나무.

이 세 지문은 모두, 인간의 행위(사건)나 행위가 전제된 감정의 의미에 대해 질문하고 있다. 1)은 소설 지문에서 '죽음'의 의미를 해석하고 자신이 실천적 지혜를 동원하여 판단해야 하고, 2)는 '사랑'의 '행위'를 판단하고 평가하도록 하되, 이론적 범주가 아니라 자신의 직 간접의 경험적 사례로 주장하도록 하고 있고 3)은 섣달 그믐밤의 심회와 연관지어 풍속 등에 대해 판단할 것을 요구하고 있다. 이들은 인간의 실천지와 관련되어 있고, 행위에 대한 해석, 비판, 판단을 유도하고 있다는 점에서 내러티브 인식을 동원해야 하는 과제들이다.

---

20) 이병민(2005), "논술 고사의 성격 및 타당성 고찰, 국어교육 121호, 한국어교육학회.

문제는 이러한 서사 논술이 실제 교육 현장의 입장에서 보면, 자칫 무엇을 어떻게 교육해야 하는지에 대해 명료한 답을 주지 못한, 다소 막연한 과제가 될 수 있다는 점이다. 이러한 우려는 너무나 당연하기조차 한데 그 이유는 형식 논리에 기반한 논증적 사유에 비해, 비형식적 논리라 할 수 있는 내러티브적 사유가 아직 본격적으로 체계화되어 있지 않았기 때문이다. 어떤 작가가 대단히 뛰어난 소설 작품을 썼다면, 그의 내러티브적 사유는 기존 전혀 다른 방식의 새로운 길을 개척한 경우라 하겠다. 이런 점에서 내러티브적 사유를 체계화하여 교육하기란 대단히 어려운 측면이 있다. 그러나 내러티브 사고의 과정에 대한 포괄적 방향성은 잡을 수 있으므로, 내러티브 전략의 교육이라는 관점에서 살피기로 한다.

2) 서사논술을 위한 내러티브 전략 교육

내러티브 인식에 바탕을 둔 논술 교육에서 중점을 두어야 하는 것은 '내러티브 전략'이다. 내러티브 능력은 크게 훈련을 받지 않아도 생득적으로 형성되는 것으로 알려져 왔지만, 정교하고, 민감하며 좋은 감각은 교육으로 길러져야 하는 것이다. '내러티브 전략'(narrative artifice)은 내러티브를 전개해 나가는 솜씨로[21] 그 전략의 정교화는 내러티브 사고의 충실성과 일관성, 적절성 등의 서사적 합리성을 이끌어 나가는 요소가 될 수 있다. 동일한 사건을 이야기한다고 하더라도, 얼마나 다양한 요소들을 연관짓고 있는가에 따라 그 이해의 깊이가 다를 것이기 때문이다.

그러나 합리적 논증의 방법에 비해 이 전략은 체계화되어 있지 않을 뿐 아니라 너무나 다양하다. 이에 소설 비평론이나 서사론이 개발한 내러티브 전략을 체계화해야 하는 과제가 남는다. 이를 해결하기 위해 먼저, 논술에 요구되는 사고 과정을 크게 심층 이해 및 비판, 문제 발견과 해결로 나누고,

---

21) J. Bruner, 강현석 외 역(2002), 「이야기 만들기」, 교육과학사.

각 과정에서 내러티브 사고가 어떻게 기능할 수 있는지, 또 이를 위해서 가르쳐야 할 구체적 전략은 무엇인지 기술하도록 하겠다. 구체적으로는 '경험의 총체적 해석을 위한 서사 전략', '맥락 비판의 서사 전략', '문제 탐구와 해결을 위한 서사 전략'으로 구조화하고, 이 영역에 속하는 각 분야에서 다룰 전략의 교육 내용을 제시하도록 하겠다.

① 경험(행위)의 총체적 해석을 위한 내러티브 전략

내러티브 인식을 유도하는 논술은, 행위와 사건을 비롯한 인간 경험을 주된 대상으로 삼는다. 이 때, 기존 행위와 사건의 의미를 심층적으로 해석하는 과정은 자기 의견을 구성하고 이야기를 만드는 토대가 된다. 여기에는 경험을 총체적으로, 특히, 인간 '행위'의 관점에서 심층적으로 추론할 수 있는 내러티브 전략이 요청된다. 사실, 경험에 대한 이해는 일상생활에서도 많이 쓰이고 있으며 특별한 추론 형식을 밟아 나가지 않고 인식 주체의 성찰에 바탕을 두는 '비형식적 추론'의 하나이기에 논술 교육을 위해서는 서사 전략을 체계화하고, 구체화할 필요가 있다. 서사 시학이나 문화 비판론에서 가다듬어 왔던 전략을 논술교육 차원에서 재구성할 필요가 있겠는데, 특히, 경험에 대한 '총체적 해석'은 서사 논술교육에서 가장 중요시되어야 할 항목이라 할 수 있겠다.

경험의 '총체적 해석' 전략은 인간의 행위와 사건과 연관되어 있는 서사의 다른 요소들을 종합적으로 고려하는 전략이다. 그것은 '이해 가능한 전체상'을 그리면서 '전체적으로 판단하여' 다양한 요소들을 해석적으로 구성하는 일이라 할 수 있다. 이들 다양한 요소들을 '전체로 고려하는 판단'하는 일은, 독자 자신도 일종의 플롯 만들기와 같은 형태적 구성을 하는 것이며, 이로써 경험의 심층 의미를 파악하게 된다. 존재와 당위, 사실과 가치, 욕망과 이념 등의 다양한 층위의 의미를 구성할 수 있다.

리꾀르가 제시한 '행위의 의미망'을 빌어 보자면, 행위자, 행위, 도구, 관계,

장애, 갈등, 상황 등이 있다. 행위자는, 행위를 동기화하고 있는 의도와 희망, 믿음, 욕망, 신념, 그의 목적과 이를 달성하기 위한 도구를, 또 행위 과정은 다른 인물들과의 관계, 갈등과 장애, 사건의 전환점 등을, 맥락은 세계의 사회적, 물질적, 경제적, 관념적 맥락을 종합적으로 고려할 수 있다. 게다가 서사는 주인공만 있는 것이 아니라, 인물들 각자의 앎, 믿음, 희망, 욕망 등이 다양한 가능세계들을 구축하고 있어, 이들을 연관지어 파악함으로써만이 경험의 심층 의미에 도달할 수 있다.

서사는 논증적 글과 달리, 다양한 시점, 다양한 세계, 회상과 예기의 다양한 시간대를 동시에 고려한다는 점에서 일반 가설로 환원할 수 없는 경험에 대한 두꺼운 이해를 만들어 낸다. 이를 전체적으로 고려하는 총체적 해석이 있어야, 비판, 문제 설정과 해결에서의 깊이를 얻을 수 있다. 예컨대, '원자력'의 과학적 설명과 달리, '원자력에 대한 이야기'는 그것을 "사람들의 문제와 상태"와 연관 짓는다. 곧, 사람들은 원자력을 어떤 의도, 희망, 욕망을 가지고 사용하고자 하였는가? 그 과정에서 어떤 문제가 발생하였는가? 원자력과 관련하여 인간은 무엇을 할 수 있으며, 그 과정에서 조력자와 방해자는 무엇이며 예상되는 갈등과 문제는 무엇인가?, 각각 다른 입장의 인물들은 어떤 역할을 하고 있는가? 과거에 있던 사건과 행위는 무엇이었고, 현재는 무엇이 있으며, 미래에는 무엇이 가능한가 등이 이야기 속에서는 재현되며, 이러한 연관을 통해, 원자력과 연관된 인간 경험을 총체적으로 해석할 수 있다.

논의의 구체성을 위해 논술교육 장면을 떠 올려 보도록 하겠다. 먼저, 학습자가 생각할 필요가 있는, 교육적으로 의미 있는 경험을 담은 서사문을 자료로 삼을 수 있다. 소설, 우화, 민담, 광고, 신문 기사, 역사서, 재판 일지, 전기문, 학습 일지, 만화 등이 모두 쓰일 수 있는데, 가급적 학습자들이 교과 지식으로 배운 개념, 이론들을 실제 삶의 경험으로 연관지을 수 있는 텍스트가 좋을 것이다. 동일 경험이나 모티프를 다루고 있는 경쟁적 서사들을 제시하는 것도 의미가 있다. 이 서사문을 해석하는 과정에서, 학습자는 지식, 개념, 이론들이 인간의 어떤 행위, 어떤 경험과 연관되고 있는지를 총체적으로 해석함으로써, 그 경험에 대한 기존의 이야기를 살필 수 있다. 교사는 서사 해석 전략을 교육함으로써, 그 경험을 총체적으로 해석할 수 있도록 하며, 텍스트에 나온 이야기 뿐 아니라 생략되어 있는 잠재적인 이야기들까지 논의할 수 있다.

② 맥락 비판을 위한 내러티브 전략

다음, 서사문에 제시된 의미가 어떤 의도, 어떤 주체의 관점을 내장하고 있는지에 대한 맥락 비판이 필요하다. 서사에 재현된 행위는, 이미 상징적으로 해석된 것이기에 그 해석의 관점을 문제삼지 않고서는 다시 이야기하기, 재상징화가 불가능하다. 행위를 재현하고 있는 서사가 어떤 의도를 지니고 어떤 기능을 수행하는지에 대한 수사적 질문은, 그 서사가 전체 담론에서 어떠한 사회 문화적 위치를 차지하고 있는지를 비판적으로 파악할 수 있도록 한다. 이는 학습자가 자신의 관점을 세우기 위한 전단계로서 의미가 있으며, 동시에 자신의 관점이 어떠한 사회 문화적 위치에 속하고 있는지를 파악할 수 있도록 돕는 것이기도 하다.

어떤 유형의 '서사'인지를 이해하는 것 자체가 이미, 대상을 비판적으로 이해하는 강력한 도구이다. 어떤 주장, 사안, 경험에 드러나 있는 서사 도식을 드러내는 것만으로도 비판적 인식을 할 수 있다. 희망, 기억, 설계, 계획, 분노, 기쁨, 사랑 등 제반 경험의 기저에 있는 서사 도식을 분석함으로써, 그 경험은 더 이상 자명하지도 자연스럽지 않게 되기 때문이다. '서사'로 구성된 것임을 파악하였을 때, 그 경험/지식은 특정의 가치를 두둔하며, 특정의 입장과 관심의 토대위에 서 있는 사회적 상징으로 이해할 수 있는 것이다.

이 때, 플롯, 초점화 등의 형식 개념은 텍스트의 맥락을 이해하고 비판하는데 중요한 도구가 된다. '플롯'의 비판적 기능은 이미 여러 논자들의 연구 결과를 통해 증명된 바 있다. 화이트는 객관적 서술이라고 알고 있는 역사 서술도 실은 특정 유형의 플롯에 의해 구축된 것이며, 여기에는 특정의 가치관과 문화가 전제되어 있음을 보여주었다. 부르너도 개인의 자전적 이야기에 숨겨져 있는 서사의 플롯을 밝힘으로써 자아관과 서사 형식과의 유관성을 밝힌 바 있다. 플롯의 인과 관계 구성은 타당한가? 처음과 중간과 끝의 변화 과정의 논리가 왜 그렇게 짜여 있는가? 중핵과 위성으로 나뉜 사건의 위계는 타당한가? 어떠한 이유로 그런 위계가 만들어졌는가? 이처럼 서사의 플롯을 분석함으로써, 그 지식이 어떤 시각으로 평가되고 있으며, 어떤 욕망과 이데올로기를 전제하고 있는지를 해석할 수 있다.

또, 누구의 시선이 중심이 되고 있는가 하는 초점화 역시 중요한 비판의 도구이다. 그 서사는 어떤 시각이 주도적으로 드러나며, 어떤 시각이 주변화되는가? 그 중심과 주변의 시각을 바꿀 수는 없는가? 또 누락되거나 목소리를 거의 갖지 못하고 있는 존재는 누구인가? 신뢰성을 부여받고 있는 존재는 누구이며, 반대로 신뢰받지 못하는 존재는 누구인가? 등이 그것이다. 이러한 비판은 텍스트 자체를 넘어서 거시적인 담론의 장을 그림으로써 가능하다. 이때 비판은 서사 텍스트 자체를 넘어서, 지배적인 문화를 읽는 것으로까지 나아갈 수 있다. 따라서 이 비판적 사고는 텍스트 읽기 능력을 넘어서 세계와 문화를 비판할 수 있는 비판적 문식력으로까지 확장된다.

구체적인 교육 장면으로 설명해 본다. 이 단계는 앞에서 해석했던 서사문을 텍스트 외부로 펼쳐 비판하는 단계이다. 기존의 이야기가 누구의 관점에서, 어떤 기능을 수행하는지를 분석할 수 있다. 이 때, 그러한 서사를 통해 우리 사회의 전체적인 사회 문화적 구도까지 파악하는 일은 이후, 자신의 정체성을 어떤 사회 문화적 위치에서 파악하느냐와 관련된 중요한 문제이다.

③ 문제 탐구와 해결의 내러티브 전략

해석과 비판에 이어, 문제 설정과 해결의 단계이다. '문제'는 일반적으로 아직 해결되지 않거나 확실하게 밝혀지지 않은 사실을 말한다. 서사의 문제는 공동체가 공유하고 있는 정전성이 위반된 사건, 뜻밖의 기대치 못한 상황, 불균형에서 발생한다. 모든 서사는 해결되지 않은, 혹은 인지적 부조화를 이루고 있는 '놀라운 사실'을 문제거리로 삼고 이를 풀어나간다.

사실, 모든 사고가 문제의 발견과 해결로 이루어진다고 할 수 있지만, 논증적이고, 논리적으로 정합적인 명제의 형식보다는 신화, 현대소설을 통해 드러난 문제가 보다 풍부하다. 서사의 문제는 아이러니와 애매함 등의 형식을 통해 경험에 존재하는 딜레마와 혼돈, 미묘한 뉘앙스를 아우르고 있기 때문이다. 좋은 서사일수록 새로운 문제거리를 던진다. 서사가 세계 변화에 기여할 수 있는 것은 바로 이 때문이다. 서사의 문제는 궁극적으로는 '행복한 삶'이란 무엇인가?, '좋은 지식은 무엇인가?', '훌륭한 인간이란 무엇인가?'와 같은 가치적 해석의 문제에 기반하지만, 이 해석은 기존의 공준된 가치로부터 의미론적인 혁신을 꾀한다.

그런데 어떤 서사 텍스트에서 읽을 수 있는 '문제'는 확정되어 있지도, 단일하지도 않다. 독자의 관점, 해석에 따라 각기 다른 문제로 나타날 수 있기 때문이다. 서사의 문제 설정은 찬/반 양론과 같은 이분법이 아니라, 다양한 문화적 위치에 따라 다양한 방식으로 설정할 수 있다. 다른 식으로 말한다면, 무엇을 문제로 끄집어내느냐 자체가 그 사람의 관심과 문화적 정체성을 보여주는 것이다. 고전적 명성을 띠고 있는 서사에 대한 해석의 역사들에서도 이는 금새 알아차릴 수 있다. 이런 점에서 서사의 문제 설정은 '탐구'의 성격을 띤다. 탐구란 독특하고 고유한 상황에 의해 이끌어지는 것이다. 설명되기보다는 파악되는 것이고 존재하지 않는 의미를 탐색하는 것이다. 따라서 그 사고는 정해진 것의 발견이 아니라 스스로 '탐구'하는 특성을 띤다는 것이다.

그러나 학습자가 의미있는 '문제거리'를 탐구할 수 있도록 하기 위해서는 문제 탐구의 전략이 교육될 필요가 있다. 공동체의 공통감에도 가치가 있고, 의미있는 문제를 던지느냐 그렇지 않느냐 하는 것은 분명 구별되기 때문이다. 서사적 문제의 속성을 고려할 때, 두 가지 방법이 가능한데, 첫째는, 서사를 이루는 행위자, 행위, 장면, 목적, 장비 등 제반적 요소들의 '불균형'에서 발생함을 자각하고, 이를 정교하게 파악할 수 있도록 하는 것이다. 서사의 역사를 보면 그 내용은 다양하게 드러난다. 설화가 인물과 운명의 부조화, 인물의 성격과 행위의 불일치를 다룬다면, 현대소설은 근대적 경험에 따라 인물과 환경의 부조화, 또 인물과 인물의 갈등, 인물 내적 부조화, 의도와 결과의 부조화를 다룬다. 또, 서사의 유형에 따라서도 이 불균형의 요소들은 달라진다. 희극의 서사가 인물의 외면과 내면, 능력과 의도 사이의 부조화를 다룬다면, 비극의 서사는 인물과 운명의 부조화를 다룬다. 이들 부조화, 불균형은 단지 서사 장르의 텍스트 유형에 속하는 것이 아니라, 인간의 행위가 구축하는 경험의 문제이기도 하다. 따라서 '총체적 해석'의 제반 요소들 가운데, 불일치, 부조리한 요소들을 찾는 일은 서사적 문제를 탐구하는 전략이 된다. 다음, 서사적 문제는 우리 사회의 정전적인 가치와 의미, 이념에 대한 위반으로부터 성립하는 것이기에, 기존의 신념, 이념을 다양한 관점에서 성찰하는 방법도 전략이 될 수 있다. 정전성에 대한 해석을 통해 서사에서 새로운 문제성을 도출할 수 있다는 것이다.

다음은 이 문제에 대해 설득력 있는 해결을 제시하는 단계이다. 자신의 관점에서 해당 문제를 해결하는 활동은, 서사로 말하자면 다시 이야기하기라고 할 수 있다. 이 문제 해결은 불일치와 불균형으로 존재한, 서사적 문제에 평형을 회복하는 일이라고도 할 수 있다. 가추법의 논리로 말하자면, 서사적 문제가 '놀라운 사실'에 해당된다면, 서사적 해결은 그 놀라운 사실에 개연성 있는 설명을 부여하는 것이다. 이 설명은 서사적 줄거리 구성, 곧, 문제적 상황에 어떻게 대응하고 행위할 수 있느냐를 통해 자아의 정체성을 만들어가는 과정이기도 하다. 이 과정은 서사 텍스트에 제시된 이야기를 자신의 입장에서 새로운 상황으로 다시 이야기하는 것이라 할 수 있겠다. 이를 통해 학습자는 의미론적 혁신을 수행하고, 행위하는 존재로서의 자기 역할을 인식하여 자아 정체성을 형성할 수 있다.

4. 결론: '이야기 만드는 주체'를 기르는 논술교육

이제까지 내러티브 인식을 통한 논술교육의 가능성을 살펴보았다. 현대인들은 많은 이야기 속에 살고 있지만 정작 자신의 이야기로 살고 있는가에 대해서는 회의적이다. 인간은 내러티브를 통해 세계와 자아를 이해하고, 창조해 왔다. 초교과적 사고력 교육이자 글쓰기 교육인 논술교육은, 이 내러티브적 사고를 통해 보다 풍부하고 다양한 교육 내용을 확보할 수 있다고 보았다. 논술은 곧 세계와 자아를 정연한 이야기로 엮어내는 일이다. 논증적 사고의 틀로만 제한할 경우, 학습자 자신의 자기 주도적인 사고나 창의적 문제 해결, 자기 비전 등의 형성에 제한적이다.

내러티브적 인식은 소설교육과 같은 특정 교과에 국한되지 않는다. 인간의 경험을 이해하고 자신의 정체성을 모색하며 맥락 속에서 자신의 위치를 파악하는 일의 중요성을 부정할 수 없다고 한다면, 논술교육에서의 내러티브 사고 교육 역시 중시되어야 한다. 이를 위해 이 글에서는 '경험의 총체적 해석 전략 - '맥락 비판의 전략' - '문제 설정과 해결의 전략'으로 나누어 살펴보았다. 내러티브 사고는 인간이 태어날 때부터 지니고 태어나는 것이지만 교육되어야 하는 것이기도 하다 교육에 의해 서사적 전략이 풍부하고 세련되며, 민감해 질 수 있기 때문이다. 이 글은 시론적 성격의 것이라, 서사 논술의 구체적인 모습은 충분히 논의되지 않았다고 본다. 후속 논의를 기대한다.

제5부

독서문화 정책과 교육 제도에 대한 성찰

01

문화 정책으로서의 독서 정책 방향

1. 서 론

　'독서 문화 진흥법'(법률 제 8100호, 2006. 12. 28) 제정으로 국가 차원의 독서 진흥 정책이 가시적 결실을 맺게 되었다. 이제 독서는 개인의 수양이나 교양, 취향의 차원을 넘어서 국가 '정책'의 문제로 본격화하기에 이르렀다. 정책이란 바람직한 사회 상태나 목적을 실현하고 사회 문제를 해결하기 위한 수단이라고 할 때, 국가가 법률로 독서 정책을 운위하게 된 상황은 독서하지 않는 사회를 위기로 받아들이는 국가적 문제의식이 담겨 있다 하겠다. 정책화를 통해 독서를 사회적 의제로 이슈화하고 국가 차원의 재정적, 행정적 지원을 기대할 수 있게 된 것은 매우 고무적이고 반가운 일이다. 다만, 정책이 현실적 실효를 거두고 구성원들의 자발성과 합치되기 위해서는 정책이 추구하는 가치와 공동체 구성원이 공유하고 있는 의식 및 가치를 합치해야 한다는 점은 주목할 대목이다. 이 부분이 생략된다면 정책의 주체인 시민은 오히려 대상화 되고 정책 역시도 형식화, 추상화 될 우려가 다분히 있기 때문이다.[1] 그러기에 정책의 세부 내용을 결정하기 이전에 정책이 지향해야 하는 가치에 대한 이론적·경험적 성찰이 우선되어야 하며, 지속적인 토론으로 이 문제를 공공화하는 노력이 요구된다.

　독서 정책에 대한 학문적 담론은 아직 태동기라고 할 수 있다.[2] 이론 지향

---

[1] 사공영화(2008), "정책이란 무엇인가?: 정책의 수단적 가치에 대한 반성", 한국정책학회보, 17권 4호, 한국정책학회, 12쪽.

[2] 독서 정책에 대한 학문적 담론은 박인기 교수의 작업이 대표적이다. 박인기, "독서 진흥을

의 학문적 담론 관습 때문이기도 하지만, 여기에는 정책을 사회 문제 해결을 위한 '수단'으로만 인식하고 실천의 문제로만 돌려 버리는 편견도 한 몫하고 있다. 정책은 가치중립적 수단이 아니라 가치 내재적이다. 정책이 객관적인 통계치에 근거하여 수립된다고 하더라도 이미 내재하고 있는 가치의 지향성을 성찰하고 토론하지 않는다면 그 정책은 도구적 합리성에 빠져 버리게 된다. 그런 점에서 이 글에서는 독서 정책의 기본 이념과 방향에 대한 문제를 주로 다루고자 한다.

특히, 독서를 문화 정책적 관점에서 접근하여 독서 정책의 방향과 지향성을 탐색하려는 것이 이 글이 지닌 핵심 문제의식이다. 독서는 인류가 가꾸어 온 의미 있는 문화 활동의 하나이다. 그런 점에서 독서의 현상과 정책을 '문화'의 문제로 접근하는 것은 지극히 당연하다고 할 수도 있겠다. 그럼에도 문화 정책을 강조하는 이유는 독서 정책이 국가 공동체 구성원의 삶의 총체, 그러니까 사회, 정치, 경제, 문화의 총체적 연관 속에서 구축되어야 한다는 점을 제기하기 위해서이다. 이런 문제의식은 세계적인 흐름이기도 한데, 가령 유럽 연합(EU)도 2012년 보고서(Council of the European Union, 2012)를 통해 독서는 "교육의 쟁점일 뿐만 아니라 개인, 경제, 문화, 사회의 쟁점이다"라는 점을 공유하고 독서를 개인과 능동적 민주 시민이 갖추어야 할 핵심적인 인간 능력이자 삶의 능력으로 규정하고 있다.[3] 다만, 문화의 개념이 워낙 다양하고 또 사회·역사적 맥락 속에서 실천적으로 재정의·합의되어야 하는 측면이 있기 때문에[4] 독서의 문화 정책이 어떤 방향을 추구할 것인가의 문제는 지속적으로 논의되고, 또 사회적으로 합의해 나가야 할 것이다.

위한 환경과 독서 정책", 독서연구 16호, 한국독서학회, 2006; 박인기, 「독서 현상 연구와 독서 정책의 방향」, 독서연구 17호, 한국독서학회, 2007.

3) 이인제(2013), "소통, 화합, 문화 융성의 핵심 능력으로서 독서 능력 향상 정책의 방향", 『통합과 소통의 국어정책 개발을 위한 전국학술대회 자료집』, 한국어문학술단체연합, 203쪽.

4) 존 스토리, 백선기 역(2004), 『문화 연구란 무엇인가?』, 커뮤니케이션북스, 27쪽.

이런 맥락에서 이 글에서는 먼저 기존 독서 정책 패러다임을 비판적으로 성찰하고, 독서의 문화적 본질과 독서 사회가 지향할 수 있는 문화적 비전을 살핀 뒤 미래 지향적 독서 정책의 방향에 대해 논의하고자 한다. 단, 이 글은 독서의 문화 정책적 비전과 방향성에 주안점을 두었기에 구체적인 정책 내용에 대해서는 다루지 못했다.

2. 독서 정책의 패러다임 성찰과 변화의 모색

독서 정책은 국가, 지역 단체, 학교를 거점으로 이루어져 왔다. 문화부는 "문화발전 10개년 계획"을 위해 1993년을 '책의 해'로 선정한 이래 2006년 독서 문화 진흥법에 이르러서는 '독서 문화'라는 용어로 독서 정책의 방향을 개념화 되고 있다. 독서 문화 진흥법에 근거한 독서 진흥 정책의 1단계 보고서[5]를 보면, 정책의 기본 방향으로 "독서의 생활화로 국민 행복 지수 제고 및 국가 지식 경쟁력 강화"를 사업 과제로는 "독서 환경 조성", "독서 운동 전개", "소외 계층 독서 활동 지원", "독서의 생활화를 위한 사업 추진"을 두고 있다.[6] 정책 기본 방향에서는 독서를 문화의 전 차원으로 확장하려는 노력을 보이고 있지 만, 실제 사업 과제를 보면 전통적 독서 운동과 큰 질적 차이가 없는 것으로 확인된다. 그런 점에서 미래 지향적 독서 문화 정책의 설계를 위해서는 기존 정책의 양적 확장을 넘어서 새로운 패러다임의 모색이 필요하다고 본다.

기존 독서 정책의 패러다임을 단순화하여 말한다면, '독서 교육'적 관점에 의한 계발 및 계몽이라는 근대적 패러다임[7]이라고 할 수 있겠다. 이는 국가 주도의 위에서 아래로 진행하는 수직적 계몽의 성향이 강한 것으로 현실 독서 문화 속의 다양성과 자발성이 위로 올라가는 역동성은 부족함을 의미한다.

---

5) 문화체육관광부(2013), 『2013년 독서 진흥에 관한 연차 보고서』, 문화체육관광부.
6) 문화체육관광부(2013), 앞의 책, 7-13면.
7) 김상욱(2012), "독서운동의 현황과 방향", 독서연구 27, 한국독서학회, 42-63면.

그 내용을 상세히 살펴보도록 하겠다. 먼저, 핵심 과제인 '독서 운동'과 '독서의 생활화'의 범주를 보자. 책을 읽지 않는 국민들에게 책을 많이 읽도록 한다는 접근은 기본적으로 국가나 운동 단체 주도의 일방성이 전제되어 있다. 물론 정책에서 바람직한 방향을 상정하는 것은 당연한 일이기도 하나 이 경우, 현실 독자의 독서 문화와 그들이 자신들의 문화에 기반하여 지니고 있는 독서에 대한 관심과 욕구를 정책 입안의 의미 있는 출발선으로 삼지 못한다는 점이 문제가 된다. 정해 놓은 도서 목록, 독서 공간과 강의, 특정 단체가 주도하는 독서 공동체는 독자 자신의 사회·문화적 실천의 맥락에서 자발적으로 전개되는 독서의 양태와 분리될 가능성이 크기 때문이다.

복합 매체 시대의 환경에서 독서 대중은 어느 시대보다 자발적이고도 다양한 독서 문화를 선보이고 있다. '내 손 안의 도서관'인 컴퓨터를 기반으로 하여 독서는 삶의 다중 공간에 자리잡게 되었으며 전자 매체의 융합적 속성으로 하여 독서의 몰입도가 높아짐과 동시에 독서를 통한 사회적 커뮤니케이션이 강화되기도 하였다.[8] 복합 매체 시대가 책의 종말이 아니라 오히려 부흥을 이끌고 있다는 진단은 생활 곳곳에서 확인할 수 있다. 이제, 하이퍼 텍스트적 읽기, 복합 매체 속에서 다감각적으로 수행되는 독서를 통해 제반의 생활적, 사회적 문제 해결을 구하는 양상은 쉽게 접할 수 있다.

반면, 독서 문화 진흥법에서 '독서문화'는, "문자를 사용하여 표현된 것을 읽고 쓰는 활동을 중심으로 하여 이루어지는 정신적인 문화 활동과 그 문화적 소산"[9]이라고 하여, 문자 문화로 한정하고 있다. 이는 복합 매체의 폐해로부터 문자 매체를 보호한다는 취지에서는 의미가 있다. 하지만 독자 대중의 현실 속에 살아 있는 독서 문화의 다양성과 상대성을 인정할 때 정책에 참여하는 공동체 구성원들은 대상화되지 않고 주체가 될 수 있다는 점도 중요하게

---

8) 안상원(2011), "책 미디어의 발전과 독서 문화의 변화", 인문과학 47, 성균관대학교 인문과학 연구소, 238-240면.
9) 문화체육관광부(2013), 앞의 책. 9-20면.

고려될 필요가 있다. 정책으로서의 독서 문화와 생활로서의 독서 문화가 분리 된다면, 대중들은 일상생활에서 독서를 더 멀리하게 되고 독서를 특별한 문화로 구별짓는 역기능이 일어난다. 그 결과로 나타나고 있는 독서에 대한 국민들의 이중적 인식은 문제적이다. '독서'는 특정 집단, 특정 공간, 특정의 도서류, 특정의 활동의 엘리트적이고 고답적인 문화라고 선 긋고 정작 자신의 생활 속에 살아 있는 독서는 독서가 아니라는 부정적 인식을 강화하는 풍토가 있는 한, 독자들의 즐거움과 자발성에 기초한 독서의 생활화는 힘들다.[10]

아울러 계몽적 독서 정책이 전제하고 있는 독서에 대한 신화 역시 짚고 넘어갈 필요가 있다. 독서는 선이고 이롭다는 문화적 전제는 독서 정책이 독서의 질적 측면보다는 양적 측면을 강화하는 원인이 된다. 책을 '많이' 읽고, 도서관을 '많이' 이용하고, 책을 '많이' 보도록 하면, 독서 정책은 성공하는 것인가? 독서가 정보화 시대의 해독제[11]이고, 지식 사회에 국가 경쟁력의 기초가 되는 지력 계발에 가장 기초적인 능력임에는 틀림없지만 이 기능이 '독서'에만 있는 것은 아니다. 오히려 독서의 역기능도 만만치 않다. 책 역시 자본주의 사회에서는 문화 상품이며 상업적 자본의 지배와 종속의 권력 관계, 이데올로기적 문제로부터 결코 자유롭지 못하다. 혁신적, 창의적 사고가 '책 읽는 뇌'에서만 나오는 것만도 아니다. 난독증 연구[12]에 따르면, 책 읽기 뿐 아니라 영상적 이미지에 최적화되어 있는 뇌도 있으며 인류는 이러한 다양한 사고를 통해 새로운 문화를 창조해 왔다.

---

10) 독서 정책이 독자의 자발적 독서 능력을 키우지 못하고 있다는 비판은 거의 모든 연구자가 지적하고 있다.
　　이연옥(2006), "학교 독서교육 정책에 대한 비판적 고찰", 한국 도서관정보학회지 37권 3호, 한국도서관정보학회.
　　황금숙, 김수경, 장지숙(2011), "어린이, 청소년 독서 문화 진흥 선진화 방안 연구", 『한국문헌정보학회지』 45권 2호, 한국문헌정보학회.
11) 문용린(2007), "우리 시대 책과 독서의 의미", 『책의 진화와 바람직한 독서 패러다임』, 서울 국제 도서 세미나전.
12) 매리언 울프, 이희수 역(2009), 『책 읽는 뇌』, 살림, 286-290면.

그렇다고 한다면, 독서 자체가 궁극적인 선일 수는 없다. 오히려 누가, 어떤 책을, 어떤 방식으로, 어떤 맥락에서, 어떤 가치를 추구하며 읽느냐의 문제가 더 중요하다고 하겠다. 이 문제가 해결되지 않은 채 독자보다는 프로그램, 책 읽기의 방식보다는 책, 독서의 현실적 맥락보다는 교육적 맥락을 우선시한다면, 그 독서 정책은 자칫 형식화될 우려가 다분하다.

이런 점에서 이제는 '국민 교육의 패러다임'은 축소하고 '시민 문화의 패러다임'을 확장하는 방향으로의 전환이 필요하다. 국민 교육의 패러다임이 독서를 국가 경쟁력과 삶의 증진을 위한 수단적 계몽의 기획에 배치한다면, 시민 문화의 패러다임은 시민들의 현실적 삶 속에서 다양한 가치와 연동한 현실의 독서 문화로부터 출발하여 그 다양성과 자율성, 역동성과 접속한다. 삶과 독서를 분리하지 않고 시민들의 문화 주권의 활동 맥락에서 사고함으로써 독서 문화 정책은 '지적 능력'을 넘어 '문화 능력'으로 확장될 수 있다. 그 이론적 근거와 자세한 내용은 다음 장에서 살피도록 하겠다.

3. 문화로서의 독서와 독서 사회의 문화적 비전

1) 사회 · 문화적 실천으로서의 독서

독서에 대한 전통적 접근은 개인의 인지적 · 정서적 활동으로 이해하는 것이다. 이 경우, 독서는 개인 능력의 문제이자 개인이 독서를 통하여 성취, 향유하는 정신문화의 측면에 중점을 두게 된다. 그러나 현대 문식력 이론은, 읽고 쓰는 행위는 개인의 차원으로만 이해할 수 없고, 공동체가 지니고 있는 문화에 따라 다양하게 분화 · 변형될 수 있다는 상대적이고 개방적 관점을 취하고 있다.[13] 독서의 방법, 목적, 의미는 개인 능력의 문제라기보다는 공동체가 향유하는 삶의 방식 전체와 연동하여 다양하게 실현될 수 있다는 점에서

---

13) 최인자(2002), 『국어교육의 문화론적 지평』, 소명, 15-40면.

독서는 사회·문화적 현상이다.

독서 문화사를 살펴보면,[14] 독서의 방법은 사회·문화적 맥락과 역사적 상황에 따라 부단히 달라져 왔음을 알 수 있다. 중세 사회에는 독서가 종교 정전을 중심으로 한 정독으로, 그리고 교회나 학교와 같은 특정의 공간에서, 특정 주체들이 자신의 권위를 배타시하는 방식으로 이루어졌다면, 근대는 누구나 일상생활에 쉽게 책을 접할 수 있게 됨에 따라 다독과 시민 참여의 민주주의를 가능케 하였다. 반면, 복합매체 시대는 '내 손 안의 도서관'이라는 다중 공간을 창출하여 독서를 일상화하고, 지식의 확산과 소통, 창조의 가능성을 더 열어 두게 되었다. 이러한 시각은 독서의 양식과 본질이란 고정된 것이 아니기에 아직도 미처 실현되지 않은 무수한 가능태를 지니고 있으며 시대에 따라, 정책에 따라 다양한 모습으로 현상할 수 있어 독서에 대한 열린 관점이 필요함을 보여준다.

또한 '문화로서의 독서'는 독서가 사회·문화적 과정이자 실천의 맥락과 포괄적으로 연관되어 있음을 함축하고 있다. 독자는 독서를 통하여 특정 사회 문화적 공동체의 구성원으로 그 정체성을 획득하여 시민으로, 지역인으로, 직장인으로 편입되며, 나아가 자신의 자아 정체성을 계발해 나간다. 또한 독서는 독자 현실적 삶을 살아가는 제반의 사회 문화적 실천과 통합되어 있다. 독서를 통하여 사람을 사귀고, 진로를 모색하며, 뜻을 성취하고, 삶의 문제를 해결하는 것, 다시 말해 여행, 경영, 치유, 친교, 학습, 오락, 휴식 등의 제반의 삶이 독서와 분리되어 있지 않다. 독서는 앎의 방식임과 동시에 삶의 방식이며, 책의 의미를 파악하는 의미 구성 행위를 넘어서 자신의 정체성을 형성하고 세계에 어떤 공동체에 참여하는 실천 활동의 하나가 된다. 이는 독서에 대한 동양적 전통과 맞닿는 부분이기도 하다. 동양에서 읽기는 이해의 인지 활동으로만 그치지 않았다. 책 읽기를 통해 자기 자신을 수양하고, 윤리를

---

14) 알베르토 망구엘, 정명진 역(1996), 『독서의 역사』, 세종서적.

실천하여 세계를 변화시켜 나가는 데 주안점을 두었다.

그런 점에서, 개인의 '독서'는 사회의 '독서 현상'[15]이라는 전체적 관점에서 살필 필요가 있으며, 사회·문화적 현상으로 맥락화되어야 한다. 가령, 청소년들의 부족한 독서량, 독서의 질, 특히 만화와 장르 문학 독서는 그들의 독서 문화의 결핍을 드러내는 징표였다. 그러나 그들이 처하고 있는 학교 교실 맥락에서 이해해 보면 이러한 독서는 갇힌 공간에서 자신을 이해하고 서로 간의 연대감을 강화하는 역할을 한다.[16]텍스트 자체만 보면 '바람직하지 않다'는 판단이 가능할 수도 있겠지만, 독서를 매개로 하여 공동의 관심사에 대해 소통하고, 또래 집단의 정체성에 편입되는 문화적 과정의 일환이라는 점에서 본다면 그들 삶에서는 관계 형성의 의미가 있는 것이다.

종합하면, 삶의 전체적 방식 속에서 독서를 사회·문화적 현상으로 이해함으로써, 독서 문화의 다양성과 자율성, 정체성 그리고 보다 심층적인 복합 맥락에서 독서를 파악할 수 있게 되었다. 독서 정책은 이처럼 현실의 독서 문화에서 아직 현실화되지는 못했지만 잠재태로 존재하는 본질을 이해하고 이와 소통하는 자세가 필요하다.

2) 문화 융성시대, 독서 사회의 문화적 비전

독서 정책은 시대적 요청에 부응해야 하지만 다른 한 편으로는 독서 자체가 사회·문화적 의제를 생성하고 미래 지향적 문화를 창조하는 지점이 될 수 있다. 곧, 독서가 근대적 삶의 방식이나 근대적 문화 과정의 한계를 극복하고, 대안적 문화를 생성할 수 있는 문화적 비전이 가능하다. 마치 '걷기'가 속도

---

15) 이 개념은 박인기 교수가 제안한 것으로, 독서 정책과 독서 교육의 범주와 안목을 넓히는 데 많은 시사점을 주고 있다. 그에 따르면, 독서 현상은 독서가 환경과 맺는 유기적, 연속적 관계를 종합적으로 지칭한다. 박인기, "독서 현상 연구와 독서 정책의 방향", 독서연구 17호, 한국독서학회, 2007.

16) 최인자(2006), "청소년 문학 경험의 질적 이해를 위한 독서 맥락의 탐구", 독서연구 16, 한국독서학회.

중심의 사회 맥락에서 도구성을 버리고 느리게 사는 삶의 한 방식으로 자리잡고 있는 것처럼 '책 읽으며 사는 삶' 역시 대안적 삶의 방식이자 문화로서의 의미를 갖으며, 이 의미야말로 문화정책을 위해 깊이 있게 성찰해야 한다.

문화 융성 시대, 혹은 문화 가치 지향의 시대에서 독서는 어떤 역할을 할 수 있을까? 독서문화는 어떠한 문화를 추구함으로써 대안적 삶의 지평을 넓힐 수 있을까? 아니, 국가의 정책적 비전은 어떠한 문화를 지향할 것인가? 개인적 독자 차원에서 보면, 왜 책을 읽어야 하는가? 독서의 본질과 특징을 근대 사회의 맥락 속에서 가치화하는 방식으로 다음과 같은 비전을 제안하고자 한다.[17]

첫째, 독서를 통해 개인과 사회는 문화적 자율성과 창발성을 가지고 변화를 주도하는 시민 문화를 형성할 수 있다. 현대는 급변의 시대이다. 그러나 이 급변은 자율적이라기보다는 타율적이다. 그러나 문화는 인간이 지니고 있는 창조의 에너지로 구축되는 바, 독서는 특유의 자율성과 내적 성찰의 에너지를 통해 창발성을 발휘할 수 있다. 독서의 본질은 주체의 내적 성장이고, 자기 혁신에 있다. 책 읽는 자아는 1인칭의 나를 3인칭의 그로 성찰함으로써 현실의 자아를 넘어선 '원대한 자아'를 추구하게 된다. 그 결과 무수한 가능성의 자아를 현실화할 수 있다. 모호하게 마음에 품고 있던 가치가 책을 통해 명료한 표현을 얻으며 가치관이 구체화되고, 생성된다. 독자 자신의 자발적 이해와 내적 경험을 수반하기에, 깊은 깨달음을 바탕으로 자기 자신을 변화시킬 수 있는 힘이 있다. 이 깨달음이 다른 사람과 공유될 때 사회 역시 변화될 수 있다. 그리하여 독서는 주체와 사회·문화의 변화와 혁신을 용이하게 한

---

17) 독서의 과정과 특징을 살펴보면, 독서는 텍스트와 주체 사이의 대화를 통한 의미 구성 활동으로 진행된다는 점을 알 수 있다. 이 과정에서 독자 개인은 인지적 깨달음과 정서적 즐거움, 사회적 확장을 얻을 수 있으며, 나아가 자기 이해와 정체성을 향상시킬 수 있다. 이 과정은 독자 개인이 스스로 선택한 정보 네트워크의 방식으로 이루어진다는 점에서 자율적이라는 특징이 있다. 또한 독서는 대화적 본질을 지니고 있어 소통과 창조의 역할을 한다. 독서를 매개로 하여, 구성원들은 서로 소통하며 공동체의 지식과 기억을 전수하고, 변형하며 창조한다.

다. 특히, 독서하는 두뇌는 초월적 사고를 통해, 사고하는 방법에 대한 사고를 개발하여, 융합적 사고를 만들어 나간다.[18] 독서는 한 발 느린 통찰력으로 전체를 바라보는 안목과 비전을 통해 사회와 역사의 변화를 모색하는 힘을 기를 수 있다.

둘째, 독서를 통하여 사회적 유대와 소통, 화합의 공동체 문화가 가능해진다. 독서 과정의 본질은 대화이다. 독서는 집단 특유의 대화성을 가능케 하며 동시에 차이에 의한 다양성을 보존함으로써 '같음 속의 차이'를 지닌 공동체를 유지할 수 있다. 세대간의 차이가 문제가 되지만, 할아버지 세대나 손자 세대나 학창 시절에 읽었던 황순원의 「소나기」를 가지고 서로 소통할 수 있다. 이는 동질성으로 획일화되는 소통이 아니라 차이를 포괄하는 비균질의 소통이다. 그렇기에 소통은 새로운 의미가 부단히 다시 만들어지는 열린 생성의 공간을 형성한다. 독서를 통해 저자와 독자의 대화, 과거와 현재의 대화, 독자 간 대화, 나아가 독자가 소속된 문화 간 대화가 이루어진다. 이러한 소통을 통해 그 공동체의 문화적 기억은 재구성되고 역동적으로 통합될 수 있다. 이 과정에서 우리 사회는 성취와 경쟁의 경제적 관계가 아닌, 의미와 감동을 추구하는 사회적 문화적 관계를 구축하고 이를 또 다른 삶의 영역으로 재구축할 수 있다.[19]

셋째, 독서를 통하여 균형 잡힌 삶, 통합적인 삶의 방식이 가능해진다. 문화적 근대주의는 지·정·의의 영역으로 각각 독립시켰고 사회·경제적 근대와 문화적 근대를 분리하였다. 현대인들은 기능과 윤리, 직무와 정체성, 자아와 타자 사이에서 극심한 분열을 경험하기도 한다. 한편 자아에 대한 과잉 긍정성 속에서 자기 성찰의 기회를 잃어버리고[20] 페르소나의 역할에 갇히기도 한다. 이처럼 급변하는 사회에서 현대인은 무한 질주하는 변화의 흐름을 통찰하

---

18) 매리언 울프, 이희수 역(2009), 『책 읽는 뇌』, 살림, 189쪽.
19) 심광현(2003), 『문화 사회와 문화 정치』, 문화과학사, 227-250면.
20) 한병철, 김태환 역(2012), 『피로사회』, 문학과지성사, 65-73면.

고, 파편적인 자기 삶에서 의미를 발견하는 성찰의 시간이 필요하다. 즉자적으로 이루어지는 자기 삶에 대한 생애사적 학습 경험이 필요한 것이다. 독서는 분열된 삶을 통합하고, 자아의 내적 균형을 잡을 수 있도록 한다. 인지적으로는 새로운 정보와 자기 삶에 필요한 문제를 해결할 수 있는 지식과 초월적 사고력을 얻을 수 있으며, 정의적으로는 자신감과 안전한 텍스트에서 자기 삶을 되돌아 보는 정서적 안정감과 행복감을 얻을 수 있으며, 사회적으로는 공동체 형성을 통하여 새로운 유대와 관계를 형성할 수 있다.

4. 독서문화 정책의 방향

1) 현실의 삶에 뿌리 내리는 독서 맥락 창출

한 보고서에 따르면,[21] 독서 관련 담당자들이 바람직한 독서 문화를 위해 가장 필요한 정책으로 '독서의 본질을 깨닫고 자율적인 독서 능력을 신장'을 꼽고 있는 것으로 나타났다. 기존 독서 정책에 대한 비판 역시 바로 독서 과정에서 존중받아야 할 자발성과 정체성이 훼손되었다는 점이 가장 많이 지적되었다.[22]

독서의 자발성과 자율성이 중요한 것은 독서의 본질이 주체의 재탄생, 거듭나기에 있기 때문이다. 독서는 정보와 달리 탈인격화된 수용이 아니라 독자의 정서적 상호작용과 자기 인식의 과정을 거치기에 독자 자신의 인격적 확장과

---

21) 황금숙, 김수경, 장지숙(2011), "어린이, 청소년 독서 문화 진흥 선진화 방안 연구", 『한국문헌정보학회지』 45권 2호, 한국문헌정보학회.

22) 독서교육지원 시스템이나 상위학교 진학과 연관된 독서 포트폴리오 등이 도서 선정의 자율성을 침해하고, 기능적 제도적 학습 독서로만 독서의 범위를 제한함으로써 인권 침해의 우려가 있다는 지적이 있었다. 이 외에도 독서 퀴즈 왕 행사 등을 통해 미디어에서의 독서 프로그램에 대판 비판적 성찰이, 독서 운동 단체로부터 제기된 바 있다. 이는 매우 고무적인 일이다.
김상욱(2012), "독서운동의 현황과 방향 독서운동의 현황과 방향", 『독서연구』 27, 한국독서학회.

재구성으로 완결된다. 그렇기에 독서의 진정한 자발성은 독자가 자신이 주체가 되는 현실 삶 속에서의 문제와 관심, 욕구와 취향과 접목함으로써 비로소 가능하다. 자발적 독서 능력의 부족을 독서가 습관화, 생활화 되지 않았다고 판단하는 것은 행동주의적 판단일 따름이다.

기존 독서 정책의 양 극단은 '억지로라도 읽혀라'와 '읽힐 수 있는 환경만 지원하면 된다'는 것이었다. 후자의 관점이 독자의 자발성을 격려하는 방식이라 평가되기도 하였지만[23] 진정한 자발성은 독자가 뿌리 내리고 있는 현실 삶의 문화와 소통하고 나아가 주체로서 독자가 자신의 관심과 욕구를 표현하는 주권 이양(empower)의 회복으로 가능하다. 그렇다면, 독자들의 현실적 삶 속에 있는 다양한 문화들과의 창의적인 접목을 통해 독서 맥락을 창출하고 지원할 필요가 있다. 이것이야말로 적극적인 독서 환경이다.[24]

기존의 독서 정책이 기관별로 파편적이고, 일회적인 차원에서 이루어졌다는 점을 반성한다면, 독서 맥락은 독서 문화에 관여하는 주체, 실천, 맥락을 고려하여 다음과 같이 체계화될 수 있을 것이다.

① --되기 (주체 중심): 좋은 소비자(시청자) 되기, 부모되기, 환경 지킴이 되기, 주체적 시민 되기, 경영자 되기, 좋은 학생 되기, 지역 주민 되기, 여성 되기. 남성 되기, 노인 되기, 가족 되기 등
② --하기 (실천 중심): 여행, 육아, 치유, 경영, 학습, 오락, 협상, 친교, 캠프, 휴식, 교육
③ --있기 (맥락 중심):식탁, 시장, 길거리, 공원, 피서지, 역전, 터미널, 테마 파크

①은 독자가 주체적으로 지향하는 개인적, 사회·문화적 정체성과 접목한 독서 맥락들이다. 정체성 형성의 독서 정책은 영국 등에서도 활용되고 있는

---

23) 안찬수(2007), 「독서문화진흥법」과 독서문화 진흥의 방향」, 『창비어린이』 15, 창비, 78-85면.
24) 박인기(2006), 「독서 진흥을 위한 환경과 독서 정책」, 『독서연구』 16호, 한국독서학회.

바 지혜로운 소비자, 부모, 지역 주민 되기 등 시민적 정체성 형성과 독서 프로그램을 연계하는 것이다.[25] 청소년들이 만화만 보고 있는 현실을 개탄하고 만화 대신 책을 손에 잡게 하는 것이 유일한 독서 문화 진흥 정책은 아니다. 오히려 자신이 보고 있는 만화의 생산, 유통, 소비의 전 과정에 대해 비판적으로 이해하고 만화가 지닌 문화적 가능성에 대한 인식을 할 수 있도록 독서를 통해 사고하도록 독서 정책이 필요하다. 그러니까 보편적 교양 인문 중심의 독서 문화와 함께 '지금, 여기'를 살아가는 사회 주체로서의 권리와 의무를 이해하고, 나아가 자기 자신과 사회를 변화시키는 독서 맥락의 창출이야말로 독자의 자발적 참여를 유도하는 매우 좋은 방안이다. ② 등, ③ 등은 독자의 문화 활동과 그것이 이루어지는 공간 맥락 속에서 자발적인 독서가 이루어질 수 있도록 환경을 제공하는 방향이다.[26]

또, 독서 문화의 맥락을 주제적으로 접근할 수도 있다. 탈현대 사회의 문화를 1) 감각적 소비 문화, 2) 공공의 생활 세계 문화로 본다면 3) 지속적인 제도와 체계화된 이념으로서의 문화인 독서 정책은 1)과 2)와 접목하여 상위의 사회, 문화적 커리큘럼 속에서 다양한 독서 맥락을 창출할 수 있다.[27] 1)의 감각과 소비의 문화와 접목하면 다음과 같은 주제의 독서 맥락들이 생성될 수 있다. 미디어(텔레비전, 영화, 인터넷 등), 미디어 장르(드라마, 뉴스, 광고, 토크쇼) 소비, 웃음, 미디어, 여행 스타일, 쾌락, 디자인 등의 주제가 그것인데, 독자들은 자신을 둘러싼 이러한 감각과 소비의 문화를 성찰·비판하고, 나아가 참

---

25) 이인제(2013), 「소통, 화합, 문화 융성의 핵심 능력으로서 독서 능력 향상 정책의 방향」, 『통합과 소통의 국어정책 개발을 위한 전국학술대회 자료집』, 한국어문학술단체연합.
26) 군포시의 독서 경영은 시민들의 삶의 전체 모든 영역에 독서가 함께 할 수 있음을 보여주고 있다.
   김윤주(2012), "복지 정책으로서의 독서 정책", 『'책 읽는 나라' 만들기를 위한 국민 대 토론회』, 독서르네상스 운동 주관.
27) 이 부분은 박인기 교수의 아이디어를 빌렸다. 그는 탈현대의 문화를 1)과 3)으로 구분하였는데, 필자는 여기에 생활적 공공 세계를 첨가하였다.
   박인기(2007), 「독서 현상 연구와 독서 정책의 방향」, 『독서연구』 17호, 한국독서학회.

여・변화시키는 자발적 의욕 속에서 자발적 독서로 안내할 수 있다. 또 2)는 시민들이 공동체를 구성하며 합의, 유지하는 사회적 세계로, 공동의 관심과 규율로 운영된다. 육아, 교육, 환경, 폭력, 핵, 선거 등의 사회적 문제와 이슈가 여기에 포함될 수 있다. 이들은 모두 시민으로서 자신이 대면하는 현실적 의제들이다. 실제적 삶의 문제에 와 닿는 독서 문화를 진작시키는 것이야말로 독서가 생활 속에 내릴 수 있게 하는 첩경이다.

특히, 평생 학습 사회를 맞이한 현 상황에서 주목할 점은 시민들의 학습 욕구이다. 평생교육은 현재 백화점 문화 센터 등의 상업적 교육 단체나 대학의 평생 교육원, 민간 교육원 등에서 이루어지고 있는데, 독서 문화 정책이 진정으로 문화적 공공성을 추구한다면, 바로 이 평생 학습의 욕구와 접목되어야 한다고 본다. 이로써 지식의 격차 해소라는 사회적 문제도 해결되고, 독서를 통한 자신의 주체적 삶의 정립도 가능해지며 의미와 감동을 중시하는 대안적 문화도 생활화될 수 있다. 이런 맥락에서 보면, 독서 소외 계층에 대한 배려 역시 지식의 대중적 확산이라는 시혜적 문화 복지를 벗어나야 한다. 문화적 자원 분배 차원에서 소외된 계층에 대한 독서의 지원 정책은 일차적으로 유의미하다. 그러나 '자발성'의 진정한 의미가 주체성에 있다고 할 때 그들이 그들 삶의 도모를 위한 자율적 독서 문화가 될 수 있도록 지원하는 것이 필요하다. 즉, 적극적인 문화 민주주의의 장려라는 관점에서 그들의 삶의 방식과 문화적 욕구에 개방적인 방식으로 독서 소외 계층에 대한 지원이 이루어질 필요가 있다.

2) 독서 현상의 질적 연구와 인적 인프라 양성의 필요성

우리나라 독서 정책과 프로그램은 독자 중심보다는 정책 입안자 혹은 프로그램 중심성이 강하다. 독서 정책에서 독서 환경의 지원 문제가 강조되면서 도서관, 도서, 프로그램 등의 지원에 대해서는 상대적으로 논의가 많이 되었지만 독서 인프라의 배치와 육성, 활용 등에 대해서는 많이 언급되지 못하였다. 그러나 독서의 핵심은 결국 인간, 독자이다. 특히 독자의 현실적 독서 경험에 부합하는 정책을 위해서는 독자 현상에 대한 질적 연구가 보강되어야 한다.

그러나 실제로 독서 정책의 평가나 정책 수립을 위한 자료들은 통계치에 근거한 양적 자료가 대부분이다. 독서량, 독서 시간, 도서 구입비, 도서관 출입 횟수, 도서관 활용 시간, 서점에 간 횟수, 등 이러한 양적 자료는 독서 현상에 대한 외면적이고, 행동주의적인 자료의 성격을 띠기에 정책을 통해 해결하려는 독서 현상의 정황을 심층적이고, 현실적으로 이해하기 힘들다. 한 개인의 독서 상황은 그 개인의 문제일 수 없다. 넓게는 정치적, 사회 문화적, 경제적 상황이 모두 개입해 있으며, 좁게는 교육적, 매체적, 문화적 요소가 복합적으로 작용한다는 독서 환경의 중층성을 고려할 때, 독서 경험의 질적 이해를 위해서는 삶(학교, 사회, 기관) 속에서 이루어지는 제반의 독서 활동에 대한 문화적 기술과 해석이 있어야 한다. 독서 정책이 캠페인적 부박성에서 벗어나 문화에 깊이 뿌리 내리고 또 이를 통해 삶의 질 개선에 이바지하기 위해서는 독서 현상에 대한 연구와 실천, 정책이 체계적으로 상호 조화를 이루어야 한다는 인식이 필요하다.

기초 연구 수집[28]이 필요한 영역을 살펴보면 먼저, 다양한 독자들이 삶에서 보여주는 다양한 독서 경험에 대한 연구가 수집, 축적되어야 한다. 청소년 독자, 노인 독자, 여성 독자의 가능성과 특징이 종단적, 횡단적으로 연구되어야 한다. 실태 조사를 넘어서 그 독서가 이루어지는 사회 문화적 맥락과 주체

---

28) 미국의 경우, 독서 정책에서 독서 연구 지원이 중요한 사업이 되고 있다. 한 연구에 따르면, 미국은 연방 정부 지원 하에 1976년부터 '독서 연구 센터'를 두고 있으며, 연구 센터들은 양적 연구 뿐 아니라 질적 연구, 사회 문화적 관점에서의 다양한 경험 연구를 수행하고 있다. 연구 결과는 과학적 근거에 바탕을 둔 독서 정책 구상과 실천을 위해 활용된다. 마이클 매케나(2004), 「미국 문식성 교육의 현황과 문제들」, 『독서교육연구』 7, 한국독서교육학회 10-12면.

의 의지와 동기, 경험적 의미에 대한 해석적 연구가 있어야 하고, 이를 토대로 정책이 수립되어야 한다. 취향과 욕구에 따른 수평적 연구 역시 필요하다. 독자의 질적 연구는 삶의 다양한 맥락에서 다양한 주체의 경험을 공유·축적함으로써, 독서의 가치를 확산시키고 미처 형식을 얻지 못했던 다양한 독서의 활동과 그 가치를 공론화하여 창발적 독서 문화를 발굴 할 수 있게 된다. 또한 독서 정책(프로그램 포함) 평가를 위한 질적 연구도 필요하다. 독서 프로그램의 평가 역시 참여한 독자들의 현실적 경험을 이해함으로써 독서 환경을 종합적으로 고려한 정책 수립이 가능해진다. 이처럼 독서 문화의 모델과 창출을 위해 연구, 실천, 정책화가 종합적인 프로젝트로 연결될 필요가 있다.

아울러 독서 문화 지원의 핵심으로 '독서 문화사'(가칭) 양성의 중요성에 대해 설명하고자 한다. 독서 정책의 지원대상이 '독서 환경'이라고 할 때 독서 환경은 매우 중층적이지만 특히, 인프라의 구축이 가장 시급하다. 환경은 행위자와의 상호작용에 의해서라야 의미화 되기 때문이다. 특히, 독서가 현실의 삶에 뿌리 내리기 위해 사회 문화적 실천과 다양하고도 유연하게 접목하는 일종의 '움직이는 도서관'의 역할이 필요하기에 이 프로그램을 그 상황 맥락에 맞게 운영할 수 있도록 하는 인력이 가장 핵심적이다. 독서 경험의 질은 프로그램이 아니라 상호작용의 과정에서 생겨나기 때문이다. 이들은 특정 상황 맥락 속의 독자가 삶에서 느끼는 문제를 독서 욕구로 전환하고, 상황에 맞는 프로그램 운영, 상담, 평가를 담당한다.

독자 개인의 독서 활동뿐 아니라 관련 도서에 대한 비평적 정보를 제공하고, 다른 도서관 혹은 독서 운동 주체와 연결해 주며, 읽기가 또 다른 쓰기로 이어져 문화 생산적 역할을 할 수 있도록 지원할 수 있다.

3) 문화적 소통과 창조를 위한 독서 문화 정책

이 시대의 독서는 이해 및 수용과 함께 쓰기 및 생산이 통합적으로 이루어짐으로써 현실 문화에 참여할 수 있는 능력으로 이어질 수 있다. 창조와 소통 혹은 대화는 서로 다른 것이 아니다. 창조는 무에서 유를 만들어 내는 것이 아니라 서로 다른 입장, 각도라는 경계선 속에서의 대화로 이루어진다. 바흐 찐에 따르면, 문화는 또 다른 한편으로는 차이를 만들어내는 변경들에 기반하여 이루어지는 열려 있는 비완결적인 과정이다.[29] 창조성이 윤리성과 연결되는 대목도 이에 있다.

문화 창조를 위해서는 책 읽기 자체에 머물지 않고, 독서를 통하여 다양한 형태의 소통과 상호작용을 촉진하도록 하고 또 자기 목소리를 표현함으로써 창조, 생산할 수 있는 기회를 제공해야 한다.[30] 강연 중심, 읽기 중심의 독서는 수동적인 독자를 기를 수 있다.

문화적 소통의 독서는 다양한 방식으로 모색될 수 있다. 먼저, 읽기 방법 면에서 소통을 고려할 수 있겠다. 매체 간 소통, 독자 간 소통, 장르 간 소통, 주제 간 소통 등이 그것이다. 매체간 소통의 읽기는 매체 융합의 시기에 적합한 방식이다. 문자 텍스트 뿐 아니라 이미지, 소리, 동영상 등의 다양한 매체 텍스트들 가로지르는 읽기는 다양한 텍스트의 생산으로 이어질 수 있다는 점에서 수용할 필요가 있다. 상호텍스트성에 기반한 하이퍼 텍스트 읽기가 그것이다.[31] 여기에서 한 편의 텍스트 내 의미 완결성을 인정하고, 이를 온전히 읽는 식의 전통적 의미의 독서는 재개념화된다. 독자는 디지털 환경 하에 자신의 상상력과 의도로, 다양하게 조합, 편집, 결합하여 재구성한 상호텍스트를 만들면서 향유하는 것이다. 디지털 컨버전스(convergency)의 이른바 '내 손 안의

---

29) 앨런 스윈지우드, 박형신, 김민규 역(2004), 『문화 사회학 이론을 향하여』, 한울 아카데미. 195쪽.

30) 특히, 미국과 영국 등의 독서 정책은 독자들이 도서관에서 책을 읽는 것만이 아니라 다양한 정보를 소통하고, 자신을 표현하며, 토론하는 상호작용의 활동을 중시하고 있다. 이인제(2013), 앞의 논문.

31) 이에 대한 흥미로운 경험 연구로는, 정재찬(2010), 「문학체험의 자기화를 위한 문화 혼융의 글쓰기, 작문연구 10, 작문학회.

도서관'이라는 매체 환경에서 독자는 일상적으로 이러한 비선형적 읽기를 수행하고 있다. 독서 정책이 독서 대중이 누리고 있는 삶 속의 독서 문화로 들어가고자 한다면 선형적 읽기와 같은 새로운 읽기 방식을 지지하고 성숙하는 등의 의미있는 방향으로 전개될 수 있도록 지원할 필요가 있다. 독서의 개념을 이렇게 확장하다 보면, 듣는 독서, 보는 독서, 몸으로 표현하는 독서, 만드는 책 등을 포괄하고 여러 유형의 미디어와 접속함으로써 독서를 친근하고, 일상화할 수 있도록 하는 독서 정책이 필요하다.

특히 독자 간 소통은 매우 중요한 과제이다.[32] 이른바, 사회적 독서의 방식은 한 권의 책을 통해 서로간의 유대감을 형성하고 의미있는 관계를 구축할 수 있다는 점에서 특별한 가치가 있다. 독서 동아리 활동에서 소통은 단지 책의 의미에 대한 이해로만 이루어지지는 않는다. 오히려 책 내용을 통해 자기 이해와 타자 이해를 수행함으로서 의견의 차이 속에서 공동의 관심을 유지하는 문화 공동체로 기능한다. 세대 간, 성별의 차이에도 불구하고 공동으로 함께 읽는 책 한 권으로도 공동의 관심을 유지할 수 있다. 이는 대안적 삶의 방식으로도 그 의미가 있다. 경제적, 정치적 이해 관계에 얽매이지 않고, 의미와 감동을 중심으로 하는 동아리의 사회적 관계는 삶의 또 다른 활력이 되며, 자율적 문화 부문의 활성화를 통해 사회의 문화적 수준을 높일 수 있다. 독서에서 소통을 강조하는 독서 정책은 한 권의 책을 읽는 행위 뿐 아니라 다른 독자의 반응을 읽고 이에 응답하면서 소통하는 것 자체가 독서에서 중요하다는 인식을 중심으로 입론되어야 한다.[33]

---

32) 이인화(2013), 「소설교육에서 해석 소통의 구조와 실천에 대한 연구」, 서울대학교 박사학위논문. 이 논문은 해석 소통의 개념으로 독자 간 소통 문화를 다루고 있다.
33) 독서 동아리 활동의 국내외 사례는 SBS 특집 다큐멘터리 「함께 읽는 독서의 맛」(2013. 9. 22 방영)에서 확인할 수 있다.

5. 결 론

　이제까지 문화 정책으로서의 독서 정책이 어떤 방향성을 지닐 수 있을지를 중심으로 논의하였다. 방향성 혹은 이념을 문제 삼는 이유는, 독서 정책이 문제 해결의 수단이나 처방에 불과한 것이 아니라 특정의 가치를 지향하는 사회 문화적 의제를 내포한다고 보았기 때문이다. 독서 정책은 그 사회의 문화적 상황을 반영해야 하지만 동시에 독서를 통해 대안적 문화 비전을 형성하기도 한다.

　이러한 논의를 위한 전제로 우선, 독서 현상이 일종의 사회·문화적 현상이자 실천으로, 책 읽기라는 고립된 행위가 아니라 인간 삶의 여러 맥락에 뿌리를 내리고 있음을 밝혔다. 이를 바탕으로, 현대의 지식 사회, 문화 융성의 사회에서는 '문화적 능력'이 중요한데, 독서 정책이 독서를 통하여 공동체 구성원이 접하고 있는 삶의 문화를 성찰, 비판, 참여, 창조할 수 있도록 해야 한다고 주장하였다. 독서 정책은 곧 문화 정책적 이슈가 되는 것은 이 때문이다. 그럼에도 그 동안의 독서 문화 정책은 국가에 의한 계몽적 교육성이 지나치게 강한 '교육 패러다임' 속에 갇혀 있고, 이 때문에 일상적(생활 문화) 가치와 독서의 가치를 분리시켜 오히려 독서 문화의 정착을 방해한 측면이 있다. 이 시대의 독서 문화는, 주체의 거듭나기를 통해 자발적인 변화를 추구할 수 있고, 균형 잡힌 삶을 살 수 있으며, 소통을 통해 사회적 유대를 경험하는 대안적 문화를 가능케 한다.

　앞으로 추구할 독서 문화 정책의 방향은 일단, 독자의 자발적 독서를 위해 그들 삶의 현실적 맥락과 창의적으로 접목하여, 독자의 현실적 문제 및 욕구와 독서를 결합시켜 한다고 주장하였다. 곧, 독서 환경 지원이나 독서의 강제적 요청이 아니라, 독자들의 현실 삶의 맥락에서 독서 활동을 다양하게 창출해 내는 맥락 부여의 방식이 독서의 자발성을 키울 수 있다고 본 것이다. 이를 위해서는 소비 문화, 생활 세계 문화의 세부적 항목과 독서 프로그램을 창의적으로 연결시키는 노력이 필요하다. 또한, 정책 수립을 위한 기초 연구 중, 경험에 대한 질적 연구가 축적되어, 독서 현상과 행위자들의 의식과 가치에 대한 종합적이면서도 심층적인 이해가 있어야겠다. 아울러 독서 정책에서도 인프라를 육성, 지원하여 독서 환경에 능동적으로 행위할 수 있는 주체를 양성해야 한다. 그리고 디지털의 미디어 환경에서 매체 간, 독자 간, 장르 간 소통을 통하여 문화를 창조하는 독서로 나아갈 필요가 있다.

이제는 독서 문화 진흥법이 행정적, 재정적 지원을 통해 현실적인 효력을 발휘하여, 다양한 부처와의 교섭 및 접목을 통하여 독서 문화를 독자 대중의 삶에 뿌리내리도록 하는 일이 가장 시급하다.

02

청소년 독자의 자아 · 인지 · 도덕성 · 역할 발달 특성에 기반한 서사 텍스트 선정 원리

1. 서 론

이 글은 학습자의 발달 특성에 기반한 서사 텍스트[1] 선정 원리를 이론적으로 모색하고, 체계화하고자 한다. 특히, 청소년 학습자를 중심으로 논의하겠다. 문학교육에서 무슨 텍스트로 가르칠 것인가는 매우 중요하면서도 그 해답이 시원하지 않은 문제이다. 열린 교재관이나 목표 중심 수업 설계에 따라, 교재 선택의 폭은 확장되고 있음에도 불구하고 정작, 어떤 교재를 선택해야 하는지에 대해서는 체계화된 이론이 부족하다. 특히 교재 선정이 학습자의 발달 특성을 고려야 한다는 점에는 많은 사람들이 동감하고 있지만 아직은 당위적 차원에 머무르고 있는 실정이다. 게다가 더욱 문제적인 것은 교재 선정과 관련된 논쟁 국면에서도 합리적인 판단을 이끌어 내고 의견을 소통할 수 있는 기본 범주조차 공유하고 있지 못하다는 사실이다. 이것은 그간 교재 선정이 다소 관행적이거나 인상 비평적 차원에서 이루어져 왔기 때문이라 할 수 있다.

교재론 분야는 문학교육 이론 분야 중에서도 상대적으로 많은 주목을 받지 못하였다. 이는 목표 중심 교육과정에서 '활동'이 크게 부각되면서 텍스트가

---

1) 이 글에서 '텍스트'는 교재로서의 텍스트를 말한다. 이는 교과서 제재(subject) 층위이전에 교육을 위해 동원할 수 있는 문학, 혹은 문학적 텍스트 전체이다(박인기(1989), "문학교과 교재론의 이론적 접근과 방향", 운당 구인환 선생 화갑 기념 논문집, 한샘). 특히 본고에서는 교과서 개발이나 수업 계획을 염두에 두고 논의를 진행하도록 하겠다.

다소 주변화된 정황과도 무관하지 않을 것이다. 그러나 문학교육에서 텍스트의 역할은 매우 중요하다. 텍스트는 학습자의 문학 경험을 형성하는 중핵 변인 중의 하나이기 때문이다. 우리는 중학교 시절의 문학 교실을 '「소나기」를 배웠던 시절'로 기억하지 '소설의 인물에 대해 배웠던 시절'로 기억하지 않는다. 텍스트를 괄호치고는 학습자가 겪는 문학 경험의 전체상을 파악할 수 없다.[2] 또, 주목할 점은 텍스트는 문학의 교육적 작용에서 가장 큰 영향력을 발휘한다는 점이다. 텍스트는 인간의 사고와 마음을 발전시키는 문화적 매체이다. 구성주의에서는 독자가 텍스트를 구성해 나간다는 점을 강조하지만 역으로 독자는 텍스트에 의해 구성되기도 한다. 텍스트가 독자를 구성한다는 구조론적 명제는 정전 비판의 핵심적 역할을 수행하기도 하였지만, 역으로 우리는 텍스트의 구성적 역할을 통해 문학교육에서 추구하는 인간 발달의 비전을 구체화할 수 있다. 이런 맥락에서 영국과 미국 교육과정, 그리고 우리나라의 개정 교육과정에서도 텍스트의 수준과 범위를 제시하고 있는데 이는 매우 바람직한 현상으로 보인다.

교재 선정 원리에 대해서는 여러 논자들의 논의가 있었다. 그중 가장 많이 이루어진 접근법은 학습자의 일반 발달 도식으로부터 텍스트 선정의 원리를 도출하는 것이다.[3] 주로 피아제 Piaget의 인지 발달과 콜버그 Kohlberg의 도덕성 발달 모델이 원용되었다. 반면, 일반 발달 이론보다는 문학 능력의 발달에서 접근한 논의도 있었는데, 경험적 문학 수행 능력[4]이나 독자의 흥미도

---

2) 이는 교육과정 뿐 아니라 문학교육이론에서도 경계해야 할 대목이다. 텍스트와 주체가 분리된 상태로 이루어지는 문학 활동, 문학 경험, 문학 내용의 설정은 추상적일 수 있다. 이때 '주체'가 꼭 경험 주체여야 한다는 점을 의미하는 것은 아니다. 다만 특정 시기 학습자의 특성을 고려해야 한다는 것이다.

3) 우동식(1992), "문학 제재 선정 기준의 설정과 적용에 관한 연구", 교원대 석사학위논문.
  김중신(1994), "소설교재의 위계화 가능성에 대한 고찰", 국어교육연구 1, 서울대 국어교육연구소.
  신헌재(1995), "아동을 위한 서사 문학 작품 선정의 기준 고찰", 국어국문학 114, 국어국문학회,

4) 김상욱(2001), "초등학교 아동 문학 제재의 위계화 연구", 국어교육연구 12, 국어교육학회.

발달5)을 문제 삼았다. 또, '청소년 독자'의 특성을 강조하는 논의도 있었는데, 청소년 독자를 위한 도서 선정의 원리로 '위계화'와 '다양화'를 지적한 논의6)나 청소년 문학의 관점에서 교재 선정을 논의한 연구7)등이 그것이다.

이러한 연구들의 가장 큰 장점은, 학습자의 특성을 객관적으로 이론화함으로써 교재 선정의 이론적 준거를 모색하고자 하였다는 점이다. 학습자에 대한 지식이 텍스트에 대한 지식만큼이나 중요한 것으로 바뀌는 흐름은 매우 긍정적이라 할 수 있겠다. 그러나 아쉬운 점은, 문학 경험의 특성을 충분히 고려하지 않은 채 일반 발달 도식을 다소 기계적으로 적용하거나, 문학 경험에 필요한 다양하고도 중층적인 요소를 충분히 고려하지 못하고 있다는 점이다. 기존 논의에서 던졌던 기본 질문은 "학습자가 이 수준의 텍스트를 읽을 수 있는가?" 였다. 교재 선정에서 학습자의 수용 가능성을 예측하는 일이 중요한 일이긴 하지만, '수용 적합성'만을 문제 삼을 경우 텍스트가 지닌 발달적 효과를 충분히 고려하기는 힘든 측면이 있다. 문학교육의 큰 흐름도 문학을 통한 인간 발달의 범교과적 에너지가 강조8)되고 있는 방향이라는 점에 비추어 볼 때, 이젠 '수용 적합성'을 넘어서 '발달 적합성'이 핵심 이슈가 되어야 한다. 이미, 영국 교육과정도 제반의 인간 발달적 가치에 기반하여 언어 교육을 종합적으로 고려하고 있으며, 그 결과 정신적 발달, 사회적 발달, 도덕적 발달의 체계를 제시9)한 바 있다.

---

5) 정동화(1977), "독서 흥미의 발달연구", 국어교육 30, 한국어교육학회.

6) 서울대 국어교육연구소는 1994년, '독서 체계 연구 1차년도' 작업에서 청소년 도서선정의 제 원리, 가령, 위계성, 적절성, 균형성, 다양성 등을 제안한 바 있다(김대행, "독서 체계 연구", 국어교육연구 1, 서울대 국어교육연구소, 1994).

7) 류덕제(2001), "청소년 문학과 문학교육의 방향", 문학과 교육 17호.

8) 김창원(1997), 초·중등 문학교육의 연계 연구, 한국초등국어교육학회 13집.
박인기(2003), "발달로서의 서사", 내러티브 7호, 한국서사학회.
선주원(2005), "범교과적 관점에서의 청소년 문학교육연구", 청람어문학 30권, 청람어문학교육학회.
김종철(2006), "7차 교육과정 국어과 1종 도서에 대한 비판적 검토", 서울대 국어교육소발표대회.

이 글은 '발달 적합성'[10]이란 개념으로 발달의 중층적 기제와 총체성을 고려하고자 한다. 이는 텍스트 선정이 학습자의 발달 상황에 기초할 뿐 아니라 발달을 불러 들여야 한다는 점을 강조하는 것이다. 이를 위해 첫째, 학습자의 발달이 이루어지는 중층적 변인을 살필 것이며, 둘째, 또 서사 경험의 기제에 개입하는 발달적 요소를 추출하되, 셋째, 청소년 발달 특성에 부합하는 내용으로 교재 선정 원리를 논의하고 구체적인 예시도 제시하도록 하겠다. 이 글은 위계화보다는 체계화에 관심을 두고 있다. 다소 원론적이고 추상도 높은 서술이 될 수도 있겠지만, 교재 선정에서 논의될 수 있는 기본 범주 마련에 중점을 두고자 한다.8)

2. 텍스트 선정에서 학습자의 발달 특성을 어떻게 고려할 것인가

1) '발달 적합성'의 문제

텍스트 선정에서 학습자 변인은 교과 내용과 함께 가장 핵심적인 변인 중의 하나이다. 특히, 구성주의나 수용 이론의 영향으로 '학습자' 변인의 비중은 날로 커지고 있고 학습자에 대한 실증적 연구도 증가하고 있다. 분명, 학습자에 대한 이해와 지식이 문학교육의 질적 심화에 중요하다는 인식은 타당하다. 그러나 정작 학습자의 발달을 문학교육 실천에서는 어떻게 고려할 것인가의 문제 역시 성찰되어야 한다. 간혹, '학습자를 위하여'라는 다소 모호한 명제가 당위적 명분이 되어 이론의 합리성이나 과학성을 제한하고, 심지어는 교과서나 교육과정 검열의 단골 메뉴로 작동하기도 한다.[11]무엇이 학습자를 위하는

---

9) 우리말교육연구소(2003), 「외국의 국어교육과정」 1 · 2, 나라말.
10) '적합성'(good of appropriateness)은 맥락적 발달 이론에서 발달과 맥락과의 상호성을 중시하기 위한 개념이다. 이 글에서는 텍스트와 발달의 상호관련성을 드러내기 위해 이 개념을 사용하고자 한다.
11) 이와 관련하여서는 7차 초등학교 교과서 심의에서 있었던 일화를 예로 들 수 있다. 5학년 국어교과서에서 "작품에 나오는 인물의 다양한 삶을 이해한다."는 항목을 구현한 교과서

것인지, 학습자의 특성을 고려한다는 것은 무엇인지에 대한 다양하고 합리적인 이론이 필요하다는 것이다. 그렇지 않다면, '학습자 중심'은 마치 '휴머니즘'의 이념처럼 그 추상성으로 하여 '이데올로기적 권력을 행사하는 일종의 '신화'가 되어 버린다. 따라서 문학 교재 선정에서 학습자의 발달 특성을 어떻게 고려해야 하는지, 그 발달적 적합성의 판단 근거는 무엇이어야 하는지에 대해 살펴보고자 한다.

먼저, 문학교육에서는 문학교육적 지향과 연관된 특정의 발달 요소들을 재구성하여 고려해야 한다. 대부분의 교과교육학에서는 발달 심리학을 원용하고 있으나, 이는 주로 발달의 현상적 원리와 기제를 설명한 것이기에 특정 방향으로의 교육적 실천을 추구하는 교과 교육에는 적합하지 않은 측면이 있다. 가령, 피아제 Piaget의 인지 발달론의 경우, 수학 능력을 중심으로 구조화된 것이어서 상상력과 놀이와 창조를 비이성적인 것으로 배제하였고, 예술적 상상력을 논리적 사고보다 더 낮은 수준의 사고로 이해하고 있다. 이런 상황에서 문학교육에서도 이를 그대로 원용한다면, 문학적 사고의 특수성에 주목하고 상상력을 개발하려는 문학교육 원래의 취지에 부합하지 못하게 된다. 따라서 어떤 능력이 어떻게 발달해 가는가의 문제보다는 그 교과가 추구하는 "어떤 가치로운" 인간을 만들기 위하여 무엇을, 언제, 어떻게 가르쳐야 하는가의 실천적 문제를 중심으로 해야 할 것이다.[12] 곧, 문학교육에서는 제 발달 이론을 '국어교육적' 혹은 '문학교육적' 발달 이론으로 재구성할 필요가 있다는 것이다.[13]

단원 심원 과정에서 심의진에서는 초등학생들에게는 우울한 소재(가난, 죽음) 등이 적절하지 않다고 판단하면서 대신 신지식인, 벤처 등의 사례가 적절한것으로 제안된 바 있다. 여기서도 초등 학습자들의 구체적인 발달 정보 없이 다소 직관인 차원에서 적절하다 혹은 적절하지 않다의 판단을 하고 있음을 볼 수 있다(양정실, "문학 독서 교육의 제재", 문학 독서교육, 어떻게 할 것인가, 푸른사상, 2005)

12) 임충기(1988), "인간 발달의 교육적 조망", 논문집, 서원대학교.
　　Egan, Kieran.(1998), Imagination in Teaching and Learning, The University of Chicago Press.
13) 이와 관련된 흥미로운 연구로는 고영화가 있다. 그녀는 고전시가 교육의 위계화에서 '사

둘째, 발달의 연속적 측면과 불연속적 측면을 동시에 고려해야 한다. 18세기 이후 발달론은 인간 발달의 단선적 계열성을 체계화하였다. 문학교육에서도 학습자의 발달론은 주로 '위계화', 곧 연속적인 측면을 중심으로 도입되었다. 이 경우, 청소년이 성인으로까지 이어지는 수직적 과정을 중시하기 때문에 청소년은 '작은 성인'으로 인정된다. 그의 고유한 자질은 다음 단계인 '성인'을 위한 준비적인 성격으로 이해될 뿐이다. 그러나 청소년은 미성년의 결핍적 존재일 뿐 아니라 그 시기만의 특권(관심, 취향, 성향)을 누리는 존재이기도 하다. 따라서 '발달 적합성'에서는 두 기준을 모두 고려할 필요가 있다. 한편의 축에서는 '수준'의 차이를 중심으로 수직적인 위계성을 확보하고 다른 한편으로는 학습자의 관심을 배려하는 수평적 분화를 고려하는 것이다.

셋째, 발달 적합성에는 가치 해석 문제가 개입한다. 학습자의 실제적 발달 상황에 대한 실증적 연구의 필요성이 부각되고는 있지만, 발달은 경험적 발견의 대상이기도 하지만 동시에 이념적 합의의 대상이기도 하다. 발달 심리의 실증적 논의들에도 문화적 가치와 신념을 배제하기는 힘들다. 가령, 콜버그 L. Kohlberg의 발달 이론에는 남성 중심의 가치관이, 피아제Piaget 이론에는 서구 남성 중심주의가 스며들어 있다. 따라서 어떠한 발달을 의미 있는 것으로 인정할 것인가, 혹은 어떤 발달을 추구할 것인가에 대한 가정적 전제를 성찰하는 일이 무엇보다 중요하다. 발달은 교육의 전제이기도 하지만, 동시에 교육의 결과이기도 한 것이다. 이렇게 보면 실증적으로 검토되는 학습자의 현재적 흥미와 수준은 징후에 불과한 것일 뿐 교육은 이를 적극 해석하여 그 잠재성을 도와주어야 할 것이다.[14) 부르너Bruner가 발달연구를 '정책 과학'이라고 한 것도 이처럼 발달의 사실과 가치는 뗄 수 없기 때문이다. 그런 점에서

회 인지' 발달의 중요성을 부각시켰다. 이는 문학 경험이 지닌 사회적 속성 때문인데, 이런 논지는 이 글에서도 수용하고 있다. 고영희(2007), 「시조교육의 위계화 연구」, 서울대 대학원.

14) John, Dewey, 박철홍 역(2002), 「아동과 교육과정」, 문음사.

'발달 적합성'에는 교육이 어떠한 문화와 가치를 선택할 것인가의 문제가 판단되어야 한다.

넷째, 발달의 중층적 기제를 고려해야 한다. 문식성의 발달은 인간 발달의 사회, 문화의 제 요소와 연관되기 때문이다. 발달은 개인의 생애사적 전개 과정이기도 하지만, 동시에 그가 속한 사회, 문화적 관습에 부응하는 과정이기도 하다. 문화적 관점에서 보면, 발달은 그 공동체가 기대하고, 인정하는 문화적 적합성에 따르기 때문에 사회 문화적 맥락에 따라 다양한 패턴이 존재할 수밖에 없다. 그럼에도 맥락과 무관하게 개인의 항존적, 구조적 '발달' 단계만을 고수한다면, 다양한 역할과 맥락을 고려하지 못한 채 발달을 표준화하는 우를 범할 수 있다.

2) 발달의 중층적 변인 : 학습자의 관심 · 수준 · 역할

그렇다면, 이제 텍스트의 '발달 적합성'을 판단하는 데 관여하는 중층적 변인들을 살펴보도록 하겠다. 먼저, 학습자의 발달 '수준'의 변인이 있을 수 있다. 이는 제반 능력의 발달적 위계와 연관되는 것인데, 단선적이고 연속적인 일련의 발달 과정에서 학습자의 수준을 평가할 수 있다. 또, 학습자의 '관심' 변인이 있다. '관심'(interest)은 삶의 문제에 처하면서 지니게 되는 일련의 심리적 경향이라 할 수 있다. 이는 나이 또래의 삶이 초래한 본질적 결핍, 그리고 이 문제를 해결하려는 열망에서 기인하기 때문에[15]일시적으로 지나가는 흥미와는 그 속성이 다르다. 그러나 이는 그 시기 고유의 인지적, 정의적 경향성에 바탕을 두고 있기 때문에 발달의 불연속적 측면이라고 할 수 있다. 이 두 요소는 기존에도 많이 언급된 것이다. 반면, 그동안 별로 언급되지 않았던 변인으로 '역할'이 있다. 이는 학습자에게 공동체에서의 어떠한 위치와 역할을 부여할 것인가의 문제이다. 인간은 나이가 들어감에 따라 심리적 요소뿐 아니라

---

15) Weinstein, G., Fantini M.D, 윤팔중 역(1992), 『정의 교육과정』, 성원사, 47-49면.

공동체에 참여하는 방식과 사회 문화적 역할에 변화가 생긴다. 그리고 이러한 역할의 변화는 발달의 중요한 지표이자 동력이 된다. 16)발달에 대한 맥락주의적 관점에서는, 개인의 발달은 문화 공동체의 발달, 종족 발달의 장과 상호의존적으로 엮이면서 이루어진다는 점을 강조하고 있다. 개인은 결코 혼자만의 고립된 장에서 발달하는 것이 아니며, 공동체 문화 속에서 요구하는 가치와 기대 속에서 발달하며, 또 역으로 개인의 발달에 의해 문화와 종족의 발달도 이루어진다. 이렇게 보면, 학습자 개인의 발달은, 고정된 '생체 발달 시계'를 반복하는 기성인류사의 복습 과정이 아니라 문화적 공동체와 인류 종족의 발달에 대한 비전과도 밀접하게 연관되어 있다.

이를 텍스트 선정에 적용한다면, 개인의 발달을 고려하는 일과 문화 공동체의 미래적 비전을 투영하는 일은 분리되지 않는다. 그런 점에서 기존에 존재하였던 이분법, 곧 '좋은 텍스트'와 '적합한 텍스트', '재밌는 텍스트'와 '의미있는 텍스트', '문화적으로 가치 있는 텍스트'와 '학습자의 발달 시기에 적합한 텍스트', '문학사적으로 가치 있는 텍스트'와 '청소년의 삶에 의미 있는 텍스트'17)는 단순 논리에 불과하다. 일례로, 교재 선정 과정에서 흔히 보는 장면은 청소년의 흥미와 관심, 취향을 살려 대중문화나 청소년 문학을 가르쳐야 할 것인가, 아니면 교육적 효과를 살려 정전을 가르쳐야 할 것인가의 갈등 상황이다. 그러나 이 문제를 '역할' 발달의 관점으로 본다면, 둘 중의 하나를 선택해야 하는 이분적인 상황으로 귀착되지 않는다. 왜냐하면 청소년의 취향 문화를 고려한다고 하더라도 그것은 개인적으로 '재미있는' 작품이 아니라, 우리

---

16) Rogoff, Barbara.(2003), The Cultural Nature of Human Development, Oxford University Press.

17) 이런 경향은 정전 중심의 교재관을 지닌 사람이나 청소년 문학론, 혹은 제도 밖에 서의 문학교육을 주장하는 사람 모두에게서 발견된다. 그러나 발달과 교육을 상호적으로 본다면, 청소년의 관심과 문학사적 평가를 이분화하는 시각은 재고될 필요가 있다. 이분법의 부조리함에 대해서는 우한용 교수(1998)의 언급도 있었다.
우한용(1988), "문학교육의 이념과 문학 교재론의 방향", 문학교육학회 학술발표대회.

공동체의 새로운 문화 창조 비전 면에서도 '가치 있는' 작품이어야 하기 때문이다. 이처럼 발달적 적합성의 판단 변인을 학습자의 수준, 관심, 역할로 한다면, 발달의 연속성과 불연속성, 사회적 요소와 개인적 요소를 종합적으로 고려할 수 있다는 이점이 있다.

3. 청소년의 발달 특성과 서사 텍스트 선정 원리

1) 서사 경험의 기제와 그 발달적 요소

그렇다면, 이제는 서사교육으로 좁혀서 서사 텍스트 선정에서 고려해야 할 발달 적합성에 대해 논의해 보도록 하겠다. 먼저, 서사교육에서 중요하게 고려해야 할 발달 영역은 무엇일까? 이에 대한 답은 별도의 지면이 필요할 만큼 광범위한 내용이겠지만, 이 글에서는 서사 경험[18]의 기제에 대한 논의와 서사교육의 지향점을 분석하여 대략적으로 논의하고자 한다.

서사 경험에 대한 리차드 게리그(Richard J. Gerrig)의 연구를 보면[19] 서사경험은 독자가 등장인물에 자신을 전이시켜 그의 역할을 수행하는, 연행적이면서도 사회적인 경험으로서의 속성을 지니고 있다고 한다. 독자는 배우처럼 다양한 인물들을 연행하면서 그 세계를 생생하게 느끼고 '살아내는' 것이다. 이때 그는 '나'이면서도 동시에 또 다른 사람이기도 하는 공유적 자아를 경험한다. 이러한 과정은 역할 이행을 통한 강렬한 전이 체험이며, 전인격적인 참여의 경험이라 할 수 있다. 이 과정에서 독자는 자신의 신념과 행동을 결정하며, 그 결과 자아를 형성, 창조, 변화시키고, 정체성을 만들어 나가게 된다. 이런 논의는 「돈키호테」나 「제인 에어」와 같은 작품에 잘 나타나 있다.

---

18) 텍스트보다는 '텍스트 경험'을 문제 삼은 이유는 우리가 발달 특성이라고 할 수 있는 것은 매우 추상적인 것이어서 이를 텍스트 차원에 직접 반영하는 것은 다소 무리가 따르기 때문이고, 또 동일한 텍스트라도 다르게 경험될 수 있었기 때문이다.

19) Gerrig, J. Richard.(1995), Experiencing Narrative Worlds, Yale University.

그런데 이러한 경험은 독자의 발달 수준과 관심, 역할에 따라 상이하게 나타날 수밖에 없다. 이른바 '최소화의 법칙' 때문이다. 독자는 '자신의 현실 경험과 관심, 배경 지식과의 유사성에 입각하여 서사 세계에 반응하기 때문에, 그의 제반 능력과 관심에 따라 허구 세계에 대한 경험은 다르게 나타난다. 앞에 서술된 내용에서, 서사 경험에 직접적인 영향을 미치는 변인을 추출한다면, 학습자의 자아 수준이나 인지 능력의 발달 정도, 공감 능력을 포함한 도덕성 발달 정도, 역할 발달의 수준을 꼽아 볼 수 있을 듯하다.

먼저, '자아 개념의' 수준은 독자가 허구적 인물의 자아를 이해하는 방식이나 자신과 허구적 인물을 연관 짓는 방식을 결정한다. 초기 아동기와 같이 자아를 일관된 어떤 속성으로 이해하지 못하는 시기라면, 작중 인물의 정체성이나 성격보다는 개별 에피소드에서 담당하고 있는 인물의 기능이 결정적인 영향을 미칠 것이다. 반면, 청소년처럼 신념이나 가치를 지닌 이념적 자아의 이미지가 싹트기 시작하면, 허구 세계에서도 인물의 이념과 가치관이 서사 경험을 형성하는 주요 변수가 된다. 또, 독자의 인지 발달수준도 독자가 사건과 행위, 배경, 작중 인물을 추론하는 방식을 결정한다.

구체적 조작기의 아동이라면, 행위를 인물의 심층적인 동기나 환경 요소와 연관 지어 이해하기는 힘들 것이다. 따라서 인물의 행위에 대한 표층적인 정보가 나타나야 할 것이다. 공감력과 같은 도덕성 발달 수준도 어떤 인물의 유형과 공감할 수 있는가를 결정할 수 있다. 아동기라면 자신과 상황이 직접적으로 유사해야 공감할 수 있겠지만, 청소년기에는 보편적 정황에 감동할 수 있다. 또, 독자가 어떠한 역할을 부여받는지에 따라 서사 경험의 양상은 달라질 수 있다. 단순 독자로 즐거움만을 얻는 역할인지, 자신이 해석한 결과를 책임 있게 발표해야 하는 역할을 부여받았는지에 따라 서사 경험 역시 달라지는 것이다.

이러한 변인들은 그동안 서사교육이 추구했던 가치, 혹은 발달적 지향 성과와도 크게 다르지 않다. 그동안 서사교육은 서사를 통한 인간 발달의 총체를 추구하고자 해 왔다.[20] 서사 텍스트의 읽기와 쓰기를 통해 학습자가 자기와 세계를 이해함은 물론이고 자신의 정체성을 창조하고 나아가 세계에 대한 새로운 가능성을 찾을 수 있도록 해 왔던 것이다. 서사교육 역시, 서사 경험을 형성하고 있는 자아 정체성 형성, 인지적 발달, 도덕성 발달, 역할의 발달을 추구하는 것이다. 이에 본고에서는 이 네 가지 요소로 체계화하겠다.

2) 청소년의 발달적 특성과 서사 텍스트 선정의 원리

이제 청소년 학습자의 관심, 수준, 역할의 발달적 특징을 고려하여 서사 텍스트 선정 원리를 구안하도록 하겠다. 발달은 평형과 불균형, 위기와 기회의 역동적인 갈등 상황 속에서 전개되기 때문에 특정 지표로 정리된 발달 단계보다는 발달의 과정과 메커니즘을 통찰하는 일이 더 중요하다. 그래야 현재의 수행이나 능력의 개별적 사실에 국한되지 않고, 발달의 전 과정에 입각한 논의를 펼칠 수 있기 때문이다.

① 자아 발달 수준의 적합성

먼저 자아 형성의 문제와 연관된 선정 원리에 대해 서술하겠다. 그동안 청소년 독서교육의 중요한 과제로 합의한 것에는, '자기화', '자기 향상'[21]이 있다. 자아 정체성 향상은 독서의 본질적 요인이기도 하지만, 특히 청소년기에는 가장 핵심적인 과제에 해당된다. 그것은 청소년기의 발달 과제가 자아 정체성의 모색에 있기도 하지만, 청소년 독자의 문학적 전유 방식 자체가 자아 모색과 밀접한 연관을 지니기 때문이다. 청소년 문학논자인 도넬소와 닐센(K. L. Donelso & A. P. Nilsen)은, 연령별 문학적 읽기의 특성을 살피면서 중학생은 "책 속에서 자기 발견하기"(Finding oneself in books), 고등학생은 "자신을 넘어선

---

20) 우한용 외(2001), 「서사교육론」, 동아시아.
21) 김대행(1994), "독서 체계 연구", 국어교육연구 1, 서울대 국어교육연구소.
   박인기(1994), "문학 독서 방법의 상위적 이해", 국어교육연구 1, 서울대 국어교육연구소.

모험하기(venturing beyond self)"22)라고 하여, 청소년들의 문학 활동이 자아를 발견하고 확장하는 일과 밀접히 연관되어 있음을 밝혀 주었다. 청소년들은 그들 특유의 불안정과 불균형의 심리 때문에 책에서 자기와 유사한 상황을 발견하고 정서적 안정과 성숙을 추구하는 것이다. 이들에게 책은 기존 권위에 저항하면서 자아를 모색하도록 도와주는 매체이기도 하다. 이런 점에서 서사 텍스트 역시 정체성에 대한 이들의 관심과 자아 발달의 수준을 바탕으로 하면서도 이들의 자아 형성을 이끌어 줄 수 있는 텍스트를 중심으로 선정해야 한다.

그렇다면, 이에 적합한 어떠한 텍스트적 조건은 무엇일까? 이에 대한 답은 정체성 발달의 기제에서 실마리를 찾을 수 있다. 정체성은 에릭슨이 지적한 것처럼, 개인과 그가 속한 사회의 역할 규정, 금기, 가능성 간의 교차점에서 파생된다. 아동기가 존재적 안전감을 유지할 수 있었던 것은, 주어진 사회적 역할, 또 '착한 소년/소녀'의 관습적 역할에 동일시하고, 또 인지적 지능의 미숙으로 다양한 역할 모델들 사이의 모순, 불일치를 자각하지 못하였기 때문이다. 그러나 청소년기는 급격한 신체적, 정신적 변화가 이루어짐에도 불구하고 사회적 위치는 변하지 않는, 그래서 불협화음이 일어나면서 정체성의 '위기'가 발생한다.

특히, 청소년기에는 추상적 사고가 발달함에 따라 기존의 만들어진 역할 모델에 그대로 동일시되기보다는 나름의 이상적 가설 등을 동원하여 새로운 역할 모델과 정체성을 실험하고, 창조하며, 모색하는 노력을 펼치게 된다. 이것이 바로 청소년기의 '정체성 유예와 실험'이다. 그들은 어디에도 소속되지

---

22) 이들은 청소년 문학론에서 문학적 전유의 방식을 전 7단계로 나눈 바 있다. 1단계(탄생-유치원 시기) : 쓰여진 텍스트에서 즐거움과 이로움에 대한 이해(Understanding of pleasure and profit from printed words), 2단계(초등학교) : 해호화 배우기(Learning to decode), 3단계(후기 아동기) : 자신을 잃고 몰두하기(Losing oneself in books), 4단계(중학생) : 자신을 발견하기 위한 책 읽기(Finding oneself in books), 5단계(고등학생) : 자신을 넘어 모험하기(venturing beyond self), 6단계(대학생) : 폭넓게 읽기(reading widely), 7단계(성인기) : 미적 감상이 그것이다(Kenneth. L. Donelso & Alleen Pace Nilsen.(1997). Literature for today's young adults, Columbia University).

않은 채, 자아 통합을 시도한다. 그러나 신체와 정서·정신의 성숙이 불일치하고, 사회적으로도 다양한 진로를 선택해야 하며, 과거의 자아와 현재의 자아, 미래의 사이에서 혼돈을 느끼기 때문에, 그들은 언제나 내가 누구이고, 또 무엇을 할 수 있는지, 또 하고 싶은지에 대해 그들은 불안을 느낀다. 그러나 이 '위기'와 '혼돈'은 당연하고도 필연적인 것이다. 이 시기의 '정체성 유예와 실험을 하지 못한다면 건강한 정체성을 가질 수 없기 때문이다.

아울러 주목할 점은 청소년기는 가치관, 세계관과 같은 삶의 원칙이나 형이상학적인 설명을 추구하는 시기라는 점이다. 이들은 자신의 삶을 이끌어 나갈 신화 혹은 이야기의 사상적 뼈대(Ideological Setting or Plot)를 탐색하기 시작한다.[23] 그 방식은 전통과 문화의 권위적 담론들과 투쟁하고 갈등하면서이다. 이들은 자신의 이념을 외부의 권위에 의해서가 아니라 자신의 내적 설득력으로[24] 정체성을 확보하고자 한다.

이 설명에 바탕을 둔다면 서사 텍스트는 그들이 자기 나름의 역할 모델에 대한 이상적 가설을 동원하고, 또 새로운 역할 모델과 정체성을 실험할 수 있어야 한다는 조건을 갖추어야 한다. 곧, 관습적인 역할 모델을 반복하고 있는 서사보다는, 새롭고 다양한 성격, 사고방식, 행동 양상, 아이디어, 목표, 사회적 관계를 실험할 수 있도록 하는 서사이어야 한다는 것이다. 그래야 청소년들은 서사 텍스트를 통하여 '내적으로 설득력 있는 담론'을 스스로 만들어 낼 수 있다. 실제로 학습자들에게 긍정적인 평가를 받고 있는 작품들 은 이러한 기준에 충실하다. 가령, 7차 교육과정 국어 교과서에서 학습자들이 가장 '재미'와 '의미'가 있는 작품이라고 뽑은[25] 「봄봄」도 이런 관점으로 설명할 수

---

23) 양유성(2004), 『이야기 치료』, 학지사.
24) 바흐찐은 내적으로 설득력 있는 담화와 외적으로 권위 있는 담화를 구분 지으면서, 전자를 성장 소설에 등장하는 담화로 제시하기도 하였다. 여기서 '내적으로 설득력 이 있다'는 것은, 청소년들이 자기 나름의 이론적 가설을 통해 파악하고 선택해야 한다는 것이다(M. Bakhtin, 전승희 외 역(1998), 「장편소설과 민중언어」, 창작과비평사).
25) 김종철(2006), "7차 교육과정 국어과 1종 도서에 대한 비판적 검토", 서울대 국어교육 연구

있다. 「봄봄」은 청년기의 화자가 등장하여, 권위자인 장인과의 심리적 갈등을 표 나게 내세우고 있는 작품이다. 그 과정에서 기성세대의 위선이 폭로되면서 심리적 보상을 주고, 그러면서도 화자 스스로 해체되어 과도하게 동화된 자아에 현실 원칙을 일깨움으로써 통찰력을 제공하는 것이다. 이로써 청소년 독자는 자신의 내면적 관심에 맞닿는 즐거움과 함께 새로운 지적 안목을 얻을 수 있다.

그러나 이러한 발달적 관심은 자아 발달의 수준에 따라 전기 청소년기(13세~15(16세)와 후기 청소년(16(17)세~19세)26)으로 구분할 수 있다. 전기 청소년기는 간주관적 상호성에 기초한 '자아'상을 지닌 단계이다.27) 이 시기의 자아는 객체/타자가 나름의 욕구와 관심, 희망을 지닐 수 있다는 점을 무시하지는 않지만, 자신과 관계하지 않는 타자, 또 타자와 별도로 존재하는 자기 자신에 대해서는 인식하지 못한다. 타자와의 상호적 관계 속에서만 자신을 깨닫는 것이다. 자아는 관계를 지닌 존재가 아니라 관계 그 자체라 할 수 있다. 따라서 이들은 작중 인물과 동일시하고, 이들과 공유하는 과정에서 자기 자신에 대한 인식도 형성해 나간다. 반면, 후기 청소년은 형식적 조작기가 완성되면서 자기 주도적 권위와 정체성, 심리적 통제와 이데올로기를 모색한다. 일관된 가치관, 세계관을 추구하면서 이념적 자아를 형성하기 시작하는 것이다.

이런 점에서 본다면, 중·고등학생은 자아 형성에서 각기 다른 단계에 있다고 하겠다. 이를 배려한다면, 전기 청소년에는 청소년의 현실 상황과 유사하거나 동일시·공감할 수 있는 '작중 인물'과 '소설적 상황'을 지닌 텍스트를, 후기 청소년이라면 독자 자신의 신념과 가치관에 기반을 두어 '자기 주도적인 응답'을 하거나 자신의 이념을 밝힐 수 있는 텍스트가28)각 시기의 자아 발달

소 발표대회.

26) 본고에서는 청소년기를 전기 청소년과 후기 청소년으로 나누는 용법을 그대로 사용하기로 한다.

27) Cicchetti, Dante, Hesse, Petra.(1982), Emotional Development, Jossey-Bass, Publishers, pp.108-109.

에 적합하다고 하겠다.

② 인지 발달의 수준 및 관심의 적합성

청소년기는 사고력이 혁명적으로 변화하는 시기이다. 이 시기에는 형식적 조작이 가능함으로 해서 상상력이 비약적인 성장을 하게 되고 서사경험에도 큰 변화를 가져온다. 구체적 조작기와 이 시기의 사고가 다른 점은 추상적 사고, 미래에 대한 가능성의 사고, 자기 자신에 대한 성찰의 사고가 가능하다는 것이다.[29] 추상적 사고가 가능해진다는 것은 현재의 사실을 주어진 사실 그대로 인정하기보다는 이상과 당위 등 가설적 조작을 통하여 다양한 가능 세계를 고려하고, 현실을 변형하여 판단할 수 있음을 의미한다. 그 결과 현실과 이상의 갈등이 강화되기도 하지만, 자기 자신과 세계를 미래 지향적으로 이해할 수 있다. 또, 자기 자신을 성찰하고, 사고 자체가 다음 사고의 대상을 삼을 수 있게 됨에 따라 새로운 정신세계를 열어 나갈 수도 있다.

이러한 인식의 발달로 하여 청소년은 '허구성' 인식 면에서 아동기와는 큰 차이를 보인다. 아동기는 공상과 놀이, 허구와 실재를 변별하지 못했던 반면, 청소년기는 추상적 사고를 통해 허구를 현실에 대한 대안적 사고, 혹은 모델로 인식할 수 있게 된다. 이로써 상상력은 비약적으로 발전한다. 비고츠키(Vygotsky)도 말했듯이, 청소년기의 이성 능력 발달은 감각적 구체성에 의존했던 아동기의 상상력과는 달리, '비평적 사고'를 통해 경험적 직접성을 넘어서는 것이다.[30] 이들의 상상력은 추상적 개념, 이성적 비판능력에 의해 오히려

---

28) 이정우의 「탐독」에 나오는 독서 경험도 이와 유사하게 서술되어 있다. 그가 어두운 사회 현실에 관심을 갖게 된 과정을 보면, 먼저 「화수분」과 같이 정서적으로 친근감을 느꼈던 공유의 경험이 나오고 이후 「운수 좋은 날」과 같은 '아이러니적 고통'에 대한 이해로 나아가고 있다. 이정우(2016), 「탐독」, 아고라.

29) Breger, Louis.(1974), 홍강의 역(1998), 「인간 발달의 통합적 이해」, 이화여자 대학교출판, pp.108-109.

30) L. S. Vygotsky.(1991), "Imagination and creativity in the adolescent", Soviet Psychoiogy, Vol.29, No.1 ; 72-88.

확장되는 것이다. 이 시기는 이성과 상상이 행복하게 만나는 유일한 시기이다. 또, 인지 발달의 수준은 서사적 추론 능력에도 큰 영향을 미친다. 아동기가 주로 명시적으로 드러난 행위적 요소에만 초점을 두었다면, 청소년기는 텍스트 이면에 심층적으로 제시되고 있는 인물의 동기, 목표, 지각 등을 추론할 수 있다. 그리고 후기 청소년기가 되면, 광의의 사회적, 심리적 접근이 이루어져서 인물을 다양한 정황 맥락에서 이해할 수 있게 된다.[31]

지속적인 인지 발달을 통하여 청소년들은 텍스트의 표층보다는 심층으로, 행위나 사건을 다양한 요소와 연관지어 해석할 수 있도록 한다. 이러한 논의를 서사 텍스트 선정에 반영한다면, 전기 청소년기에는 서사의 구조가 단순하고 강렬하여 구성 요소간의 포괄적인 연관보다는 인물과 같은 특정의 요소가 부각된 단선적인 서사 텍스트가 적합하다. 문제 해결이나 소망 충족의 플롯을 지닌 소설이 그 예가 되겠다. 또, 청소년의 생활이나 욕망과 유사하여 작품 이해에 요구되는 배경지식이 적고, 구체적 형상이 뚜렷하게 나타나는 작품이 적당하다. 당대적인 이슈를 담고 있거나 리얼리즘적 소설이 이에 해당될 것이다.

반면, 후기 청소년기는 함축된 정보량이 많고, 아이러니나 양가적 의미와 같이 여러 요소를 복합적으로 의미를 분석할 수 있는 텍스트가 적합하다. 또한 배경 지식이나 비판적 사고력을 동원하여 상상력을 확장할 수 있어야 한다. 설화나 동화, 우화와 같은 무시간적 텍스트보다는 역사성을 지니거나 사회적 이슈를 지닌 소설들, 또 시공간적 배경이 이질적인 서사가 그 예가 될 수 있다.

그런데 인지 발달의 수준뿐 아니라 인지적 관심, 혹은 경향에도 주목할 필요가 있다. 청소년은 현실에 대한 총체적인 인식을 발전시켜 나가는 과정에서 이상주의적, 그리고 낭만주의적 경향을 지니고 있다. 추상적 이상주의 경향은

---

31) Richard Beach, Linda Eendeg.(1987), "Developmental Difference in Response to a story", Research in the Teaching of English, Vol.21, No.3, p.287.

자신의 추상적 가설을 과도하게 동화함으로써 발생하는 주관주의이다. 그들의 미래 지향성이 지나치게 강화될 때 나타나는 것이다. 게다가 이들은 자신의 성찰이 마치 자기만의 고유한 것, 자기들이 발견하여 세상에서 처음 있게 된 것인 양 받아들이면서 성인을 비롯한 다른 집단을 배제한다. 이것의 장점은 새로운 사고방식을 발견하는 창조적 혁명 단계[32]로까지 발전시킬 수 있다는 점이다. 그러나 이 이상주의의가 창조적 사고로 전환되기 위해서는, 성인 역할, 경력, 업적, 그리고 인생 계획들을 사회 속에서 탐색하는 활동이 필요하다.

또 이들에게는 낭만적 인지 경향도 있다. 이는 주로 전기 청소년들에서 나타난다. 이들은 아동기처럼 외부 세계의 존재를 자신의 주관으로 동화하지는 않지만, 이 세계가 이상하고도 생경한 법칙에 의해 작동되는 냉혹하면서도 신비스러운 것이라는 점을 깨닫고는 지적 안정감에 위협을 받는다.[33] 이에 자신을 세상에서 가장 힘 있고 고귀하며 용기 있는 것들과 연합하고 동일시하여 위기를 극복하고자 하는 것이다. 가령, 영웅, 국가, 관념 등과 같은 초월적 존재들이 위협적인 존재와 투쟁하여 영광을 얻는다는 식의 낭만적인 이야기에서 위안을 얻는다. 그러나 이러한 관심은 후기 청소년기가 되면서 점차 철학적 관심으로 넘어간다. 그것은 특수한 삶의 양식을 넘어서 삶의 양식 전체를 이해하고자 하는 태도를 지니게 되는 것이다.

청소년의 이러한 관심은 그들만의 삶에서 배태된 것으로 성인들의 인지적 관심과는 다소 거리가 있다. 그러나 발달의 불연속성을 고려한다면, 이것을 섣부르게 수정, 교정하는 접근은 타당하지 않을 것이다. 자신의 관점을 그 한계까지 충분히 진행해야 그 다음 단계로의 발달도 가능하기 때문이다. 이러한 연구 결과로 우리는 청소년들이 '의미 있는' 반응을 보이는 텍스트의 내용을 예측할 수 있다. 전기 청소년은 주관적 이상에 강렬하게 몰두하거나 내용

---

32) Louis, Breger, 홍강의 역(1998), 앞의 책.
33) Egan, Kieran.(1990), Romantic Understanding, Routledge.

과 형식면에서 혁신성과 개성을 앞세운 텍스트, 또 초월적이며 힘 있는 것들에 동일시할 수 있는 텍스트가 이들의 관심에 부합할 수 있다. 실제로 외국의 경우, 중학생의 교재 선정 목록에는 초월성이나 이국적이고 낭만적인 이야기, 개인적 이상과 관련된 이야기가 많다.[34] 다음, 후기 청소년은 전기 청소년의 관심을 이으면서도 과도한 주관주의가 현실과의 대결을 통해 조절되는 텍스트가 필요하다. 주관적 이상이 현실과의 조우를 통해 수정되는 과정을 담은 텍스트나 이념과 현실과의 관계 등을 사고할 수 있는 텍스트가 그것이다.

③ 도덕성 발달의 적합성

도덕성의 발달은 서사 텍스트 경험에서 매우 중요하다. 서사는 근본적으로 인물과 세계, 인물과 인물의 가치 갈등을 다루기 때문이다. 기존 연구는 주로 콜버그(Kohlberg)의 도덕적 추론 발달과 연관지어 논의되었다.[35] 도덕성은 도덕적 추론 능력뿐 아니라 도덕적 감정, 공감 능력 등의 다양한 요소로 구성된다. 도덕적 추론 능력이 딜레마 상황 속에서의 가치 선택양상을 살필 수 있다는 이점은 있으나, 허구적 서사물의 도덕적 상황과 현실적 세계에서의 도덕적 추론은 동일하게 적용할 수 없다는 문제도 간과할 수는 없다. 허구 세계는 현실 세계의 추론을 그대로 적용하기보다는 도덕적 가치를 다양하게 실험하는 성격을 지니고 있기 때문이다. 가령, 전기와 후기 청소년기는 콜버그

---

34) 청소년 문학의 고전적 저서에서는(G. Robert Carlsen, 1967) 단계별 텍스트로 다음과 같이 소개하고 있다. 초기 청소년(12세-15세) : 동물 이야기, 모험 이야기, 미스테리 이야기, 초자연적 인 현상에 대한 이야기, 스포츠 이야기, 다른 지역의 청소년 이야기, 가정과 가족 이야기, 유머, 과거를 배경으로 한 이야기, 환타지.중기 청소년(16세-17세) : 모험에 대한 비허구적 서사물, 역사 소설, 낭만적 소설, 소년 생활에 대한 이야기. 후기 청소년(18세-19세) : 개인적 가치를 추구하는 이야기, 특이하고 신비로운 인간 경험의 이야기, 청소년에서 성인으로의 발전 과정을 다룬 이야기가 그것이다.(G. Robert Carlsen(1967), Books and the reader, Bantam Books).

35) 김중신(1994), "소설교재의 위계화 가능성에 대한 고찰", 국어교육연구 1, 서울대국어교육연구소.
황혜진(2006), "가치 경험을 위한 소설 교육 내용 연구", 서울대대학원 박사학위논문.

(Kohlberg)의 도식에 따른다면 '인습기'에 해당되는데 구체적으로는 "3단계 : 착한 소년, 소녀의 지향"과 "4단계 : 법과 질서 지향" 단계에 속한다. 그런데 이 단계의 가치 판단은 주로 '사회적 규칙, 관습, 권위' 그리고 '권위적 인물이나 자신이 좋아하는 사람의 승인 여부'에 기초하는 것이기 때문에 이를 서사 텍스트에 적용하면 전래 동화, 설화, 대중매체의 서사와 같이 관습적인 가치를 옹호하는 텍스트가 중심이 된다. 앞에서 '자아 정체성 발달'의 문제를 살폈지만, 청소년기는 오히려 관습적인 모델에서 나아가 새로운 역할 모델을 추구하는 텍스트가 더 의미가 있다고 본다.

그런 점에서 도덕성 발달 중에서도 서사 경험과 밀접한 연관을 지니는 것은 '도덕 감정 발달'의 요소라 할 수 있겠다. 작품 세계의 어떤 부분에 공감할 것이냐를 예측할 수 있기 때문이다. 도덕 감정은 타자에 대한 애정과 공감 능력을 말한다. 이 역시 연령에 따라 그 발달 수준이 달라지는데, 전기 청소년기는 타자의 정신적 이미지 전체를 이해할 수 있어 주로 인물에만 공감하는 반면, 후기 청소년은 인물이 처하고 있는 조건에 대한 공감 역시 가능해진다. 그리하여 타인의 고통을 집단의 고통으로 일반화하여 이해할 수 있게 되는 것이다.

종합적으로 전기 청소년이라면 작중 인물과 독자와의 정서적 연관이 강한 작품을 선택할 필요가 있는 반면, 후기 청소년이라면 서사적 상황과 조건에 대한 공감 능력을 바탕으로 보편적 정황, 다양한 계층에 대한 상황적 이해와 공감을 유도할 수 있는 작품이 적합할 것이다.

④ 역할 발달의 적합성

한 개인이 공동체에 어떤 방식으로 참여하고 어떤 역할을 담당하는가는 그가 발달함에 있어 매우 큰 영향을 미친다. 청소년, 성인으로 발달하는 과정은 그가 속한 공동체에서의 역할과 참여 방식이 확장, 변화되는 과정이다. 청소년기는, 아동기와 성인기 사이에 존재하는 과도기적 단계이다. 치숄름

(Chisholm)에 따른다면,[36] 이 시기의 '역할'은 자기 자신에 대해 생각하고, 자신의 일을 자립적으로 해낼 수 있고, 성인의 책임 있는 삶을 위한 제반 영역에서의 숙련이 필요한 시기라고 한다. 그러니까 자신을 정립하는 일과 함께 예비성인으로서 책임 있는 역할을 담당할 수 있는 일을 동시에 교육받아야 하는 것이다.

그러나 근대 도시 문명사회에서 청소년은 '예비 성인으로서의 책임 있는 역할'과는 거리가 먼 듯하다. 육체적으로는 성인과 큰 차이가 없지만 사회적 역할에서는 큰 차이가 있기 때문이다. 그들은 결혼도 투표도 할 수 없고 오로지 소비 생활에서만 주인이 된다. 근대 이후 청소년은 사회에서 '생산적인 역할'로부터 분리된 것이다. 그러나 이러한 사정은 문화의 영역에 오면 달라진다. 청소년은 현실로부터 상대적으로 자유롭다는 이점으로 다양한 의미 실험에 몰두하면서 새로운 문화 주체로 빠르게 성장하였다.

한국 근대 문화 형성 과정에서 이들은 '새로움'의 취향을 통해 근대 문화 창조의 주역으로 기능하였다.[37] 게다가 새로운 복합 매체 시대의 신속한 적응 능력을 보이면서 매체 문화도 선도하고 있다. 사회 역사적 발달 이론에 따르면, 개인의 발달은 그가 속한 문화 공동체의 실제 도구/문화에 참여적 변형(transformation of participation)을 실천할 때 성취된다.[38] 그리고 개인이 자신의 발달로 성취해 낸 결과는 곧 문화 공동체의 발달로 이어진다. 청소년에게 '참여적 변형'의 역할을 부여한다면, 우리는 미래 지향적 관점에서 그들의 문화를 중요한 자원으로 인정하고, 교재선정에 적극 반영할 수 있겠다. 특히, 학습자는 나름의 사회 문화적 위치 속에서 문화적 자원과 유산을 지니고 있는 존재

---

36) Rogoff, Barbara.(2003), The Cultural Nature of Human Development, Oxford University Press.
37) 천정환(2004), "식민지 시기의 청년과 문학·대중문화", 오늘의 문예비평 55, 오늘의 문예비평.
38) Rogoff, Barbara.(2003), The Cultural Nature of Human Development, Oxford University Press.

이고, 또 교육이 학습자의 문화와 대화하며 문화적으로 응답하는 실천 (Culturally Responsive Practice)[39]이라고 한다면 더욱 그러하다. 다소 다른 분야의 이야기지만, 문학 독자의 발달 과정에서도 '역할의 발달'은 성장을 구획 짓는 의미 있는 변수이다.[40] 초기 아동기 독자의 역할이 '즐기는 향유자'의 역할에 머문다면, 전기 청소년은 자신의 생각을 펼치는 '사색자'의 역할을 취할 수 있다. 반면, 후기 청소년은 '해석자'의 역할을 즐길 수 있어, 작품이 생산된 포괄적인 사회 문화적 위치를 해석하고 비판적으로 개입할 수도 있다. 바로 이 '해석자'의 역할은 앞에서 논의한 '변형적 실천의 역할'과 맥을 함께 한다. 이 역할은, 텍스트와 독자 자신을 연결 짓는 활동에서 나아가, 텍스트가 차지 한 사회 문화적 위치를 해석하고 비판하며, 참여하는 활동까지를 펼칠 수 있 기 때문이다.

그렇다면, 이 논의가 지닌 텍스트 선정에서 지니는 시사점은 무엇인가? 청 소년에게 변형적 실천의 역할을 부여한다면, 텍스트는 현실 문화 공동체의 다양한 문화유산으로 확장되어야 하며, 그 접근 범위도 넓혀져야 한다. 곧, 보호주의적 관점에서 나아가 실제의(authentic) 다양한 문학 문화와 대면하고, 책임있는 역할을 할 수 있는 기회를 줄 수 있다는 것이다. 이를 위해서는 텍스 트 내적 요소뿐 아니라 매체, 장르, 작가, 서사문화에서의 위치와 범위 등 문학 의 장을 형성하는 다양한 요소들을 종합적으로 고려할 필요가 있다. 가령, 동일한 작품이라도 어떤 '매체'나 '장르'를 선택할 것인가, 또, 작가의 선택에서 도 어떠한 사회 문화적 위치, 서사 문화 내에서의 위치를 우선시할 것인가 하는 문제는 학습자의 문화적 '역할'을 어떻게 부여할 것인가의 문제와 직결되 어 있다. 가령, 친일 작가와 같은 이념적 논쟁에도, 그 이면을 보면 학습자의

---

39) Birr, Elizabeth Mo Je & Hinchman, Kathleen.(2004), "Culturally Responsive Practices for Youth Literacy Learning", Tamara L. Jetton & Janice A. Dole, Adolescent Literacy Research and Practice, Guilford.

40) Appleyard, J. A. S. J.(1990), Becoming a Reader—The Experience of Fiction from childhood to Adultdhood, Cambridge University Press.

역할을 어떻게 볼 것인가의 문제가 담겨있다. 청소년에게 '참여적 변형'의 역할을 부여하고, 그들의 문화적 자원을 의미 있게 활용하기 위해서는 고전 문학뿐 아니라 청소년 문학, 당대 문학, 대중문화, 현실적·사회적 이슈와 관련된 논쟁적 텍스트로 확장할 수 있겠다.

3) 서사 텍스트 선정의 세부 원칙 예시

앞에서 제시한 발달적 적합성은, 텍스트 선정에서 내용, 형식, 표현을 분석하는 주요한 근거가 될 수 있을 것이다. 여기서는 텍스트 내용을 중심으로 세부 원칙의 예를 제시하고자 한다.

	중학생	고등학생
자아 형성의 발달적 적합성	· 정체성의 혼돈과 불안에 대해 정서적 안정감을 줄 수 있는 서사 · 주인공 중심의 비교적 단순하면서도 강렬한 서사	· 이념적, 직업적인 정체성을 상상, 실험할 수 있는 텍스트 · 가치관, 세계관을 확고히 하고 공고히 할 수 있도록 인물 간의 다양한 이념 차이를 드러내는 다성적 서사
인지적 발달 적합성	· 인물의 이상 추구, 소원 성취를 다룬 서사 · 이국적 시공간, 초현실적인 존재나 영웅과 같은 강력한 인물, 관념이 등장하는 낭만적 경향의 서사 · 특정한 사실이 구체적이고, 세부적으로 제시되어 있는 기록적 서사 · 자신을 성찰하는 내면적 경향의 서사 · 내용과 형식에서 '혁신성'이 강한 서사	· 인물의 이상 추구와 현실의 팽팽한 긴장을 다룬 서사 · 역사와 현실의 총체성을 다루고 있는 깊고 풍부한 내용의 서사 · 사회적, 현실적 이슈를 심층적으로 살피고 있는 서사 · 자기 자신의 사고를 성찰하는 내면적 경향의 서사 · 혁신성도 강하지만 동시에 현실적 타당성에 대해서도 긴장을 지니고 있는 서사
도덕적 발달	· 중학생 수준의 경험으로 공감할 수 있는 인물 중심의 서사	· 전형적인 상황을 담고 있는 서사

적합성		
역할의 발달적 적합성	·청소년 문학 작품 ·당대적 문학 작품 ·새로운 매체로 변형된 텍스트들	·비평적, 사회적 이슈가 되는 작가와 비평가의 텍스트들 ·작가, 비평가, 독자의 수용과 창작 과정이 담긴 텍스트 ·다문화적 텍스트

4. 결론 : 문학 텍스트 선정을 위한 제도와 정책 제언

이제까지 청소년 학습자를 대상으로 한 서사 텍스트 선정 원리를 살펴보았다. 애초의 기획이 텍스트 선정의 원리를 체계화하자는 것이었지만 워낙 추상도가 높은 의제였던 만큼 결론은 낯익은 내용들로 채워져 있다. 그럼에도 의의가 있다면, 지금까지 교과서 개발을 비롯하여 텍스트 선정이 학문적인 성격보다는 다소 정치적이고, 관습적인 판단에 근거하였는데, 이제는 교육공동체 구성원이 소통하고 조율할 수 있는 기본 범주라도 마련했다는 것이다.

이제까지 논의된 내용은 다음과 같다. 문학 텍스트 선정은, 기본적으로 학습자가 텍스트를 이해하고 받아들일 수 있느냐의 '수용적 적합성'보다는 학습자의 발달 기제에 대한 이해를 바탕으로 발달을 도모하는 '발달 적합성'에 기초해야 한다. 이 '발달 적합성'은 발달의 연속성과 불연속성, 발달의 사실과 가치, 발달의 개인성과 사회성을 복합적으로 고려해야 한다. 특히, 교과교육에서는 발달 심리학의 일반 도식을 기계적으로 적용하기보다 문학 경험, 혹은 서사 경험의 기제와 교육적 지향성에 기초하여 재구성해야 한다고 보았다. 이에 청소년 대상의 서사 텍스트 선정의 원리로 1) 자아 형성의 관심과 수준에의 적합성 2) 인지 발달의 수준과 관심에의 적합성 3) 도덕성 발달에의 적합성 4) 역할 발달에의 적합성을 제시하였다.

다음, 청소년의 발달적 특징을 분석하여 서사 텍스트 선정의 원칙을 제시하였다. 물론 이는 실제 청소년 학습자의 발달 상황에 대한 경험적 연구들로 보완되어야 할 것이다. 그리고 이론적으로도 '교재 비평'을 활성화하여 특정 작품의 교재적 타당성을 이론적으로 설명하는 논의가 지속적으로 이루어져야 할 것이다. 그러나 교재 선정에는 여전히 이론적으로는 해결되지 않는 문제가 있다. 교육적 목적에 부합하는 교재가 일단 있어야 하고, 교육 주체들이 상시적으로 의견을 모을 수 있는 기구가 있어야 하기 때문이다. 청소년 학습 독자의 관심과 발달이 항시 변화할 수 있다고 할 때, 학생, 교사, 학자, 창작인이 모두 참여할 수 있는 제도적 장치와 정책은 매우 중요한 역할을 한다. 미국의 경우에도 국제 독서 협회(IRA)와 미국 아동 도서 위원회(TCBC)가 지속적으로 참여하여 아동, 청소년을 참여시키는 장기간의 제재 선정 체제인 '아동 도서 선정 위원회(TCBC, The Children's Book Council)'의 사례가 있다고 한다. 우리나라에도 학회, 청소년, 교육 당국이 함께 논의할 수 있는 교재 선정 관련 정책 기구를 만드는 등의 제도적인 보완책이 있어야 할 것으로 생각된다.

03

교실 내 평가를 위한
문학 독서의 '실제적 평가'

1. 서론 : 왜 다시 대안적 평가인가?

국어교육 영역 중에서도 문학 영역의 '평가'는 힘들고 어려운 것으로 인식되어 왔다. 일반 독해력 평가만으로는 문학 능력 전체를 평가할 수 없다는 점을 많은 사람들이 동감하고 있지만 정작 새로운 평가방법의 모색이 쉽지만은 않은 것도 사실이다. 대안으로 모색된 수행평가 역시 지나친 신뢰도 요구 때문에 또 다른 양적 평가가 되고 있다는 비판의 소리가 높다. 외국의 경우도 예외는 아니어서, 일반 읽기 평가 도구로는 문학의 특성에 맞는 평가가 어렵다는 우려를 쉽게 접할 수 있다.[1]

문학 영역 평가의 가장 큰 문제는, 교육 목표와 평가 내용 사이의 간극이 크다는 점이다. 과연, 학교에서 문학 영역의 시험 점수가 높았던 학습자가 문학을 평생 즐기며, 문학적 감수성과 자아 성장 면에서도 탁월한가? 허구 세계 경험을 통한 상상력 발달, 정서 함양, 자아 정체성의 형성과 같은 문학 목표는 학교 시험이나 대학 수학 능력 시험과 같은 평가의 장면에서는 구현되기 힘들다. 그런 점에서 문학 영역 평가는 국어 평가에서도 도전적 과제[2]가 되고 있다.

이 글은 문학교육 평가의 정상화는 평가 유형의 다양화에서 그 실마리를

---

1) Sheila W. Valencia, Elfrieda H. Hiebert, Peter P. Afflerbach.(1997), Authentic Reading Assessment, International Reading Association.
2) 박인기(2008), "국어과 평가의 반성과 전망", 『국어교육학연구』 32, 국어교육학회.

찾을 수 있다는 가정에서 출발한다. 어떤 평가는 좋고, 어떤 평가는 나쁘고를 단정짓는 발상은 자칫, 특정의 평가가 전제하는 특정의 능력만을 강화할 우려가 있다. 수행 평가가 아무리 좋다고 해도 문학 능력의 전체를 이것으로 대체할 수는 없다. 역으로 객관식 평가 문항으로 측정할 수 있는 문학 능력이 있음을 부정하기 힘든 것도 사실이다. 문제는 각 평가 유형이 제 자리를 잡고 있지 못하다는 점이다. 대학 입시 평가 모델이 학교 교실 내의 형성 평가까지 잠식하고 있고, '수행 평가'는 본래의 철학과 무관하게 지필 평가의 부족한 점을 보완하는 선에 그치고 있다. 그리하여 원래 지니고 있던 표준화 평가에 대한 대안적 의미를 상실한 채 '성취도 평가'의 기준과 역할로 자신의 위치를 한정하고 말았다.[3]

이런 상황에 비추어 볼 때, 평가의 내실화를 위한 가장 중요한 당면 과제는, 평가의 다양한 유형을 인정하고, 그 유형의 특징을 잘 살릴 수 있는 방향을 모색하는 일이라 본다. 국가 수준의 표준화 검사와 학교 수준의 성취도 검사, 교실 내 실제적 평가 등 다양한 평가 유형이 각자의 위상과 역할을 당당하게 세워나감으로써만이 문학 능력의 전체상이 온전히 평가될 수 있을 것이다.[4]

이런 맥락에서 본다면, 문학 영역에서 교실 내 평가의 가치는 재검토 되어야 한다. 교실 내 평가는 교수 학습 과정 속에서 이루어지는 평가로서, 교수 학습 과정의 개선을 위해 필요한 정보나 수준을 제공해하는 역할을 한다. 현재 우리나라 평가 전문가 혹은 교사들은 수학능력 시험과 같은 대규모 표준화 평가 문항을 만드는 능력은 뛰어날지 몰라도 교실에서 이루어지는 활동을 지

---

3) 개정 교육과정에서는 교육 내용을 '성취 기준'으로 명료화, 구체화함으로써 수행 평가를 지원하고 있다. 그러나 평가의 역할이 성취 기준에의 도달 여부, 곧 성취도 판정에만 있는 것은 니라는 점에서, 모든 평가가 이 '성취기준'의 달성 여부와 연관지어 이루어진다는 것은 다소 위험한 측면이 있다. 결국, '평가할 수 있는 것만 가르친다', 혹은 '가르친 것은 모두 성취도 평가에 포함되어야 한다'는 단순 논리가 작동될 수도 있기 때문이다.
4) 이는 현 국어과 평가가 해결해야 할 가장 시급한 문제의식이기도 하다.
김창원(2009), "문학 경험 평가를 위한 시론", 한국어교육학회 제 267회 학술발표대회, 한국어교육학회.

속적이고 통합적으로 기록하는 활동은 낯설어 한다. 그러나 문학 능력의 복잡성, 역동성을 고려할 때, 지속성과 과정성, 현장 밀착성을 지니고 있는 교실 내 평가는 문학 영역 평가에는 매우 중요한 위치를 차지할 수 있다.

교실에서 수업을 하는 과정은 평가가 이루어지는 과정의 연속이기도 하다. 교사는 학생들의 학습 상황을 관찰하여 수업 준비의 판단 자료로 활용하기도 하며, 성취도 평가의 방향을 잡기도 한다. 그러나 이런 평가는 제도적으로는 공식적인 평가 내용이 되지는 못한다. 반면 외국의 경우, 우리와는 달리, 국가 표준화 검사와 학교 교실 내 평가가 학습자에 대한 평가의 두 축으로 문학교실에 굳건히 자리잡고 있다.[5]

이 글은 문학 교실 내 평가가 정체성을 회복하고 의미있는 방향성을 되찾기 위해서는 '실제적 평가'를 수용하는 일이 중요하다고 본다. '실제적 평가'(authentic assement)는 "문식 능력이 사용되는 실제적인 정황과 가장 유사한 맥락 속에서 다양한 유형의 능력을 평가하는 목적을 가지고, 학습의 발달을 도모하기 위한 평가"라고 할 수 있다.[6] 기존에는 생태학적 평가, 포트폴리오 평가로 구체화되기도 하였으나, 이 글에서는 포트폴리오와 같은 특정 평가 방법으로 보기보다는, 교실 내에서 이루어지는 질적 평가의 한 유형으로 접근하고자 한다.

---

5) 이는 전세계적 추세이기도 하다. 가령, 영국의 경우, 성취도 평가에서조차 국가 수준의 시험 (National test)과 교사의 평가(teacher assement)로 나누어 둘을 모두 제시하고 있다. 국가 수준의 시험이 지필형과 과제형으로 평가되는 반면, 교사의 평가는 학급 단위의 핵심 단계가 종료되는 지점에서, 수업의 일환으로 전개되었던 과제물, 실기, 시험, 구두 발표, 지속적인 관찰, 숙제 등에 대하여, 국어교육과정의 기준에 따라 학생의 성취 기준을 보고하고 있다. 이들은 합산되지 않으며 두 가지 다른 정보로 인식된다(정구향, "21세기 국어과 평가의 발전 방향", 『새국어교육』71, 한국국어교육학회). 미국의 경우도 마찬가지다. 대학 진학을 위해서는 SAT와 학교 수행평가의 결과가 모두 대학 진학 자료에 유의미하다.

6) Sheila W. Valencia, Elfrieda H. Hiebert, Peter P. Afflerbach.(1997), Authentic Reading Assessment, International Reading Association. 한국에서 실제적 평가는 주로 쓰기 영역에서 원진숙에 의해 연구되었다.
원진숙(1999), "쓰기 영역 평가의 생태학적 접근", 『한국어학』10, 한국어학회.

먼저, 문학 영역에서의 '실제적 평가'의 의의를 살피고, 평가 내용과 방법의 대략적 방향성을 논의하고자 한다. '실제적 평가'는 교수 학습에서 이루어지는 문식 활동이, 가정, 사회에서의 현실 문식 활동과 연계되는 '실제성'(authenticity)을 가지고 있어야 한다고 보기 때문에 교육과정에 제시된 성취 기준을 곧장 평가 기준으로 활용하기 어려운 특징이 있다. 그래서 기존 연구에서는, 교사(학교 단위 교사 공동체)가 개별 학습자들의 수행을 탐구, 연구, 관찰한 결과를 귀납적으로 탐구하여, 평가의 준거와 내용을 산출하는 '연구-기반'(research based) 평가가 되어야 한다는 점을 제안하기도 하였다.[7]

그러나 현재 우리나라의 연구 상황으로는 이러한 자료가 축적되어 있지 않은 터라, 문학 학습론과 의미 구성론 등의 이론적 논의를 바탕으로 실제적 평가의 내용과 방법을 다소 큰 틀에서 논의하도록 하겠다. 이 논의를 빌어 문학 교실 내 평가의 위상과 정체성이 입증될 수 있기를 바란다.

2. 문학 교육의 본질과 '실제적 평가'의 필요성

1) 문학교육의 지향과 기존 문학 평가 비판

문학 영역의 평가는 의당, 문학 능력을 온전히 평가하고, 나아가 문학교육의 본질을 실현할 수 있어야 한다. 문학교육의 본질, 혹은 문학능력의 본질은 아직 분명하게 합의되고 있지 않지만 8차례에 걸쳐 개정된 문학교육과정의 흐름을 보면 교육공동체가 추구하고 있는 문학교육의 본질을 대략 확인할 수 있다고 본다. 그간 문학교육과정의 흐름은 문학 능력을 개인과 사회의 발달, 혹은 자아와 문학 문화의 발달이라는 맥락으로 확장해 왔다. 곧, 문학 능력을 문학 작품에 대한 이해와 감상, 창작으로만 한정하지 않고, 이를 '통해' 이루어

---

7) Mary Jett-Simpson, Lauren Leslie.(1994), 원진숙 역(2004), Authentic Literature Assessment: Ecological Approach, 『생태학적 문식성 평가』, 한국문화사.

지는 포괄적 발달 맥락까지 포용하고자 했던 것이다. 그 결과, 2007년도 개정 교육과정의 문학교육 목표에 대한 서술을 보면, 문학에 대한 지식과 문학적 수행을 바탕으로 자기 이해와 세계 이해, 또 문화를 바탕으로 한 문학 문화의 공동체에의 참여를 강조하고 있다.[8]

이러한 흐름은 문학 활동의 수행성을 강조하면서도 맥락성이 강화된 것이라 하겠는데, 이러한 경향은 문학교육 이론 내에서도 발견된다. 국어교육에서 '문식력' 개념이 고립된 기능을 넘어서 사회 문화적 맥락의 차원으로까지 확장되었듯이, 문학 활동은 텍스트에 대한 이해와 해석을 넘어서 자신과 타자를 이해하고 세계를 해석하고 가치 평가하는 문화적 실천 행위[9]로 이해되고 있다. 여기에서 문학 능력은 인지적, 사회적, 문화적 속성을 띠고 있다. 인지적으로, 학습자는 문학 작품의 이해를 통해 잠재된 가능성의 세계를 탐색하며, 문학 작품을 다양하게 해석하고 평가하는 경험을 통해 지적 도전을 경험할 수 있다. 정의적으로 학습자는 심미적 향유를 통해 텍스트를 단순 정보로서가 아니라, 그것을 살아내는 경험을 하게 된다. 그 생생한 살아냄을 통해 문학 활동이 내면화될 수 있다. 또, 사회적으로 문학 활동은 그 시대의 가치와 공동체 특유의 문화를 이해하고 재창조하는 기회가 된다.

그렇다면 현재 실시되고 있는 문학 '시험'은 어떠한가? 문학교육의 본질을 충분히 반영하고 있는가? 현장에서의 문학 영역 평가는 현실적으로 크게, 교사가 시행하는 교실 내 평가, 학교 단위의 성취도 평가, 국가 단위의 대학 수학 능력 시험이 있다. 그러나 이 중에서 교실 내 평가는 교사 개인의 임의적이고, 주관적이며, 자의적인 평가로 진행될 뿐이다. 다만 평가로서 '제도화'된

---

8) 김창원(2008), "문학 능력과 교육과정, 그리고 매체-교육과정 목표를 통해 본 문학 능력관과 매체의 수용", 『문학교육학』 26, 한국문학교육학회, 63-85.
9) 이는 다음 책을 참고하였다.
　우한용 외(1997), 『문학교육과정론』, 삼지원.
　박인기 외(2005), 『문학을 통한 교육』, 삼지원.
　김상욱(2006), "문학을 통한 국어교육의 재개념화" 『문학교육학』 19호, 한국문학교육학회.

것은, 성취도 평가와 대학 수학 능력 시험이다. 이들은 성취도 평가이자 양적 평가로서 비교적 합리적이고 체계적인 평가 준거 체제를 갖추고 학습자의 성취도를 비교, 판정할 수 있다는 장점이 있다. 그러나 문학적 반응의 다양성과 문학 능력의 잠재성의 다양성을 고려할 때, 문학교육의 본질을 제대로 고려하고 있는가는 미지수이다.[10]

알랜 퍼브는 Alan C. Purves[11]는 문학교육에서 양적 평가가 지닌 문제점을 1) 복합적이고 수준 높은 고도의 문식성을 개발하지 못한다는 점 2) 수업 과정과 직접 연계되지 않는 탈맥락적 평가라는 점 3) 단일 지표만을 평가의 대상으로 삼아 문학능력의 다양성과 잠재성을 평가하지 못한다는 점을 지적한 바 있다. 특히 1)과 3)의 문제는 현재 학교 시험이나 수능에서 담지 못하는 핵심적인 문제로 본다. 양적 평가의 특성상 이해와 해석의 적절성에만 초점을 두고 개인적 반응이나 도전적 해석, 평가적 실천을 자유롭게 평가할 수 없기 때문이다. 이에 반해 실제적 평가는 다양한 맥락에서의 다양한 문학 활동과 경험을 평가 장면으로 연결함으로써 문학의 생활화, 평생 문학 독자 육성에 기여할 수 있을 것으로 보인다. 특히 문학 능력과 교육에서 강조되는 '맥락' 변인을 평가 상황으로 확장할 수 있다는 장점이 있다.

2) 문학 학습의 사회적 기제

'실제적 평가'의 필요성은 문학적 의미 구성에 개입하는 요소들과 문학 학습의 사회적 기제를 보더라도 확인할 수 있다. 문학적 의미 구성에는 다양한 요소가 중층적으로 개입하고 있다. 문학 능력은 학습자의 문학 활동 과정 및

---

10) 현재 시행되고 있는 수행 평가가 문학 능력의 질적 이해에 기여하고 있지 못하다는 지적은 다음 논문을 참조할 수 있다. 김정우(2008), "문학능력 평가의 방향", 『문학교육학』 28, 한국문학교육학회.

11) Alan C. Purves.(1992), "Testing Literature", Judith A. Langer, Literature Instruction, National Council of Teachers of English.

결과로 표면화되지만 그 이면에는 '맥락'의 문제가 중요하게 개입한다. 이는 문학 반응 이론의 흐름이기도 한데, 80년대 초기까지만 해도, 텍스트와 독자의 상호작용에 주안점을 두었던 '문학 반응'은 90년대 이후에는 텍스트와 독자, 맥락의 역동적인 상호작용이라는 점을 강조하고 있다. 곧, 독자가 어떤 과제, 어떤 매체, 어떤 상호작용 패턴에서 문학을 접하느냐하는 맥락이 그의 문학적 반응에 직접적인 영향을 미친다는 것이다. 외국의 연구 결과를 보면, 문학은 발달 연령에 따라서 의미 있게 반응하는 매체, 활동, 과제가 다르다.12) 가령, 초기 연령의 경우, 문어보다는 구어적 반응을 중심으로 한 과제가 유창한 반응을 이끌어 낼 수 있으며, 또 인물 중심의 읽기에서 점차 다양한 요소 중심의 읽기 과제로 확장하는 것이 타당하다. 또, 문식적 클럽(교실을 포함하여)의 사회적, 심리적, 물리적 환경 특징 역시 문학적 반응에 결정적인 영향을 미치는 맥락 요소이다.13)

　이런 점에서 교실은 실제 학습자의 문학적 경험과 삶을 형성하는 현실적 공동체로서, 독특한 맥락을 형성하는 공간이라 할 수 있다. 교실 내에서의 문학 독서는 독자 혼자 진행하는 개인적 독서와 다르다. 그것은 교실 맥락의 상황적 변수에 의해 구성되는 일종의 '맥락화된 독서'(situated reading)이기 때문이다. 학습자들의 문학 반응은 교실의 사회적, 심리적, 물리적 환경에14) 의해 영향을 받는다. 학습자는 개인적인 방식으로 의미 구성에 참여하지만 그는 중개자인 교사의 수업 전개 과정에서 매개되며 동시에 다른 학습자와 관계를 맺는다. 각 변인들은 고유의 의미 구성 기제가 있지만 동시에 상호작용함으로

---

12) James Marshall.(2000), "Research on Response to Literature", Handbook of literacy Research. Arthur N. Appleblee.(1987), "Eric/RCS Report: The Elements of Response to a literary Work: What We Have Learned", Research in Teaching. Vol 21, International Reading Association.
13) 최인자(2008), "청소년 문학 독서 경험의 질적 이해를 위한 맥락 탐구", 『서사문화교육의 전망과 실천』, 역락.
14) 최인자(2008), "서사적 대화를 활용한 문학 토의 수업 연구", 『서사문화교육의 전망과 실천』, 역락.

써 역동적인 의미 협상의 장을 마련하는 것이다.15)

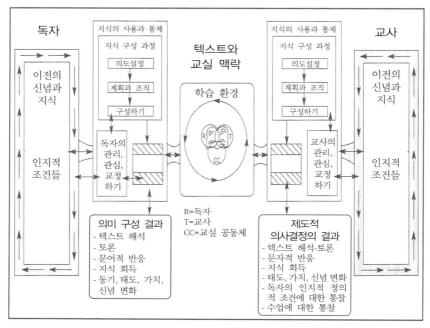

도표 1. 교사, 텍스트, 교사의 의미 구성 모델16)

이 도표를 보면 학습자와 교사는 개별적인 조건을 지니기도 하지만, 동시에 학습 환경을 구축하고 의미를 협상한다. 먼저, 학습자는 문학에 대한 지식과 동기, 관심, 태도 등의 개인적 조건을 지니고 있다. 이는 일차적인 문학적 의미 구성의 변인이라 하겠다. 그러나 이 변인은 교사의 인지적, 정서적 조건의

---

15) 읽기 교육을 중심으로, 독자, 텍스트, 맥락 요인들간의 상호작용을 논의한 연구로는 Mary Jett-Simpson, Lauren Leslie, Wisconsin.(1997), Authentic Literacy Assessment, 원진숙 역 (2004). 『생태학적 문식성 평가』, 한국문화사. 37-38.

16) Robert B. Ruddle & Noman J. Unrau.(2004), "Reading as a meaning construction process: The reader, the text and the reader", Robret B. Ruddell & Norman J. Unrau, Theoretical Models and Process of Reading Fifth Edition, International Reading Association.

영향 속에서 재구성될 수밖에 없다. 교사의 문학에 대한 지식과 신념, 태도는 교수법에 결정적인 영향을 행사한다.

알렌 퍼브는 Alan C. Purves 문학 학습에 영향을 미치는 변수로 '과제', '권위성의 위치', '교사의 의도와 기대', '사회 문화적 배경' 등의 요소를[17]강조한 바 있다. 어떤 과제 유형인가?, 교실에서 담론의 권위는 누가 지니고 있으며, 학습자는 얼마나 자유롭게 말할 수 있는가?, 교사의 의도와 기대는 무엇인가? 교사와 학습자의 사회 문화적 배경은 무엇인가 등등이 문학 교실에서의 의미 구성에 영향을 미친다는 것이다.

실제로 교실 공간에서 이루어지는 문학 활동에서 학습자들은 여러 가지를 함께 읽는다. 문학 텍스트를 읽는 동시에 '과제'도 읽어야 하고, 작품에 대한 해석이 누구의 권위에서 발생하는가도 파악해야 하며 또 교사의 의도와 기대도 읽어야 하고, 교실 공동체 내에서 통용되는 사회적 작용 방식도 이해해야 한다.

이러한 연구 결과들을 참조할 때, 문학 능력의 질적 평가를 위해서는 학습자의 개인적 평가 결과물 그 자체보다도 왜 이런 결과가 나타났는가에 대한 맥락적 이해가 필수적임을 알 수 있다. 그래야 개인적 반응을 심층적으로 이해, 해석할 수 있으며, 성취도라는 학습의 최종 결과에 대한 판정에서 나아가 학습을 촉진하고 발달을 지원할 수 있는 교육 경험과 교실 맥락을 재배치할 수 있는 교수법적인 단서를 얻을 수 있다. 사회 인지론에 따르면, 학습의 발달에서 중요한 변인은 학습자가 얼마나, 자주 다양한 문식적 경험, 맥락에 접촉하느냐 하는 것이다. 누구나 능력을 발달시킬 수 있는 잠재력이 있는데, 다만, 발달에 필요한 맥락을 얼마나 접했느냐가 관건이라는 것이다. 따라서 학습의 향상을 위한 평가는, 객관적인 성취도 기준에 의한 '잘하고/못함'의 판단을 넘

---

17) Alan C. Purves.(1993,. "Setting Standards in the Language Arts and Literature, Classroom and the Implications for Portfolio Assessment", Educational Assessment 1(3), Lawrence Erlbaum Associates.

어서, 그에게 학습 활동이 어떤 의미를 지니고 있고, 어떤 맥락에서 활동한 결과인지를 '해석'하는 방향으로 나아가야 한다. '실제적 평가'는 이런 요청에 의미있는 해답이 될 수 있을 것으로 판단된다.

3) '실제적 평가'의 의의

'실제적 평가'는 1990년대 후반, 문식력의 대안적 평가 모델 중의 하나로 제시되었다. 이 평가가 지향하는 바는, 평가 대상의 교실 문식력이 교실 내부로 고립되어서는 안 되며, 가정, 사회 등 현실과 연계되는 실제성을 가져야 하며, 학습 과정에서의 다양하고도 지속적인 과정을 평가해야 한다는 점으로 요약할 수 있다.[18] 이러한 실제적 평가는, 몇 가지 점에서 기존의 성취도 평가를 보완할 수 있을 것으로 본다.

먼저, 실제적 평가는 학습자의 문학적 반응에 영향을 미치는 맥락을 해석하고, 이를 그들의 삶에 의미있는 연관을 지니는 현실 맥락으로 배치하여, 학습자가 문학을 향유하고 즐기는 존재로 교육하고 평가할 수 있다. 평가 상황을 교실 내에만 고립된 인위적 '시험 문제'가 아니라, 학습자가 의미있는 연관을 느낄 수 있는 현실 활동 맥락을 제공하기 때문이다. 이러한 평가 상황에서 학습자는 문학작품을 생생하게 경험하며, 자신의 정체성을 투사하여 해석하거나 내면화할 수 있다.

또한 성장과 발달을 위한 지원이라는 발달적 관점에서 문학 능력을 평가할 수 있다. 다양한 문학 활동의 맥락에 학습자들이 어떻게 반응하는가를 지속적으로 기록함으로써, 학습자의 성장을 지원하기 위한 '학습경험의 재배치'를 판단하고, 교수 설계의 자료를 얻을 수 있다. 이는 성취 기준에의 도달 여부를 판정하는 성취도 평가와는 달리, 교실 내 진단 평가로 의미있게 활용할 수

---

18) Sheila W. Valencia, Elfrieda H. Hiebert, Peter P. Afflerbach.(1997), Authentic Reading Assessment, International Reading Association.

있다.

또, 학습자의 문학 능력을 통합적으로 평가하여, 실증적 평가 모델의 한계를 극복할 수 있다. '실제적 평가'는 학습자의 성취 수준 뿐 아니라 문학 학습에 관여하는 보다 포괄적 요소와 맥락을 모두 평가 대상으로 삼기 때문에 '이해와 의미'라는 평가의 해석학적 전통과 연관된다. 이는 문학 능력이 문학 문화 능력으로 외연을 확장하며, 사회 문화적 맥락과의 유관성을 강조하는 현 문학교육의 지향을 평가 상황으로 구체화할 수 있는 계기를 마련해 줄 것이다.

3. 문학 영역의 '실제적 평가' 내용과 방법 모색

1) 실제적 평가 내용 모색

교실 평가의 일환으로 고려하고 있는 '실제적 평가'는 문학 수업과정에서 이루어지는 활동과 밀착되어 있기 때문에, 성취 기준의 분절적 내용을 내용으로 삼기 힘들다. 이글에서는 크게 세 가지로 정리하기로 하여, 평가 내용을 구체화할 수 있는 범주를 제안하고자 한다.

① 문학 능력의 질적 이해를 위한 다차원적 평가

문학 능력은 분절화, 위계화가 힘들며, 대단히 다양한 요소들이 복합적으로 작동하면서도 역동적이라는 특성을 지닌다. '실제적 평가'는 학습자의 문학 수행 능력을 구성하는 표면적인 것과 이면적, 현재적인 것과 발달 가능성에 있는 것을 모두 고려하는 다차원적 접근이 필요하다. 문학 수행 능력이 뛰어난 학습자 뿐 아니라 문학 수행을 즐기고, 지속적인 관심을 가지고 자기 발전을 추구하는 학습자, 개인적 반응에 유창한 학습자 뿐 아니라 집단적 프로젝트에 충실한 학습자의 발달을 두루 평가할 수 있는 관점이 필요한 것이다.

이를 위해서는 먼저, 문학 능력의 잠재성이나 다양성을 형성하는 인지적, 정의적, 사회적 요소를 통합적으로 고려하여 평가해야 한다. 물론, 기존 연구에서도 문학 평가는 인지적 요소와 정의적 요소를 동시에 고려해야 하고[19], 문학 수행 능력으로 환원되지 않는 창조적 요소를 고려해야 하며[20] 잘하고/못하고의 단선적 기준을 넘어서 능동적 구성의 장점과 단점을 비롯한 수행의 질적 특성을 파악해야 한다는 점이 지적된 바 있다.[21] 이에 동의하면서도, '실제적 평가'에서는 인지적, 정의적 요소 뿐 아니라 사회적 요소를 통합함으로써 문학 능력의 질적 특성을 평가[22]해야 한다는 점을 제안하고자 한다.

문학 능력에서, 인지적, 정의적, 사회적 요소는 통합적으로 존재한다. 인지적 요소에 해당되는 이해, 분석, 해석, 평가 등은 정의적 요소에 해당되는 동기, 관심, 태도, 개인적 취향, 선호도 등과 밀접하게 연관되어 있다. 문학 반응은 가치관과 신념이 투사되는 활동이기 때문에 텍스트와의 친밀도나 관심이 중요한 변수가 된다. 질적 연구에 따른다면[23], 문학적 과제의 난이도를 결정함에 있어서는 선호도나 취향이 텍스트의 복잡도 만큼이나 중요한 변수라고 한다. 또 이 '정의적 요소+인지적 요소'는 사회적 요소와 보이지 않게 연결되어 있다. 이미 2장에서 살펴보았듯이, 교실 수업에서의 문학적 반응에는 교사와 학습자의 권력 관계, 학습자 자신이 배경으로 하는 공동체의 사회 문화적 가치와 문학 텍스트의 관계 역시 중요한 영향을 미친다. 이런 점에서 개인의

---

19) 박인기(2000), "생태학적 국어교육의 현실과 지향", 『한국초등국어교육』 22, 한국초등국어교육학회.
김창원(2008), "문학 능력과 교육과정, 그리고 매체 - 교육과정 목표를 통해 본 문학 능력관과 매체의 수용", 『문학교육학』 26, 한국문학교육학회, 63-85.
20) 우한용(1999), "문학교육의 평가: 메타 비평의 글쓰기를 중심으로", 『국어교육』 100, 한국국어교육연구회, 537-563.
21) 최미숙(2000), "문학교육에서의 평가 연구", 『국어교육학연구』 11, 국어교육학회.
22) 김신영(1996), "교실 내 평가 체제의 탐색에 관한 연구", 『교육문제 연구』 11, 동국대 교육문제 연구소, 115-137.
23) Alan C. Purves.(1992), "Testing Literature", Judith A. Langer, Literature Instruction, National Council of Teachers of English.

문학 능력은 인지적, 정의적, 사회적 요소를 입체적으로 고려함으로써, 표면적인 것과 이면적, 현재적인 것과 발달 가능성에 있는 것을 모두 평가할 수 있다. 가령, "이 학생은 현재, 인지적 요소에 비해 정의적 요소가 부족하지만 사회적 요소가 잘 발달되어 있어 잠재성이 있다"와 같은 판단이 가능하다는 것이다.

이 요소들을 문학 능력의 제반 요소들에 적용시켜 구체화해 보자. 현재 문학 능력의 요소로 대략 합의된 것은, '지식'(knowledge), '수행'(practice), '태도(attitude)'이다. '실제적 평가'는 인지적, 정의적, 사회적 차원이 통합될 수 있도록 평가해야 한다.

먼저, '지식' 평가를 보자. 기존에 평가 내용으로 삼았던 지식은 문학에 대한 명제적 지식, 수용과 창작에 필요한 절차적, 조건적 지식들이었다. 그러나 문학적 의미 구성의 중층적 변인을 고려할 때, 사회적 지식도 중요하다. 가령, 문학 토론의 질은 교실 내 교사와 학생에 대한 지식, 사회 권력 관계에 대한 인식 등이 크게 작용하는 것이다. 24) 따라서 독서 토론 과정에 필요한 교실 내 상호작용 패턴에 대한 지식, 세계에 대한 지식, 교실의 해석 공동체를 구성하는 교사, 학습자의 관계에 대한 지식 등도 평가 내용이 될 수 있다.

'수행' 활동의 평가에도 인지적 요소, 정의적 요소, 사회적 요소를 통합적으로 고려할 필요가 있다. 인지적 요소는 이해, 상상, 분석, 해석 등의 활동으로 기존 논의에서도 많은 언급이 있었다. 그러나 정의적 요소의 평가는 아직 구체화되지 않은 측면이 있다. 학습자의 문학 활동에 관여하는 정의적 요소로는 독자의 '해석 위치'와 '관심'(interest) 등이 있다. '해석 위치'란 독자가 해석 과정에서 집중하고 있는 자신의 위치이다. 텍스트 내부에 위치하여 몰입하고 있는지, 텍스트 외부의 위치에서 비판하고 있는지, 어떤 인물의 위치에 기반하여 작품에 접근하는지 등이 그 내용이다. '관심'(interest)은 자신들의 삶의 문제와 관련하여 지니게 되는 일련의 심리적 경향이라 할 수 있다. 흥미가 다소 일시

---

24) Myers, Jamie.(1992), "The social context of school and personal literacy", Reading Research Quarterly 27, International Reading Association.

적인 속성이 있다면, 관심은 그 나이 또래의 삶이 초래한 본질적 결핍과 이 문제를 해결하려는 열망에서 기인하기 때문에 지속적이기도 하다.[25]

같은 소설 작품을 읽었는데도, 여학생은 주로 인물의 심리나 인간관계에 대해 질문하는 반면, 남학생은 사건 전개의 우연과 극적 해결에 관심을 갖는 경우를 경험적으로 접할 수 있다. 에간 Egan도 지적하였듯이 중학생들은 영웅형 인물, 이국적이고 비일상적인 배경, 환상에 대한 남다른 관심을 갖는데 이는 그들의 낭만적 사고 경향[26]이라는 정의적 특성 때문이다. 결국 문학 반응은 학습자의 사회 문화적 배경이나 연령 등에 따라 관심, 흥미, 해석 위치 등이 달라지기 때문에 이를 고려하지 않고서는 문학 활동의 질적 이해가 힘들다고 하겠다. 또, 수행의 '소통'적 측면에는 사회적 요소가 주로 개입한다. 작품을 읽고 난 뒤, 어떤 형식으로 보다 설득력 있게 표현하고 전달할 것인지는 소통 능력과 유관성을 지닌다.

'태도'는 문학 능력의 질적 평가를 위해 특별히 고려해야 할 요소이다. '태도'에는 문학에 대한 흥미와 가치 인식, 동기, 신념 등이 포함된다. 문학 활동은 자신의 신념과 가치 판단을 투사하는 문화적 실천 행위라는 점에서, 이 범주는 문학 능력의 질적 이해에 매우 중요하다. 여기에도 인지적, 정의적, 사회적 요소가 모두 포함된다. 언뜻 보면, 태도는 정의적인 요소로만 구성되어 있는 것처럼 보이지만, 동기, 흥미 등의 정의적 요소는 문학에 대한 신념, 가치 인식 등의 인지적 요소와 밀착되어 있다. 또, 정의적 요소 중에서 '선호도'는 학습자의 신념과 가치, 취향을 파악하는 범주로서 질적 특성을 파악하는 중요한 범주가 될 수 있다. 알랜 퍼브(Alan C. Purves)[27]는 '가치 범주'를 특히 중시하면서, 이를 평가할 수 있는 방법으로 자신이 좋아하는 문학 작품 선택하기, 자신이

---

25) Weinstein, G., Fantini M. D., 윤팔중 역(1992), 『정의 교육과정』, 성원사, 47-49면.

26) Kieran Egan.(1990), Romantic Understanding, Routledge.

27) Alan C. Purves.(1992), "Testing Literature", Judith A. Langer(1992), Literature Instruction, National Council of Teachers of English.

선택한 작품을 공유하고 참평가하고자 하는 의지 보이기, 자신에게 접근 가능한 자원을 사용하기, 자아 비판적으로 되기를 제안한 바 있다. 그러나 '태도'의 정의적 요소 역시, 학습자의 사회 문화적 배경이나 학교 바깥의 문식적 경험 곧, 사회적 요소와 분리되기 힘들다. '정의적 요소' 역시, 사회적 요소를 고려해야 문학적 '태도'의 특징을 온전히 파악할 수 있기 때문이다. 이러한 내용을 통해 '실제적 평가'는 문학 능력을 구성하는 다양한 변인을 다양한 차원에서 이해함으로써, 학습자의 개별적 특성과 학습 '정체성'을 평가할 수 있다.[28]

② 문학 능력의 발달 과정 평가

실제적 평가는 지속적이고 누가적인 과정을 통하여 학습자의 발달 과정을 평가한다. 이를 위해서는 교사는 학습자의 문학 능력 발달 과정과 유형에 대한 지식을 바탕으로 교실 내 평가가 공적 준거에 근거할 수 있도록 해야 한다. 그러나 이것이 공적 기준으로 학습자의 발달 유형이나 수준을 단정적으로 판단하는 일을 의미하는 것은 아니다. 일반적인 발달 유형은 참조자료일 뿐이고, 궁극적인 목적은 "학습자들이 어떻게 자신의 성장을 드러내 보이는가?"에 초점이 있어야 하기 때문이다. 이는 개별 학습자를 전체 집단과 비교하기보다는 이전의 학습보다 얼마나 발전, 변화했는가하는 '자아 준거'적 관심이 더 중요할 수 있다는 것이다. 따라서 발달적 관점은 '무엇을 못 하는가'를 지적하는 '결핍 모델'이 아니라 학생들이 '무엇을 할 수 있는가'에 관심을 두는 '자산 모델'에 근거해야 한다.[29]

문학 능력의 발달 과정은 '수준'과 '관심'이라는 두 가지 측면에서의 접근이

---

28) Alan C. Purves.(1993), "Setting Standards in the Language Arts and Literature Classroom and the Implications for Portfolio Assessment", Educational Assessment 1(3), Lawrence Erlbaum Associates.

29) 실제 학교 현장에서 발달 연속체를 구성하는 과정에 대한 의미있는 연구물로는 다음이 있다. Mary Jett-Simpson, Lauren Leslie.(1997), Association, Authentic Literacy Assessment, 원진숙 역(2004). 『생태학적 문식성 평가』. 한국문화사, 238-250면.

필요하다. '수준' 차원은 문학 능력의 위계와 관련되는 수직적, 단계적 과정을 다룬다면, '관심' 차원에서의 발달은 학습자의 취향, 선호도 등 문화적 차이와 관련되는 다양성과 수평적 차이를 강조한다. 가령, 서사 표현 능력 발달에 대한 기존 연구를 보면 "1단계(초등 저학년): 주관적, 자의적 창작 시기, 2단계(초등 고학년): 관습 모방과 환상적 사고 시기, 3단계(중학교1-2): 관습 내면화와 낭만적 사고 시기, 4단계(중3, 고등학교 1-2년): 관습에 대한 개성적 접근과 소설적 사고의 시기"[30]등으로 되어 있는데, 이러한 발달 과정은 능력별 수준을 드러낸다.

반면, 발달적 '관심'은, 학습자의 연령, 성별, 계층, 지역, 문화적 경험 등의 사회 문화적 위치에 따라 발달 과정에서 보이는 인지적, 도덕적, 사회적 흥미의 차이이다. 학습자들은 발달해 나가면서, 수행 능력에만 차이가 있는 것이 아니라 관심과 태도에서도 큰 변화가 있다. 국내·외의 경험 연구들은 문학 작품 읽기에서 보여주는 관심의 변화를 다양하게 보여주고 있다. 가령, "1단계(탄생-유치원 시기) : 텍스트에서 즐거움과 이로움을 이해하기, 2단계(초기 아동기): 해석하기 배우기, 3단계(후기 아동기): 자신을 잃고 몰두하기, 4단계(중학생): 자신을 발견하기 위한 책 읽기, 5단계(고등학생) :자신을 넘어 모험하기, 6단계(대학생): 폭넓게 읽기, 7단계(성인): 미적 감상"[31]등을 제시한 바 있다.

사실 이러한 발달 기준표는 대단히 포괄적인 것이어서. 동일 학년 내에서의 다양한 차이와 수준을 진단하기에는 매우 부족할 수 있다. 그러나 또, 발달적 평가 준거(rubric) 설정이 미세하면 미세할수록 개별 학습자의 다양한 발달 노선을 일방적으로 재단될 우려 역시 있다. 따라서 학교 단위에서는 이론적 발달 준거 뿐 아니라 학교 고유의 정황과 경험을 반영한 교사간 합의로 산출된

---

30) 최인자(2008), "아동·청소년기 서사 창조 경험의 발달적 특성", 『서사문화 교육의 전망과 실천』 역락.

31) Kenneth. L. Donelso & Alleen Pace Nilsen.(1997), Literature for Today's Young Adults, Columbia University.

발달 준거가 중요한 역할을 할 수 있다.

③ 문학적 의미 구성 과정의 평가

문학 학습에서는 '과정'적 이해를 강조하고 있지만, 정작 교육과정에는 결과적 성취 기준만 제시되고 있어 평가 역시 이 결과만 다루는 경향이 있다. 그러나 학습 발달을 위해서는 의미 구성 과정에 대한 이해가 중요하다. 다만, 문제는 문학적 의미 구성 과정을 세부적으로 이해하고, 진단할 수 있는 평가 범주를 어떻게 설정하느냐 하는 것이다. 교실 평가에서 교사가 가져야 할 전문적지식 중의 하나는 바로, 이 이 의미구성 과정에 대한 지식이다.[32]

문학적 의미 구성 과정은 인지적 요소와 정의적 요소로 나누어 살펴볼 수있다. 인지적으로는 '의도 설정'-'계획하기'와 '조직하기'-'구성하기'와 이 과정을 조율하는 '메타 인지적 과정'으로 나뉜다. 먼저, 학습자가 텍스트를 대면하였을 때, 어떠한 '의도'나 '목적'을 창안하는지를 분석한다. 학습자 자신의 동기화나 의도, 또는 인지적 정서적 조건에 따라 학습자는 의도를 설정하고 계획한다. 가령, 텍스트가 서사라면 학습자는 일련의 서사에 대한 지식을 바탕으로 서사 읽기에 대한 세부적 계획을 세워 나가는 것이다. 다음 학습자는 이의도와 목적을 달성하기 위한 계획을 세우고, 이를 바탕으로 이런저런 방식으로 의미를 규정지어 나갈 것이다.

이 과정을 독서의 특정 유형으로 정리한 NAFE[33]의 연구 결과는 평가 범주를 설정함에 있어 도움이 된다. 일반 독서 과정을 대상으로 '초기의 이해', '해석 발전시키기', '개인적 성찰과 반응', '비판적 위치 논증하기'를 제시하였는데이 글에서는 문학 평가에 적합하도록 변형하여, '초기의 상상적 구체화', '해석 심화하기', '개인적 성찰과 반응', '비판적 위치 논증하기', '소통과 창의적 재구

---

32) 미국의 경우, PISA나 NAFE에서 읽기 '과정적 요소' 평가를 별도 항목으로 제시하고 있을 정도이다.

33) Alan C. Purves.(1992), Testing Literature, Judith A. Langer.(1992), Literature Instngction, National Cogncil of Teachers of English.

성'으로 재구성하고자 한다. 문학 감상의 사회적 요소를 위하여 '소통과 창의적 재구성'을 첨가한 것이다.

먼저, '초기의 상상적 구체화'의 범주에서는, 학습자가 첫인상을 바탕으로 텍스트 전체를 어떻게 이해하느냐를 판단한다. 독자들은 대략적인 이해나 자신의 외부 경험을 토대로 하여 작품의 세계를 상상적으로 구체화하는데 그 과정을 진단하는 것이다. 다음, '해석 발전시키기'의 범주에서는, 학습자들이 '초기 이해'를 확장하여 읽은 내용을 어떻게 정교화하고 있는가, 그 방식과 양상을 이해한다. 학습자들은 질문을 던지거나 개인적 경험 및 지식과 작품을 다양한 방식으로 연관지음으로써, 작품의 심층적 이해를 이끌어 내게 된다. 이때, 어떤 질문을 던지며, 기존의 배경 지식을 어떻게 동원하고 있는지를 판단하는 것이다. 다음은, '개인적인 성찰과 의미' 범주로서, 학습자가 작품의 어느 부분에 관심을 두고, 어떤 의미를 개별적으로 발견하고 추구하는가를 탐구한다. 문학적 정체성이 가장 잘 드러날 수 있는 부분이다. 다음, '비판적 위치에서 논증하기'의 범주에서는, 학습자가 텍스트와 거리를 두고 이를 객관적으로 고려하는 능력이 있는가를 확인한다. 어떤 관점에서 비판하고 어떤 근거를 활용하여 자신의 의견을 증명할 수 있는지를 확인한다. 학습자가 텍스트적 의미를 얼마나 면밀히 조사하고 있는지, 또 자신의 관점을 얼마나 주체적으로 제시하고 있는지를 판단할 수 있다. 다음, 소통과 창작이 있다. 자신이 읽은 내용을 다른 사람에게 제시하고 공유하는 활동이다. 자신의 감상을 다른 사람에게 설득력 있게 소통하기 위하여 어떤 전략을 쓰고 있는지, 그것은 효과적이고 적절한 것인지 등을 판단할 수 있다.

2) 실제적 평가 수행의 과정

① 평가 과제 구성 원리

'실제적 평가'는 교실 환경이나 평가의 맥락을 현실의 실제 문식 활동과 연관짓는 생태학적 노력이 필요하다. 여기서 평가 과제 설정은 교실 내 문식적 활동의 맥락을 구축함에 있어 중요한 역할을 한다. 일반적으로 포트폴리오 평가는 학습자의 자발적 선택에 맡기고 평가 과제를 제시하지는 않는 것으로 되어 있으나, 교실 평가로서의 실제적 평가에서는 의도적으로 다양한 평가 과제를 제시하고, 누가적으로 기록, 수집한다. 이 글에서는 평가 과제 구성 원리로 '실제성', '공정성', '다양성'을 제시하고자 한다.

'실제성(authenticity)'의 원리는, 실제 현실 속에서 이루어지는 문식적 활동을 평가 과제로 수용하는 것이다. 이 원리는 학습자들의 동기와 관심을 이끌어 내며, 그들의 삶과 '의미 있는' 연관을 만들어 내고, 학습자의 미래나 사회생활에서 반복될 수 있는 전이력 있는 능력을 배울 수 있다는[34]이점이 있다. 또한 통합적이면서도 상위의 인지 능력을 활용할 수 있다는 장점이 있다. 현대교육학은 단순 기능을 차근차근 학습하고 난 뒤 고차원적 능력을 계발한다는 단선적 학습 이론을 비판하면서, 통합적이고 종합적인 활동의 기회 제공이 지식의 활용 능력과 고차원적 문제 해결력 강화에 도움이 된다는 점을 강조하고 있다.

이런 원리에 부합하는 평가 과제의 예시를 들어 본다. 전편의 작품을 대상으로 흥미를 느끼며 깊이 사고할 수 있는 경험을 제공하는 과제, 현실 문학문화를 둘러싼 이슈·딜레마, 문제에 대해 자신의 의견을 밝히는 경험, 전문 문학인처럼 현실의 사회 문화적 문제에 대해 문학적으로 대응하는 과제, 문학 동호인 활동으로 참여하면서 다양한 사회적 문제와 문학 활동을 접목시키는

---

34) Joan L. Herman, Ramela R. Aschbacher, Lynn Winters.(1997), A Practical Guide to Alternative Asswssment, Association for Supervision and Curriculum Development, 33-43.

과제들이 가능하겠다.

'공정성(fairness)'의 원리는 '실제적 평가'의 과제들과 예상 정답이, 문화적 배경이 상이한 특정의 학습자들에게 편견이나 불이익이 가지 않도록 하여 학습자들이 충분히 자신의 문학 능력과 잠재력을 드러낼 수 있도록 해야 한다는 것이다. 교사가 특정의 사회 문화적 집단의 학습자에 대한 편견을 지니고 있거나 교사와 학습자의 문화적 차이로 하여 학습 기회를 박탈하는 경우가 생길 수 있음을 방지하는 것이다. 이른바 '생태학적 타당도(ecological validity)'의 문제로서, 성별, 지역별, 종교나 문화적 유산 등 교실 환경 외부에서의 문화적 경험과 자산을 충분히 배려하였는가를 고려하여 평가 과제를 선택하고 해석하고, 또 다양한 과제를 주고, 선택할 수 있도록 할 필요가 있다.[35]

'다양성'(diversity)의 원리는 현실 맥락들의 가능태를 종합적으로 제공하여, 학습자의 다양한 잠재력이 개발될 수 있도록 하는 것이다. 학습자에 따라 평가 맥락에 따른 반응이 다를 수 있다. 가령, 어떤 학습자는 개인적 과제는 잘하는데 집단적 과제에는 능력을 발휘하지 못한다거나, 개인적 감상은 유창한데 설득력 있게 비평문을 서술하지 못한다거나, 또 주관적 반응은 풍부한데 비판적 읽기가 되지 않는다거나 할 수 있는데, 이러한 진단은 다양한 평가 맥락이 설정되어야 가능하다. 그러나 그렇다고 해도 이러저러한 현실적 맥락을 임의적으로 설정하는 것은 문제일 수 있다.[36] 이는 기존의 '실제적 평가'에 대한 한계로 지적된 것[37]인데, 이런 문제의 해결을 위해서는 학습자가 경험할

---

35) 백순근(2002), "학습에 대한 생태학적 접근이 교육 평가에 주는 시사", 『아시아교육연구』 3권 1호, 서울대학교 교육연구소.

36) 현재의 수행평가나 포트폴리오 평가는 어떤 언어 활동의 맥락이 교육적일 수 있느냐에 대한 고민이 부족하다고 할 수 있다. 가령, '시를 암기할 수 있다'라는 평가 준거를 설정한다고 할 때, 이러한 활동이 가정과 사회의 현실 문학 활동에서 어떤 의미를 지닐 수 있으며, 또, 전형성을 가지고 있느냐 하는 문제가 고민되어야 한다는 것이다. 또한, 초, 중, 고등학교 전학년에 걸친 수행 평가의 활동을, 임의적으로 선정하는 것이 아니라 교육적으로 필요한 언어 활동의 제반 맥락을 체계화하여 계열과 위계를 갖추고 이루어져야 함을 의미한다.

37) Sheila W. Valencia, Elfrieda H. Hiebert, Peter P. Afflerbach.(1997), Authentic Reading

수 있는 다양한 맥락을 체계화하되, 그것이 가정, 학교, 사회에서 사용하는 문식 활동에 전형성을 확보할 수 있도록 해야 한다. 이 경우, 평가의 상황은 곧 의미있는 학습에 대한 자원이 될 수 있다.

문학 활동의 맥락은 ㉠ 개인적 맥락, ㉡ 사회·역사적 맥락, ㉢ 문화적 맥락으로 체계화할 수 있겠다. ㉠ 개인적 맥락은 문학 활동이 자아의 성장과 정체성의 함양, 개인적 감수성과 문학적 경험을 활성화할 수 있도록 하는 맥락이다. 구체적으로는 자신이 좋아하는 작품 장면을 선정하고 그 이유 밝히기, 자신의 관점에서 작품에 대한 비판적 평가 제시하기, 자신이 선호하는 장르의 특징 설명하기, 자신의 배경지식과 연관지어 새로운 이슈 제기하기, 자신이 좋아하는 인물을 제시하고 그 이유 설명하기, 문학 경험을 통해 새롭게 알게 된 사실이나 문학 경험을 통한 변화에 대해 쓸 수 있기 등이 있다. ㉡ 사회·역사적 맥락은 사회 공동체의 소속되어 있는 구성원으로서 다양한 구성원들과 소통하며, 사회적 이슈에 참여하거나 특정의 사회적 과제나 실천을 도모할 수 있는 맥락이다. 구체적으로는, 사회적 이슈를 담고 있는 작품을 읽고 프로젝트 하기, 문학 작품을 통해 평소 친숙하지 않은 집단의 경험을 이해하기, 작가에게 편지 써서 자신의 문학 경험을 소통하기, 다른 집단의 관점으로 문학 작품 이해하기, 사회적 이슈를 중심으로 토론하기, 자신이 속한 공동체(가족, 사회, 지역) 사람들을 대상으로 문학 비평문 쓰기 등의 과제가 있다. ㉢ 문화적 맥락에서는 특정의 문화 공동체의 집단적 가치를 이해, 경험하거나 다른 집단과 소통할 수 있도록 한다. 문학을 통해 다른 공동체의 가치 이해하기, 매체 변형을 통해 글쓰기, 문학 혹은 잡지에 투고하기, 삶의 문제와 연관지어 문학 활용하기 등의 과제가 가능하다.

Assessment, International Reading Association.

② 교실 내 평가 방법

실제적 평가는 수업 과정 속에서 이루어지며, 관찰, 면접, 기록, 자기 평가 등의 방법으로 이루어진다. 관찰, 기록은 교실 내 활동에 대한 누가적인 정보를 채집하는 방법이며, 면접이나 자기 평가는 학습자의 문학 경험, 의식, 태도를 비롯하여 사회 문화적 위치 등 배경 지식을 이해할 수 있는 방법이다. 특히, 후자의 방법은, 실제적 평가가 '맥락'을 중시하며, 교실과 교실 외부의 상황과 소통하려는 지향을 실천한다는 점에서 매우 중요하다. 자세한 각론은 지면상 다음 논의의 장으로 돌리고, 교사가 수행할 수 있는 양식38)을 제시함으로써 평가 방법의 상을 제시하고자 한다.

〈표 1〉은 교실에서 학습자의 문학 감상 활동을 관찰하기 위한 누가적 기록 표이다. 먼저, 배경 정보를 기록하여 학습자의 문학 수행을 구성하고 있는 맥락적 변인을 점검한다. 교실 해석 공동체의 특성, 평가 과제의 특성, 수행 맥락의 유형, 텍스트의 특징이 그것이다. 다음, 학습자의 활용 지식과 수용 특징, 수용 과정과 이전 수행과의 비교를 기록, 관찰한다. 이처럼 배경 정보와 수행 특징을 동시에 고려함으로써, 학습자의 감상 활동을 포괄적인 교실 맥락 속에서 이해하고, 그 질적 특징을 이해할 수 있는 자료가 될 수 있다.

표 1. 문학 감상 관찰 기록표 예시

날짜:

1. 배경 정보
   - 교실 해석 공동체의 특성:
   - 평가 과제의 특성:

---

38) 이 양식은 다음의 책으로부터 많은 도움을 받았다. Mary Jett-Simpson, Lauren Leslie, Wisconsin Reading.(1997), Association, Authentic Literacy Assessment, 원진숙 역(2004), 『생태학적 문식성 평가』, 한국문화사.

- 수행 맥락의 유형:
- 텍스트의 특징:
- 장르: - 난이도: - 내용:

2. 학습자의 수행 특징:
- 활용 지식(문학적, 사회적 지식)
- 작품 수용 활동의 특징(인지적, 정의적, 사회적 요소)
- 작품 수용 과정의 특징
- 이전 수행과의 비교

다음의 예시는 학습자의 상위 인지적 문학 수행을 확인할 수 있는 면접법이다. 상위 인지는 수행 과정에 대한 자기 조절 과정에서 운용되는 사고 작용이다. 그러나 여기에는 문학 활동에 대한 인식과 신념이 전제되어 있어야 하기도 하다. 이는 관찰될 수 없는 것이기에 면접을 통한 자기 진술로 확인할 수 있다.

표 2. 상위 인지적 문학 수행을 위한 면접법 예시

면접의 목적

학습자의 문학에 대한 태도와 인식을 기술하고, 수행 과정에 대한 상위 인지를 기술하여 이를 통해 수업 설계에 필요한 정보를 얻는다.

면접을 위한 질문 내용

1. 자신은 문학을 무엇이라 생각하는가?
2. 스스로 좋은 문학 감상자라고 생각하는가? 왜 그렇다고 생각하는가? / 왜 그렇지 않다고 생각하는가?
3. 평소 자신이 즐기는 문학 장르와 문학 활동은 무엇인가?
4. 문학 작품 읽기 방식에 대한 나름의 생각이 있다면 무엇인가?
5. 문학 작품을 읽기 전에 주로 어떤 생각을 하는가?
6. 문학 작품을 처음 읽으면서는 어떤 질문을 던지는가?
7. 문학 작품의 의미를 정교하게 이해하기 위해 노력하는 편인가? 노력한다면

어떤 방법을 사용하는가?
8. 문학 작품을 비판적으로 읽기 위해 노력하는 편인가? 노력한다면 어떤 방법을 사용하는가?
9. 문학 작품을 읽을 때 주로 어떤 관점에서 평가하는가?
10. 문학 작품을 읽을 때 겪는 어려움은 주로 무엇인가?
11. 이 어려움을 해결하는 방법은 무엇인가?
12. 문학 작품을 읽을 때 주로 무엇에 관심을 갖나? (인물, 사건, 배경, 운율 등)
13. 더 훌륭한 문학 독자가 되기 위해서는 어떤 노력이 필요하다고 생각하는가?

다음은 학습자의 문학 능력 발달 과정을 기록하는 프로필 자료이다. 문학 활동에서의 즐거움과 어려움, 문학 감상의 질적 특성을 규정하는 맥락, 과정적 요인들을 기록함으로써, 문학 능력과 관심의 발달 과정을 파악할 수 있도록 하였다.

표 3. 문학 능력의 성장과 발달의 진행 상태 요약 – 학생 발달 프로필 예시

월	3월	4월	5월
교수 단계에서 읽은 가장 어려운 책			
문학에 대한 관심과 흥미, 반응			
개인적 반응 양상			
해석			
평가			
문학 활동의 맥락 유형			
문학 활동에서의 어려움과 극복 방법			

③ 교실 내 평가 결과의 해석과 탐구

질적 평가에서 교사의 역할은 '기술'과 '평가'로 나뉘어진다. '기술'은 성취도

차원에서 중립적 용어로 상황을 기록하는 일이고, 평가는 성취 기준을 전제로 판단을 하는 일이다. 일차적으로 이 두 작업은 중요하다. 그러나 평가 결과를 교육적 의사 결정으로 환류하고, 학습자의 발달을 돕는다는 취지에서 본다면, 기술, 평가 뿐 아니라, 해석과 탐구가 더 중요하다. 교사는 평가에서의 책무성과 함께 교수 학습 실천 설계자로서의 역할을 갖기 때문이다. 이를 위해서는 학습 능력의 질적 특징은 무엇이며, 왜 이런 결과가 나타났는지를 탐구하고, 나아가 그 맥락을 분석, 해석해 봄으로써 이후 교육적 의사 결정의 자료로 삼을 필요가 있다.

우한용[39]은 문학교사의 역할은 메타 비평가의 그것과 유사하다는 전제 하에, 학습자의 글(비평문, 감상문, 창작문)을 읽으면서 그 글에 나타난 장르 의식, 문학 작품 평가의 준거, 비평문 혹은 감상문에 대한 인식 등을 분석하여 문학 능력을 평가한 바 있다. 이러한 작업은 학습자의 문학 반응을 '질적으로 이해' 하는 의미있는 시도이며, 문학 평가의 중요한 측면을 드러냈다고 할 수 있다. 그러나 문학 교사는 비평가이기도 하지만 일종의 교실 문학 교육 현상을 탐구하는 연구자이기도 해야 한다. 왜 이런 반응 양상이 나타났는지, 이 반응은 학습자들의 인지적, 정의적 발달 특성의 결과인지 아니면 평가 과제를 비롯한 학급 해석공동체의 맥락적 특징 혹은 수업의 영향인지, 혹은 학습자들의 문화나 학교 밖의 경험과 연관되는지에 대한 판단 역시, 탐구자로서의 교사가 수행 할 부분이다.

특히, 평가를 생태학적 관점에서 이해하는 관점에서는 '학습자' 뿐 아니라 '학습자를 포함한 생태학적 환경' 자체도 판단 대상이 되어야 한다. 곧, 학습자의 성취도를 학생의 가족, 학교, 친구, 교외 활동 등과 같이 다층 구조로 이루어진 생태학적 환경과의 상호 관련성 속에서 파악하는 것이 중요하다는 것이다. 이 때, 교실도 이들 반응을 이끌어 내는 생태학적 환경으로 보고, 교실의

---

39) 우한용(1999), "문학교육의 평가". 『국어교육』 100, 한국어교육학회.

사회적, 심리적, 물리적 분위기가 학습자의 문학적 반응에 중요한 영향력을 행사한다는 점을 통찰해야 한다.

가령, '문학 작품에서 자신이 인상 깊게 느꼈던 대목을 찾아 그 이유를 설명하라'라는 평가과제가 있다고 할 때, 이러한 과제에 대한 반응은 교실의 사회 문화적 상황과 밀접한 연관을 갖는다. 교실 내 학습 공동체의 분위기가 교사가 자신의 권위를 내세워 정답을 강요하는 분위기인지, 학습자들이 자유롭게 자기 의견을 토로할 수 있는 상호작용이 충분했었는지, 특정 유형의 독법을 지속적으로 강조하여 관습화하지는 않았는지 등을 성찰하고 해석함으로써 수업의 질적 개선에 필요한 정보를 얻을 수 있다는 것이다.

4. 결 론

이제까지 대안적 평가로 주목되었던, '실제적 평가'를 문학 교실 평가로 수용하는 방안을 논의하였다. 사실, 대안적 평가는 1990년대 후반, 수행 평가와 함께 봇물 터지듯이 논의되었지만 지금은 소강 상태에 접어든 논제이다. 여기에는 수행 평가가 정착되었으니, 이젠 되지 않았느냐 하는 안심과 함께 교육 경쟁력 강화를 위해 성취도 평가에 매진하려는 정치적 사회적 분위가 녹아들어가 있다. 그러나 현재의 수행평가는 대안적 평가의 취지를 거의 살리지 못한 채 성취도 평가의 일부로 굳어져 버렸다. 그 빈자리는 여전히 문학교육의 목표와 평가, 문학교육의 이론과 현장 경험의 격차로 재생산되고 있다. 현재처럼 국가 주도의 표준화 평가인 대학 수학능력 시험이나 성취도 진단을 위한 총괄평가만이 강조된다면, 문학 교육의 본질과 목표는 교실 속에 자리잡기 힘들 것이다. 문학 평가의 취약성을 해결하기 위해서는 평가 방법 및 모델을 다원화화 해야 한다고 보았다. 각 평가 방법들은 각자에 부합하는 평가 능력을 측정하는 것이다.

이글은 '실제적 평가'의 가치와 평가 내용 및 방법을 논의함으로써 그 가능성을 점검해 보고자 하였다. 교사의 전문성은 평가의 전문성에 있다고 할 때, 정작 중요한 것은 자신의 교실에서 만나는 학습자의 개별적 특성과 자기 수업을 평가할 수 있는 능력이다. 문학 영역에서의 '실제적 평가'의 가치는, 학습자의 삶과 의미 있는 연관을 지니는 맥락을 평가에 끌고 들어옴으로써 지속적인 문학 학습의 발달에 도움을 주고, 문학 학습에 개입하는 맥락을 해석하고 탐구함으로써 교수 학습 설계를 위한 자료를 얻을 수 있다는 점에 있다.

실제적 평가의 내용으로 지적한 것은, 첫째, 인지적, 정의적, 사회적 요소를 통합적으로 고려한 문학 능력의 다차원적 요소이다. 문학 능력의 구성 요소인 지식, 수행, 태도는 모두 인지적, 정의적, 사회적 요소로 세분화하여 통합적으로 평가될 필요가 있음을 지적하고 각 내용을 밝혔다. 둘째, 문학적 의미 구성 과정의 이해이다. 이 과정에 대한 판단을 위해 범주를 설정하고, 그 범주를 제시하였다. 셋째, 문학 능력의 발달 과정에 대한 기록이다. 문학 능력의 발달은, 다양한 문학 경험과 학습 맥락의 재배치를 통해 가능하다고 할 때, 경험한 맥락들을 기록하고 이해할 필요가 있다. 또한 실제적 평가를 시행하는 과정을, 평가 과제의 구성 원리, 평가 방법, 해석과 탐구 방법으로 나누어 제시하였다. 교육 평가의 전반적 경향이 학습 과정과 실제적 맥락 속에서의 평가를 중시하고 있다. 문학의 교실 내 평가 역시 진단 평가의 위상을 넘어서, 학습자의 잠재성과 실재 수행 활동의 누가적 기록이자 증명 자료로서, 국가 수준 성취도 평가와 함께 평가 유형으로 인정될 필요가 있다.

참고문헌

제1부

강영안(2004), 『타인의 얼굴』, 문학과지성사.

강진호(2004), "소설교육과 타자의 지평", 문학교육학 13호, 한국문학교육학회.

공지영(2009), 『도가니』, 창작과비평.

김　현(2005), "자유와 사랑의 실천적 화해", 『당신들의 천국』, 문학과지성사.

김경민(2012), "『도가니』에 나타난 "부끄러움"의 미학", 現代文學理論研究 51, 현대문학이론학회.

김선하(2007), 『리꾀르의 주체와 이야기』, 한국학술정보원.

김승환(2009), "한국문학교육의 타자성인식 방법론", 문학교육학 17호, 한국문학교육학회.

김애령(2008), "이방인과 환대의 윤리", 철학과 현상학 연구 39, 한국현상학회.

김찬호(2014), 『모멸감』, 문학과지성사.

김　현(2005), "자유와 사랑의 실천적 화해", 『당신들의 천국』, 문학과지성사.

김화경(2014), "교양교육에서의 타인의 고통에 대한 감수성교육의 중요성", 교양교육연구 제8권 2호, 한국교양교육학회.

김희정(2007), "한국의 관주도형 다문화주의", 『한국에서의 다문화주의』, 한울아카데미.

도홍찬(2004), "문학교육과 도덕교육의 연계방안", 문학교육학14호, 한국문학교육학회.

민은경(2008), "타인의 고통과 공감의 원리", 철학사상사 27, 서울대학교 철학사상연구소.

박세일·민경국 공역(2009), 『도덕감정론』, 비봉출판사.

박흥순(2007), "다문화와 새로운 정체성", 『한국에서의 다문화주의』, 한울아카데미.

선주원(2006), "'타자'의 서사적 기능과 서사교육의 내용", 국어교육학 연구 26집, 국어교육학회.

소영현 외(2013), 『감정의 인문학』, 봄아필.

염은열(2013), 『공감의 미학, 고려속요를 말하다』, 역락.

우찬제(1996), "타자의 윤리학과 상호발견의 수사학", 『텍스트의 수사학』, 서강대 출판부.

우한용(2004), "문학교육과 도덕성 발달의 의미망", 문학교육학 14호, 문학교육학회.

유강하(2012), "'도가니 신드롬'을 통해 본 문학의 치유적 의미에 대하여", 아시아문화연구소, 27면.

윤대선(2004), 『레비나스의 타자 철학』, 문예출판사.

이병창(2004), "영화에서 자유간접화법의 철학", 시대와 철학 15, 한국철학사상연구회.

이청준(1986), 『겨울광장』, 한겨레.

이청준(2005), 『당신들의 천국』, 문학과지성사.

임경순(2003), "소설의 담론 윤리적 특성", 『문학의 해석과 문학교육』, 역락.

임홍빈(2013), 『수치심과 죄책감』, 바다출판사.

정과리(1987), "용서, 그 타인됨의 세계", 『겨울 광장』, 한겨레.

정과리(2005), "모범적 통치에서 상호인정으로, 상호인정에서 하나 됨으로", 『당신들의
    천국』, 문학과지성사.

정재림(2013), 『공감과 치유의 언어, 문학』, 어문논집 69, 민족어문학회.

정재찬(2004), "문학교육과 도덕적 상상력", 문학교육학 14호, 한국문학교육학회.

조흡, 오승현(2012), "문화적 공론장으로서 「도가니」", 문학과영상 13집, 문학과 영상
    학회.

최인자(2005), "대화적 서사의 진정성 윤리와 서사 문화 교육", 국어국문학 114, 국어국
    문학회.

최인자(2015), "사회 정서 학습을 위한 내러티브 기반 교과 융합 인성교육", 국어교육
    연구 36집.

한귀은(2002), "타자와 온몸으로 만나는 문학교육", 문학교육학 10호, 한국문학교육학회.

황영미(2010), "한국 다문화 가족 TV 드라마의 특성 연구", 한국문예비평연구 31, 한국
    문예비평학회.

황혜진(2006), "가치 경험을 위한 소설교육 내용 연구", 서울대 박사학위논문.

황희종(2000), "소설 텍스트의 윤리적 이해 방법에 대한 연구", 서울대 석사학위논문.

Adam Zachary, Newton.(1995), Narrative Ethics, President and Fellows of Harvard
    College.

Adam, Smith, 박세일·민경국 공역(2009), 『도덕감정론』, 비봉출판사.

Andrew Hadfield.(1999), The Ethics in Literature, Macmilan Press.

Edward, Branigan.(1992), Narrative Comprehension and Film, Routledge.

Herman, David, Jahn, Manfred and Ryan, Marie-Laure Edt.(2005), "Ethical turn",
    Encyclopedia of Narrative Theory, Routledge.

John, White, 이지헌, 김희봉 역(2002), 『교육목적론』, 학지사.

Lee, Jae-Seong.(2005), "Reading as a Positive Reaction to the Other: Levinas and
    Literature", 영미어문학77(Studies in British and American Language and

Literature), 한국영미어문학회.

Martha C. Nussbaum.(1992), Love's knowledge, Oxford University Press.

Michael, Holquist.(2002), Bakhtin and His World, Taylor & Fraancis.

Peter J. Rainowitz & Michael W. Smith.(1998), Authorizing Readers, Teachers College Press.

Porter, Abbott, 우찬제 역(2010), 『서사학 강의』, 문학과지성사.

Smith, Adam. Ced. by mafie A.L, Raphael.d.(1979), The Theory of Moral Sentiments, Clarendon, p.24.

Susan, Sontag, 이재연 역(2004), 『타인의 고통』, 이후.

제2부

강정찬, 오영범, 이상수(2015), "사회정서 역량 향상을 위한 교과 통합 설계원리", 교육공학 31, 한국교육공학회.

강철중(2007), "남성의 모성 콤플렉스", 심성연구 22(2), 한국분석심리학회.

김면수(2001), "이상 소설과 요부, 금홍을 중심으로", 여성문학연구 5, 한국여성문학회.

김수진(2015), "인성교육의 주요 접근 및 쟁점 분석", 이화여자대학교 박사학위논문.

김주환(2011), 『회복 탄력성』, 위즈덤하우스.

김치수(1982), 『박경리와 이청준』, 민음사.

나병철(1995), "박태원 소설의 미적 모더니티와 근대성", 상허학보 2, 상허학회.

류보선(1995), "이상(李箱)과 어머니, 근대와 전근대―박태원 소설의 두 좌표", 상허학보 2, 상허학회.

박경리(2004), 『토지』 1부-5부 1권, 나남출판.

박종수(2005), 『분석 심리학에 기초한 이야기 심리치료』, 학지사.

서세림(2016), "이상 문학에 나타난 '안해'의 의미 고찰", 이화어문논집 38, 이화어문학회.

소영현, 이하나, 최기숙(2013), 『감정의 인문학』, 봄아필.

심성보, 이미식, 최용성, 김남희(2004), 『도덕교육의 이론과 실제』, 원미사.

안재란(2013), "자기 텍스트 구성을 통한 서사교육 방법 연구", 전북대학교 박사논문.

양정실, 조난심, 박소영, 장근주, 은지용(2013), "교과교육을 통한 인성교육 구현 방안", 한국교육과정평가원 연구보고 RRC 2013-6.

우한용, 박인기 외(2013), 『국어과 창의 인성교육』, 사회평론.

윤영돈(2009), "효과적인 학교 인성교육의 방향: 범교과 학습과 도덕과 학습의 관계를 중심으로", 도덕 윤리과 교육연구 29, 한국도덕윤리와 교육학회.

음영철(2012), "부부서사에 나타난 양가 감정 연구", 문학치료연구 24, 한국문학치료학회.

이민용(2014), "내러티브와 서사학, 그리고 인성교육", 인문언어 제16집, 국제언어인문학회.

이민용(2017), 『스토리텔링 치료』, 학지사.

이부영(2002), 『자기와 자기실현』, 한길사.

이부영(2012), 『그림자』, 한길사.

이상진(1997), 『토지』 연구, 월인.

장철환(2015), "이상 글쓰기의 방법적 원리로서 대칭성 연구- 타자의 자아화에 나타난 대칭구조를 중심으로", 비교한국학 23(3), 국제비교한국학회.

정운채(2006), 『문학치료의 이론적 기초』, 문학과치료.

정호웅(1995), "『토지』의 주제: 한, 생명, 대자대비", 편집부, 『토지 비평집』 2, 솔.

진선희(2015), "아동문학과 인성교육의 방향", 청람어문교육 55집, 청람어문교육학회.

차원현, "1930년대 모더니즘소설에 나타난 미적 주체의 양상에 관한 연구", 서울대학교 박사학위논문.

천병희 역, 『소포클레스 비극 전집』, 숲, 2008.

천이두(1995), "한의 여러 궤적들", 편집부, 『토지 비평집』 2, 솔.

홍은숙(2010), "실천전통 교육관을 위한 교육과정 설계: 교육의 목적에 관한 연구", 교육철학 연구 47호, 한국교육철학회.

황도경(2006), 『문체로 읽는 소설』, 소명출판.

Bettelheim, B. 김옥순·주목 역(2001), 『옛이야기의 매력 1』, 시공주니어.

Birkhäuser-Oeri, 이유경 역(2012), 『민담의 모성상』, 분석심리학연구소.

Bly, R, John, Iron, 이희재 역(2005), 『무쇠한스 이야기』, 씨앗을 뿌리는 사람들.

Bolen J. S., 유승희 역(2006), 『우리 속에 있는 남신들』, 또 하나의 문화.

Bruner, J.(1989), Narrative thought and Narrative Language, Lawrence Erlbaum Associates.

Clandinn. D. Jean, Jossey-Bass Publesher.(2000), Narrative Inquiry, Jossey-Bass Publisher.

Detambel, R. 문혜영 역(2017), 『우리의 고통을 이해하는 책들』, 펄북스.

Donald E, Polkinghorne, 강현석·최인자 외 역(2009), 『내러티브, 인문과학을 만나다』, 학지사.

Dwive, K. N.(ed.).(2007), The Therapeutic Use of Stories, London and New York:

Routledge.

Edinger, E. F. 장미경 역(2016), 『자아 발달과 원형』, 학지사.

Endres F. C. & Schimmel, A, 오석균 역(1996), 『수의 신비와 마법』, 고려원미디어.

Jung, Grundfragen zur Praxis, 융 저작번역위원회 역(2001), 『정신 요법의 기본 문제』, 솔.

Kast, V. 이수영 역(2005), 『콤플렉스의 탄생』, 푸르메.

Keneth. W. Merrell · Barbara A. Gueldner, 신현숙 역(2011), 『사회정서학습』, 교육과
학사.

Mary Hynes — Berry.(2012), "Opening the Heart through Open-Ended Questions
Usinging Teas for Self - understanding", Journal of Humanities Therapy 3, 강원
대 인문과학 연구소.

Neumann, E. 이유정 역(2004), 『의식의 기원사』, 분석심리학연구소.

Rosen, D. H. 이도희 역(2015), 『우울증 거듭나기』, 학지사.

Sara, Ruddick, 이혜정 역(2002), 『모성적 사유』, 철학과현실사.

Stein, M. & Corbett. L.(1995), Psyche's Stories, Chiron Publications.

University of Sheffield Bakhtin Centre.(1998), Dialogism, Sheffield Academic Press.

Von Franz, M. L. 홍숙기 역(2002), 『영원한 소년과 창조성』, 한국융연구원.

제3부

고규진(2004), "다문화 시대의 문학 정전", 독일언어문학 23집, 독일언어문학회.

고은미(2000), "여성주의적 관점에서 본 판소리 「심청가」", 한국언어문학 44집, 한국언
어문학회.

권기배(2006), "바흐 크로노토프 이론의 국내수용에 한 고찰", 노어노문학 Vol.18, 한국
노어노문학회.

김근호(2008), "소설 텍스트 종층적 읽기와 공간론", 독서연구 19, 한국 독서학회.

김동환(2007), "한국 소설에 나타나는 공간 상상력 연구−소설교육의 방향성 탐색을
한 근", 국어교육 124호, 한국어교육학회.

김병욱(2001), "「자랏골의 비가」의 크로노토프와 담론", 한국문학이론과비평, Vol.12,
한국문학이론과 비평학회.

김병익(1972), "광기와 야성−박태순론", 『현대한국 문학의 이론』, 민음사.

김성진(2004), "비평 활동 교육의 내용 연구", 서울대 박사학위논문.

김용범(2005), "고전소설 「심청전」과의 대비를 통해 본 애니메이션 「왕후 심청」 내러

티브 분석", 한국언어문화, Vol.27. 한국언어문화학회.

김정우(2004), "시해석 교육 내용 연구", 서울대 박사학위논문.

김종구(2002), "「무진기행」, 길의 크로노토프의 시학", 한국언어문학, Vol.49, 한국언어문학회.

김종욱(2000), 『한국 소설의 시간과 공간』, 태학사.

김주현(2005), "시각 체험과 6·70년대 도시 빈민 소설의 새로운 형식", 어문연구 제33권 2호, 한국어문교육연구회.

김창원(2008), "문학 문화의 개념과 문학교육", 문학교육학 25호, 한국문학교육학회.

나병철(2003), "탈식민주의와 제3의 공간", 소설연구 19호, 소설학회.

남민우(2006), "텍스트 가치평가 활동을 위한 시교육 연구", 서울대 박사학위논문.

류보선(2000), "사랑의 정치학 : '난장이가 쏘아 올린 작은 공'을 통해서 본 조세희론", 『1970년대 문학연구』, 소명출판.

박기수(2004), 『애니메이션 서사 구조와 전략』, 논형.

박인기 외(2005), 『문학을 통한 교육』, 삼지원.

박인기(2002), "문화적 문식성의 국어교육적 재개념화", 국어교육학연구 15, 국어교육연구학회.

박인기(2007), "디지털 환경과 문학 현상의 거시 전망", 『디지털 시대, 문학의 길』, 푸른사상.

박태순(1995), 『정든 땅 언덕 위』, 소설문학 대계 50, 동아출판사.

백낙청(1978), "변두리 현실의 문학적 탐구", 『민족문학과 세계문학』, 창작과비평사.

서연호 편(2005), 『오태석 공연 대본 전집 10』, 연극과 인간.

서울대 국어교육연구소(1999), 『국어교육학사전』, 서울대국어교육연구소.

서유경(2002), "공감적 자기화를 통한 문학교육 연구", 서울대 박사학위논문.

선주원(2005), "크로노토프를 활용한 타자 인식과 소설교육", 국어교육 116호, 한국어교육학회.

선주원(2007), "사회 문화적 맥락을 반영한 문학교육의 지향", 문학교육 22, 한국문학교육학회.

송 무(2002), "고전과 이념", 시학과 언어학 3, 시학과 언어학회.

송명희(2004), "김정한 소설의 크로노토프", 한국문학이론과 비평, Vol.25, 한국문학이론과 비평학회.

여홍상 엮음(1995), "시공성의 개념", 『바흐찐과 문학이론』, 문학과 지성사.

우한용(1997), "문학교육의 문화론적 기초에 대한 연구", 국어교육 93, 한국어교육학회.

우한용(1997), 『문학교육과 문화론』, 서울대 출판부.

유영대(2000), "「심청전」의 여성 형상 -곽씨부인과 뺑덕어미를 중심으로-", 한국고전여성문학연구1, 한국고전여성문학회.

유인경(2002), "오태석 연극에 나타난 그로테스크 -「심청이는 왜 두 번 인당수에 몸을 던졌는가」를 중심으로", 한국극예술연구, Vol.16, 한국극예술학회.

유정숙(2005), "최인훈의 희곡 '달아 달아 밝은 달아' 연구", 우리어문연구 27집, 우리어문연구학회.

이광복(2000), "독일 문학교육을 위한 새로운 문학교수법적 개념들", 독일언어문학 13집. 독일언어문학회.

이광복(2007), "문화적 기억과 상호텍스트성, 그리고 문학교육", 독어교육 39집. 한국독어교육학회.

이기현(1998), "정보사회와 매체 문화", 『매체의 철학』, 나남출판.

이수형(2008), "박태순 소설에 나타난 "이동성"의 의미", 민족문학사연구, Vol.38, 민족문학사학회.

이재기(2006), "맥락중심 문식성교육 방법론 고찰", 청람어문교육 34, 청람어문교육학회.

이재선(1997), 『현대 한국소설사 : 1945~1990』, 민음사.

이재선(2002), "우리에게 '고전'이란 무엇인가?", 시학과 언어학 3, 시학과 언어학회.

이진경(2007), 『근대적 주거 공간의 탄생』, 그린비.

임경순(2004), 『문학의 해석과 문학교육』, 역락.

정병헌(2000), "고전문학교육의 본질과 시각", 이상익 외『고전산문교육의 이론』, 집문당.

정재찬(2007), "상호텍스트 성을 통한 현대시 교육 연구", 국어교육학연구 29, 국어교육학회.

정재찬(1997), "사회·문화적 맥락 중심의 문학교육과정 내용 체계", 『문학교육과정론』, 삼지원.

정재찬, 『문학교육의 사회학을 위하여』, 역락, 2004.

조현일(2007), "박태순의 "외촌동 연작" 연구", 우리어문연구29, 우리어문학회.

조희정(2004), "고전 리터러시를 위한 새로운 구도", 국어교육학 연구 21집, 국어교육학회.

진은진(2003), "「심청전」에 나타난 모성성 연구 -「효녀실기심청」을 중심으로", 판소리연구 15, 판소리학회.

최두석(1990), "심봉사-아버지가 죽었을 때 하던 일 중단하고 꼬박 삼년상을 치렀다는 한 양공주의 삶에 대하여", 「성에꽃」, 문학과 지성사.

최문규 외(2003), "문화, 매체, 그리고 기억과 망각", 『기억과 망각』, 책세상.

최병우(2003), 『다매체 시대의 한국문학 연구』, 푸른사상.

최인자(2006), "문학 독서경험의 질적이해를 위한 맥락탐구", 독서연구 16호, 한국독서학회.

최인훈(1979), 『옛날 옛적에 훠워이 훠이』, 문학과지성사.

최지현(1994), "한국 현대시 교육의 담론 분석", 서울대 석사학위 논문.

황영주(1999), "심청전 읽기로 본 한국에서의 근대 국가와 여성", 한국 정치학보 34-4호, 한국정치학회.

황혜진(2007), "문화적 문식성 교육을 위한 고전소설과 영상 변용물의 주제비교", 『고전소설과 서사론』, 월인.

Aleida Assmann 변학수 외(1999), 『기억의 공간』, 경북대 출판부.

Bakhtin, M.(1981), The Dialogic Imagination, University of Texas Press.

Bakhtin, M. 전승희·서경희·박유미 역(1998), 『장편소설과 민중언어』, 창작과 비평사.

Charles T.(1999), Meadow, A Web of Converging Media, The Scarecrow Press.

Deborah Schiffrin.(2009), "Crossing boundaries : The nexus of time, space, person, and place in narrative", Language in Society. Vol.38, Cambridge.

Eckstrom, Lisa.(1995), "Moral Perception and the Chronotope: the case of the Henry James", In Bakhtin in Context : Across the Disciplines, ed. Amy Mandelker, Evanston: Northwestern University press.

Frank Kermode.(1975), The classics, The Viking Press.

Gald, Leeand Beach, Richard.(2004), "Response to Literature as a Cultural Activity", Robret B. Ruddell & Norman J. Unrau, Theoretical Models and Prosess of Reading, Fifth Edition.

Hannah, Arendt, 김선욱 역(2002), 『칸트 정치 철학 강의』, 솔.

Hans, Reichenbach, 이정우 역(1986), 『시간과 공간의 철학』, 서사.

Ilana Synyder Edt.(1998), "Rhetoric of hyper reading critically", Page to Screen, London and New York.

James Marshall.(2004), Research on Response to Literature, Handbook of Reading Research, International Reading Association.

James Paul Gee.(2002), "Discourse and Sociocultural Studies in Reading". Handbook of Reading Reasearch, Lawrence Erlbaum Associate Inc.

James, Paul Gee.(2001), "Reading as situated language: A Sociocognitive perspective".

Journal of Adolescent & Adult Literacy, May. International Reading Association.

Jay Ladin.(1993), "Fleshing Out the Chronotope", Caryl Emerson, Critical Essays on Mikhail Bakhtin, G. K. Hall & C. New York.

Karl Kroeber.(1992), Retelling/Rereading, Rutgers University press.

Kathleen McCormick.(1994), The Reading of Reading & Teaching of English, Manchester University.

Lee, Galda & Richard, Beach.(1994), "Response to Literature as a Cultural Activity", Robert B. Ruddell, Norman J. Unrau Edt., Theoretical Models and Processes of Reading, International Reading Association.

Mary Jett-Simpson, Lauren Leslie, Wisconsin Reading. 원진숙 역(2004), 『생태학적 문식성 평가』, 한국문화사.

McCormick, Kathleen.(1994), The Culture of Reading & the Teaching of English, Manchester University Pres.

Morly, David.(1980), "Texts, readers, subjects", in Hall et al(eds), Culture, Media, Language, Routledge.

Pierre Revy, 김동윤＋조준형 역, 『사이버 문화』, 문예출판사.

Pittman, Barbara L.(1995), "Cross-Cultural Reading and Generic Transformation : The Chronotope of the Road in Erdrich 's Love Medicine", American Literature, A Journal of Literary History, Criticism, and Biblography 67, no 4.

Porter Abott.(2002), The Cambridge Introduction to Narrative, Cambridge,

Rita, Felski, 김영찬, 심진경 역(1998), 『근대성과 페미니즘』, 거름.

Robert B. Ruddle & Noman J. Unrau.(2004), "Reading as a meaning construction process: The reader, the text and the reader", Robret B. Ruddell & Norman J. Unrau, Theoretical Models and Prosess of Reading, Fifth Edition International Reading Association.

Simmel. G. 김덕영, 윤미애 역(2005), 『짐멜의 모더니티 읽기』, 새물결.

제4부

강상희(1998), "현대적 삶의 숙명", 「아내의 상자」, 문학사상사.

고미영(2004), 『이야기치료와 이야기의 세계』, 청목출판사.

권영민(1996), "간접적 회상법과 여성적 글쓰기", 동서문학 221호, 동서문화사.

김병구(2006), "논술과 작문 교육의 관계 정립을 위한 시론", 「의사소통 교육의 이념과 방향」, 숙명여자대학교 의사소통센터.

김양선(1996), "근대극복을 위한 여성 문학의 논리", 창작과 비평, 겨울 94호, 창작과비평사.

김창원(2008), "문학문화의 개념과 문학교육", 문학교육학 25호, 한국문학교육학회.

김형경(1995), 「세월1」, 문학동네.

박기범(2008), "서술 교육의 반성과 개선 방향", 국어교육학 연구31집, 국어교육학회.

박정일(2006), "논술과 토론의 개념", 철학과 현실 69, 철학과 현실사.

박태진(2010), "청소년기 자아의 치료와 정체성을 찾는 저널 쓰기 연구", 작문 연구 11, 한국작문학회.

염무웅(1995), 『혼돈의 시대에 구상하는 문학의 논리』, 창작과 비평사.

우한용(2009), "문학교육의 목표이자 내용으로서 문학 능력의 개념, 교육 방향", 문학교육학 28, 한국문학교육학회.

원진숙(2007), "논술 개념의 다층성과 대입 통합 교과 논술 시험에 관한 비판적 고찰", 국어교육 122호, 한국어교육학회.

윤현진 외(2010), 『국어과 교육 내용 개선 방안 연구』, 한국교육과정평가원.

은희경(1998), 『아내의 상자』, 문학사상사.

이민용(2010), "서사와 서사학의 치유적 활용", 독일언어문학 47, 한국독일언어문학회.

이병민(2005), "논술 고사의 성격 및 타당성 고찰, 국어교육 121호, 한국어교육학회.

이봉희(2007), "저널 치료: 새로운 일기 쓰기", 새국어교육787, 한국국어교육학회.

이부영(2002), 『자기와 자기 실현』, 한길사.

이선영(1999), "창조적 주체와 반어의 미학", 민족문학사 연구 14, 민족문학사학회.

이성영(1997), "논술 능력의 개념과 평가 요소", 제 3회 전국 중·고등학생 논술 경시대회 논술 평가에 관한 연구 보고서, 서울대 교육종합 연구원 국어교육연구소.

이승준(2008), "고등학교 문학 교과서의 "시점"과 "서술자" 이론에 대한 고찰 -7차 교육과정 문학 교과서를 중심으로", 우리어문연구 Vol.30, 우리어문학회

임경순(1997), "초점화를 통한 소설교육 연구", 국어교육 95호, 한국어교육학회.

장사흠(1997), "풍자문학의 수용과 효용에 관한 고찰", 문학교육 7호, 한국문학교육학회.

정영길(2006), "소설 읽기의 문제 설정 방식", 한국문예창작 제5권 2호.

정영길(2006), "소설 읽기의 문제 설정 방식", 한국문예창작 제5권 2호, 한국문예창작

학회.

최남희, 유정(2010), "트라우마 내러티브 재구성과 회복 효과", 피해자학연구 18(1), 285-309, 피해자학회.

최시한(2010), 『소설, 어떻게 읽을 것인가』, 문학과 지성사.

최인자(1999), "정체성 구성 활동으로서의 자전적 서사쓰기", 현대소설연구 11, 현대소설학회.

최혜실(2000), 「신여성들은 무엇을 꿈꾸었는가?」, 생각나무.

한귀은(2006), "소설과 영화의 '시점' 및 '초점화' 교육", 어문학 91집, 한국어문학회.

한금윤(2006), "의사소통 활동으로서 논술교육의 방향 연구", 현대문학의 연구 32, 한국문 학연구학회.

홍은숙(1999), 『지식과 교육』, 교육과학사.

Bruner, J. 강현석·이자현 역(1996), 『교육의 문화』, 교육과학사.

Bruner, J, 강현석 외 역(2011), 『인간 과학의 혁명』, 아카데미프레스.

Bruner, J. 강현석·김경수 역(2002), 『이야기 만들기』, 교육과학사.

David Herman, Manfred Jahn and Marie-Laure Ryan Edt.(2005), Routledge Encyclopedia of Narrative Theory, Routledge.

Polkinghorne, Donald E. 강현석, 이영효, 최인자 외 역(2009), 『내러티브, 인문과학을 만나다』, 학지사.

Gilligan, C. 박상은 역(2004), 『기쁨의 탄생』, 빗살무늬.

Graham, R. J.(1991), Autobiography in Literary Theory. Reading and Writing the Self, 17-44. Teachers College Press.

James Phelan.(2005), Living To Tell About It, Cornell University Press.

Jean-Francois Lytard.(1979), 이현복 역, 『포스트모던적 조건』, 서광사.

Jerome Bruner.(1986), Actual minds, Possible Worlds. Cambridge Press.

Judith A/Langer.(1995), Envisioning Literature, Teachers College

Lejeune, P. 윤진 역(1998), 『자서전의 규약』, 문학과지성사.

Paul Ricoeur, 김한식·이경래 역(1999), 『시간과 이야기 1』, 문학과지성사.

Paul, J.(1984), Being in the text: Self-Representation from Wordsworth to Roland Barthes. Ithaca: Cornell UP.

Peter J. Rabinowitze.(1987), Reading Narrative Conventions and the Politics of Interpretation, Cornell University Press.

Phelan, James, and Mary Patricia Martinn.(1999), "The Lesson of Weymouth:

Homodigiegesis, Unreliablility, Ethics and The Remains of The Day", Narratiligies: New Perspectives on Narrative Analysis, Ed. David Herman: Ohio State UP.

Polkinghorne, D 강현석·이영효·최인자 역(2009), 『내러티브, 인문과학을 만나다』, 학지사.

Wolfgang.(1993), The Fictive and the Imaginary: charting literary anthropology, J. Hopkins University Press.

Yacobi Tamar.(1981), "Fictional Reliability as a Communciative Problem", Poetics Today2, Porter Institute for Poetics and Semiotics.

Zerweck, Bruno.(2001), "Historicizing Unreliable Narration: Unreliability and Cultural Discourse in Narrative Fiction", Style 35. Maclean-Hunter

Zuss, M.(1999), Subject Present-Life-Writing and Strategies of Representation, Peter Lang Publishing. Inc., New York.

제5부

고영희(2007), 『시조교육의 위계화 연구』, 서울대 대학원.

김대행(1994), "독서 체계 연구", 국어교육연구 1, 서울대 국어교육연구소.

김상욱(2006), "문학을 통한 국어교육의 재개념화"『문학교육학』19호, 한국문학교육학회.

김상욱(2012), "독서운동의 현황과 방향", 『독서연구』 27, 한국독서학회.

김신영(1996), "교실 내 평가 체제의 탐색에 관한 연구", 『교육문제 연구』 11, 동국대 교육문제 연구소.

김윤주(2012), "복지 정책으로서의 독서 정책", 『'책 읽는 나라' 만들기를 위한 국민 대 토론회』, 독서르네상스 운동 주관.

김정우(2008), "문학능력 평가의 방향", 『문학교육학』 28, 한국문학교육학회.

김중신(1994), "소설교재의 위계화 가능성에 대한 고찰", 국어교육연구 1, 서울대 국어교육 연구소.

김창원(1997), 초·중등 문학교육의 연계 연구, 초등국어교육13집, 한국초등국어교육학회.

김창원(2008), "문학 능력과 교육과정, 그리고 매체", 문학교육학 26집, 한국문학교육학회.

김창원(2009), "문학 경험 평가를 위한 시론", 한국어교육학회 제 267회 학술발표대회, 한국어교육학회.

류덕제(2001), "청소년 문학과 문학교육의 방향", 문학과 교육 17호. 문학과교육연구소.

문용린(2007), "우리 시대 책과 독서의 의미", 『책의 진화와 바람직한 독서 패러다임』, 서울 국제 도서 세미나전.

문화체육관광부(2013), 『2013년 독서 진흥에 관한 연차 보고서』, 문화체육관광부.

박인기 외(2005), 『문학을 통한 교육』, 삼지원.

박인기(1989), "문학교과 교재론의 이론적 접근과 방향", 운당 구인환 선생 화갑 기념 논문집, 한샘

박인기(1994), "문학 독서 방법의 상위적 이해", 국어교육연구 1, 서울대 국어교육연구소.

박인기(2000), "생태학적 국어교육의 현실과 지향", 『한국초등국어교육』 22, 한국초등 국어교육학회.

박인기(2003), "발달로서의 서사", 내러티브 7호, 한국서사학회.

박인기(2006), "독서 진흥을 위한 환경과 독서 정책", 『독서연구』 16호, 한국독서학회.

백순근(2002), "학습에 대한 생태학적 접근이 교육 평가에 주는 시사", 아시아교육연구 3권 1호, 서울대학교 교육연구소.

사공영화(2008), "정책이란 무엇인가?: 정책의 수단적 가치에 대한 반성", 한국정책학 회보, 17권 4호, 한국정책학회, 12쪽.

신헌재(1995), "아동을 위한 서사 문학 작품 선정의 기준 고찰", 국어국문학 114, 국어 국문학회.

심광현(2003), 『문화 사회와 문화 정치』, 문화과학사.

안상원(2011), "책 미디어의 발전과 독서 문화의 변화", 인문과학 47, 성균관대학교 인문과학 연구소, 238-240면.

안찬수(2007), "「독서문화진흥법」과 독서문화 진흥의 방향", 창비어린이 15, 창비.

양유성(2004), 『이야기 치료』, 학지사.

양정실(2005), "문학 독서 교육의 제재", 문학 독서교육, 어떻게 할 것인가, 푸른사상.

우동식(1992), "문학 제재 선정 기준의 설정과 적용에 관한 연구", 교원대 석사학위논문.

우리말교육연구소(2003), 「외국의 국어교육과정」 1·2, 나라말.

우한용 외(1997), 『문학교육과정론』, 삼지원.

우한용 외(2001), 「서사교육론」, 동아시아.

우한용(1988), "문학교육의 이념과 문학 교재론의 방향", 문학교육학회 학술발표대회.

우한용(1999), "문학교육의 평가: 메타 비평의 글쓰기를 중심으로", 『국어교육』 100,

한국국어교육연구회, 537-563.

우한용(1999), "문학교육의 평가". 『국어교육』 100, 한국어교육학회.

원진숙(1999), "쓰기 영역 평가의 생태학적 접근", 『한국어학』 10, 한국어학회.

이연옥(2006), "학교 독서교육 정책에 대한 비판적 고찰", 한국 도서관정보학회지 37권 3호, 한국도서관정보학회.

이인제(2013), "소통, 화합, 문화 융성의 핵심 능력으로서 독서 능력 향상 정책의 방향", 『통합과 소통의 국어정책 개발을 위한 전국학술대회 자료집』, 한국어문학술단 체연합.

이인화(2013), "소설교육에서 해석 소통의 구조와 실천에 대한 연구", 서울대학교 박사 논문.

이정우(2016), 『탐독』, 아고라.

임충기(1988), "인간 발달의 교육적 조망", 서원대학 논문집22, 서원대학교.

정구향, "21세기 국어과 평가의 발전 방향", 『새국어교육』 71, 한국국어교육학회

정동화(1977), "독서 흥미의 발달연구", 국어교육 30, 한국어교육학회.

정재찬(2010), "문학체험의 자기화를 위한 문화 혼용의 글쓰기", 작문연구 10, 한국작 문학회.

존 스토리, 백선기 역(2004), 『문화 연구란 무엇인가?』, 커뮤니케이션북스, 27면.

천정환(2004), "식민지 시기의 청년과 문학·대중문화", 오늘의 문예비평 55, 오늘의 문예비평.

최미숙(2000), "문학교육에서의 평가 연구", 국어교육학연구 11, 국어교육학회.

최인자(2002), 『국어교육의 문화론적 지평』, 소명.

최인자(2008), "서사적 대화를 활용한 문학 토의 수업 연구", 『서사문화교육의 전망과 실천』, 역락.

최인자(2008), "아동·청소년기 서사 창조 경험의 발달적 특성", 『서사문화 교육의 전 망과 실천』 역락.

한병철, 김태환 역(2012), 『피로사회』, 문학과지성사.

황금숙, 김수경, 장지숙(2011), "어린이, 청소년 독서 문화 진흥 선진화 방안 연구", 『한국문헌정보학회지』 45권 2호, 한국문헌정보학회.

황혜진(2006), "가치 경험을 위한 소설 교육 내용 연구", 서울대대학원 박사학위논문.

Alan C. Purves.(1992), "Testing Literature", Judith A. Langer.(1992). Literature Instruction, National Council of Teachers of English

Alan, Swingewood, 박형신, 김민규 역(2004), 『문화 사회학 이론을 향하여』, 한울 아

카데미.

Alberto, Manguel, 정명진 역(1996), 『독서의 역사』, 세종서적.

Appleblee.(1987), "Eric/RCS Report: The Elements of Response to a literary Work: What We Have Learned", Research in Teaching. Vol 21, International Reading Association.

Appleyard, J. A. S. J.(1990), Becoming a Reader—The Experience of Fiction from childhood to Adultdhood, Cambridge University Press.

Bakhtin, M. 전승희 외 역(1998), 「장편소설과 민중언어」, 창작과비평사

Birr, Elizabeth Mo Je & Hinchman, Kathleen.(2004), "Culturally Responsive Practices for Youth Literacy Learning", Tamara L. Jetton & Janice A. Dole, Adolescent Literacy Research and Practice, Guilford.

Cicchetti, Dante, Hesse, Petra.(1982), Emotional Development, Jossey-Bass, Publishers.

Egan, Kieran.(1990), Romantic Understanding, Routledge.

Egan, Kieran.(1998), Imagination in Teaching and Learning, The University of Chicago Press.

Gerrig, J. Richard.(1995), Experiencing Narrative Worlds, Yale University.

James Marshall.(2000), "Research on Response to Literature", Handbook of literacy Research. Arthur N.

Joan L. Herman, Ramela R. Aschbacher, Lynn Winters.(1997), A Practical Guide to Alternative Asswssment, Association for Supervision and Curriculum Development.

John, Dewey, 박철홍 역(2002), 『아동과 교육과정』, 문음사.

Kenneth. L. Donelso & Alleen Pace Nilsen.(1997), Literature for Today's Young Adults, Columbia University.

Louis, Breger.(1974), 홍강의 역(1998), 『인간 발달의 통합적 이해』, 이화여자 대학교 출판.

Mary Jett-Simpson, Lauren Leslie, Wisconsin Reading.(1997), Association, Authentic Literacy Assessment, 원진숙 역(2004). 『생태학적 문식성 평가』, 한국문화사.

Maryanne, Wolf, 이희수 역(2009), 『책 읽는 뇌』, 살림.

Myers, Jamie.(1992), "The social context of school and personal literacy", Reading Research Quarterly 27, International Reading Association.

Richard Beach, Linda Eendeg.(1987), "Developmental Difference in Response to a story", Research in the Teaching of English, Vol.21, No.3, National Council of Teachers of English.

Robert B, Ruddle & Noman J. Unrau.(2004), "Reading as a meaning construction process: The reader, the text and the reader", Robret B. Ruddell & Norman J. Unrau, Theoretical Models and Process of Reading Fifth Edition, International Reading Association.

Robert Carlsen, G.(1967), Books and the Reader, Bantam Books.

Rogoff, Barbara.(2003), The Cultural Nature of Human Development, Oxford University Press.

Sheila W. Valencia, Elfrieda H. Hiebert, Peter P. Afflerbach.(1997), Authentic Reading Assessment, International Reading Association.

Vygotsky. L. S.(1991), "Imagination and creativity in the adolescent", Soviet Psychology, Vol.29, No.1

Weinstein, G., Fantini M. D., 윤팔중 역.(1992), 『정의 교육과정』, 성원사.